Die Sicherheits- und Verteidigungspolitik der Europäischen Union

Europäische Hochschulschriften
Publications Universitaires Européennes
European University Studies

Reihe II
Rechtswissenschaft

Série II Series II
Droit
Law

Bd./Vol. 3430

PETER LANG
Frankfurt am Main · Berlin · Bern · Bruxelles · New York · Oxford · Wien

Kristina Gerteiser

Die Sicherheits- und Verteidigungspolitik der Europäischen Union

Rechtliche Analyse der gegenwärtigen Struktur und der Optionen zur weiteren Entwicklung

PETER LANG
Europäischer Verlag der Wissenschaften

Die Deutsche Bibliothek - CIP-Einheitsaufnahme

Gerteiser, Kristina:

Die Sicherheits- und Verteidigungspolitik der Europäischen Union : rechtliche Analyse der gegenwärtigen Struktur und der Optionen zur weiteren Entwicklung / Kristina Gerteiser. - Frankfurt am Main ; Berlin ; Bern ; Bruxelles ; New York ; Oxford ; Wien : Lang, 2002
(Europäische Hochschulschriften : Reihe 2, Rechtswissenschaft ; Bd. 3430)
Zugl.: Regensburg, Univ., Diss., 2001
ISBN 3-631-39166-8

D 355
ISSN 0531-7312
ISBN 3-631-39166-8

www.peterlang.de

Meinen Eltern

Vorwort

Die Arbeit wurde im Wintersemester 2001/2002 von der Rechtswissenschaftlichen Fakultät der Universität Regensburg als Dissertation angenommen. Verträge, Rechtsprechung und Literatur sind bis März 2001 berücksichtigt.

Meinem Doktorvater Herrn Prof. Dr. Rainer Arnold danke ich für die Betreuung und Förderung der Arbeit, Herrn Prof. Dr. Robert Uerpmann für die Anfertigung des Zweitgutachtens.

Meinen Eltern und meiner Schwester Stephanie bin ich für ihre Hilfe und Unterstützung sehr dankbar, die mir die Promotion überhaupt erst ermöglicht haben.

Durch Korrekturlesen, Unterkunft und Unterstützung in den schwierigen Phasen der Promotion haben auch meine Freunde ihren Anteil an dieser Arbeit. Ich möchte besonders Veronika Grieser, Andrea Heim, Angela Klein und Markus Köchling hervorheben – vielen Dank Euch allen!

Mein besonderer Dank gilt schließlich auch der Hanns-Seidel-Stiftung eV für die Gewährung eines Promotionsstipendiums.

Frankfurt am Main, Dezember 2001

Kristina Gerteiser

Inhaltsverzeichnis

Abkürzungsverzeichnis

a.A.	anderer Ansicht
Abs.	Absatz
a.F.	alte Fassung
AKP-Staaten	afrikanische, karibische und pazifische Staaten
Art.	Artikel
AWACS	Airborne Warning and Controlling System
BGBl.	Bundesgesetzblatt
BYIL	British Yearbook of International Law
CJTF	Combined Joint Task Forces
CMLRev	Common Market Law Review
DVBl.	Deutsche Verwaltungsblätter
EAG	Europäische Atomgemeinschaft
ECOMOG	Economic Community of African States Military Observer Group
ed(s).	editor(s)
EFTA	European Free Trade Association
EG	Europäische Gemeinschaft
EGV	Europäischer Gemeinschaftsvertrag
EJIL	European Journal of International Law
ELJ	European Law Journal
ELRev	European Law Review
EMRK	Europäische Menschenrechtskonvention
EPG	Europäische Politische Gemeinschaft
EPIL	Encyclopedia of Public International Law
ESVI	Europäische Sicherheits- und Verteidigungsidentität
ESVP	Europäische Sicherheits- und Verteidigungspolitik

EU	Europäische Union
EuGH	Europäischer Gerichtshof
EuR	Europarecht (Zeitschrift)
Euratom	Europäische Atomgemeinschaft
EUV	Europäischer Unionsvertrag (in der Fassung von Amsterdam)
EUV-Nizza	Europäischer Unionsvertrag in der Fassung von Nizza
EVG	Europäische Verteidigungsgemeinschaft
EWG	Europäische Wirtschaftsgemeinschaft
FAWEU	Forces Answerable to Western European Union
GASP	Gemeinsame Außen- und Sicherheitspolitik
GATT	General Agreement on Tariffs and Trade
GG	Grundgesetz
GV	Generalversammlung
GYIL	German Yearbook of International Law
hL	herrschende Lehre
hM	herrschende Meinung
Hrsg.	Herausgeber
HS	Halbsatz
ICJ	International Court of Justice
ICLQ	International and Comparative Law Quarterly
IFOR	Implementation Force
IGH	Internationaler Gerichtshof
i.S.d.	im Sinne des/der
ISS	Institute for Security Studies
KSZE	Konferenz für Sicherheit und Zusammenarbeit in Europa (vgl. OSZE)
MAPE	Multinational Advisory Police Element
mwN	mit weiteren Nachweisen

NATO	North Atlantic Treaty Organisation
OECD	Organisation for Economic Cooperation and Development
O.N.U	Organisation des Nations Unies
ONUC	Force Operation des Nations Unies pour le Congo
OSZE	Organisation für Sicherheit und Zusammenarbeit in Europa
ÖZöR	Österreichische Zeitschrift für Öffentliches Recht
PHARE	Poland and Hungary: Aid for Economic Restructuring
PJZS	Polizeiliche und Justizielle Zusammenarbeit in Strafsachen
Res.	Resolution
Rnr.	Randnummer
S.	Seite
SACEUR	Supreme Allied Command in Europe
SDI	Strategic Defence Initiative
SEA	Single European Act
SFOR	Stabilisation Forces
SR	Sicherheitsrat
TRIPS	Trade-related intellectual property rights
UA	Unterabsatz
UEF	Union Européenne des Fédéralistes
UEO	Union de l'Europe Occidentale
UN	United Nations
UNEF	United Nations Emergency Force
UNFICYP	United Nations Force in Cyprus
UNOSOM	United Nations Operation in Somalia
UNPROFOR	United Nations Protection Force
UNTS	United Nations Treaty Series

VN	Vereinte Nationen
WEU	Westeuropäische Union / Western European Union
WEU ISS	Western European Union Institute for Security Studies
WEUDAM	Western European Union Demining Assistance Mission
WTO	World Trade Organisation
WVRK	Wiener Vertragrechtskonvention = Wiener Übereinkommen über das Recht der Verträge
ZaöRV	Zeitschrift für ausländisches öffentliches Recht und Völkerrecht
ZBJI	Zusammenarbeit im Bereich Justitielles und Inneres
ZEI	Zentrum für Europäische Integrationsforschung
ZÖR	Zeitschrift für öffentliches Recht

Einführung

1. Fragestellung

Als der französische Außenminister *Robert Schuman* dem deutschen Bundeskanzler *Konrad Adenauer* vorschlug, die europäische Kohle- und Stahlindustrie in eine europäische Gemeinschaft einzubringen, stand der Sicherheitsgedanke durch eine Einbindung dieser grundlegenden Rüstungsgüter im Vordergrund vor den Erwägungen der wirtschaftlichen Vorteile einer solchen Integration. 1952 wurde die Montanunion[1] gegründet, 1957 folgten mit den Römischen Verträgen die Europäische Atomgemeinschaft und die Europäische Wirtschaftsgemeinschaft. Nicht zuletzt dieser immer engeren Verflechtung der europäischen Nationen ist es zu verdanken, daß ein militärischer Konflikt zwischen den westeuropäischen Staaten nur ein halbes Jahrhundert nach dem zweiten Weltkrieg nicht mehr vorstellbar ist[2].

Schon bald nach der Gründung der Montanunion jedoch veränderte sich die globale sicherheitspolitische Situation. Im Mittelpunkt stand nicht mehr das interne Sicherheitsproblem Europas, sondern die Bedrohung durch die Sowjetunion und das östliche Sicherheitsbündnis, den Warschauer Pakt. Die Sicherheit der westeuropäischen Staaten wurde im Rahmen der NATO von den USA garantiert. Über ein halbes Jahrhundert hinweg war die weltweite sicherheitspolitische Situation geprägt von der Existenz zweier gewaltiger Großmächte, die im – letztendlich erfolgreichen – Versuch der gegenseitigen Abschreckung große Rüstungspotentiale schufen und nahezu die gesamte Welt in zwei *Lager* oder *Blöcke* teilten.

Mit dem Ende des Kalten Krieges, eingeläutet durch *Gorbatschows Perestroika* und endgültig beendet mit der Auflösung des Warschauer Pakts 1991, hat sich die Lage völlig verändert. An Stelle der übermächtigen Bedrohung durch den Block auf der anderen Seite des Eisernen Vorhangs sind zahlreiche kleine, meist innerstaatliche Konflikte getreten. Die Situation ist weniger bedrohlich als noch vor einer Dekade, aber auch diffuser und schwerer durchschaubar. Eine Anpassung der globalen Sicherheitssysteme an die neuen Gegebenheiten findet aber nur langsam und zaghaft statt.

Für Europa bedeutet die Veränderung eine historische Möglichkeit, die Spaltung des Kontinents zu überwinden und seine strategische Situation zu verbessern, indem es nicht mehr zum Schlachtfeld eines potentiellen Konflikts der Großmächte zu werden droht. In diesem Licht sind die Bemühungen Eu-

---

[1] Europäische Gemeinschaft für Kohle und Stahl.

[2] Siehe dazu *Frowein*, Die Europäische Union mit WEU als Sicherheitssystem, in *Due* (Hrsg.), Festschrift für Ulrich Everling, S. 315 f.

ropas zu sehen, eine von den USA unabhängige Sicherheits- und Verteidigungspolitik zu schaffen.

Bereits zu Beginn der 1980er Jahre, als der Höhepunkt des Kalten Krieges überschritten war, begannen die Mitgliedstaaten der Europäischen Gemeinschaften mit einer Koordination ihrer Außenpolitik. Die Zusammenarbeit war jedoch rein intergouvernemental angelegt; eine Übertragung von souveränen Rechten von den Mitgliedstaaten auf die Gemeinschaft fand nicht statt.

Im Unionsvertrag von Maastricht[3] und in seiner Fortentwicklung in Amsterdam[4] wurde dann in Titel V zum ersten Mal eine gemeinsame Außen- und Sicherheitspolitik normiert. Auch hier lehnten die Mitgliedstaaten jedoch eine Übertragung von souveränen Rechten an die Union ab. Die Idee, Europa durch eine gemeinsame Außen- und Sicherheitspolitik eine faßbare Identität zu verleihen, gehört nach wie vor zu den schwierigsten Reformaufgaben der Union[5].

Ein besonders sensibler Punkt staatlicher Souveränität ist die Sicherheits- und Verteidigungspolitik eines Staates. In den Verträgen von Maastricht und Amsterdam hat dieser Bereich zwar Eingang in den Vertragstext gefunden. Art. 17 EUV normiert nunmehr die Verteidigungspolitik der Union, die weiterhin *zu einer gemeinsamen Verteidigung führen könnte*, sofern der Europäische Rat dies beschließt[6]. In den folgenden Absätzen sind die Aufgaben der Union im Bereich des internationalen Krisenmanagements und die Möglichkeit der Inanspruchnahme der WEU für die operative Durchführung solcher Aufgaben normiert.

Eine wichtige Änderung ergibt sich durch die Erklärung der WEU von Marseille[7] sowie aus dem Vertrag der Europäischen Union von Nizza. Danach zieht sich die WEU aus dem internationalen Krisenmanagement zurück und sieht sich nunmehr nur noch für eine gemeinsame Verteidigung zuständig. Die Union bedient sich damit nicht mehr der WEU zur operativen Durchführung solcher Aktionen, sondern entwickelt eigene operationelle Kapazitäten[8].

Uneinigkeit herrscht jedoch unter den Mitgliedstaaten in Bezug auf die Frage

---

[3] Vertrag über die Europäische Union, BGBl. 1992 II S. 1235.
[4] Vertrag über die Europäische Union, BGBl. 1998 II S. 387.
[5] *Fröhlich*, Der Ausbau der europäischen Sicherheits- und Verteidigungsidentität zwischen WEU und NATO, ZEI Discussion Paper (1998) C 19, S. 3.
[6] Art. 17 Abs. 1 UA 1 EUV.
[7] WEU Ministerrat in Marseille, 13. November 2000.
[8] Der Vertrag, wie er in der Regierungskonferenz vom 6.-9. Dezember 2000 in Nizza ausgearbeitet wurde am 26. Februar 2001 von den EU-Mitgliedstaaten unterzeichnet wurde, tritt erst nach Ratifikation in allen Mitgliedstaaten in Kraft. In der vorliegenden Arbeit wird daher auf die Änderungen hingewiesen, die sich bei Inkrafttreten der derzeitigen Fassung ergeben.

der weiteren Integration. Während ein Teil der Unionsmitglieder eine europäische Sicherheits- und Verteidigungspolitik in der Union verankern möchte, indem die Westeuropäische Union vollständig in die Union integriert wird, sehen andere Unionsmitglieder die Zuständigkeit für Operationen des militärischen Krisenmanagements wie auch der gemeinsamen Verteidigung bei der NATO. Schließlich sind mit Finnland, Irland, Österreich und Schweden auch vier neutrale Staaten Mitglied der Union, welche diesen Status nicht aufgeben wollen und lediglich Einsätze der Union im internationalen Krisenmanagement befürworten.

Die Sicherheits- und Verteidigungspolitik der Union ist in zweifacher Hinsicht von Bedeutung. In der internationalen Dimension stellt sie die europäische Reaktion auf die Veränderung der globalen Sicherheitsstrukturen dar. Welche Rolle Europa in der Weltordnung nach dem Kalten Krieg spielt, ist nicht zuletzt eine Frage seiner Einigkeit im internationalen Auftreten. Zum anderen läßt die Bereitschaft der Mitgliedstaaten, ihre nationale Sicherheits- und Verteidigungspolitik in der Europäischen Union zu koordinieren und einheitlich vorzugehen, auch auf die Tiefe der politischen Integration innerhalb der Europäischen Union schließen.

Ziel der vorliegenden Arbeit ist daher zunächst eine Untersuchung der Europäischen Sicherheits- und Verteidigungspolitik und ihrer Auswirkungen auf die Union, wie sie sich seit dem Inkrafttreten des Vertrags von Amsterdam darstellt. Dabei soll auch auf die relevanten Änderungen des Vertrags in Nizza eingegangen werden. Weiterhin sollen zwei Optionen in europa- und völkerrechtlicher Hinsicht beleuchtet werden, mittels derer sowohl internationales Krisenmanagement als auch eine gemeinsame Verteidigung in die Europäische Union integriert werden kann.

2. Gang der Untersuchung

In einem ersten Kapitel soll die Entwicklung einer europäischen Sicherheits- und Verteidigungspolitik im Kontext der europäischen Einigung seit 1945 dargestellt werden. Von besonderem Interesse ist in diesem Zusammenhang die voneinander unabhängige Entwicklung der wirtschaftlichen Integration in den Europäischen Gemeinschaften auf der einen und der politischen Kooperation in der WEU auf der anderen Seite. Diese beiden Organisationen sollen daher in ihrer Entwicklung, ihren Strukturen, Mitgliedern und Aufgaben sowie der völkerrechtlichen Einordnung näher beleuchtet werden.

Das zweite Kapitel befaßt sich mit dem Konzept der europäischen Sicherheits- und Verteidigungspolitik, wie es durch den Vertrag von Amsterdam von 1999 angelegt ist und durch den in Nizza ausgehandelten Vertrag fortgeführt werden soll. Wesentliches Merkmal dieses Konzepts ist die Aufteilung der Kompetenzen bezüglich des internationalen Krisenmanagements und der gemeinsamen Verteidigung. Während ersteres seit dem Inkrafttreten des Amsterdamer Vertrags von der Union durchgeführt werden kann, verbleiben die Kompetenzen bezüglich der völkerrechtlichen Selbstverteidigung vollständig bei den Mitgliedstaaten der Union. Die WEU bleibt als eigenständige Organisation bestehen. Untersucht werden sollen daher insbesondere die Einordnung der Krisenmanagementkompetenzen in den Vertrag, ihre rechtliche Ausgestaltung sowie ihre Auswirkungen auf die Union auch in völkerrechtlicher Hinsicht.

Im dritten und vierten Kapitel wird eine Untersuchung zweier Konzepte einer Integration der WEU in die Union aus europa- und völkerrechtlicher Sicht durchgeführt.

Zunächst besteht die Möglichkeit, die Kompetenzen bezüglich einer gemeinsamen Verteidigung mittels eines Zusatzprotokolls an den Unionsvertrag anzufügen. Die Aufgaben des internationalen Krisenmanagements verbleiben im Unionsvertrag. Das dritte Kapitel befaßt sich dementsprechend insbesondere mit der Einordnung des Protokolls in den Unionsrahmen, seiner rechtlichen Ausgestaltung und den völkerrechtlichen Implikationen einer solchen Lösung.

Im vierten Kapitel wird untersucht, welche Auswirkungen sich für die Union und ihre gemeinsame Außen- und Sicherheitspolitik ergeben, wenn als zweite Option die Beistandsklausel der WEU in den Titel V des Unionsvertrags über die *Gemeinsame Außen- und Sicherheitspolitik* integriert wird. Die GASP umfaßt damit dann Aspekte der Außensicherheitspolitik, des internationalen Krisenmanagements und der gemeinsamen Verteidigung. Die Betrachtung im Rahmen dieser Arbeit umfaßt die Einordnung der dergestalt erweiterten GASP in den Unionsrahmen, ihre rechtliche Ausgestaltung und die völkerrechtlichen Aspekte und Auswirkungen dieser Lösung.

Eine Zusammenfassung der Untersuchungsergebnisse und ihre übergreifende Bewertung im Kontext der europäischen Integration in Kapitel 5 bilden den Abschluß der Arbeit.

Kapitel 1. Die Entwicklung einer europäischen Sicherheits- und Verteidigungspolitik im Kontext der europäischen Einigung

Betrachtet man die europäische Einigung seit dem Ende des zweiten Weltkrieges im Hinblick auf die Entwicklung einer außen- und sicherheitspolitischen Komponente bis hin zu einer europäischen Sicherheits- und verteidigungspolitischen Identität (ESVI), so lassen sich im Wesentlichen vier Phasen der Entwicklung erkennen.

Zunächst kam es in der Folge des zweiten Weltkrieges zu einzelnen wirtschaftlichen und politischen Bündnissen, ohne daß jedoch die angestrebte Schaffung einer politischen Union gelang. Die zweite Phase begann 1954, als eine politische Union endgültig nicht mehr durchführbar erschien und die Entwicklung einer wirtschaftlichen und einer politischen Einigung getrennt voneinander in verschiedenen Organisationen verfolgt wurden. Erst in den 1970er und 1980er Jahren, als der Höhepunkt des Kalten Krieges überschritten schien, begann eine Neuorientierung, in deren Zuge die wirtschaftliche Einigung eine politische Einigung nach sich zu ziehen begann. Mit Ende des Kalten Krieges Anfang der 1990er Jahre schließlich veränderte sich die globale politische und strategische Situation vollständig, was eine neuerliche Reform der europäischen Sicherheitsstrukturen erforderte und eine Zusammenführung der bisher getrennten Entwicklungen ermöglichte.

Dieses erste Kapitel soll die Entwicklung einer europäischen Sicherheits- und Verteidigungspolitik im Kontext der europäischen Einigung darstellen. Insbesondere sollen die beiden internationalen Organisationen beleuchtet werden, welche für diese Entwicklung von besonderer Bedeutung sind, also die Europäischen Gemeinschaften/Europäische Union und die Westeuropäische Union.

A. Die ersten europäischen Einigungsbestrebungen ab 1945

1. Hintergründe der europäischen Einigung nach 1945

Nicht nur Deutschland, sondern eigentlich ganz Europa war der Verlierer des Zweiten Weltkrieges – der Kontinent hatte seine zentrale Position in der Welt eingebüßt und drohte zwischen den neuen Supermächten noch weiter an Bedeutung zu verlieren. Weitblickende Politiker erkannten sehr früh, daß diese Entwicklung ohne Überwindung oder zumindest Abschwächung des Nationalstaatsdenkens nicht angehalten werden konnte. Daher gewann der Verständigungs- und Einigungsgedanke immer stärkeren Einfluß auf die politischen Vorstellungen. Hierdurch sollte zunächst jede kriegerische Auseinandersetzungen unter europäischen Staaten auf Dauer verhindert werden.

Gleichzeitig sollte durch gemeinsame Anstrengungen und Bündelung der Kräfte versucht werden, den früheren politischen und wirtschaftlichen Einfluß in der Welt wieder zu erlangen[9].

Nach Ende des Zweiten Weltkrieges war jedoch zunächst für eine europäische Einigung kein Platz: die Weltmächte USA und UdSSR wünschten kein geeintes Europa als Gegengewicht zu ihrer Rolle als Großmächte. Mit den Differenzen zwischen den beiden Mächten aber, die ab 1946 immer deutlicher zutage traten, bekam der Einigungsgedanke für Europa immer mehr Bedeutung, um auf der weltpolitischen Bühne Einfluß zu gewinnen. Als Auslöser der Diskussion gilt Churchills *Zürcher Rede* von 19. September 1946 mit seinem Vorschlag zur Bildung der *Vereinigten Staaten von Europa* unter Aufgabe der absoluten Staatssouveränität[10]. Die Schaffung neuer Sicherheitsstrukturen durch eine Einbindung und damit Kontrolle Deutschlands und die Selbstbehauptung Europas gegenüber den Weltmächten waren dabei ebenso relevant wie die Schaffung neuer Wirtschaftsräume[11].

Mit Beginn des Kalten Krieges rückten die Sicherheitsinteressen in den Vordergrund. Durch einen engen politischen Schulterschluß oder gar Zusammenschluß sollte sowohl die Sicherheit nach innen, also zwischen den zuvor verfeindeten, jetzt verbündeten Staaten, als auch die Absicherung gegen Bedrohungen von außen gewährleistet werden. Aus diesen Bemühungen entstand in der Folgezeit ein Netzwerk von Einigungen in wirtschaftlicher und politischer Hinsicht, die sich gegenseitig bedingten und folgten. Die Entwicklung einer politischen Union gelang jedoch nicht.

Die beiden Entwicklungsansätze, durch welche die europäischen Einigungen verwirklicht wurden, sind zum einen das Kooperationsmodell, zum anderen das Modell der Integration[12]. Die Kooperation beruht auf freiwilligem Entschluß und gleichberechtigter Mitwirkung der beteiligten Staaten. Sie kann eigene Organe besitzen, die jedoch den einzelnen Mitgliedsstaat nicht gegen seinen Willen verpflichten können. Damit bewahrt die Kooperation die volle Souveränität der beteiligten Staaten[13]. Die Integration dagegen beruht zwar ebenfalls auf einem freiwilligem Entschluß und gleichberechtigtem Mitwir-

---

[9] *Streinz*, Europarecht, Rnr. 10.

[10] Abgedruckt in *Haseloff*, Wolfgang, Die Einigung Europas, S. 12. Dieser Vorstoß Churchills wird oft als Anstoß zur Einigung Europas bezeichnet, obgleich Churchill selbst kein System gleichberechtigter Partner avisierte, sondern Großbritannien in einer Hegemonialstellung sah, *Streinz*, Europarecht, Rnr. 11, siehe dazu auch *Hattenhauer*, Europäische Rechtsgeschichte, Rnr. 2217. Zur Entwicklung der europäischen Einigung siehe Auswärtiges Amt, Europa, Dokumente zur Frage der europäischen Einigung, Bonn 1953.

[11] *Glöckler-Fuchs*, Institutionalisierung der europäischen Außenpolitik, S. 65-6.

[12] *Jürgens*, Die GASP, S. 48-50.

[13] *Jürgens*, Die GASP, S. 48-9.

ken der beteiligten Staaten, setzt aber einen verbindlicheren und komplexeren Ordnungsrahmen. Ursprünglich einzelstaatliche Hoheitsrechte werden der gemeinsamen Entscheidung unterstellt, bei der ein Mitgliedsstaat auch gegen seinen Willen verpflichtet werden kann[14].

2. Wirtschaftliche und politische Bündnisse nach dem 2. Weltkrieg

Das erste Bündnis in Europa nach 1945 war der Vertrag von Dünkirchen von 1947, in dem sich Großbritannien und Frankreich zu einem Sicherheitsbündnis gegen Deutschland zusammenschlossen. 1948 wurde er zum Brüsseler Vertrag erweitert[15], woraus sich 1954 die *Westeuropäische Union* entwickeln sollte[16]. Am 16. April 1949 schlossen sich die europäischen Staaten zur wirtschaftlich geprägten Organisation für wirtschaftliche Zusammenarbeit und Entwicklung (OECD)[17] zusammen[18], und am 15. Mai 1949 wurde der Europarat gegründet, dessen Mitglieder sich später dem Rechtsschutzsystem der Europäischen Menschenrechtskonvention (EMRK) vom 4. November 1950[19] anschlossen[20]. Diese ersten Bündnisse stellten rein intergouvernemental organisierte Zusammenschlüsse dar, in denen die Vertragsstaaten sich zwar zum Beistand im Verteidigungsfall beziehungsweise wirtschaftlicher Zusammenarbeit oder Achtung bestimmter Menschenrechte verpflichteten, von ihrer staatlichen Souveränität jedoch nicht abwichen.

Im Oktober 1949, vor dem Hintergrund der Berlin-Blockade und dem immer deutlicher werdenden Ost-Westkonflikt, wurde vom Dachverband der Union Européenne des Fédéralistes UEF der Vorschlag zum *Bundespakt* vorgelegt, der einen stufenweisen Übergang von einem intergouvernemental dominierten Angleichungsprozeß zu einer supranational fusionierten Außenpolitik vorsah. Auch dieser Vorschlag scheiterte, als 1950 die Beratende Versammlung des Europarats das Konzept endgültig ablehnte[21].

Nachdem eine umfassende Integration nicht möglich erschien, setzte sich die Idee der Teilintegration durch[22]. Dementsprechend befaßte sich 1951 der *Schumanplan* des damaligen französischen Außenministers Robert Schuman

---

14 *Kuschnick*, Integration in Staatenverbindungen, S. 69ff.

15 *Saalfeld*, Entwicklung und Perspektiven der Westeuropäischen Union – Völkerrechtliche und sicherheitspolitische Überlegungen zu einer künftigen Revision des WEU-Vertrags, S. 18; *Fleuß*, Die operationelle Rolle der WEU, S. 24ff.

16 Dazu näher unten S. 30.

17 OECD = *Organisation for Economic Cooperation and Development.*

18 *Streinz*, Europarecht, Rnr. 12.

19 BGBl. 1952 II S. 686; internationale Quelle: UNTS Vol. 213 p. 221.

20 *Streinz*, Europarecht, Rnr. 1.

21 *Glöckler-Fuchs*, Institutionalisierung der europäischen Außenpolitik, S. 73-5.

22 *Glöckler-Fuchs*, Institutionalisierung der europäischen Außenpolitik, S. 73-5.

mit der Integration eines wirtschaftlichen Teilbereichs und befürwortete erstmals von offizieller Seite einen begrenzten Souveränitätsverzicht[23]. Nach Verhandlungen über den *Schumanplan* unter dem Vorsitz *Jean Monnets*[24] wurde 1952 durch sechs europäische Staaten[25] der Vertrag über die Europäische Gemeinschaft für Kohle und Stahl, kurz Montanunion, unterzeichnet[26]. Man erhoffte sich einen *spill-over*-Effekt in Bezug auf eine politische Integration[27]. Obwohl auf den ersten Blick ein wirtschaftlicher Zusammenschluß, stand bei der Montanunion der Gedanke der Sicherheit nach innen im Vordergrund vor der wirtschaftlichen Integration. Die für Rüstung wichtigen Stahlwerke sollten, insbesondere in Bezug auf Deutschland, im Rahmen eines Konzepts zur Einbeziehung und Kontrolle des ehemaligen Feindstaates unter supranationaler Kontrolle stehen[28]. Die Montanunion mit ihren supranationalen Organen stellte den ersten wesentlichen Schritt auf dem Weg zu einer europäischen Integration dar[29].

3. Der Pleven-Plan und die Europäische Verteidigungsgemeinschaft

Seit den fünfziger Jahren räumten die Westeuropäer der militärischen Integration in die 1949 gegründete NATO den Vorrang vor einer europäischen Lösung ein. Dennoch blieb die Idee einer europäischen Verteidigungsgemeinschaft weiterhin aktuell. Unter dem Eindruck der Berlin-Blockade und des beginnenden Korea-Krieges im Juni 1950 wuchs die Erkenntnis, daß die im Zweiten Weltkrieg entstandenen Allianzen nicht von Bestand waren, und daß ein neues Sicherheitskonzept für Europa auch Deutschland und Italien integrieren mußte[30]. Der *Pleven-Plan* von 1950, benannt nach seinem geistigen Vater, dem damaligen französischen Ministerpräsidenten René Pleven, sah dementsprechend eine Wiederbewaffnung Deutschlands unter supranationaler Kontrolle durch die Bildung einer europäischen Armee unter einem europäischen Verteidigungsminister vor. Ziel waren neben der Absicherung nach außen

---

[23] *Jürgens*, Die gemeinsame europäische Außen- und Sicherheitspolitik, S. 52 f.
[24] 1919-23 war Jean Monnet stellvertretender Generalsekretär des Völkerbundes, seit 1946 Leiter des *Aktionskomitees für die Vereinigten Staaten von Europa* (der sogenannte Monet-Ausschuß).
[25] Dies waren Belgien, Frankreich, Deutschland, Italien, Luxemburg und die Niederlande.
[26] Vertrag über die Gründung der Europäischen Gemeinschaft für Kohle und Stahl vom 18.4.1951, BGBl. 1952 II S. 447.
[27] *Glöckler-Fuchs*, Institutionalisierung der europäischen Außenpolitik, S. 74-8.
[28] *Streinz*, Europarecht, Rnr. 15.
[29] Siehe dazu *Hattenhauer*, Europäische Rechtsgeschichte, Rnr. 2227 ff.
[30] *Semrau*, Die GASP der EU, S. 13.

nach außen auch die Wiederbewaffnung Deutschlands unter supranationaler Kontrolle, also ebenso eine Absicherung nach innen[31].

Auf der Grundlage dieses Pleven-Plans verhandelten die sechs Mitgliedstaaten der Montanunion 1951 und 1952 über die Errichtung einer Verteidigungsgemeinschaft (EVG). Am 27.05.1952 wurde der Vertrag über die EVG[32] unterzeichnet. In Erwartung der Ratifikation des EVG-Vertrags nahm die Versammlung der Montanunion 1953 einen Satzungsentwurf für eine Europäische Politische Gemeinschaft (EPG) an, welche die Integration der Montanunion und der EVG in die EPG vorsah[33]. Die EPG scheiterte jedoch 1954 an der fehlenden Ratifikation des Vertrags über die Europäische Verteidigungsgemeinschaft durch das mittlerweile in seiner Zusammensetzung veränderte französische Parlament[34].

Mit dem Scheitern der EPG und EVG war den Plänen zur Entwicklung einer politischen Union mit einer integrierten europäischen Außenpolitik vorerst die Grundlage entzogen[35].

B. Getrennte Entwicklungen nach dem Scheitern der Europäischen Verteidigungsgemeinschaft 1954

Da eine politische Union nunmehr nicht mehr durchführbar erschien, verlief die weitere Entwicklung zweigeteilt. Die politischen Fragen, insbesondere solche der äußeren Sicherheit, wurden in der als Reservelösung gegründeten WEU behandelt. Die wirtschaftliche Integration fand unabhängig von der politischen Dimension einer Einigung Europas durch eine Fortführung der Zusammenarbeit der Montanunion in den Römischen Verträgen von 1957 und deren Weiterentwicklung statt.

Im Folgenden soll zunächst ausführlich auf die Gründung und Ausgestaltung der WEU eingegangen und danach kurz die sich parallel zur WEU entwikkelnde wirtschaftliche Integration im Rahmen der Europäischen Wirtschaftsgemeinschaft skizziert werden.

---

[31] *Fleuß*, Die operationelle Rolle der WEU, S. 26; *Schell*, Bündnis im Schatten, S. 37-8.
[32] Abgedruckt in: Auswärtiges Amt (Hrsg.), Europa, S. 341ff.
[33] *Jürgens*, Die gemeinsame europäische Außenpolitik, S. 54-5.
[34] *Fleuß*, Die operationelle Rolle der WEU, S. 26-7; *Glöckler-Fuchs*, Institutionalisierung der europäischen Außenpolitik, S. 79ff; *Fergus/Infantis*, NATO in the new European Order, S. 59.
[35] *Jürgens*, Die gemeinsame europäische Außenpolitik, S. 55.

I. Die gemeinsame Verteidigung in der WEU

1. Gründung und aktive Jahre der WEU

Mit Unterzeichnung des Pariser Abkommens am 23.10.1954 wurde die Westeuropäische Union (WEU) gegründet, indem der Brüsseler Vertrag entsprechend geändert und Deutschland und Italien in das Bündnis aufgenommen wurden. Am 6.5.1955 trat der so modifizierte Brüsseler Vertrag in Kraft[36].

In den folgenden zwei Jahrzehnten, die auch als die *aktiven Jahre*[37] der WEU beschrieben werden, übernahm das Bündnis im wesentlichen drei Funktionen.

Dies war zunächst die Überwachung des Saarstatuts, welches die Durchführung eines Referendums über ein europäisches Statut des Saarlandes regelte und die Wahrnehmung der Interessen der Region bis zu diesem Zeitpunkt einem europäischen Kommissar übertrug[38]. Die WEU ernannte und überwachte den Kommissar, weiterhin organisierte und beobachtete sie die Volksabstimmung am 23. Oktober 1955 sowie die nachfolgenden ersten Landtagswahlen am 18. Dezember 1955. Beendet wurde das Saarstatut – und damit diese Aufgabe der WEU – durch das Luxemburger Übereinkommen vom 27. Oktober 1956, in dem Frankreich die Zugehörigkeit des Saarlandes zu Deutschland akzeptierte[39].

Weiterhin übernahm die WEU eine Brückenfunktion zu Großbritannien in dem Zeitraum zwischen dem Inkrafttreten der Römischen Verträge am 1. Januar 1958 und dem Beitritt Großbritanniens zu den Europäischen Gemeinschaften 1973, da sie das einzige europäische Forum für Treffen der Gemeinschaftsmitglieder mit Großbritannien auf Ministerebene darstellte und damit auch als Organisationsrahmen für den britischen Beitritt zu den Gemeinschaften fungierte[40].

Schließlich führte die WEU noch die Überwachung der Personalstärken der Streitkräfte und die Rüstungskontrolle durch, welche in dem Mißtrauen der Nachkriegeszeit gegenüber Deutschland begründet lag. Auch diese Aufgabe verlor jedoch mit der Zeit an Bedeutung[41].

---

[36] *Fleuß*, Die operationelle Rolle der WEU, S. 27-28.
[37] *Fleuß*, Die operationelle Rolle der WEU, S. 30.
[38] Abkommen zwischen der Regierung der Bundesrepublik Deutschland und der Regierung der Französischen Republik über das Statut der Saar, BGBl. 1955 II, S. 296-300.
[39] *Fleuß*, Die operationelle Rolle der WEU, S. 30 f.
[40] Siehe dazu ausführlich *Schell*, Bündnis im Schatten, S. 60 ff.
[41] *Fleuß*, Die operationelle Rolle der WEU, S. 31-33.

Neben der Wahrnehmung dieser Aufgaben versäumte die WEU es aber, in diesen Jahren die Entwicklung einer europäischen Sicherheitsallianz nachhaltig zu fördern[42]. Sie trug zwar von Beginn an die *Einheit Europas und seiner fortschreitenden Integration*[43] in den Zielbestimmungen, erreichte aber keine weitergehende politische Einigung, die über eine intergouvernementale Kooperation in Verteidigungsfragen hinausging[44].

2. Aufgaben und Ziele der WEU

Die im modifizierten Brüsseler Vertrag festgelegten Aufgaben des Bündnisses sind zweigeteilt. Im Vordergrund steht die Verteidigung des Bündnisgebietes im Angriffsfall auf einen oder mehrere Bündnispartner gemäß Art. V[45]. Weiterhin, *um Frieden und Sicherheit zu festigen und die Einheit Europas zu fördern*, sieht Art. VIII durch die Schaffung eines Rates eine Konsultation der Mitgliedstaaten untereinander in Krisensituationen vor.

Eine weitere Aufgabe der WEU besteht in der Gewährleistung der Sicherheit nach innen. Die Wiederbewaffnung Deutschlands nach dem zweiten Weltkrieg unter dem Eindruck des sich verstärkenden Ost-West-Konflikts sollte unter Kontrolle der übrigen westeuropäischen Staaten stattfinden. Aufgrund der geänderten politischen Rahmenbedingungen ist diese Überlegung heute zwar hinfällig. Jedoch könnte mit der Aufnahme der mittel- und osteuropäischen Staaten als assoziierte Partner seit 1992 die Funktion der WEU als Sicherheitsbündnis nach innen wieder an Aktualität gewonnen haben, indem die Stabilisierung der sich nach wie vor in einem außenpolitischen Vakuum befindlichen Staaten durch die Einbindung in ein Sicherheitsbündnis erfolgte[46].

Nachdem alle Vollmitglieder der WEU auch gleichzeitig Mitglieder der NATO sind, stellt sich die Frage nach dem Bedarf der WEU an eigenen Kapazitäten zur Umsetzung des Art. V des modifizierten Brüsseler Vertrags. Einige Mitgliedstaaten der WEU legen nach wie vor Wert auf die Feststellung, daß für die europäische Verteidigung nach wie vor die NATO zuständig

---

[42] Siehe dazu ausführlicher *Fleuß*, Die operationelle Rolle der WEU, S. 30 ff.

[43] Präambel des modifizierten Brüsseler Vertrags.

[44] *Glöckler-Fuchs*, Institutionalisierung der europäischen Außenpolitik, S. 71.

[45] Der Wortlaut des Art. V des modifizierten Brüsseler Vertrags lautet: *Sollte einer der Hohen Vertragschließenden Teile das Ziel eines bewaffneten Angriffs in Europa werden, so werden ihm die anderen Hohen Vertragschließenden Teile im Einklang mit den Bestimmungen des Artikels 51 der Satzung der Vereinten Nationen alle in ihrer Macht stehende militärische und sonstige Hilfe und Unterstützung leisten.*

[46] Zu den 1992 durch die Petersberg-Erklärung übernommenen Aufgaben des internationalen Krisenmanagements siehe unten S. 53 f.

ist[47], was auch der in Art. IV erklärten Subsidiarität entspricht. Dennoch ist zu beachten, daß die Beistandspflicht des modifizierten Brüsseler Vertrages über die des NATO-Vertrages hinausgeht. Während der NATO-Vertrag in Art. 5 lediglich zu einer Beistandsleistung verpflichtet, die der beistehende Staat *für erforderlich erachtet, um die Sicherheit des nordatlantischen Gebietes wiederherzustellen*, verlangt der Brüsseler Vertrag *alle in ihrer* [der beistehenden Staaten] *Macht stehende Hilfe und stehende Unterstützung militärischer und sonstiger Art.* Ferner steht die Reaktivierung der WEU politisch gesehen im Zeichen einer Emanzipation Europas von Amerika, insbesondere den USA, so daß diese Frage nicht allein juristisch gesehen werden kann, sondern in den politischen Kontext gestellt werden muß.

3. Die institutionelle Ausgestaltung und Rechtsnatur der WEU

Die WEU stellt sich als intergouvernementale Organisation mit einem Rat als zentralem Entscheidungsorgan und einer parlamentarischen Versammlung mit beratender Funktion dar und unterscheidet sich damit nicht wesentlich von anderen internationalen Organisationen[48].

a. Die intergouvernementale Struktur der WEU

Der Rat der WEU ist gemäß Art. VIII Abs. 1 S.1 des modifizierten Brüsseler Vertrages das höchste Organ und dient in erster Linie der Koordination der Positionen der Mitgliedstaaten. Er unterscheidet sich vom Rat der Europäischen Union insofern, als letzterer an Gemeinschaftsinteressen gebunden ist, arg. Ex Art. 3 EUV, während der Rat der WEU lediglich die Interessen der einzelnen Teilnehmer bündelt und koordiniert. Der Rat tagt in der Zusammensetzung als Ministerrat und tritt zweimal im Jahr zusammen, bei Bedarf auch zu außerordentlichen Sitzungen. Er ist das einzige Organ der WEU mit Entscheidungsbefugnis. Die Präsidentschaft rotiert halbjährlich unter den Vollmitgliedern der WEU.

Dem Ministerrat ist ein *Ständiger Rat* zur Seite gestellt, der auf Botschafterebene in der Regel wöchentlich tagt. Der Ständige Rat überwacht laufende Aktivitäten der WEU und bereitet die Sitzungen des Ministerrats vor[49]. Weiterhin befaßt er sich auch mit den wesentlichen, in den Zuständigkeitsbereich der Organisation fallenden Sicherheits- und Verteidigungsfragen und hält Krisensitzungen ab. In Situationen, *die eine Bedrohung des Friedens (...) oder eine Gefährdung der wirtschaftlichen Stabilität* darstellen, ist gemäß Art. VIII Abs. 3 des modifizierten Vertrags unverzüglich der Rat einzuberu-

---

[47] *Fröhlich*, Der Ausbau der europäischen Verteidigungsidentität zwischen WEU und NATO, ZEI Discussion Paper (1998) C19 S. 17, 19.
[48] *Fleuß*, Die operationelle Rolle der WEU, S. 47.
[49] *Schell*, Bündnis im Schatten, S. 49.

fen. Die Norm weist dem Rat damit eine Krisenmanagementkompetenz zu, während die Aufgabe des Ständigen Rats in der vorbereitenden Befassung mit der Angelegenheit besteht[50]. Zur Unterstützung des Ständigen Rates wurden Arbeitsgruppen eingerichtet, so beispielsweise die Sonderarbeitsgruppe (SWG) aus Vertretern der Außenminister, die Gruppe der Vertreter aus den Verteidigungsministerien (DGR), die Ratsarbeitsgruppe, die politisch-militärische Gruppe (PMG) oder die Gruppe der militärischen Delegierten (MDG)[51].

Der Rat beschließt gemäß Art. VIII Abs. 4 des modifizierten Brüsseler Vertrages einstimmig. Mehrheitsbeschlüsse sind nur in den vom Rat eingerichteten Stellen möglich, die vom Rat auch zur selbständigen Ausübung ihrer Befugnisse ermächtigt werden können. Umgesetzt wurde dies in den Protokollen II und III[52]. Die WEU weist damit zwar ein supranationales Element auf. Daraus kann jedoch nicht auf den Charakter der Organisation geschlossen werden. Grundsätzlich wird Supranationalität dergestalt definiert, daß die Organisation befugt ist, ihre Mitglieder auch gegen deren Willen zu verpflichten. Dies geschieht in der Regel entweder durch ein unabhängiges Organ oder durch ein Mehrheitsprinzip im Entscheidungsprozeß des beschlußfassenden Organs. Der Rat der WEU aber dient in erster Linie der Koordination der Mitgliedstaaten und unterliegt dem Konsensprinzip. Mehrheitliche Beschlußfassung findet nur in untergeordneten Fragen in den nachgeordneten Stellen statt, nicht aber in zentralen institutionellen oder funktionellen Fragen oder solchen mit sicherheits- oder verteidigungspolitischen Implikationen.

Somit ist der Rat weder ein unabhängiges Entscheidungsorgan, noch werden Mitglieder in den entscheidenden Fragen durch Mehrheitsbeschlüsse gegen ihren Willen gebunden. Der Charakter der WEU ist somit, trotz einiger supranationaler Elemente, rein intergouvernemental[53].

Die WEU verfügt über ein Generalsekretariat mit Sitz in Brüssel mit einem Mitarbeiterstab von rund 100 internationalen Beamten. Der Generalsekretär leitet die Sitzungen des Ständigen Rates und koordiniert die Tätigkeiten der Arbeitsgruppen[54].

---

[50] Siehe dazu *Fleuß*, Die operationelle Rolle der WEU, S. 51.

[51] Presse- und Informationsamt der Bundesregierung (Hrsg.), Die Westeuropäische Union, S. 9-10.

[52] Protokolle vom 23.10.1954 Nr. II über die Streitkräfte der Westeuropäischen Union, und Nr. III über die Rüstungskontrolle BGBl. 1955 II S. 262 (266).

[53] *Streinz*, Europarecht, 4. Aufl. 1999, Rnr. 115-6; *Fleuß*, Die operationelle Rolle der WEU, S. 49-50; Fn.136 mit weiteren Nachweisen; *Ipsen*, Über Supranationalität, in *Ehmke* et al., Festschrift für Ulrich Scheuner, S. 211 (219); *Schell*, Bündnis im Schatten, S. 50.

[54] *Fleuß*, Die operationelle Rolle der WEU, S. 52.

b. Die Parlamentarischen Elemente der WEU

Die Parlamentarische Versammlung der WEU wurde in Art. IX des modifizierten Brüsseler Vertrags eingeführt und 1954 gegründet. 118 Abgeordnete befassen sich mit allen den Brüsseler Vertrag betreffenden Fragen. Die Parlamentarier gehen nicht aus direkten Wahlen hervor, sondern sind von den Regierungen entsandte Vertreter der nationalen Parlamente entsandt, welche die WEU-Mitgliedstaaten auch bei der Beratenden Versammlung des Europarates vertreten. Die Versammlung richtet Fragen und Empfehlungen an den Rat, die dieser nur beantwortet, die ihn aber nicht binden. Zu begründen ist dies mit dem historischen Willen der Mitgliedstaaten, ihre staatliche Souveränität nicht durch ein gewähltes Gremium einschränken zu lassen[55].

Obgleich der Brüsseler Vertrag der Versammlung eine rein beratende Funktion zuweist, sieht sich dieses Gremium nicht nur als Ausdruck der Ansichten der einzelnen Mitgliedstaaten. Vielmehr gehen in der Charta und der Geschäftsordnung, die sich die Versammlung gegeben hat, ihre Kompetenzen zum Teil über die ihr im Vertrag zugewiesenen Kompetenzen hinaus[56]. So heißt es in der Charta der Versammlung unter Art. I lit(a):

> the Assembly carries out the parlamentary functions arising from the application of the Brussels Treaty. In particular, the Assembly may proceed on any matter arising out of the Brussels Treaty and upon any matter submitted to the Assembly for an opinion by the Council.

Art. V lit.(h) berechtigt die Versammlung zur Ablehnung des halbjährlichen Berichtes[57], was de facto einem Mißtrauensvotum nahekommt[58]. Obgleich diese Ablehnung den Rat rechtlich nicht bindet, übt die Versammlung damit einen erheblichen politischen Druck aus[59], zudem die Abgeordneten auch Mandatsträger ihrer nationalen Parlamente sind[60]. Der Rat der WEU zeigt sich dieser Interpretation der Rolle der Versammlung aufgeschlossen. In ihrer Ostende-Erklärung vom 19.11.1996 begrüßten die Minister ausdrücklich die wertvollen Beiträge der Versammlung zur Arbeit der Organisation und äußerten ihre Hoffnung auf eine weitere Zusammenarbeit dieser Art[61].

---

[55] Siehe dazu *Fleuß*, Die operationelle Rolle der WEU, S. 56-9.

[56] *Schweitzer*, Europarat, WEU, NATO, Europäisches Parlament in *Schneider/Zeh*, Parlamentsrecht und Parlamentspraxis in der Bundesrepublik Deutschland, §61 Rnr. 29.

[57] *The motion to disagree to the content of the report,* Art. V lit. (h).

[58] *Fleuß*, Die operationelle Rolle der WEU, S. 58 mwN.

[59] *Schweitzer*, Europarat, WEU, NATO, Europäisches Parlament in *Schneider/Zeh*, Parlamentsrecht und Parlamentspraxis in der Bundesrepublik Deutschland, §61 Rnr. 43.

[60] *Saalfeld*, Entwicklung und Perspektiven der Westeuropäischen Union, S. 73.

[61] Bulletin der Bundesregierung Nr. 104/1996 vom 17.12.1996, S. 1121 (1126), Abs. 46.

Als weiterer Ausdruck der Autonomie der Versammlung besteht ein Sekretariat der Versammlung, das in fünf Abteilungen untergliedert ist und die Belange der Versammlung regelt und koordiniert[62].

c. Die Rechtsnatur der Westeuropäischen Union

Fraglich ist, ob die WEU eine internationale Organisation mit Rechtspersönlichkeit darstellt oder ob es sich lediglich um eine vertraglich festgelegte Form intergouvernementaler Kooperation handelt.

Eine internationale Organisation besteht dann, wenn sich einzelne, souveräne Staaten zur Erreichung bestimmter Ziele zusammenschließen und den Zusammenschluß organisatorisch ausgestalten[63]. Dies ist bei der WEU der Fall.

Die Annahme einer Völkerrechtssubjektivität bei internationalen Organisationen konnte sich im Völkerrecht nur langsam durchsetzen, da die Übernahme von Rechten und Pflichten nach dem alten Verständnis nur Staaten zustand[64]. Um zumindest partielle Völkerrechtssubjektivität zu genießen, müssen folgende Merkmale erfüllt sein: es muß sich um eine internationale Organisation handeln, deren Mitgliedstaaten (nicht unwiderruflich) die Ausübung einzelner souveräner Rechte auf die Organisation übertragen haben, und das Gebilde muß einen eigenen Willen haben können, der sich nicht notwendigerweise mit dem Willen aller Mitgliedstaaten decken muß. Weiterhin muß es im eigenen Namen Träger von Rechten und Pflichten im Völkerrecht und innerstaatlichen Recht sein können, und mindestens ein Organ muß berechtigt sein, diesen Willen zu vertreten[65].

Bei der WEU handelt es sich um eine internationale Organisation, also einen auf Dauer angelegten Zusammenschluß unter Staaten als gleichwertige Partner zur Erreichung eines völkerrechtlich erlaubten Zieles. Allerdings ist fraglich, ob die Merkmale zur Annahme einer Völkerrechtspersönlichkeit gegeben sind. Zwar bestimmt Art. 3 des Übereinkommens über den Status der Westeuropäischen Union, der nationalen Vertreter und des internationalen Personals vom 11. Mai 1955, daß die Organisation Rechtspersönlichkeit besitzt. Der Begriff der *Organisation* bezieht sich gemäß Art. 1a des gleichen Übereinkommens auf die Westeuropäische Union. Ferner erklärt Art. 3, daß die WEU *Verträge abschließen, bewegliches und unbewegliches Vermögen erwerben und veräußern sowie vor Gericht stehen [kann]*. Durch Ratifikation

---

[62] *Fleuß*, Die operationelle Rolle der WEU, S. 59.
[63] *Seidl-Hohenveldern/Loibl*, Das Recht der Internationalen Organisationen, Rnr. 0101.
[64] *Bleckmann* zu Art. 2 Ziff. 1 Rnr. 19, in *Simma* (Hrsg.), Charta der Vereinten Nationen. Kommentar.
[65] *Seidl-Hohenveldern/Loibl*, Das Recht der Internationalen Organisationen, Rnr. 0105.

von sechs Staaten ist das Abkommen gemäß seinem Art. 28 Abs. 2 für diese in Kraft getreten. Jedoch gilt dies nicht im Verhältnis zu allen Vertragsparteien der WEU.

Ein Verzicht der Mitgliedstaaten auf die Ausübung souveräner Rechte ist nicht erkennbar, ebensowenig kann die WEU durch ein Organ einen eigenen Willen geltend machen, der sich nicht mit dem Willen der Mitgliedstaaten deckt. Insofern ist von einer Völkerrechtspersönlichkeit der WEU nicht auszugehen. Die WEU stellt also eine internationale Organisation ohne Völkerrechtssubjektivität dar.

4. Der Internationale Kontext

a. Völkerrechtliche Einordnung

Die Charta der Vereinten Nationen nennt als zwei ihrer Grundprinzipien das absolute Gewaltverbot (Art. 2 Ziff. 4) und das Interventionsverbot (Art. 2 Ziff. 7). Zwar binden beide Grundsätze unmittelbar nur die Mitgliedstaaten der Vereinten Nationen[66], doch werden internationale Einrichtungen über ihre Mitgliedstaaten verpflichtet. Diese sind ihrerseits verpflichtet, die Grundsätze der Vereinten Nationen auch innerhalb aller Organisationen zu beachten, denen sie angehören[67].

Ausnahmen zum Gewaltverbot finden sich in der Charta der Vereinten Nationen an zwei Stellen. Zum einen gestattet Art. 51 das Recht zur individuellen und kollektiven Selbstverteidigung. Zum anderen kann der Sicherheitsrat gemäß Art. 39, 42 Maßnahmen zur Wiederherstellung des Friedens und der internationalen Sicherheit ergreifen. Gemäß Art. 52-53 hat der Sicherheitsrat die Befugnis, regionale Einrichtungen oder Abmachungen im Sinne des Kapitels VIII zur Durchführung von Zwangsmaßnahmen in Anspruch zu nehmen oder zu solchen ermächtigen. Art. 48 Abs. 1 und 2 der VN-Charta verpflichtet die Mitgliedstaaten der Vereinten Nationen, Entscheidungen des Sicherheitsrates auf Grundlage des Kapitels VIII unmittelbar beziehungsweise in den geeigneten internationalen Einrichtungen, deren Mitglied sie sind, durchzuführen[68].

---

[66] Das allgemeine Völkerrecht verbietet Verträge zu Lasten Dritter, siehe dazu *Ipsen*, Völkerrecht, § 12 Rnr. 23; *Kimminich/Hobe*, Einführung in das Völkerrecht, S. 204.

[67] *Fleuß*, Die operationelle Rolle der WEU, S. 62-3, *Goodrich/Hambro/Simons*, Charter of the United Nations, Art. 48 S. 334-7; *Bryde* zu Art. 48 Rnr. 10, in *Simma* (Hrsg.), Charta der Vereinten Nationen. Kommentar.

[68] *Fleuß*, Die operationelle Rolle der WEU, S. 63, Fn 218 mit weiteren Nachweisen. Die Regelungen hinsichtlich der Sonderrechte für Siegermächte gegenüber ehemaligen Feind-

Die WEU ist aufgrund der Beistandsverpflichtung in Art. V des modifizierten Brüsseler Vertrages als ein *kollektives Verteidigungsbündnis* im Sinne des Art. 51 der Charta zu qualifizieren[69]. Art. 51 der Charta erfaßt auch eine völkerrechtliche Nothilfe, die ihrerseits in einem System kollektiver Selbstverteidigung als verbindliche Bestimmung normiert werden kann[70]. Die Verteidigungsgarantie stellt nach wie vor das zentrale Element des Vertrages dar[71], obgleich ihre Bedeutung de facto in den Hintergrund gerückt ist, da mittelfristig eine direkte militärische Bedrohung des Bündnisgebietes nicht erkennbar ist und bei einem Angriff auf das Bündnisgebiet des Brüsseler Vertrages automatisch auch für die NATO der Bündnisfall eintritt. Allerdings ist eine solche Bedrohung langfristig nicht auszuschließen, so daß die Verteidigungsqualität des Bündnisses nicht obsolet geworden ist.

Die WEU könnte weiterhin auch als *regionale Abmachung* im Sinne des Kapitels VIII der Charta dienen. Diese Art der Unterstützung der Vereinten Nationen und ihrer Ziele ist in erster Linie binnengerichtet, also auf das Vertragsgebiet bezogen. Lokale Streitfälle sollen zunächst mit friedlichen Mitteln innerhalb der Region angegangen werden, bevor der Sicherheitsrat damit befaßt wird[72]. Eine solche regionale Einrichtung kann ein Staatenverbund mit, aber auch ohne Völkerrechtssubjektivität sein[73]. Auch wenn die WEU diesbezüglich noch nie mit den Vereinten Nationen in Verbindung getreten ist oder dem Sicherheitsrat über Aktivitäten gemäß Art. 52-3 berichtet hat, wird sie dennoch in der neueren Literatur seit dem Beschluß über eine *Plattform der Europäischen Sicherheitsinteressen* in Den Haag am 26./27.10.1987 zu Recht als solche regionale Einrichtung im Sinne des Art. 52 der Charta bezeichnet[74]. Dies begründet sich auch in ihrer Entstehungsgeschichte. Zwar war das Bündnis von 1948 noch als Verteidigungsbündnis gegen Deutsch-

---

staaten in Art. 53 VN-Charta sind heute obsolet.

[69] *Goodrich/Hambro/Simons*, Charter of the United Nations, Art. 48 S. 349-50, *Neuhold*, Internationale Konflikte, S. 148.

[70] *Neuhold*, Internationale Konflikte, S. 146-6; siehe dazu auch unten S. 199.

[71] *Fleuß*, Die operationelle Rolle der WEU, S. 65ff.

[72] *Hummer/Schweitzer* zu Art. 52 Rnr. 2, in *Simma* (Hrsg.), Charta der Vereinten Nationen. Kommentar; *Neuhold*, Internationale Konflikte, S. 152. Zur Unterscheidung von kollektiver Sicherheit und kollektiver Verteidigung siehe *Vetschera* Grenzen und Möglichkeiten kooperativer Sicherheitspolitik in Europa, in Hochleitner, Das Europäische Sicherheitssystem zu Beginn des 21. Jahrhunderts, S.93 (99 f).

[73] *Hummer/Schweitzer* zu Art. 52 Rnr. 58, in *Simma* (Hrsg.), Charta der Vereinten Nationen. Kommentar.

[74] *Fleuß*, Die operationelle Rolle der WEU, S. 104ff; *Hummer/Schweitzer* zu Art. 52 Rnr.73, in *Simma* (Hrsg.), Charta der Vereinten Nationen. Kommentar; gegen die Annahme einer Regionalen Einrichtung iSd Art. 52 der Charta spricht sich *Wessel* aus [The European Union's Foreign and Security Policy, S. 292-5] mit der Begründung, das die WEU von ihrer Entstehungsgeschichte nicht als regionale Einrichtung konzipiert sei.

land und Italien ausgestaltet, mit der Modifikation des Brüsseler Vertrags von 1954 und der damit zusammenhängenden Aufnahme der beiden ehemals gegnerischen Staaten jedoch wurde die Einbindung der ehemaligen Kriegsgegner in Europa neben die Verteidigungsaufgabe gestellt, welche sich nun nicht mehr gegen die ehemaligen Weltkriegsgegner richtete. Schließlich spricht auch Art. X des modifizierten Brüsseler Vertrags, der für Streitigkeiten unter den Mitgliedern der WEU eine Zuständigkeit des Internationalen Gerichtshofs begründet, für diese Annahme.

Art. 48 Abs. 2 der Charta der Vereinten Nationen bemüht sich in seiner Normierung der *geeigneten internationalen Einrichtung* um die Einbeziehung anderer internationaler Organisationen und Einrichtungen, mit und ohne Völkerrechtssubjektsqualität, in das Friedenssicherungssystem der Vereinten Nationen[75]. Durch den tiefgreifenden Wandel der weltpolitischen Situation gewinnt die Möglichkeit der Konfliktbewältigung durch Eingreifen multinationaler Einheiten zunehmend an Bedeutung[76]. Die WEU kann, ungeachtet der zentralen Bedeutung des Art. V des modifizierten Brüsseler Vertrages und des damit verbundenen Verteidigungsauftrages, Aufgaben der internationalen Krisenbewältigung wahrnehmen und wird damit zu einem Bündnis mit mobilen und flexiblen Einheiten zur Wahrung europäischer Sicherheitsinteressen. Nichtmilitärische Zwangsmaßnahmen sind von Art. VIII Abs. 3 des modifizierten Brüsseler Vertrags erfaßt[77]. Militärische Maßnahmen können als solche der WEU nicht unter Art. VIII gefaßt werden. Jedoch ist die Umsetzung einer Zwangsmaßnahme des Sicherheitsrates nicht als Tätigwerden der WEU selbst zu sehen, sondern als ein Tätigwerden der Mitgliedstaaten innerhalb des Kooperationsrahmens der WEU. Insofern sind auch militärische Maßnahmen von Art. VIII gedeckt[78].

Die WEU kann somit als Bündnis kollektiver Selbstverteidigung, als regionale Einrichtung und als geeignete internationale Einrichtung im Sinne der VN-Charta gesehen werden und steht hinsichtlich ihrer Organisation und Aufgabenstruktur im Einklang mit den Vereinten Nationen.

b. Das Verhältnis zur NATO[79]

Die WEU bekräftigt in Art. IV des modifizierten Brüsseler Vertrages, daß der Aufbau einer Parallelorganisation zu den militärischen NATO-Stäben von ihrer Seite aus unerwünscht sei. In dem Bestreben der WEU, die Fähigkeiten

---

[75] *Bryde* zu Art. 48 Rnrn. 9-17, in *Simma* (Hrsg.), Charta der Vereinten Nationen. Kommentar.

[76] *Fleuß*, Die operationelle Rolle der WEU, S. 225ff.

[77] Siehe dazu ausführlich *Fleuß*, Die operationelle Rolle der WEU, S. 257-9.

[78] *Fleuß*, Die operationelle Rolle der WEU, S. 262-3.

[79] Siehe auch *Lenzi*, The WEU between NATO and EU, ZEI Discussion Paper C41 (1998).

zur internationalen Krisenbewältigung auszubauen, besteht die Gefahr der Überschneidung der Strukturen von WEU und NATO[80]. Allerdings zeigen sich die USA zunehmend am Aufbau einer Europäischen Sicherheits- und Verteidigungsidentität (ESVI) interessiert, welche die USA als einzige verbliebene Weltmacht von ihrer mehr und mehr belastenden Rolle der einzigen für internationales Krisenmanagement zuständigen Organisation befreien würde[81], indem die Möglichkeiten zu einer regionalen Krisenbewältigung in Europa ohne Eingreifen der USA geschaffen würde. Einsätze wie beispielsweise im ehemaligen Jugoslawien oder im Kosovo betreffen die europäische Sicherheitsinteressen unmittelbar, sind aber für die USA, von humanitären Aspekten abgesehen, ohne Bedeutung. Eine Arbeitsteilung zwischen WEU und NATO würde der WEU folglich neben rein europäische Aktionen diejenigen Fälle zuweisen, in denen die USA und NATO nicht tätig werden wollen[82].

Dieses Dilemma zu lösen wird Aufgabe der nächsten Jahre sein. Vorschläge und erste Ansätze sind bereits vorhanden. So wird das Konzept der trennbaren, jedoch nicht getrennten Potentiale[83] bereits implementiert[84], indem Einheiten als FAWEU[85] im Bedarfsfall der NATO oder der WEU zugeordnet werden können. Das Prinzip des *double hatting* zwischen EU, NATO und WEU wird weiter verfolgt, um die Kooperation und den Informationsaustausch zu erleichtern. Schließlich bestätigt die WEU ihre Rolle in der Scharnierfunktion der WEU zwischen Europa und NATO[86].

Die WEU ist, trotz der bisher erzielten Fortschritte, nach wie vor von der Infrastruktur und militärische Mittel der NATO abhängig und ist daher zu einer Operation ohne Rückgriff auf NATO-Potentiale kaum in der Lage. Die Unklarheiten bezüglich des Status der beiden Organisationen liegen nicht zuletzt darin begründet, daß die USA wie auch weite Teile der westeuropäischen Staaten die NATO als primäres Verteidigungsinstrument für Westeuropa sehen.

---

[80] Siehe dazu näher unten S. 204 ff.

[81] Gemäß dem Kommuniqué der Ministertagung des Nordatlantikrates am 17.12.1992 in Brüssel ist den Interessen der Allianz durch ein geeinigteres Europa am besten gedient, Europa-Archiv, Folge 6 (1992), D132-137.

[82] *Jopp*, EU, WEU und NATO, in *Regelsberger* (Hrsg.), Die GASP der EU – Profilsuche mit Hindernissen, S. 127 (134).

[83] *Combined joint task forces = CJTF.*

[84] Vgl. dazu *van Ham*, The EU and WEU: From Cooperation to Common Defence? in *Edwards/Pijper* (Hrsg.), The Politics of European Treaty Reform, S. 306 (314).

[85] FAWEU = *Forces Answerable to Western European Union.*

[86] Siehe dazu auch *Jopp*, EU, WEU und NATO, in *Regelsberger* (Hrsg.), Die GASP der EU – Profilsuche mit Hindernissen, S. 127 (131-4).

II. Die wirtschaftliche Integration in den Europäischen Gemeinschaften

Nachdem eine politische Integration nach dem Scheitern der Pläne zur Schaffung einer Europäischen Verteidigungsgemeinschaft von 1954 nicht mehr durchführbar erschien, stellten die europäischen Staaten ihre politischen Ambitionen zunächst zurück und konzentrierten sich auf den wirtschaftlichen Integrationsprozeß. Man hoffte auf den *spill-over-effect* bei einem Umweg über die wirtschaftliche Integration.

Die Römischen Verträge vom 25. März 1957 (in Kraft seit dem 1.1.1958) zwischen den Mitgliedstaaten der Europäischen Gemeinschaft für Kohle und Stahl (EGKS) beinhalten dementsprechend keinerlei außen- oder sicherheitspolitische Fragen und sind sehr stark wirtschaftlich orientiert. Sie bestehen aus dem Euratom-Vertrag[87], dem Vertrag über eine Europäische Wirtschaftsgemeinschaft[88] und einem Abkommen über gemeinsame Organe für die Europäischen Gemeinschaften[89].

Damit wurde die wirtschaftliche Seite der europäischen Einigung vorangetrieben. In der Europäischen Gemeinschaft erfolgte eine institutionelle Konsolidierung vor allem durch die Fundierung der supranationalen Struktur[90] und die Fortentwicklung der wirtschaftlichen Integration, die in die Vollendung des Europäischen Wirtschaftsraumes und schließlich Binnenmarktes sowie der Europäischen Währungsunion mündete. Durch ihre Organe, insbesondere die Kommission, den Europäischen Gerichtshof und das Europäische Parlament, erhielten die Europäischen Gemeinschaften supranationale Strukturen, welche sie von anderen internationalen Einrichtungen abheben[91].

Auf Betreiben Großbritanniens, welches den Europäischen Gemeinschaften kritisch gegenüberstand und eine Mitgliedschaft zunächst ablehnte, wurde 1960 die Europäische Freihandelszone (EFTA)[92] als Gegengewicht zur Europäischen Wirtschaftsgemeinschaft gegründet. Teilnehmer neben Großbritannien waren unter anderem Finnland, Österreich, Schweden und Liechtenstein[93].

---

[87] *Europäische Atomgemeinschaft = EAG = Euratom*, BGBl. 1957 II S. 1014.

[88] EG-Vertrag, BGBl. 1957 II S. 766.

[89] BGBl. 1957 II S. 753ff, siehe zur Entwicklung der wirtschaftlichen Integration auch *Koenig/Haratsch*, Europarecht, Rnr. 30 ff.

[90] Beachte in diesem Zusammenhang das Urteil EuGH, Rs 6/64 - Costa/ENEL.

[91] *Cremona*, External Comptence, in Craig and de Burca, The Evolution of EU Law, S. 137 (167). Zu den Römischen Verträgen insgesamt siehe *Hattenhauer*, Europäische Rechtsgeschichte, Rnr. 2233 ff.

[92] EFTA = *European Free Trade Association.*

[93] Dazu ausführlicher *Karl*, European Free Trade Association, in *Bernardt* (ed.), EPIL I (1995) S. 237, *Thun-Hohenstein*, Europarecht, S. 23 ff.

C. Neuorientierung in den 1970er und 1980er Jahren

Ab Anfang der 1970er Jahre, als der Höhepunkt des Kalten Krieges überschritten war, begann sich das politische Klima in Europa zu verändern. Im Zuge dessen sank die Bedeutung der WEU, deren Aufgaben immer mehr durch andere internationale Organisationen übernommen wurden. Die wirtschaftliche Integration der Europäischen Gemeinschaften dagegen wurde nunmehr vermehrt durch eine, wenn auch intergouvernementale, politische Zusammenarbeit ihrer Mitgliedstaaten flankiert.

I. Die Westeuropäische Union im Schatten anderer Organisationen

Die wesentlichen Aufgaben der WEU bestanden zunächst in der Überwachung des Saarstatuts und in ihrer Funktion als Brückenkopf zu Großbritannien sowie in der Rüstungskontrolle. Mit der Anerkennung der Zugehörigkeit des Saargebiets zu Deutschland durch Frankreich im Jahre 1957 und den Beitritt Großbritanniens zur EWG im Jahre 1973 waren die diesbezüglichen Aufgaben der WEU beendet. Durch die vollständige Westintegration Deutschlands verloren auch die Fragen der Rüstungskontrolle an Bedeutung[94].

Ab Beginn der siebziger Jahre wurde überdies auch die Frage der Sicherheit Europas nahezu vollständig von der NATO und ihren *Eurogroups* übernommen, was eine starke Dominanz des amerikanischen Partners zur Folge hatte. Die WEU existierte im folgenden Jahrzehnt *im Schatten*[95] diverser internationaler Organisationen. Während die NATO für die militärische Sicherheit Westeuropas zuständig war, fiel die wirtschaftliche Integration in den Bereich der Europäischen Gemeinschaft und des GATT[96].

Erst ab 1984, mit der Erklärung von Rom[97] am 26./27. Oktober, wurde die WEU reaktiviert[98]. Dem ging eine Änderung des außenpolitischen Klimas in Europa zu Beginn der achtziger Jahre voraus. Die amerikanischen Überlegungen zu einer Strategic Defence Initiative (SDI) unter Präsident Ronald Reagan ließen die westeuropäischen Staaten eine Abkoppelung der amerikanischen von den westeuropäischen Sicherheitsinteressen befürchten. Im Bemühen um eine gemeinsame Reaktion der WEU-Mitgliedstaaten wurde EUREKA ins Leben gerufen. Obgleich dies offiziell keine Konkurrenz zur SDI darstellen sollte, beinhaltete EUREKA über weite Teile ähnliche For-

---

[94] Siehe dazu oben S. 30 f.

[95] So der Titel von Peter *Schells* Buch, *Bündnis im Schatten – die Westeuropäische Union in den 80er Jahren*, Bonn/Berlin 1991.

[96] *Fleuß*, Die operationelle Rolle der WEU, S. 33-4.

[97] Bulletin der Bundesregierung Nr.129 vom 30. Oktober 1984, S. 1138ff.

[98] Siehe dazu *Fleuß*, Die operationelle Rolle der WEU, S. 36.

schungsinhalte. In diesem Zusammenhang signalisierten die USA, daß sie die Befassung der WEU mit diesem Thema für unangemessen hielten, da dies eine Sache der NATO sei, und zeigten damit, daß an einer gemeinsamen Reaktion wie überhaupt einer gemeinsamen Befassung der westeuropäischen Staaten mit Verteidigungsfragen aus Sicht der NATO kein Interesse bestand. Nachdem eine Koordination der WEU-Interessen nicht gelang, beteiligten sich die Mitgliedstaaten an der SDI, um zumindest die europäische Komponente des Projektes zu erhalten[99]. Damit blieb die WEU in Bezug auf kollektive Selbstverteidigung im Schatten der NATO, im Bereich der europäischen Integration im Schatten der Europäischen Gemeinschaften.

II. Der Beginn einer politischen Zusammenarbeit der EG-Mitgliedstaaten

Das Bewußtsein der Notwendigkeit einer politischen Zusammenarbeit wuchs aus der Erkenntnis heraus, daß ein aufstrebendes wirtschaftliches Gebilde wie die Europäische Gemeinschaft mit wachsenden Außenbeziehungen eine politische Integration erfordert, und daß diese politische Integration nicht automatisch aus dem Prozeß der wirtschaftlichen Integration entsteht, sondern eigener Anstrengungen bedarf[100].

1. Die Europäische Politische Zusammenarbeit (EPZ)

Trotz des Scheiterns der Europäischen Verteidigungsgemeinschaft 1954 und dem Rückzug in die wirtschaftliche Komponente der Integration wurde bereits mit den *Fouchet-Plänen* ab 1960 der Gedanke an eine politische Union vorsichtig wieder aufgenommen. Während der ambitionierte Plan *Fouchet I* eine gemeinsame Außenpolitik vorsah und einen Vertragsentwurf zur Gründung einer Staatenunion vorlegte, war in *Fouchet II* bereits nur noch von einer Koordination der Außenpolitik und einer Vertiefung der intergouvernementalen Zusammenarbeit ohne supranationale Elemente die Rede. Beide Pläne scheiterten jedoch an der Weigerung der Staaten, ihre Souveränität einschränken zu lassen[101].

Erst 1969 auf der Gipfelkonferenz der Mitgliedstaaten der Europäischen Gemeinschaften in Den Haag war ein Ende der langen politischen Stagnation abzusehen. In der Folge dieser Gipfelkonferenz wurden drei für die europäische Integration bedeutende Berichte[102] erstellt. Der *Luxemburger Bericht*[103]

---

[99] *Schell*, Bündnis im Schatten - Die Westeuropäische Union in den 80er Jahren, , S. 276-98.

[100] *Regelsberger*, EPZ und GASP – attraktiver Verbund mit Schlupflöchern, in dieselbe (Hrsg.), Die gemeinsame Außen- und Sicherheitspolitik der Europäischen Union – Profilsuche mit Hindernissen, S. 179 (180).

[101] *Glöckler-Fuchs*, Institutionalisierung der europäischen Außenpolitik, S. 92f

[102] *Berichte* bezeichnen rechtlich unverbindliche Absprachen der Außenminister, siehe

vereinbarte eine außenpolitische Zusammenarbeit der EG-Mitgliedstaaten. Hierin wird der Beginn der Europäischen Politischen Zusammenarbeit (EPZ) gesehen, die außerhalb der Gemeinschaften als inoffizielles, rein intergouvernementales Forum zur Koordination der Außenpolitik der EG-Mitgliedstaaten entstand[104].

Der *Kopenhagener Bericht* vom 23. Juli 1973[105] gab den in Luxemburg vereinbarten Formen eine konkrete Gestalt. Er legte die Grundlage für die Ministertagungen, das Politische Komitee, die Arbeitsgruppen und die Rolle des Vorsitzes und bildete lange Zeit die wichtigste Grundlage der EPZ[106].

Der dritte, sogenannte *Tindemans-Bericht* vom 29. Dezember 1975[107] ging in seinen Integrationsgedanken am weitesten, indem er einen schrittweisen Aufbau einer Europäischen Union im Rahmen des institutionellen Gefüges der bestehenden Europäischen Gemeinschaften vorschlug. Er bezweckte die Aufhebung des nicht-bindenden Charakters der EPZ und der Unterscheidung der Ministertreffen in der solche zur EPZ und solche des Rates (der EG)[108]. Der Tindemans-Bericht blieb jedoch praktisch ohne Folgen. Erst in den Bestimmungen der GASP finden sich Elemente des Berichts wieder[109].

Etwa gleichzeitig wurde 1975 die Konferenz für Sicherheit und Zusammenarbeit in Europa (KSZE)[110] gegründet und bildete über lange Zeit hinweg die einzige systemübergreifende Einrichtung während des Kalten Krieges[111]. Mit Ende des Kalten Krieges kam es zu einer inhaltlichen Neuorientierung, wobei die westlichen Demokratie- und Menschenrechtsvorstellungen übernommen wurden. Obgleich bescheidene Ansätze einer institutionellen Struktur in Form eines Rates, des Ausschusses hoher Beamter und eines Büros erkennbar sind, ist die KSZE doch rein intergouvernemental organisiert[112]. Eine Alternative zur Integration Europas im Zuge der Römischen Verträge stellte die

---

dazu *Burghardt/Tebbe*, EuR 1995, S. 1 (4); *Jürgens*, Die GASP, S. 169f.

103 Abgedruckt in: Auswärtiges Amt (Hrsg.), GASP, S. 29ff.

104 *Glöckler-Fuchs*, Institutionalisierung der europäischen Außenpolitik, S. 98-100.

105 Zweiter Bericht der Außenminister an die Staats- und Regierungschefs der EG-Mitgliedstaaten vom 23.Juli 1973, Dok AA, S. 37ff.

106 *Jürgens*, Die GASP, S. 65; *Münch*, Die gemeinsame Aktion als Mittel der GASP, S. 26-7.

107 Text abgedruckt in: Bulletin EG 1/1976, S. 9ff; EA 1976, D 55 ff. Näher zu dem Tindemans-Bericht *Nuttal*, EPC, S. 143ff.

108 Benannt nach dem damaligen belgischen Ministerpräsidenten, der von der Pariser Gipfelkonferenz am 9./10. Dezember 1974 mit der Erstellung des Berichtes beauftragt worden war. Siehe dazu auch *Münch*, Die gemeinsame Aktion als Mittel der GASP, S. 27.

109 *Münch*, Die gemeinsame Aktion als Mittel der GASP, S. 27.

110 Schlußakte von Helsinki, Bulletin der Bundesregierung 1975 S. 968ff.

111 *Streinz*, Europarecht, Rnr. 13.

112 *Streinz*, Europarecht, Rnr. 58-9.

KSZE folglich nicht dar. 1995 wurde sie in die Organisation für Sicherheit und Zusammenarbeit in Europa (OSZE) umbenannt[113]. Ihre erste Bewährungsprobe stellte sich in der Jugoslawienkrise, wobei jedoch die mangelhafte Eignung dieser Konferenz für internationales Krisenmanagement sichtbar wurde[114].

2. Die Einheitliche Europäische Akte

1981 versuchten der deutsche Außenminister Hans-Dietrich Genscher und sein italienischer Kollege Emilie Colombo, den Integrationsprozeß zu beschleunigen und zu vertiefen. Ziel war die Schaffung einer Europäischen Union. In der feierlichen Deklaration[115] im Zuge der *Genscher-Colombo-Initiative*[116] bekräftigten die damaligen EG-Mitgliedstaaten ihre Absicht, die politische Zusammenarbeit zu intensivieren, blieben aber hinter der Forderung der Initiative nach der Schaffung einer Europäischen Union zurück[117].

Erst durch die *Einheitliche Europäische Akte (EEA)*[118] wurde 1986 die EPZ in ein internationales Dokument aufgenommen und an die rein wirtschaftlich strukturierten Europäischen Gemeinschaften angenähert. Im wesentlichen normierte die EEA die auf den oben genannten Berichten und der *Feierlichen Erklärung zur Europäischen Union*[119] beruhenden Praktiken. Damit wurde der außenpolitischen Zusammenarbeit erstmals eine völkerrechtliche Grundlage gegeben[120]. Der erhoffte *spill-over*-Effekt war also eingetreten, indem eine außerhalb der wirtschaftlichen Gemeinschaften entwickelte politische Zusammenarbeit, wenn auch nur sehr lose, mit den Gemeinschaften verknüpft wurde. Der politische Gedanke, die Schaffung einer Europäischen Union, stand dabei im Vordergrund, auch wenn diese als solche noch nicht verwirklicht werden konnte.

In Bezug auf die EPZ ist die *Einheitliche Europäische Akte* als völkerrechtlicher Vertrag zu qualifizieren. Während die EPZ keinen Teil der Europäischen Gemeinschaften darstellte, deren Organe daher auch keine Zuständigkeit im Bereich der EPZ besaßen, verknüpfte die EEA die Tätigkeiten der Gemein-

---

[113] Bulletin der Bundesregierung Nr. 120/1994 S. 1079.

[114] *Streinz*, Europarecht, Rnr. 61.

[115] *Feierliche Erklärung zur Europäischen Union* vom 19.06.1983 in Stuttgart, Dok AA, S. 67ff.

[116] Abgedruckt in EA 1982, D 50-55.

[117] Siehe dazu *Münch*, Die gemeinsame Aktion als Mittel der GASP, S. 27-8.

[118] *Einheitliche Europäische Aktie EEA = Single European Act SEA*, Deutsche Fassung abgedruckt im BGBl. 1986 II, S. 1102.

[119] *Feierlichen Erklärung zur Europäischen Union* im Zuge der Genscher-Colombo-Initiative 1981-2, Dok AA, S. 67ff.

[120] *Münch*, Die gemeinsame Aktion als Mittel der GASP, S. 29-30.

schaften mit der historisch langsam gewachsenen außenpolitischen Zusammenarbeit[121]. Die EEA richtete ein Politisches Komitee ein, eine europäische Korrespondentengruppe, Arbeitsgruppen, die Präsidentschaft und ein Sekretariat in Brüssel. Vereinbart wurden eine Unterrichtungs- und Konsultationspflicht in außenpolitischen Fragen von allgemeinem Interesse und das Bemühen, gemeinsame Standpunkte festzulegen und sicherheitspolitische Standpunkte zu koordinieren. Es wurde jedoch keine Entscheidungsbefugnis auf die EPZ übertragen; die einzige völkerrechtliche Pflicht lag im *Bemühen*. Träger der EPZ waren die zwölf Mitgliedstaaten. Ein Souveränitätsverlust für die Mitgliedstaaten konnte weder in der vereinbarten politischen Zusammenarbeit noch in der gegenseitigen Verpflichtung zur *Schaffung einer Europäischen Union* gesehen werden[122]. Die EPZ war damit eine rein intergouvernementale, von den wirtschaftlichen Gemeinschaften unabhängige Zusammenarbeit, die den Mitgliedstaaten ein Forum zur Koordination ihrer Außenpolitik bot, jedoch keinen Verlust an Souveränität bedeutete.

Die europäische Sicherheit und politische Geschlossenheit stellte seit dem 2. Weltkrieg ein ständig diskutiertes Thema dar, jegliche Bemühungen in dieser Hinsicht scheiterten jedoch zunächst an der eifersüchtigen Wahrung der souveränen Rechte durch die einzelnen Mitgliedstaaten. Erst durch den Umweg über einen wirtschaftlichen Zusammenschluß wurden die Staaten mit der Notwendigkeit konfrontiert, eine politische Union zu schaffen, als sich die Erkenntnis durchsetzte, daß der wirtschaftliche Integrationsprozeß auch ein Mindestmaß an Übereinstimmung in der Außenpolitik erfordert[123]. Im Vergleich zu den gescheiterten Plänen *Pleven* und *Fouchet* stand dieser erneute Versuch zur Schaffung einer politischen Union, die über intergouvernementale Zusammenarbeit hinausgeht, unter neuen Vorzeichen. Eine starke wirtschaftliche Integration band die beteiligten Staaten bereits fest aneinander, und die politische Union entstand aufgrund und in Folge dieser wirtschaftlichen Integration.

Die Hoffnung auf einen *spill-over*-Effekt durch die Römischen Verträge von 1957 hat sich demnach bestätigt, obgleich sich die Ansätze zu einer politischen Union nach wie vor noch im Anfangsstadium befinden. Damit werden an diesem Punkt die beiden getrennt verlaufenden Entwicklungen einer wirtschaftlichen und politischen Union erstmals wieder angenähert und zusammen weiterentwickelt.

---

[121] Müller-Graff, EPZ/GASP im System der Europäischen Union, in *Regelsberger* (Hrsg.), Die GASP der EU – Profilsuche mit Hindernissen, S. 53 (54-6).
[122] *Jürgens*, Die GASP, S. 250ff.
[123] *Streinz*, Europarecht, Rnr. 28.

D. Die verstärkte europäische Integration nach dem Kalten Krieg

Das Ende des Kalten Krieges zu Beginn der 1990er Jahre brachte eine wesentliche Änderung der globalen sicherheitspolitischen Situation mit sich. Insbesondere endete die Teilung des europäischen Kontinents und entfiel die Bedrohung durch den nunmehr aufgelösten Warschauer Pakt, wodurch sich die strategische Situation Europas änderte. Vor diesem Hintergrund sind die Weiterentwicklung der Europäischen Gemeinschaften zur Europäischen Union und die Schaffung einer gemeinsamen Außen- und Sicherheitspolitik zu sehen. Die WEU wird zum *integralen Bestandteil* der Union.

I. Die Entwicklung der Europäischen Union und der GASP

1. Die Entwicklung der GASP in den Unionsverträgen

a. Die politische Union

Die in der EEA begonnene Europäische Union wurde im *Vertrag von Maastricht*[124] verwirklicht und im *Vertrag von Amsterdam* (in Kraft seit dem 31.05.1999)[125] weiter vertieft, obgleich die politische Integration nach wie vor noch am Beginn ihrer Entwicklung steht. Durch den am 01.01.1993 in Kraft getretenen Vertrag von Maastricht wurde die Europäische Union gegründet, indem den Europäischen Gemeinschaften, die den Kern der neuen EU bilden, zwei weitere, völkerrechtlich organisierte Bereiche hinzugefügt wurden, nämlich eine gemeinsame Außen- und Sicherheitspolitik sowie eine Zusammenarbeit im Bereich Justitielles und Inneres (ZBJI)[126]. Diese mit einer *Säulenkonstruktion* beschriebene Aufteilung in unterschiedlich weit integrierte Bereiche war die direkte Folge der Uneinigkeit der Vertragsparteien bezüglich der Übertragung von Hoheitsrechten an die Europäische Union. Im Unionsvertrag wurde auch erstmals eine Zusammenarbeit mit der WEU vereinbart, Art. J.4, die als *integraler Bestandteil der EU* bezeichnet wird und der EU Zugang zu operativen Kapazitäten ermöglichen soll.

Die beiden letztgenannten Bereiche stellen sehr sensible Kernbereiche staatlicher Souveränität dar. Die ZBJI betrifft das Gewaltmonopol des Staates, über das er überhaupt erst *qua definitionem* zu einem Staat im völkerrechtlichen Sinne wird[127], während die völkerrechtliche Anerkennung und Eigenständigkeit eines Staates durch seine eigenständige Betätigung auf der inter-

---

[124] Vertrag über die Europäische Union, BGBl. 1992 II S. 1253.

[125] Vertrag über die Europäische Union, BGBl. 1998 II S. 387.

[126] Diese wurde im Vertrag von Amsterdam zur *Polizeilichen und Justitiellen Zusammenarbeit in Strafsachen* (PJZS) umgestaltet.

[127] Die 3-Elementen-Lehre definiert den Staat durch die Elemente Staatsgebiet, Staatsvolk und Staatssystem, *Schweitzer*, Staatsrecht III, Rnr. 540.

nationalen Bühne erkennbar wird, also insbesondere durch seine Außenhandels- und Außensicherheitspolitik. Zur Verwirklichung einer politischen Union müssen genau diese Bereiche koordiniert, für eine weitere Integration Europas im Endeffekt sogar vereinheitlicht werden. Eine Kompetenzerweiterung der Union auf diesen sensiblen Gebieten führt aber zwangsläufig zu einem Souveränitätsverlust der Mitgliedstaaten, die sich in ihrer Existenz als eigenständige, souveräne Staaten mit eigenen Vorstellungen, Voraussetzungen und Entscheidungsmechanismen gefährdet sehen. Aus diesem Grund waren die Mitgliedstaaten nicht bereit, der EU in diesen Bereichen ähnliche Kompetenzen zuzugestehen, wie dies im Bereich der wirtschaftlich orientierten Gemeinschaften bereits geschehen ist. Vielmehr blieben die politischen Bereiche der Union, im Gegensatz zu den supranational strukturierten Gemeinschaften, größtenteils intergouvernemental. Eine Übertragung von souveränen Rechten auf die EU fand nicht statt.

Hier zeigt sich ein wesentliches Dilemma, das sich durch die gesamte Struktur und Tätigkeiten der EU zieht. Den supranational strukturierten Gemeinschaften, insbesondere der weit entwickelten, mit wesentlichen Kompetenzen versehenen Europäischen Gemeinschaft, stehen mit der GASP und der ZBJI/PJZS zwei völkerrechtlich organisierte Bereiche gegenüber, in denen nur zögerlich Fortschritte im Sinne einer europäischen Integration erzielt werden.

b. Die Normierung einer gemeinsamen Außen- und Sicherheitspolitik

Der *Vertrag von Maastricht* von 1992 zur Schaffung einer Europäischen Union normierte in Titel V eine Gemeinsame Außen- und Sicherheitspolitik (GASP); Titel II der EEA wurde gleichzeitig aufgehoben. Damit wurde erstmals eine politische Dimension in den Vertrag mit aufgenommen. Zwar stellt die neu geschaffene GASP lediglich die *zweite Säule* der Europäischen Union in Form einer völkerrechtlich vereinbarten Form des Zusammenwirkens dar und ist kein Bestandteil der wesentlich weiter entwickelten und supranational organisierten Europäischen Gemeinschaften[128], jedoch ist die Verknüpfung durch den Unionsgedanken enger als noch bei der EPZ in der EEA. Die europäischen Organe sind in begrenztem Umfang auch im Bereich der GASP zuständig. Weiterhin ist die GASP im Gegensatz zur EPZ nicht nur ein institutionalisiertes Verfahren zur Koordination der Außenpolitik, sondern stellt die Union als Akteur in den Vordergrund.

Diese Neuerungen muten auf den ersten Blick weitreichend an. Dennoch blieb, durch die Beibehaltung des Konsensprinzips und die geringe Beteili-

[128] *Müller-Graff*, EPZ/GASP im System der Europäischen Union, in *Regelsberger* (Hrsg.), Die GASP der EU – Profilsuche mit Hindernissen, S. 53 (57).

gung supranationaler Organe wie dem Europäischen Parlament oder der Kommission, der kooperative Charakter der vormaligen EPZ erhalten. Hauptakteure waren weiterhin die Mitgliedstaaten, die auch durch den Vertrag von Maastricht keinen Souveränitätsverlust erlitten[129]. Die neue GASP stellte, wie vorher auch die EPZ, eine rein intergouvernementale Zusammenarbeit dar.

Der Vertrag von Amsterdam schließlich verankerte die GASP tiefer in der Europäischen Union und lockerte das Konsensprinzip[130]. So wurde das Prinzip einer konstruktiven Enthaltung eingeführt, welches es einem Staat erlaubt, sich an einem Beschluß nicht zu beteiligen, ohne daß dies zu einer Blockade führt. Einige, wenn auch untergeordnete Entscheidungen werden nunmehr im qualifizierten Mehrheitsbeschluß getroffen, wobei allerdings jedem Staat ein Vetorecht zukommt. Ferner haben die *Petersberg-Aufgaben*[131] der WEU Eingang in den Unionsvertrag gefunden, und die Einbeziehung einer Verteidigungspolitik und gemeinsamen Verteidigung ist textlich enger gefaßt. Damit kann die Union bestimmte Maßnahmen des internationalen Krisenmanagements durchführen[132]. Allerdings stehen diese Entwicklungen, bedingt durch die fehlenden eigenen operativen Kapazitäten der EU und der gerade erst beginnenden Zusammenarbeit mit der WEU, der Theorie derzeit noch näher als der Praxis.

Auch bleibt die Ausgestaltung der GASP der Europäischen Union nach Amsterdam überwiegend intergouvernemental. Eine eher supranational ausgerichtete Gestaltung scheiterte an der mangelnden Bereitschaft der Mitgliedstaaten zur Aufgabe souveräner Rechte. Die Interessenlage unter den Mitgliedstaaten ist sehr unterschiedlich. Die größeren Staaten fürchten um die Vorteile, die ihre wirtschaftliche und politische Stärke mit sich bringt, und folgen einem zum Teil kaum verhohlenen Hegemonialdenken. Die kleineren Mitgliedstaaten dagegen versuchen, durch einen Zusammenschluß und die Einbindung der großen Staaten mit ihren Ressourcen in das Gesamtsystem eine solche Übermacht zu verhindern beziehungsweise zu verkleinern, während die in Verteidigungsfragen während des Kalten Krieges neutralen Staaten um ihren Status fürchten und Scheu zeigen, sich in ein Sicherheitsbündnis

---

[129] *Jürgens*, Die GASP, S. 378; *Müller-Graff*, EPZ/GASP im System der Europäischen Union, in *Regelsberger* (Hrsg.), Die GASP der EU – Profilsuche mit Hindernissen, S. 57ff.

[130] Siehe dazu ausführlich *Neuhold*, The provisions of the Amsterdam Treaty, in *Hafner*, Liber amicorum Prof. Seidl-Hohenveldern, S. 495ff.

[131] So genannt nach der Petersberg-Erklärung des WEU-Ministerrats vom 19. Juni 1992, Bulletin der Bundesregierung Nr. 68/1992, S. 649-53.

[132] Zur Reichweite der Petersberg-Aufgaben siehe unten S 134, 136 ff.

einbinden zu lassen. Der Vertrag von Amsterdam blieb daher hinter den in die Reform der GASP gesteckten Erwartung zurück[133].

Im Zuge der veränderten weltpolitischen Situation besteht Einigkeit, daß eine politische Union vorangetrieben werden muß. Die verschiedenen Ansichten zum *wie* und *wie schnell* jedoch sorgen bisher dafür, daß die GASP auch nach Amsterdam intergouvernemental dominiert ist und lediglich eine Zusammenarbeit souveräner Staaten darstellt.

2. Die Mitgliedstaaten der Europäischen Gemeinschaften / Union

Die Europäische Gemeinschaft und seit 1993 die Europäische Union haben im Verlauf ihrer Geschichte mehrere Erweiterungen erfahren. Zu den ursprünglichen Mitgliedern Belgien, Deutschland, Frankreich, Italien, Luxemburg und den Niederlanden kamen 1973 in einer ersten Erweiterungsrunde Dänemark, Großbritannien und Irland. 1981 trat Griechenland, 1986 im Zusammenhang mit dem Beschluß der Einheitlichen Europäischen Akte (EEA) noch Portugal und Spanien der EG bei.

Nach Inkrafttreten des Maastrichter Vertrages war ein Beitritt nur noch zur Europäischen Union möglich. 1995 wurden Finnland, Österreich und Schweden in die EU aufgenommen. In Norwegen und der Schweiz scheiterte ein Beitritt am Votum der Bevölkerung, die in Referenden eine EU-Mitgliedschaft mehrheitlich ablehnten.

Anträge auf eine EU-Mitgliedschaft liegen derzeit von der Türkei, Marokko, Zypern und den mittel- und osteuropäischen Staaten vor. Der Antrag der Schweiz ruht, derjenige Maltas wurde wieder zurückgezogen. Seit April 1998 laufen aufgrund einer sehr umstrittenen Empfehlung der Kommission Beitrittsverhandlungen mit Polen, Ungarn, der Tschechischen Republik, der Slowakei, Estland und Zypern. Mit einem raschen Beitritt dieser Staaten ist allerdings derzeit nicht zu rechnen, da eine wirtschaftliche Angleichung noch aussteht [134].

3. Aufgaben und Ziele der Union

Die Union ist in erster Linie wirtschaftlich geprägt, was in der Dominanz der Europäischen Gemeinschaft innerhalb der Union begründet liegt. Sie ist gegenüber den politischen Bereichen am weitesten entwickelt und weist komplexe Strukturen auf. Auch das Ausland nimmt die Europäische Gemeinschaft als Hauptakteur wahr.

---

[133] *Lenzi*, European Security after Amsterdam, CFSP-Forum 3(1997) S. 6 (6-7).
[134] *Streinz*, Europarecht, Rnr. 82.

Die Präambel des Unionsvertrags nennt als Ziele der Union in erster Linie die weitere Integration[135], daneben die Beachtung von demokratischen Grundsätzen[136]. Art. 2 EUV normiert die Förderung des wirtschaftlichen und sozialen Fortschritts an erste Stelle. Danach stehen die Behauptung ihrer Identität auf internationaler Ebene durch eine gemeinsame Außen- und Sicherheitspolitik und die Wahrnehmung der Rechte und Interessen der Angehörigen ihrer Mitgliedstaaten. Schließlich wird die volle Wahrung des gemeinschaftlichen Besitzstands zum Ziel der Union erklärt.

Damit liegt der Schwerpunkt der Integration nach wie vor auf wirtschaftlichen und innenpolitischen Gebieten und Angelegenheiten. Die Entwicklung der GASP dagegen wird eher von der Notwendigkeit getrieben, auf der internationalen Bühne einheitlich aufzutreten, als von einem tatsächlichen Willen der Mitgliedstaaten bezüglich einer politischen Union.

4. Der institutionelle Rahmen

Art. 5 des Unionsvertrages zählt die Organe der Europäischen Gemeinschaft auf. Diese können in ein intergouvernementales Organ, den Rat, und die supranationalen Organe in Form von Kommission, Parlament und EuGH unterschieden werden. Art. 4 EUV nennt den *Europäischen Rat* als einziges Organ der Union. Der Europäische Rat ist das Leitungsorgan der Union. In ihm kommen die Staats- und Regierungschefs der Mitgliedstaaten sowie der Präsident der Kommission zusammen und geben der Europäischen Union Impulse für die weitere Entwicklung und allgemeine politische Zielvorstellungen. Der juristische Gehalt geht allerdings nicht über eine politische Verbindlichkeit hinaus. Lediglich in der GASP sind die Leitlinien des Europäischen Rates ausdrücklich die Grundlage für die Beschlüsse des Rates[137].

Der *Rat*[138] setzt sich aus einem Vertreter jedes Mitgliedsstaates auf Ministerebene zusammen, der für die Regierung seines Staates verbindlich handeln kann. Unter anderem koordiniert er die Wirtschaftspolitik und Außenwirtschaftspolitik der Europäischen Gemeinschaft und schließt Abkommen mit Drittstaaten nach Maßgabe der Verträge. Im Bereich der GASP legt er ge-

---

[135] Unter anderem genannt sind die Stärkung und die Konvergenz ihrer Volkswirtschaften, die Verwirklichung des Binnenmarktes, die Unionsbürgerschaft, die Gemeinsame Außen- und Sicherheitspolitik und die Freizügigkeit in einer *immer engeren Union*, Präambel zum Unionsvertrag.

[136] Genannt sind insbesondere die Grundsätze der Freiheit, der Beachtung der Menschenrechte und Grundfreiheiten, der Rechtsstaatlichkeit und der sozialen Grundrechte, Präambel zum Unionsvertrag.

[137] *Streinz*, Europarecht, Rnr. 279.

[138] Art. 203 EGV.

meinsame Standpunkte/Aktionen fest. Die *Kommission*[139], bestehend aus 20 auf Grund ihrer Befähigung ausgewählten, unabhängigen Mitgliedern, besitzt das Initiativmonopol und wacht über die Einhaltung des Gemeinschaftsrechtes. Zwar ist sie in vollem Umfang an der GASP beteiligt, hat jedoch nur sehr wenige Möglichkeiten, auf die Unionspolitik einzuwirken. Der *EuGH* ist gemäß Art. 46 EUV nicht für den Bereich der GASP zuständig und kann nur die Einhaltung der Zuständigkeiten durch die Organe überwachen.

Für die Europäische Gemeinschaft wesentlich sind also neben dem Rat vor allem die supranationalen Organe. Aufgrund der Kompetenzverleihung durch die Verträge (und durch Urteile des EuGH) hat sich die Europäische Gemeinschaft zu einem Rechtssystem *sui generis* entwickelt, deren sekundäres Recht nicht mehr im Bereich des Völkerrechts anzusiedeln ist[140]. Im Gegensatz dazu stehen die Aufgaben der Institutionen im Bereich der GASP. Hier sind in erster Linie der Rat und der neu geschaffene Europäische Rat zuständig, die Kommission und das Parlament haben eine untergeordnete, der EuGH nahezu keine Funktion[141]. Weiterhin ist zu beachten, daß die Organe der Europäischen Gemeinschaft im Bereich der EU nur im Wege der Organleihe tätig werden. Mit Ausnahme des Europäischen Rates, der unstreitig ein Organ der EU ist, werden die Organe im Bereich der Gemeinschaften wie auch, nach Maßgabe des Vertrages, im Bereich der Union gemäß Art. 5 EUV lediglich nach Maßgabe der *übrigen Bestimmungen* tätig, sind also als Organe der Europäischen Gemeinschaft zu klassifizieren[142].

Aus der Aufgabenverteilung der Organe wird also wiederum deutlich, daß die Mitgliedstaaten sich einen beherrschenden Einfluß auf die zweite Säule, die rein intergouvernemental als völkerrechtlich vereinbarte Zusammenarbeit strukturiert ist, erhalten haben.

5. Die Rechtsnatur der Union

Um zumindest partielle Völkerrechtssubjektivität zu genießen, muß eine internationale Einrichtung mehrere Merkmale erfüllen[143]. Der Zusammenschluß

---

[139] Art. 213 EGV.

[140] Diese *autonomistische* Meinung ist wohl die herrschende. Die *Traditionalisten* dagegen vertreten die Ansicht, daß das gesamte Gemeinschaftsrecht Teil des Völkerrechts sei, da das sekundäre Gemeinschaftsrecht aus Ermächtigungen durch das primäre Gemeinschaftsrecht abgeleitet sei.

[141] *Pechstein*, Die Justitiabilität des Unionsrechts, EuR 1999, S. 1 (13).

[142] *Curtin*, The Constitutional Structure of the Union, CMLR 30(1993) S. 17 (26), *Hilf* in *Grabitz/Hilf*, Das Recht der Europäischen Union, Art. E EUV Rnr. 7, *Streinz*, Europarecht, Rnr. 279, 230c, a.A. *Wichard* in *Calliess/Ruffert*, Kommentar zu EUV und EGV, Art. 5 EUV Rnr. 7-8 mit weiteren Nachweisen.

[143] Siehe dazu oben S. 35.

muß unter Staaten als gleichwertigen Partnern zur Erreichung eines völkerrechtlich erlaubten Zieles stattfinden und auf Dauer angelegt sein. Weiterhin müssen die Staaten (nicht unwiderruflich) auf die Ausübung einzelner souveräner Rechte verzichtet haben, und das Gebilde muß einen eigenen Willen haben können, der sich nicht notwendigerweise mit dem Willen aller Mitgliedstaaten deckt. Das Gebilde muß im eigenen Namen Träger von Rechten und Pflichten im Völkerrecht und innerstaatlichen Recht sein können, und mindestens ein Organ muß berechtigt sein, diesen Willen zu vertreten[144]. Die Europäische Gemeinschaft stellt gemäß Art. 281 EGV eine internationale Organisation mit Völkerrechtspersönlichkeit dar[145].

Für die ebensolche Annahme einer Völkerrechtspersönlichkeit *der Union* spricht zum einen Art. 24 EUV, der einen Vertragsschluß *der Union* mit einem Drittstaat beinhaltet. Allerdings ist davon auszugehen, daß trotz des irreführenden Wortlautes nach wie vor nur die Mitgliedstaaten, nicht aber die Union verpflichtet werden[146].

Zum anderen ist gemäß Art. 49 EUV ein Beitritt nur zur EU möglich, was gemäß der Lehre von den *implied powers* auf eine internationale Organisation mit Völkerrechtspersönlichkeit schließen ließe. Danach ist eine ausdrückliche Verleihung des Status nicht notwendig, wenn angenommen werden kann, daß die Völkerrechtssubjektivität von den Vertragsstaaten des Gründungsvertrages beabsichtigt war, wie es zum Beispiel bei der Gründung der Vereinten Nationen zu sehen ist. Eine konkludente Einigkeit in dieser Hinsicht bestand jedoch bei Gründung der EU nicht, so daß eine Völkerrechtssubjektivität auch nicht aus der implied-powers-Lehre hergeleitet werden kann[147].

Eine Ableitung aus den zugrundeliegenden Gemeinschaften kann ebenfalls nicht angenommen werden, da der Unionsvertrag ausdrücklich von der *Gründung* der EU spricht und die Europäischen Gemeinschaften gemäß Art. 1 Abs. 3 des Vertrages zwar Grundlage der Union sind, nicht aber diese selbst.

Gegen eine Rechtspersönlichkeit der Union ist vor allem einzuwenden, daß sie nicht ausdrücklich verliehen wurde, obgleich das Thema sowohl in Maastricht als auch in Amsterdam diskutiert wurde, und somit eine Verleihung

---

[144] *Seidl-Hohenveldern/Loibl*, Das Recht der Internationalen Organisationen, Rnr. 0105.

[145] Siehe dazu *Thun-Hohenstein*, Europarecht, S. 51-2.

[146] Siehe dazu die 4. *Erklärung zu den Artikeln J.14 und K.10* des Vertrags über die Europäische Union, in der explizit eine Übertragung von Zuständigkeiten der Mitgliedstaaten auf die Union im Zusammenhang mit den genannten Artikeln ausgeschlossen wird.

[147] *Streinz*, Europarecht, Rnr. 121b.

der Rechtspersönlichkeit offensichtlich keine Mehrheit unter der vertragschließenden Parteien fand[148].

Damit muß mit der herrschenden Meinung eine Völkerrechtspersönlichkeit der EU derzeit (noch) verneint werden. Eine dahingehende Entwicklung in der Zukunft erscheint möglich[149].

II. Die neuen Aufgaben der WEU in den neunziger Jahren

Mit dem Wegfall des Ost-West-Konfliktes brachen weltweit viele der kleinen Konflikte auf, die bisher von der übermächtigen Bedrohung eines globalen Konfliktes in Schach gehalten worden waren. Die Anzahl der Konfliktherde hat sich seit 1989 vervielfacht. Zudem hat sich die Struktur der Konflikte verändert. Anstelle von internationalen Konflikten beherrschen seit Beginn der neunziger Jahre intranationale Konflikte das Bild, in denen insbesondere die Zivilbevölkerung betroffen ist, da mit dem Rückgang der gegenseitigen Bedrohung auch die innere und äußere Ordnungsfunktion der Führungsmächte in ihren jeweiligen Hegemonialbereichen verlorengegangen ist[150].

Vor diesem Hintergrund ist die erneute Reaktivierung der WEU zu betrachten, die sich in der Wahl ihrer Aufgaben, in ihrer neuen Mitgliederstruktur und nicht zuletzt in den seit Ende des Kalten Krieges geführten Operationen ausdrückt.

1. Die Aufgaben der WEU

a. Die Petersberg-Aufgaben

In ihrer Maastrichter Erklärung vom 10.12.1991 verlautbarten die Minister der WEU-Mitgliedstaaten, daß

> die operationelle Rolle der WEU (...) durch die Prüfung und Festlegung geeigneter Aufgaben, Strukturen und Mittel gestärkt [wird][151].

---

[148] *Koenig/Pechstein*, Die Europäische Union, Rnr. 64.

[149] So auch *Bleckmann*, Der Vertrag über die EU, DVBl. 1992, S. 335; *Everling*, Reflections on the Structure of the European Union CMLR 1992, S. 1053 (1061); *Jürgens*, Die GASP, S. 329ff; *Seidel*, Zur Verfassung der EG nach Maastricht, EuR 1992, S. 125ff; Streinz, Europarecht, Rnr. 121b. Anderer Ansicht *Semrau*, Die GASP der EU, S. 38-9, *Wichard* in *Calliess/Ruffert*, Kommentar zum EUV und EGV, Art. 5 EUV Rnr. 8 mwN, die bereits jetzt eine Völkerrechtssubjektivität der Union annehmen.

[150] *Saalfeld*, Entwicklung und Perspektiven der Westeuropäischen Union, S. 3.

[151] *WEU's operational role will be strengthened by examining and defining appropriate missions, structures and means (...)*, Maastrichter Erklärung der WEU vom 10.12.1991, Abs. 5 = 30. Erklärung zur Westeuropäischen Union zum Vertrag über die Europäische Union (von der Konferenz zur Kenntnis genommene Erklärungen), Erklärung I Abs. 5.

Am 19. Juni 1992 wurden dann auf dem Bonner Petersberg im Rahmen eines WEU-Ministerratstreffens Aufgaben des internationalen Krisenmanagements definiert, welche die WEU in Zukunft wahrnehmen sollte. Gemäß Abs. 4 der Erklärung sind dies

> humanitäre Aufgaben und Rettungseinsätze, friedenserhaltende Aufgaben sowie Kampfeinsätze bei der Krisenbewältigung einschließlich friedensschaffender Maßnahmen[152].

Mit den Petersberg-Aufgaben hat ein neuer Aufgabentypus Einzug in das Bündnis gehalten, das sich insofern an die Bedürfnisse der derzeitigen europäischen und weltweiten Sicherheitslage anpaßt. Die Petersberg-Aufgaben geben der WEU damit die Möglichkeit, im Bedarfsfall außerhalb des Bündnisgebietes zu operieren, wenn europäische Sicherheitsinteressen betroffen sind oder humanitäre Hilfe geleistet werden soll. Realistisch gesehen ist jedoch mehr als eine *coalition of the willing* im Zusammenhang mit *out-of-area*-Einsätzen von WEU wie NATO nicht zu erwarten, da solche Situationen heute nicht mehr alle Bündnispartner vereinen können[153].

Fraglich ist allerdings, ob die Annahme der Erklärung nicht *ultra vires* geschah. *Fleuß*[154] erklärt, daß die Aufnahme von friedensschaffenden und -erhaltenden Aufgaben von Art. VIII Satz 3 des modifizierten Brüsseler Vertrages gedeckt sei, der bestimmt, daß

> auf Antrag eines der Hohen Vertragschließenden Teile (...) der Rat unverzüglich einberufen [wird], um eine Beratung bei jeder Lage zu ermöglichen, die eine Bedrohung des Friedens, gleichviel in welchem Gebiet, oder eine Gefährdung der wirtschaftlichen Stabilität darstellt.

Hinsichtlich der humanitären Aufgaben und Rettungseinsätze hat er jedoch erhebliche Bedenken. *Wessel* sieht zwar keine explizite oder implizite Ermächtigung durch den Vertrag, die Petersberg-Aufgaben in der Erklärung anzunehmen, geht aber davon aus, daß diese Aufgaben im völkergewohnheitsrechtlich anerkannten Rahmen der Organisation liegen[155].

Bei ihrer Verkündung im Juni 1992 stellten die Petersberg-Aufgaben eine reine politische Absichtserklärung dar. Für einen Änderungsvertrag fehlten

---

[152] *Humanitarian and rescue tasks, peacekeeping tasks, tasks of combat forces in crisis management, including peacemaking,* WEU Ministerial Council, Petersberg 19 June 1992 Abs.4, abgedruckt im Bulletin der Bundesregierung Nr. 68 vom 23. Juni 1992, S. 649-653.

[153] *Fröhlich,* Der Ausbau der europäischen Verteidigungsidentität zwischen WEU und NATO, ZEI Discussion Paper C19 (1998), S. 17.

[154] *Fleuß,* Die operationelle Rolle der WEU, S. 265-6.

[155] *Wessel,* The European Union's Foreign and Security Policy, S. 286 insbesondere Fn. 181.

Rechtsbindungswille sowie Ratifikation. Der Klassifizierung als spätere Übereinkunft im Sinne des Art. 31 Abs. 3a) WVRK oder einer späteren Übung im Sinne des Art. 31 Abs. 3b) WVRK steht entgegen, daß die Petersberg-Aufgaben einen neuen Aufgabentypus begründen, der im modifizierten Brüsseler Vertrag von 1954 weder vorgesehen ist noch angedeutet wird[156], und kein Konsens bezüglich einer dahingehenden Auslegung des modifizierten Brüsseler Vertrags bestand[157].

Durch die Unterzeichnung und Ratifikation des Vertrags von Amsterdam könnte aber gleichzeitig eine konkludente Änderung des modifizierten Brüsseler Vertrags stattgefunden haben. Gemäß Art. 39 Satz 1 der Wiener Vertragsrechtskonvention ist eine Änderung eines völkerrechtlichen Vertrages bei Übereinkunft zwischen den Vertragsparteien möglich. Da alle Vollmitglieder der WEU gleichzeitig Mitglieder der EU sind und der Amsterdamer Vertrag in allen Staaten der EU und damit auch von allen Vollmitgliedern der WEU unterzeichnet und ratifiziert worden ist, ergibt sich eine Zustimmung aller Vertragsparteien. Aufgrund der Ratifizierung in den entsprechenden Staaten stellen sich auch keine verfassungsrechtlichen Probleme. Die Vertragsparteien haben durch die Annahme des Amsterdamer Vertrages gezeigt, daß sie die Petersberg-Aufgaben, welche die WEU gemäß Art. 17 Abs. 3 EUV für die EU durchführen soll, als zum Aufgabenbereich der WEU zugehörig erachten. Selbst wenn man also annimmt, daß die Petersberg-Erklärung von 1992 *ultra vires* geschah, ist spätestens mit der Ratifikation des Amsterdamer Vertrags dieser Mangel geheilt.

Damit wurde auch konkludent die Zustimmung der Vollmitglieder der WEU zu den durch den Vertrag von Amsterdam übernommenen Aufgaben der WEU gegeben, da die Unterzeichnung und Ratifikation des Vertrages durch die Mitglieder der EU und damit aller Vollmitglieder der WEU zum Amsterdamer Vertrag die dort enthaltenden Implikationen für die WEU umfaßt[158]. Die am 22. Juli 1997 vom WEU-Ministerrat abgegebene dahingehende Erklärung kann nicht als solche betrachtet werden, da ihr die Ratifikation fehlt. Eine Zustimmung der Vollmitglieder der WEU bezüglich des Vertragswerks von Amsterdam ist erforderlich, da sie eine autonome Organisation darstellt

---

[156] Vergleiche *Fleuß*, Die operationelle Rolle der WEU, S. 267-74.

[157] Vielmehr bezeichnete die anläßlich der darauffolgenden Ratstagung vom 22.11.1993 in Luxemburg verabschiedete Erklärung die Definition der Petersberg-Aufgaben als *conceptual work*, Bulletin der Bundesregierung, Nr. 106/1993 vom 01.12.1993, S. 1181 (1183). Siehe dazu auch *Fleuß*, Die operationelle Rolle der WEU, S. 270-3.

[158] *Frowein*, Die EU mit WEU als Sicherheitssystem, in *Due* (Hrsg.), Festschrift für Everling, S. 315 (322).

und durch einen Vertrag einer von ihr unabhängigen Organisation grundsätzlich nicht gebunden werden kann[159].

Somit kann angenommen werden, daß die Petersberg-Aufgaben, deren Status und Vereinbarkeit mit dem modifizierten Brüsseler Vertrag Gegenstand von Diskussionen waren, nunmehr durch eine konkludente Vertragsänderung als Bestandteil des EUV zu sehen sind. Auch der möglichen Inanspruchnahme der WEU durch die Union gemäß Art. 17 Abs. 3 EUV ist von den Vertragsparteien des modifizierten Brüsseler Vertrags durch die Ratifikation des Vertrags von Amsterdam konkludent zugestimmt worden.

Mit der Petersberg-Erklärung erreicht die Revitalisierung der WEU in den neunziger Jahren eine neue Dimension. Die neue operative Rolle impliziert ein eigenständiges Tätigwerden der WEU-Organe zur Bewältigung einer internationalen Konfliktsituation. Dies steht im Gegensatz zu der bisher propagierten und umgesetzten reinen Koordination der Aktionen der Mitgliedstaaten[160]. Gleichzeitig wurden auch die operationellen Kapazitäten der WEU verstärkt. Aufgaben der Eurogroups der NATO wurden an die WEU übertragen, am 28.4.1993 wurde das Satellitenzentrum Torrejón eingeweiht, und am 1.10.92 entstand die *Militärische Planungszelle* des Rates in Brüssel[161]. Letztere bildet den militärischen Stab des WEU-Hauptquartiers. Trotz ihrer Stellung als bislang einziges militärisches Führungselement der WEU besitzt sie keinerlei Kommandofunktion. Damit befindet sich die Schaffung der Planungszelle im Einklang sowohl mit Art. VIII(2), der dem Rat die Einrichtung nachgeordneter Stellen erlaubt, als auch mit Art. IV(2), der Parallelorganisationen zur NATO für unerwünscht erklärt[162].

Für den Bedarfsfall sollen das Eurokorps[163], die multinationale Division (Zentraleuropa) des Rapid Reaction Corps der NATO[164] und der britisch-

---

[159] Die *pactis-tertiis*-Regel in Art. 34 WVRK, nach der durch einen Vertrag für einen Drittstaat weder Rechte noch Pflichten begründet werden, ist auf internationale Organisationen nicht anzuwenden, da es sich bei der WEU nicht um einen Drittstaat im Sinne des Art. 2 Abs. 1h) WVRK handelt. Die Konvention über das Vertragsrecht der internationalen Organisationen, welche ebenfalls in Art. 34 die *pactis-tertiis*-Regel normiert, ist nicht in Kraft. Völkergewohnheitsrechtlich ist jedoch anerkannt, daß ein internationaler Vertrag keine Rechte oder Pflichten auch für eine dritte internationale Organisation begründen kann.

[160] *Fleuß*, Die operationelle Rolle der WEU, S. 61.

[161] Weitere Hilfsorgane des Rates sind das WEU-Institut für Sicherheitsfragen in Paris, das eine europäische Identität im Bereich Sicherheitspolitik fördern soll, das WEU-Satellitenzentrum in Torrejon bei Madrid zur Auswertung von Satellitenbildern, und die Westeuropäische Rüstungsorganisation (WEAO), die für Rüstungskooperation zuständig ist.

[162] *Fleuß*, Die operationelle Rolle der WEU, S. 56.

[163] Die Aufstellung des sogenannten Eurokorps geht auf eine gemeinsame Initiative des damaligen deutschen Bundeskanzlers Helmut Kohl und französischen Staatspräsidenten

niederländische Amphibienverband der WEU zugeordnet werden. Die genannten Einheiten sind damit multinational organisierte Streitkräfte mit Mehrfacheinplanung in WEU und NATO[165]. Allerdings sind im Hinblick auf Operationen des Petersberg-Typus derzeit lediglich Großbritannien und Frankreich für einen raschen Truppeneinsatz außerhalb des Bündnisgebietes gerüstet. Ansonsten ist die WEU auf die Kapazitäten der NATO angewiesen, was sich wohl auch in absehbarer Zeit nicht ändern wird[166].

b. Die neue Rolle der WEU in Bezug auf die EG/EU

Die politischen Entwicklungen in den kommunistischen Ländern Anfang der achtziger Jahre, insbesondere die beginnende Perestroika in Rußland, war mit einer Auflösung der starren Blöcke verbunden, die für neue Überlegungen und Konzepte den Anlaß lieferte und Raum schaffte. Auf der *Haager Plattform Europäischer Sicherheitsinteressen* im Oktober 1987[167] wurde dementsprechend erstmals eine neue Rolle der WEU angesprochen. Sie sollte Mittel zur Ausstattung der EG mit einer Sicherheits- und Verteidigungskomponente sein und gleichzeitig den europäischen Pfeiler innerhalb der NATO stärken[168]. Diese Rolle wurde seither in zahlreichen Dokumenten wiederholt und bestätigt[169]. Vorläufiger Höhepunkt dieser Entwicklung war der Vertrag von Maastricht vom 9./10.12.1991, der eine gemeinsame Außen- und Sicherheitspolitik im Unionsvertrag verankerte und die WEU als Verteidigungskomponente der EU avisierte. Darin wird die WEU als *integraler Bestandteil der EU* bezeichnet, obgleich sie zu diesem Zeitpunkt eine eigenständige Organi-

---

Francois Mitterand von 14.10.1991 zurück. Den Kern bildet eine deutsch-französische Brigade, der Verband steht aber allen anderen Mitgliedstaaten offen. Siehe zum Eurokorps insgesamt etwa *Bühl*, Der Weg zum Eurokorps, Europäische Sicherheit 42 (1993), 472-76; *Stein*, Rechtsfragen des Eurokorps und der deutsch-französischen Brigade, in *Tomuschat* (Hrsg.), Rechtsprobleme einer europäischen Sicherheits- und Verteidigungspolitik, S. 53 ff, *Zierer*, The European Corps, Report submitted on behalf of the Defence Committee of the Assembly of WEU, Doc. 1400 vom 23.11.1991.

164 Die *Multinational Division (Central)* besteht aus belgischen, britischen, deutschen und niederländischen Einheiten, *Fleuß*, Die operationelle Rolle der WEU, S. 46.

165 FAWEU = *Forces Answerable to WEU*, siehe dazu *Fleuß*, Die operationelle Rolle der WEU, S. 45f.

166 *Fröhlich*, Der Ausbau der europäischen Verteidigungsidentität zwischen WEU und NATO, S. 19-20.

167 Bulletin der Bundesregierung Nr.112/1987 vom 29. Oktober 1987, S. 970ff.

168 *Fleuß*, Die operationelle Rolle der WEU, S. 37-8.

169 Siehe beispielsweise WEU Contribution to the European Union Intergovernmental Conference 1996, 14. November 1995, Abs. 6; Ministerial Councils in Erfurt, 18. November1997 Abs. 4; Rhodos, 12. Mai 1998 Abs. 2; Bremen, 11.Mai 1999, Abs. 4, 6; Luxemburg, 23. November 1999 Abs. 2-3

sation darstellte, was sich bis heute nicht geändert hat[170]. Im Vertrag von Amsterdam wurde diese Entwicklung durch die Ausgestaltung des Art. 17 weitergeführt.

Durch die Erklärung von Marseille hat sich die WEU vom internationalen Krisenmanagement zurückgezogen und diese Aufgaben der Europäischen Union überlassen. Damit endet die diesbezügliche Kooperation der beiden Organisationen. Der Vertrag von Nizza hat dementsprechend diejenigen Vorschriften des Art. 17 EUV, welche die WEU betreffen, ersatzlos gestrichen.

2. Die Mitgliederstruktur der WEU seit Petersberg

Die heutige differenzierte Mitgliederstruktur der WEU wurde im wesentlichen im Rahmen der Petersberg-Erklärung vom 16.9.1992[171] erarbeitet und im Kommuniqué von Rom am 20.11.1992[172] und der Kirchberg-Erklärung vom 9.5.1994[173] implementiert. Unterschieden wird seither nach Vollmitgliedern, Beobachtern, assoziierten Mitgliedern und assoziierten Partnern.

Bis zum Abschluß des Maastrichter Vertrages waren, neben den ursprünglichen Parteien des Brüsseler Vertrages, 1954 Deutschland und Italien durch den modifizierten Brüsseler Vertrag als Vollmitglieder der WEU beigetreten. 1988 folgten Portugal und Spanien. Am 20.11.1992 in Rom[174] trat Griechenland der WEU bei, während Dänemark und Irland ihren Beobachterstatus aufnahmen. Assoziierte Mitgliedstaaten wurden diejenigen NATO-Staaten, die nicht gleichzeitig Mitglied der EU sind, nämlich Norwegen, Island und die Türkei. 1995 wurden noch Finnland, Österreich und Schweden mit ihrem EU-Beitritt gleichzeitig als Beobachter in die WEU aufgenommen. Damit sind alle EU-Mitgliedstaaten auch gleichzeitig Mitglieder beziehungsweise Beobachter der WEU. Seit 1992 wurde die WEU für zahlreiche Staaten aus dem mittel- und osteuropäischen Raum geöffnet. So sind Bulgarien, Estland, Lettland, Litauen und Polen seit 1992 assoziierte Partner, Rumänien, die Tschechische Republik, die Slowakei und Ungarn seit 1994 und Slowenien seit 1996. Polen, Ungarn und die Tschechische Republik änderten durch die

---

[170] *Münch*, Die gemeinsame Aktion als Mittel der GASP, S. 68.

[171] Bulletin der Bundesregierung vom Nr. 68/1992 vom 23. Juni 1992, S. 649-53.

[172] Kommuniqué des Rates der WEU anläßlich der Tagung am 20.11.1992 in Rom, abgedruckt in EuYB 40 (1992), WEU, 30-2; Bulletin der Bundesregierung Nr.126/1992, vom 26.11.1992, 1158-60 und EA 48 (1993) D120-D122. Das in Rom erarbeitete Kommuniqué ist als völkerrechtlicher Vertrag zu qualifizieren, unterscheidet sich aber von den Beitrittsverträgen durch Inhalt und Form, *Fleuß*, Die operationelle Rolle der WEU, S. 43-4.

[173] Bulletin der Bundesregierung Nr. 46/1994 vom 20. Mai 1994, S. 405ff.

[174] Kommuniqué des Rates der WEU anläßlich der Tagung am 20.11.1992 in Rom, abgedruckt in EuYB 40 (1992), WEU, 30-2; deutsche Übersetzung abgedruckt in BPA (Hrsg.) – Bulletin Nr.126/1992 vom 26.11.1992, 1158-60 bzw, in EA 48 (1993) D120-D122.

Osterweiterung der NATO ihren Status innerhalb der WEU und zählen nunmehr zu den assoziierten Mitgliedern der WEU[175].

Von den fünfzehn EU-Staaten sind damit zehn gleichzeitig *Vollmitglieder* der WEU. Es handelt sich dabei um diejenigen EU-Staaten, die auch gleichzeitig Mitglied der NATO sind. Einzige Ausnahme ist Dänemark, das zwar NATO-Mitglied ist, in der WEU aber dennoch nur einen Beobachter-Status einnimmt. Weitere *Beobachter* sind mit Irland, Finnland, Österreich und Schweden diejenigen EU-Staaten, die nicht Mitglied der NATO sind[176]. Ihr Status wurde in dem Kommuniqué vom 20.11.1992 in Rom durch eine *Declaration on WEU Observers* konkretisiert. Sie sind infolgedessen zur Teilnahme an den Sitzungen des WEU-Rates und der Arbeitsgruppen berechtigt, soweit eine Einladung erfolgt und die Teilnahme nicht auf Vollmitglieder beschränkt ist.

Assoziierte Mitglieder sind nunmehr alle europäischen NATO-Staaten, welche nicht gleichzeitig Mitglied der EU sind, also Island, Norwegen, Polen, die Tschechische Republik, die Türkei und Ungarn. Die entsprechenden Bestimmungen der Petersberg-Erklärung wurden in Rom implementiert und in der Kirchberg-Erklärung vom 9.5.1994 durch die *Declaration following on from the Document on Associate Membership* vom 20.11. 1992 bekräftigt. Assoziierte Mitglieder sind berechtigt, in vollem Umfang an den Tagungen des WEU-Rates, seiner Arbeitsgruppen und Nebenorgane teilzunehmen, können jedoch einen Beschluß nicht blockieren, der einen Konsens unter den Vollmitgliedern erfordert. An Operationen der WEU nehmen sie auf der gleichen Grundlage teil wie die Vollmitglieder.

Diejenigen mittel- und osteuropäischen Staaten, die weder der EU noch der NATO angehören, genießen einen Status als *assoziierte Partner*. Sie können an den Gesprächen bei den Ratstagungen teilnehmen, nicht aber einen Beschluß blockieren, für den ein Konsens der Mitgliedstaaten erforderlich ist, und werden regelmäßig über die Aktivitäten der Arbeitsgruppen unterrichtet. Im Einzelfall können sie auch zur Teilnahme an einer Arbeitsgruppe eingeladen und in die Arbeit der Planungszelle einbezogen werden. Weiterhin können sie sich den von den Mitgliedstaaten gefaßten Beschlüssen bezüglich Petersberg-Aufgaben anschließen und an deren Durchführung teilnehmen, sofern nicht die Mehrheit der Mitglieder etwas anderes beschließt. Wenn sie an einer Mission teilnehmen, treffen sie dieselben Pflichten wie alle anderen

---

[175] *Wessel*, The European Union's Foreign and Security Policy, S. 283.

[176] Dies sind die neutralen Staaten der Union, deren Charakter der Verteidigungspolitik in Art. 17 Abs. 1 UA 3 EUV besondere Erwähnung findet.

Teilnehmer, und sie haben das Recht, an den Kommandostrukturen und dem anschließenden Entscheidungsprozeß des Rates beteiligt zu werden[177].

Der modifizierte Brüsseler Vertrag mußte im Zusammenhang mit der assoziierten Partnerschaft ebenso wie mit der assoziierten Mitgliedschaft und dem Beobachterstatus nicht angepaßt werden, da Art. XI insoweit nur für den Beitritt eines neuen Mitglieds einschlägig ist[178]. Die Beobachter, assoziierten Mitglieder und assoziierten Partner sind von der Beistandsklausel nicht erfaßt.

3. Bisherige Operationen der WEU

a. Konfliktbewältigung zwischen 1948 und 1986

In dem Zeitraum zwischen 1948 und 1986 nahm die WEU keine Aufgaben internationaler Krisenbewältigung in Angriff. Nach den relativ erfolgreichen ersten Jahren des Bündnisses gab sie, entsprechend dem Subsidiaritätsgedanken in Art. IV des modifizierten Brüsseler Vertrages, nach und nach ihre Aufgaben an die NATO ab. Als Beispiele sind die Übertragung der Zuständigkeiten für Organisation und Planung der westeuropäischen Verteidigung 1950 an die NATO, die Unterstellung ihrer Streitkräfte durch die Vollmitglieder der WEU unter den Oberbefehl des SACEUR (in den Pariser Verträgen 1954) oder die Reduktion ihrer Aktivitäten im militärischen Bereich ab 1957 zu nennen. Damit war die WEU lediglich zuständig für Rüstungskontrollfragen und für die Behandlung im Rat von Situationen, die eine *Bedrohung des Friedens*[179] darstellten[180].

b. Der erste Golfkrieg Iran-Irak (1987-9)

Die erste Anwendung des Art. VIII des modifizierten Brüsseler Vertrages erfolgte im ersten Golfkrieg mit der Beteiligung an der *Operation Clean Sweep*[181]. Die WEU entsandte Marineeinheiten in den persischen Golf, die sich an den Minenräumaktionen beteiligten und Geleitschutz für Öltanker und Handelsschiffe stellten. Auf einer Ministertagung am 26./27.10.1987 wurde eine konkrete Zusammenarbeit der jeweiligen nationalen Kommandos vereinbart. Die Bildung eines gemeinsamen Kommandos scheiterte an der ablehnenden Haltung Frankreichs und Großbritanniens, die Maßnahmen als

---

[177] Kirchberg-Erklärung, Bulletin der Bundesregierung Nr. 46/1994 vom 20. Mai 1994, S. 405 ff, Teil II Abs. 1 und 2.
[178] *Fleuß*, Die operationelle Rolle der WEU, S. 44.
[179] Art. VIII Abs. 3 des modifizierten Brüsseler Vertrags.
[180] *Fleuß*, Die operationelle Rolle der WEU, S. 277.
[181] *WEU Secretariat-General*, Information Section, Western European Union – History, Structures, Prospects, S. 11f; *Fleuß*, Die operationelle Rolle der WEU, S. 277-88.

ausschließlich national bewerteten. Später wurde allerdings ein operationelles Kommando für die britischen, belgischen und niederländischen Verbände unter Leitung Großbritanniens eingerichtet.

Die operationelle Rolle der WEU in diesem ersten Einsatz ist eher zurückhaltend zu bewerten. Sie koordinierte lediglich die unilateralen Beiträge. Weitergehende konzertierte Aktionen scheiterten an der Betonung der staatlichen Interessen. Eine politische Leitung der Operation durch den WEU-Rat fand nicht statt[182].

c. Die Kuwait-Krise (1990-1)

Die irakische Okkupation und Annexions Kuwaits am 2.8.1990 stellte eine weitere internationale Krise dar, mit der sich die WEU befaßte. Die Weltgemeinschaft reagierte auf die Aggressionen des Iraks zunächst mit einem Wirtschafts- und Waffenembargo[183], nach Ablauf des gestellten Ultimatums mit dem Einmarsch alliierter Truppen in Kuwait[184] und überwachte nach der erfolgreichen Zurückdrängung des Iraks schließlich die Einhaltung des Waffenstillstandsabkommens. Die Reaktionen auf die Unterdrückung der kurdischen Bevölkerung im Norden des Landes[185] standen zwar nicht in direktem Zusammenhang mit der Kuwait-Krise, wurden aber ebenfalls von der Weltgemeinschaft initiiert[186].

Im August 1990 trafen sich, erstmals in der Geschichte der WEU, die Generalstabschefs der Mitgliedstaaten[187]. Im Anschluß daran entsandten sämtliche Vollmitglieder, mit Ausnahme von Deutschland und Luxemburg, Seestreitkräfte in die Region[188]. Die Einheiten standen jedoch unter dem jeweiligen nationalen operationellen Kommando ihrer Entsenderstaaten. Erst im Januar 1991 wurde ein *WEU Naval Operational Command* errichtet und dem Kommandierenden General der französischen Flotte im Indischen Ozean die operationelle Kontrolle über alle im Einsatzgebiet befindlichen Marineeinheiten der WEU-Mitgliedstaaten übertragen. In einer Direktive wurden gemeinsame

---

[182] *Fleuß*, Die operationelle Rolle der WEU, S. 288.
[183] SR-Resolution 661/1990 vom 06.08.1990, §§ 3 und 4.
[184] SR-Resolution 678/1990 vom 29.11.1990, § 2.
[185] SR-Resolution 688/1991 vom 05.04.1991.
[186] *Fleuß*, Die operationelle Rolle der WEU, S. 290-1.
[187] Zur Rolle der WEU in der Kuwait-Krise siehe *Gnesotto/Roper* (eds.), Western Europe and the Gulf, insbesondere den Beitrag von *Jacomet*, The Role of WEU in the Gulf Region, S. 159-69; *van Eekelen*, WEU and the Gulf Crisis, Survival 32(1990), 519-32.
[188] Deutschland entsandte Marineeinheiten ins Mittelmeer, welche die dort stationierten britischen und französischen Einheiten ersetzen sollten, und Luxemburg beteiligte sich finanziell.

rules of engagement festgelegt, die nach direkten Operationen gegen den Irak und allgemeiner Unterstützung der Alliierten unterschieden.

In der am 17.01.1991 beginnenden *Operation Desert Storm* kämpften britische, französische und italienische Einheiten neben amerikanischen, saudiarabischen und kuwaitischen Truppen. Auch nach der Annahme der Waffenstillstandsbedingungen durch den Irak am 6.04.1991 setzte die WEU ihr Engagement fort. Dies geschah insbesondere durch die Operation *Save Haven*, die in einer Koordination der Hilfsaktion der Europäischen Gemeinschaft zugunsten der in den Iran und die Türkei geflüchteten Kurden in Umsetzung einer Resolution des Sicherheitsrates[189] bestand, und durch eine von der WEU gesteuerten Minenräumaktion im Golf. Letztere fand als erste Aktion mit direkter deutscher Beteiligung statt[190].

In der Kuwait-Krise fungierte die WEU als Mechanismus zur permanenten Koordination der Aktivitäten der WEU-Mitgliedstaaten, aber nach wie vor kam keine Einigung über ein gemeinsames Kommando zustande[191]. Immerhin war die Abstimmung der Staaten wesentlich intensiver, als es noch im ersten Golfkrieg der Fall gewesen war, was auch auf die Tatsache zurückzuführen ist, daß anstelle der nationalen Interessen der Mitgliedstaaten die gemeinsame Anstrengung zur Wiederherstellung des rechtmäßigen *status quo ante* im Vordergrund stand[192].

Bedenken hinsichtlich der satzungsrechtlichen Rechtmäßigkeit der Einsätze bestehen nicht. Durch die unmittelbare Beeinträchtigung der Handelsschifffahrt in der Region sowie der strategischen Bedeutung und der wirtschaftlichen Implikationen bestand eine Bedrohung der europäischen Sicherheitsinteressen, so daß Art. VIII Abs. 3 zum Tragen kam. Durch die Funktion der WEU als koordinierende, nicht als kommandierende Einrichtung fallen die Operationen auch in ihrer Reichweite unter Art. VIII Abs. 3 des modifizierten Brüsseler Vertrags[193].

d. Die Einsätze auf dem Gebiet des Balkan (seit 1991)

Nach Beendigung des Kalten Krieges und einer Übergangszeit brachen im ehemaligen Jugoslawien unter den verschiedenen Volksgruppen Konflikte auf, die in bürgerkriegsähnliche Zustände mündeten und den Sicherheitsrat der Vereinten Nationen dazu veranlaßten, sich mit der Angelegenheit zu be-

---

[189] SR-Resolution 688 (1991).
[190] Siehe dazu *Fleuß*, Die operationelle Rolle der WEU, S. 291-293.
[191] *Zaldivar/Ortega*, The Gulf Crisis and European Cooperation on Security Issues, in *Gnesotto/Roper* (ed.), Western Europe and the Gulf, S. 127 (135).
[192] *Fleuß*, Die operationelle Rolle der WEU, S. 306.
[193] Siehe dazu ausführlich *Fleuß*, Die operationelle Rolle der WEU, S. 306-307.

fassen. Gegen den Aggressor Serbien wurde neben anderen Maßnahmen ein striktes Wirtschafts- und Waffenembargo[194] verhängt[195].

Die Embargo-Überwachung der Adria durch die WEU unter der Bezeichnung *Sharp Vigilence* begann im Juli 1992 und berechtigte die Einheiten der WEU-Mitgliedstaaten lediglich zur Präsenz und Überwachung des Gebietes. Parallel dazu wurde die Operation *Maritime Monitor* durch die NATO mit gleichen Zielsetzungen und Befugnissen geführt. Da die Blockade jedoch in zahlreichen Fällen gebrochen wurde, gab eine Resolution des Sicherheitsrates[196] sowohl der WEU als auch der NATO ein erweitertes Mandat, das die Durchsuchung von verdächtigen Schiffen sowie die Konfiskation von Ladung beinhaltete, soweit sie von dem Embargo erfaßt wurde. Daraufhin wurde die WEU-Aktion am 20.11.1992 in Rom zur Operation *Sharp Fence*, die NATO-Aktion nur zwei Tage später zur *Maritime Guard* erweitert. Zwar wurden beide Operationen eng koordiniert, am 8.6.1993 jedoch aufgrund zahlreicher Abstimmungsschwierigkeiten zur Operation *Maritime Guard* zusammengelegt[197]. Satzungsrechtlich beruhte der Einsatz der WEU auf Art. VIII(3) des modifizierten Brüsseler Vertrages, da durch die direkte geographische Nähe des Konfliktes zu den Mitgliedstaaten ihre Sicherheitsinteressen betroffen waren[198].

Die Embargo-Überwachung der Donau ab März 1993 ist nicht als militärische Aktion zu sehen, sondern bedeutete eine Unterstützung der Donauanrainerstaaten bei der Durchsetzung des Embargos durch die Entsendung von Polizei- und Zollkräften[199]. Da die generelle Zielsetzung hier mit derjenigen der Adria-Überwachung identisch war, diente auch hier Art. VIII(3) des modifizierten Brüsseler Vertrages als Grundlage, obgleich es sich nicht um eine militärische Aktion handelte[200].

Bei der Leistung humanitärer Hilfe durch die Vereinten Nationen und andere Organisationen war die WEU lediglich indirekt beteiligt. Sechs ihrer Mitgliedstaaten beteiligten sich an der UNPROFOR-Mission[201], wurden jedoch nicht von der WEU koordiniert. Im Oktober 1994 entsandte die WEU unter

---

194 SR-Resolution 713/1991 vom 25.19.1991.

195 *Fleuß*, Die operationelle Rolle der WEU, S. 307-308.

196 SR-Resolution 787/1992 vom 16.11.1992.

197 *Fröhlich*, Stefan, Der Ausbau der europäischen Verteidigungsidentität zwischen WEU und NATO, ZEI Discussion Papers (1998) C19, S. 15.

198 *Fleuß*, Die operationelle Rolle der WEU, S. 308ff.

199 Diese Aktion stützt sich auf die SR-Resolutionen 713/1991, 787/1992 und 820/1993.

200 *Fleuß*, Die operationelle Rolle der WEU, S. 316ff.

201 *United Nations Protection Force*, basierend auf der SR-Resolution 743/1992 vom 21.02.1992.

erstmaliger Umsetzung des Art. J.4(2) EUV[202] ein multinationales Polizeikontingent in die unter EU-Verwaltung gestellte Stadt Mostar, das die lokalen Polizeibehörden zusammenführte, überwachte und unterstützte.

Mit diesen Einsätzen beanspruchte die WEU erstmals die Mitwirkung an Friedenssicherungsmaßnahmen unter der Autorität der Vereinten Nationen. Damit übernahm sie operationelle Kommandofunktionen, die unter der politischen Kontrolle des Rates ausgeführt wurden. Der Schwerpunkt aller Maßnahmen der WEU lag weiterhin in der Koordination der mitgliedsstaatlichen Beiträge. Eine eigenständige Führung der Operationen durch die WEU fand nicht statt.

Als weiterer Konfliktherd stellte sich die sich zuspitzende Lage in Albanien heraus. Als Tausende von Flüchtlingen im italienischen Brindisi landeten, war insbesondere Italien an einer Operation zur Verbesserung der Situation in Albanien interessiert. Die WEU-Mitgliedstaaten konnten sich jedoch auf ein einheitliches Vorgehen nicht einigen, so daß die *Operation Alba* schließlich als *coalition of the willing* unter Leitung Italiens durchgeführt wurde. In der Erfurter Erklärung vom 18.11.1997 würdigten die Minister den erfolgreichen Abschluß der Mission.

Mitte des Jahres 1997 einigten sich die WEU-Minister auf die Entsendung eines multinationalen Polizei-Kontingentes nach Albanien, das unter dem Arbeitstitel *MAPE*[203] anlief. Die Finanzierung erfolgt über das PHARE-Programm der EU. Das Mandat wurde mehrfach verlängert. Ziel ist es, durch Beratung und Training ein zuverlässiges Polizeikorps in Albanien aufzustellen. An der Mission beteiligen sich Polizeioffiziere aus 22 WEU-Staaten[204].

Seit November 1998 wird von der WEU eine *General Surveillance of the Kosovo Region* im Auftrag der Europäischen Union durchgeführt[205].

e. Fazit

Während die WEU während der Golfkriege noch als reines Konsultations- und Koordinationsforum diente, wurde der WEU-Rat bei Überwachung des Embargos in der Adria durch die aktionsbezogene Wahrnehmung der politischen Kontrolle faktisch aufgewertet. Dennoch dominiert nach wie vor die politische Willensbildung auf der Ebene der Mitgliedstaaten. Die operationelle Rolle der WEU ist noch im Anfangsstadium[206].

---

[202] In der damaligen Fassung von Maastricht.
[203] MAPE = *Multinational Advisory Police Element.*
[204] http://www.weu.int, 2. November 2000.
[205] http://www.weu.int, 2. November 2000.
[206] *Fleuß*, Die operationelle Rolle der WEU, S. 333-334.

Durch die Erklärung von Marseille[207] hat die WEU ihre Aufgaben des internationalen Krisenmanagements, welche sie in der Petersberg-Erklärung 1992 definiert hatte, an die Europäische Union übertragen. Die operationellen und strukturellen Probleme sind aber in beiden Organisationen identisch.

Von einer europäischen Armee, die zur Bewältigung von Krisen des Petersberg-Typs unter einem einheitlichen Kommando in die Krisenregion verlegt wird, ist Europa noch weit entfernt – in absehbarer Zeit wird es eine solche Unterstellung von nationalen Einheiten unter ein multinationales Kommando wohl auch nicht geben. Nur wenn es gelingt, neben der politischen Kontrolle die Operationen auch durch ein einheitliches Kommando zu führen, können die in der Petersberg-Erklärung gesetzten Aufgaben erfolgreich umgesetzt werden.

E. Der status quo und Ausblick

I. Der status quo *im Vertrag von Amsterdam*

Der *status quo* der EU, bezogen auf den Vertrag von Amsterdam, zeigt die Union als überwiegend wirtschaftlich orientierte Organisation mit einer beginnenden gemeinsamen Außen- und Sicherheitspolitik und einer sich entwickelnden europäischen Sicherheits- und Verteidigungspolitik. Die WEU ist als ihr operativer Arm und als europäischer Pfeiler der NATO gedacht. Durch diese Entwicklung gelingt es der WEU, sich aus dem Schatten der NATO und Union wenigstens teilweise hinauszubegeben. Sie erlangt neue Bedeutung durch die Übernahme der Krisenmanagementkompetenzen und hat bereits mehrere Einsätze in diesem Bereich absolviert.

II. Die Krisenmanagementkompetenzen nach dem Vertrag von Nizza

Die wesentliche Änderung, die sich durch den Vertrag von Nizza und die Erklärung des WEU-Ministerrates von Marseille ergibt, ist der Übergang der operativen Wahrnehmung von Aufgaben des internationalen Krisenmanagements von der WEU auf die Europäische Union. Dieser Schritt ist insofern logisch, als die Union durch die Integration der Petersberg-Aufgaben in den Vertrag von Amsterdam zunächst einmal die Kompetenzen für die Durchführung solcher Operationen erhielt. In den Ratsgipfeln von Köln und Helsinki wurde der Aufbau eigener operationeller Kapazitäten bis 2003 beschlossen. Konsequenterweise zieht sich die WEU nunmehr zugunsten der Union aus dem internationalen Krisenmanagement zurück.

---

[207] WEU Ministerrat in Marseille, 13. November 2000.

Eine weitergehende Änderung der Gemeinsamen Außen- und Sicherheitspolitik, insbesondere ihrer intergouvernementalen Ausrichtung, wurde nicht erreicht[208]. Richtig erscheint in jedem Fall die Ansicht, daß die fortschreitende Integration der Union als Prozeß zu betrachten ist und die Verträge von Maastricht und Amsterdam sowie der Vertrag von Nizza lediglich Momentaufnahmen entlang des Weges darstellen[209]. Im Folgenden soll daher zunächst die europäische Sicherheits- und Verteidigungspolitik untersucht werden, wie sie sich in der durch den Vertrag von Amsterdam und den (noch nicht in Kraft getretenen) Vertrag von Nizza geprägten derzeitigen Situation darstellt.

III. Weiterentwicklung der europäischen Sicherheits- und Verteidigungspolitik

Die weitere Entwicklung der Europäischen Sicherheits- und Verteidigungspolitik ist eng mit der Entwicklung der politischen Union verbunden. Die Integration von sicherheits- und verteidigungspolitischen Kompetenzen in die Union bedeutet gleichzeitig eine Aufgabe von souveränen Rechten durch die Mitgliedstaaten in einem sehr sensiblen Bereich.

Die Stärkung der europäischen Sicherheits- und Verteidigungspolitik geschieht letztendlich durch eine Integration der WEU oder ihres Besitzstands in die Union. Dieser Besitzstand der WEU besteht aus zwei Elementen, der Beistandsklausel (Art. V des modifizierten Brüsseler Vertrags) und der Kompetenzen zum internationalen Krisenmanagement (aus der Petersberg-Erklärung von 1992).

Der Vertrag von Amsterdam hat die Kompetenzen zum internationalen Krisenmanagement in Form der Petersberg-Aufgaben in die GASP des Unionsvertrags integriert, die gemeinsame Verteidigung jedoch lediglich als Zielbestimmung in Art. 17 Abs. 1 EUV erwähnt. Die Integration der Beistandsklausel kann nun im wesentlichen auf zwei Wegen erfolgen. Zum einen kann die Beistandsverpflichtung in einem fakultativen Zusatzprotokoll normiert werden, welches an den Unionsvertrag angefügt wird. Zum anderen kann die

---

208 Die Änderungen beispielsweise in Bezug auf die verstärkte Zusammenarbeit werden später noch im Einzelnen erklärt und ausgewertet. An dieser Stelle kann aber bereits gesagt werden, daß die Struktur der GASP keine grundlegenden Veränderungen erfahren hat.

209 *Everling*, Reflections on the Structure of the Europan Union, CMLR 29(1992) S. 1053 (1059).

Beistandsverpflichtung auch direkt in der GASP normiert werden. Im Anschluß an die rechtliche Analyse des *status quo* sollen daher die beiden angesprochenen Konzepte in den Kapiteln drei und vier in europa- und völkerrechtlicher Hinsicht untersucht werden.

Kapitel 2. Die Europäische Sicherheits- und Verteidigungspolitik nach dem Vertrag von Amsterdam

A. Das Konzept der getrennten Zuständigkeiten für Krisen-management und Verteidigung

Das Konzept des Vertrags von Amsterdam ist durch eine Trennung der Zuständigkeiten für Maßnahmen des internationalen Krisenmanagements und der gemeinsamen Verteidigung gekennzeichnet. Während Maßnahmen des internationalen Krisenmanagements in der Gemeinsamen Außen- und Sicherheitspolitik in gewissem Umfang normiert sind, verbleibt die Zuständigkeit für Fragen der Verteidigung allein bei den Mitgliedstaaten.

Der Vertrag von Nizza[210] behält das grundlegende System des Amsterdamer Vertrags bei. Auf die einzelnen Veränderungen wird an den entsprechenden Stellen eingegangen.

1. Die Zuordnung der Kompetenzen durch den Vertrag von Amsterdam

Aufgaben des nichtmilitärischen Krisenmanagements kann die Union bereits seit ihrer Gründung durch den Vertrag von Maastricht in Form von gemeinsamen Standpunkten und Aktionen durchführen[211]. Mit der Aufnahme der sogenannten Petersberg-Aufgaben in den Unionsvertrag besitzt die Union nunmehr auch eine Kompetenz für die Wahrnehmung von Aufgaben des militärischen internationalen Krisenmanagements, indem sie gemäß Art. 17 Abs. 2 EUV[212]

> humanitäre Aufgaben und Rettungseinsätze, friedenserhaltende Aufgaben sowie Kampfeinsätze bei der Krisenbewältigung einschließlich friedensschaffender Maßnahmen

durchführen kann. Auch wenn die Union zur operativen Durchführung der Maßnahmen auf die WEU zurückgreifen muß[213], wurde hiermit die Grundlage für ein sicherheitspolitisches Engagement der Union im internationalen

---

[210] Ausgearbeitet auf der Regierungskonferenz anläßlich des Ratsgipfels in Nizza am 6.-9. Dezember 2000 in der am 26. Februar 2001 unterzeichneten Fassung.

[211] Beispiele für nichtmilitärisches Krisenmanagement sind die Beobachtung von Wahlen, die Unterstützung eines demokratischen Übergangs oder auch die Verhängung von Sanktionen.

[212] Die Artikel des EUV beziehen sich, falls nicht anders angegeben, auf den Unionsvertrag in der Fassung von Amsterdam, siehe BGBl. 1999 II S. 296 ff.

[213] Durch den Rückzug der WEU aus dem internationalen Krisenmanagement durch ihre Ministerratserklärung vom 13. November 2000 liegt nunmehr auch die operationelle Durchführung bei der Union selbst.

Rahmen geschaffen. Die Mitgliedstaaten haben aber ihre souveränen Rechte in diesem Bereich nicht auf die Union übertragen. Sie sind also nach wie vor in der Lage, unabhängig von der Union als einzelner Staat oder als Staatengruppe eine Maßnahme durchzuführen.

Die Festschreibung einer gemeinsamen Verteidigung im Unionsvertrag dagegen fand, nach kontroversen Diskussionen während der Regierungskonferenz, keinen Konsens. Bremsende Kräfte in dieser Hinsicht waren Großbritannien, unterstützt von den neutralen Staaten Irland und Österreich sowie den nicht paktgebundenen Staaten Schweden und Finnland. Am weitesten in ihren Vorschlägen gingen die Benelux-Staaten und Griechenland, die eine gemeinsame Verteidigung in den Unionsvertrag aufnehmen wollten. Dazwischen stand der Vorschlag Deutschlands und Frankreichs, eine eigene Verteidigungspolitik der Union durch eine allmähliche Eingliederung der WEU in die Union einzuführen[214].

Ergebnis ist die vorliegende Fassung des Art. 17 EUV, wonach zu den Fragen der Sicherheit der Union auch

> die schrittweise Festlegung einer gemeinsamen Verteidigungspolitik im Sinne des Unterabsatzes 2 gehört, die zu einer gemeinsamen Verteidigung führen könnte, falls der Europäische Rat dies beschließt. (...)

Art. 17 Abs. 1 S. 1 EUV zeigt in seiner Kompromißlösung die fehlende Einigkeit der Mitgliedstaaten auf. Zwar ist eine gemeinsame Verteidigung derzeit noch nicht im Vertrag integriert, jedoch ist keine weitere Regierungskonferenz notwendig, um eine solche einzuführen. Vielmehr genügt eine Entscheidung des Europäischen Rates[215]. Der Beschluß muß jedoch von den Mitgliedstaaten gemäß Art. 17 Abs. 1 EUV entsprechend ihrer verfassungsrechtlichen Vorschriften angenommen werden, die zum Teil Volksabstimmungen oder verfassungsrechtliche Änderungen beinhalten[216].

In Abs. 1 UA 3 wird dementsprechend darauf hingewiesen, daß der besondere Charakter der Sicherheits- und Verteidigungspolitik bestimmter Mitgliedstaaten nicht berührt wird und die Verpflichtungen einiger Mitgliedstaaten aus dem Nordatlantikvertrag beachtet werden. Damit bleiben die Kompetenzen bezüglich einer Selbstverteidigung bei den Mitgliedstaaten. Die neutralen Staaten der Union[217] behalten dementsprechend diesen Status bei, während

---

[214] *Fröhlich*, Der Ausbau der europäischen Verteidigungsidentität zwischen WEU und NATO, ZEI Discussion Paper (1998) C19, S. 12-3.

[215] Die Möglichkeiten, wie der Verteidigungsaspekt der WEU-acquis in die Union zu integrieren ist, wird in den beiden folgenden Kapiteln ausführlich dargestellt und diskutiert.

[216] *Gilsdorf*, Institutionelle und materielle Reformen im Bereich der GASP, in *Hummer*, Die EU nach dem Vertrag von Amsterdam, S. 239 (248).

[217] Dies sind Finnland, Irland, Österreich und Schweden.

die übrigen Mitgliedstaaten ihre kollektive Verteidigung in der NATO verwirklicht sehen.

Die zentrale Aufgabe aus dem modifizierten Brüsseler Vertrag, die Beistandspflicht aus Art. V, bleibt unverändert bei der WEU und damit dem Einfluß der Union entzogen. Allerdings sind sich die Vollmitglieder der WEU, alle zugleich auch NATO-Mitglieder, einig, daß ein Angriff auf europäisches NATO-Territorium den Bündnisfall des Atlantikvertrags auslösen würde und somit in den Bereich der NATO fällt. Angesichts der unterschiedlichen Verpflichtungen (der Brüsseler Vertrag geht in seiner Beistandsverpflichtung weiter als der Atlantikvertrag) ist jedoch die Wahrnehmung der Verteidigung durch die WEU theoretisch noch denkbar.

2. Die Inanspruchnahme der WEU für Krisenmanagement-Operationen

Durch die Integration der Petersberg-Aufgaben in den Unionsvertrag in Amsterdam haben die Mitgliedstaaten der EU ihren Willen zum Ausdruck gebracht und die juristische Grundlage geschaffen, um aktives Krisenmanagement zu betreiben. Nachdem die Union aber keine eigenen operativen Kapazitäten besitzt, wird sie gemäß Art. 17 Abs. 3 UA 1 EUV

> die WEU in Anspruch nehmen, um die Entscheidungen und Aktionen der Union, die verteidigungspolitische Bezüge haben, auszuarbeiten und durchzuführen[218].

Diese Konzeption wurde in ihrer Grundform bereits im Vertrag von Maastricht normiert. Der Vertrag von Amsterdam verstärkt die Bindung zwischen den beiden Organisationen, indem er den Wortlaut von einem *Ersuchen* in eine *Inanspruchnahme* änderte und dem Europäischen Rat in Bezug auf solche Operationen eine Leitlinienkompetenz über die WEU zusprach. Damit wurden die Bestimmungen bezüglich der institutionellen Beziehung der EU zur WEU etwas enger gefaßt und präzisiert[219].

Mit der Aufnahme der Petersberg-Aufgaben in den Unionsvertrag gewinnt das seit Maastricht bestehende Konzept der Einbeziehung der WEU in die EU eine neue Bedeutung. Zum einen wäre eine Übernahme von Aufgaben, wie sie in der Petersberg-Erklärung definiert sind, ohne die militärische Infrastruktur der WEU nicht möglich. Die Partnerschaft mit der WEU ermöglicht also der EU überhaupt erst, eine Aufgabe im Bereich des internationalen Krisenmanagements wahrzunehmen. Zum anderen wäre der Aufgabenbereich der WEU ohne die Aufnahme der Petersberg-Aufgaben im Zusammenhang mit dem Unionsvertrag sehr beschränkt, da der Verteidigungsaspekt der WEU noch keinen Eingang in die Union gefunden hat und ohnehin durch die

---

[218] Art. 17 Abs. 3 UA 1 EUV.

[219] *Griller*, Verbliebener Reformbedarf nach Amsterdam, in *Hummer*, Die EU nach dem Vertrag von Amsterdam, S. 324 (325).

NATO abgedeckt ist. Die Beteiligung der WEU bei EU-geführten Operationen wäre rechtlich gesehen auf gemeinsame Aktionen reduziert.

Somit profitiert die EU insofern von der Partnerschaft mit der WEU, als sie durch diese überhaupt erst in der Lage ist, sich am internationalen Krisenmanagement zu beteiligen, was sie durch die Aufnahme der Petersberg-Aufgaben in den Vertrag offensichtlich anstrebt. Die WEU erfährt dadurch eine deutliche Aufwertung ihrer Position in der Partnerschaft, indem die EU sich ein Betätigungsfeld gesetzt hat, welches sie ohne die Kapazitäten der WEU nicht ausfüllen kann.

Hauptmerkmal dieser Form der Kooperation ist die Wahrung ihrer Selbständigkeit durch beide Organisationen. Für das Verhältnis der WEU zur EU bedeutet dies, daß die WEU in der im modifizierten Brüsseler Vertrag festgelegten Form bestehen bleibt und ihre in den letzten Jahren entwickelte differenzierte Mitgliederstruktur beibehält. Sie kann auch weiterhin eigenständig operieren.

Durch den Rückzug aus dem internationalen Krisenmanagement durch die WEU in ihrer Erklärung von Marseille im November 2000 wird diese Kooperation zwischen WEU und Union beendet.

B. Einordnung der Krisenmanagementkompetenzen in das Vertragssystem der Union

I. Die Struktur des Rechts der Europäischen Union

1. Die Konstruktion der Europäischen Union

Eine ältere Ansicht geht davon aus, daß die Union nicht aus Mitgliedstaaten, sondern aus einer Gruppe von Vertragsparteien im Rahmen der traditionellen Mechanismen des Völkerrechts besteht und somit als internationale Organisation nicht existiert[220]. Diese Ansicht übersieht jedoch, daß der Unionsvertrag einen Rahmenvertrag darstellt, der die Einrichtung einer intergouvernementalen Plattform zur Koordinierung nationaler Politiken in den Bereichen Äußeres und Sicherheit sowie Justiz und Inneres (nach dem Vertrag von Amsterdam polizeiliche und justizielle Zusammenarbeit in Strafsachen) zum Ziel hat und die institutionellen Voraussetzungen für die gemeinsame Durchführung dieser Politiken schafft. Indem er die Abstimmung mit den vergemeinschafteten Bereichen der Union, den

---

[220] Siehe dazu *Curtin/Dekker*, The EU as a Layered International Organisation, in *Craig/de Burca* (eds.), The Evolution of EU Law S. 83 (84); *Koenig/Pechstein*, Die EU, Rnr. 85.

schafteten Bereichen der Union, den Europäischen Gemeinschaften, herbeiführen will, ist er mehr als ein bloßes Kooperationsforum[221].

Eine neuere Ansicht sieht daher die Union als eine durch den Unionsvertrag geschaffene internationale Organisation mit eigenen organisatorischen Strukturen und Kompetenzen, wodurch sie zu einer internationalen rechtlichen Einrichtung mit einem einheitlichen rechtlichen System wird[222]. Dabei wird angenommen, daß das Recht des Unionsvertrages und das Gemeinschaftsrecht zwei verschiedene Rechtskreise[223] oder Rechtsmassen[224] darstellen. Daraus ergibt sich eine Unabhängigkeit der beiden Rechtsbereiche voneinander. Weder ist eine Höherrangigkeit des Unionsrechts über das Gemeinschaftsrecht vorgesehen oder konkludent zu erschließen[225], noch kann ein Einfluß des Gemeinschaftsrechts auf die politischen Bereiche der Union angenommen werden.

Manche Autoren gehen sogar soweit, eine vollständige Fusion zwischen den Gemeinschaften und der GASP und PJZS anzunehmen. So vergleichen *Curtin und Dekker* die Union mit einer *Russischen Matrioschka*[226] anstelle des griechischen Tempels, da ihrer Ansicht nach trotz der Unterschiede zwischen den Gemeinschaften und den intergouvernmentalen Bereichen eine allumfassende Struktur[227] besteht, welche die Union zu einer kompliziert geschichteten Organisation[228] werden läßt. Zwar planten die Väter der Verträge eine Balance zwischen den intergouvernementalen und den integrierten Bereichen, jedoch ließen sie genügend Raum für die Union, als autonome Organisation, und nicht nur als Zusammenkunft von 15 Staaten, intern und international tätig zu werden[229]. Von *Bogdandy/Nettesheim* propagieren dementsprechend eine Einheit der Rechtsordnung, nach welcher der Unionsvertrag in seiner Gesamtheit als Modifizierung und Ergänzung eines bereits bestehenden Normzusammenhangs – des vormaligen Gemeinschaftsrechts – zu verstehen wäre[230]. Die Organe der EU leiteten ihre Befugnisse lediglich aus unter-

---

221 Siehe dazu *Streinz*, Europarecht, Rnr. 121a.
222 *Streinz*, Europarecht, Rnr. 121a.
223 *Semrau*, Die Gemeinsame Außen- und Sicherheitspolitik, S. 41.
224 *Koenig/Pechstein*, Die EU, Rnr. 104.
225 *Semrau*, Die Gemeinsame Außen- und Sicherheitspolitik, S. 41.
226 Dabei handelt es sich um bemalte zweiteilige Holzpuppen verschiedener Größe, die sich ineinander stellen lassen, so daß immer eine größere Puppe die nächst kleinere Puppe umschließt.
227 ,*All embracing basic structure*'.
228 ,*Highly sophisticated layered organisation*'.
229 *Curtin and Dekker*, The EU as a Layered International Organisation, in *Craig/de Burca* (eds.), The Evolution of EU Law S. 83 (85-6, 131-2).
230 *V. Bogdandy/Nettesheim*, Die EU: Ein einheitlicher Verband, EuR 1996 S. 3 (17-8), siehe dazu auch *v. Bogdandy*, The legal case for Unity: The European Union as a single

schiedlichen Vertragstexten her, unterlägen aber dennoch einem einheitlichen Rahmen[231].

Dieser Einheitsthese ist entgegenzuhalten, daß sie die innerhalb der Union bestehenden Unterschiede zu wenig gewichtet. Die Systeme der Gemeinschaften und der Bereiche GASP und PJZS sind in ihrer Ausprägung diametral entgegengesetzt, da die Gemeinschaften supranational organisiert sind, während sich die beiden anderen Bereiche eindeutig dem Völkerrecht zurechnen lassen. Auch werden die jeweiligen Angelegenheiten innerhalb der verschiedenen Bereiche unterschiedlich behandelt. In der Europäischen Gemeinschaften unterliegen Entscheidungen zum großen Teil der mehrheitlichen Abstimmung, in der GASP dagegen ist ein Konsens aller Mitgliedstaaten, allenfalls bei Enthaltungen, erforderlich. Daher erscheint es wenig sinnvoll, die Union in ihrer derzeitigen Ausprägung als unitarisches System zu betrachten.

Demgegenüber erscheint die Aufteilung des Unionsrechts in verschiedene *Rechtskreise* oder *-massen* vorzugswürdig, da sie der Diversifikation der Union und den Unterschieden zwischen den verschiedenen Bereichen Rechnung trägt. Auch berücksichtigt sie die Doppel[232]- oder sogar Dreifachnatur des Unionsvertrages: zunächst einmal ändert er die Verträge über die Europäischen Gemeinschaften, dann stellt er daneben zwei neue politische Bereiche, und schließlich bilden die Gemeinsamen und die Schlußbestimmungen (Titel I und VIII) einen Rahmenvertrag, der sich um die genannten Bereiche schließt.

Die Europäische Union ist folglich als internationale Organisation mit einem einheitlichen rechtlichen System zu betrachten, in dem verschieden ausgestaltete und unterschiedlich weit integrierte Bereiche, zwei politischer und einer wirtschaftlicher Art, von Rahmenbestimmungen umfaßt sind.

2. Die einzelnen Bereiche der Europäischen Union

a. Die Europäische Gemeinschaft

Die Europäische Gemeinschaft unterscheidet sich durch ihre supranationale Struktur, insbesondere aufgrund ihrer rechtsetzenden und –sprechenden Komponenten, von anderen internationalen Organisationen und Verträgen. Obgleich sich der Vorrang des Gemeinschaftsrechtes von der völkergewohnheitsrechtlichen Regel des *pacta sunt servanda* ableitet, ist die Einführung von Instrumenten wie dem Europäische Gerichtshof und einem Rechtsetzungsverfahren eine innovative Größe, welche die Gemeinschaft in ihren Zie-

---

organization with a single legal system, CMLRev 1999, S. 887-910.

231 *V. Bogdandy/Nettesheim*, Die EU: Ein einheitlicher Verband, EuR 1996 S. 3 (13).

232 *Semrau*, Die Gemeinsame Außen- und Sicherheitspolitik, S. 40.

len und ihrer Rechtsnatur deutlich von den meisten anderen Verträgen unterscheidet, indem sie sich von einer rein intergouvernementalen Einrichtung entfernt[233].

b. Die politischen Bereiche der Union

Eine Supranationalisierung der politischen Bereiche der zu schaffenden Union gelang im Vertrag von Maastricht nicht. Statt dessen wurden den Europäischen Gemeinschaften mit der gemeinsamen Außen- und Sicherheitspolitik GASP und der Zusammenarbeit in den Bereichen Justizielles und Inneres ZBJI[234] zwei völkerrechtlich organisierte Bereiche an die Seite gestellt.

Zwar zeigt die Sprache des Titel V, daß die Konferenz sich in Bezug auf die GASP höhere Ziele gesteckt hatte. Jedoch wird hier das Dilemma deutlich, das sich durch alle Konferenzen, Erklärungen und Statements zieht. Zum einen erkennen die Mitgliedstaaten die Notwendigkeit, die GASP und damit die Union mit den Mitteln auszustatten, die ihr ein erfolgreiches internationales Auftreten ermöglicht. Auf der anderen Seite aber fehlt die Bereitschaft, souveräne Rechte des nationalen Staates in einem derart sensiblen Bereich an die Union abzugeben[235]. Die intergouvernementale Struktur erschien daher die einzige realistische Möglichkeit, eine politische Union herbeizuführen[236]. Dadurch entstand ein Gebilde, das *Curtin* mit der Bezeichnung *Europe of Bits and Pieces* belegte und ein *konstitutionelles Chaos* nannte[237].

Im Zusammenhang mit den Titeln V und VI des Unionsvertrages, welche die politischen Bereiche der Union regeln, wird in der Literatur von einer *intergouvernementalen Struktur* gesprochen, ohne den Begriff näher zu definieren. Vereinzelt wird der Begriff des Intergouvernementalismus abgelehnt, da der völkerrechtliche Charakter der GASP durch die Ausdrücke *Kooperation*

---

233 *Cremona*, External Competence, in *Craig and de Burca*, The Evolution of EU Law 1999, S. 167, *de Witte*, Direct Effect, Supremacy and the Nature of the Legal Order, ebd. S. 208, *Siems*, Das Kohärenzgebot in der EU, S. 54-5. Zu beachten ist allerdings, daß ihre Einführung durch das umgekehrte Argument gerechtfertigt wurde: die Gemeinschaft sei eben nicht wie andere Organisationen und bedürfe daher dieser Elemente. Zum Recht der Europäischen Gemeinschaft siehe insbesondere *Bernhardt*, Europäisches Gemeinschaftsrecht und das Recht der Internationalen Organisationen, in *Hafner*, Liber amicorum, S. 25-35, *Koenig/Haratsch*, Europarecht, Rnr. 8 ff.

234 Die Zusammenarbeit im Bereich Justizielles und Inneres (ZBJI) wurde durch den Vertrag von Amsterdam teilweise vergemeinschaftet, insbesondere durch die Einführung des Titels IV, und ist seither beschränkt auf die polizeiliche und justizielle Zusammenarbeit in Strafsachen (PJZS).

235 *Cremona*, External Competence, in Craig and de Burca, The Evolution of EU Law 1999 S. 137 (168).

236 *Timmermans*, Relationship between the Communities and the second Union pillar, L.I.E.I. 1996, 1, 61 (64-5).

237 *Curtin*, The Constitutional Structure of the Union, CMLR 30(1993), 17 (67, 69).

oder *Zusammenarbeit* hinreichend beschrieben sei. Zudem operiere die GASP auf Ebenen unterhalb der Regierungsebene, weshalb nicht von einer Zusammenarbeit der Regierungen gesprochen werden könne[238]. Dem ist entgegenzuhalten, daß der Begriff der Intergouvernementalität diejenigen Bereiche der Union beschreibt, die nicht einer supranationalen Struktur unterliegen. Obgleich es durchaus Zusammenarbeit unterhalb der Regierungsebene gibt, werden die wesentlichen Entscheidungen und alle politischen Impulse doch vom Rat oder sogar dem Europäischen Rat getroffen, also auf Ministerebene (Art. 203 S.1 EGV) oder auf der Ebene der Staats- und Regierungschefs (Art. 4 EUV). Vorherrschend ist das Konsensprinzip[239], das lediglich im Bereich der GASP durch das Prinzip der konstruktiven Enthaltung gelockert wird[240].

Zur Beschreibung eines Teilbereiches einer internationalen Einrichtung, der im wesentlichen von der jeweiligen Regierungsebene der teilnehmenden Staaten gelenkt und durchgeführt wird, erscheint der Begriff der Intergouvernementalität also durchaus angebracht.

c. Die Säulenarchitektur

Obgleich der Vergleich mit einem griechischen Tempel in der Literatur zum Teil als nicht anschlußfähige Metapher abgelehnt wird[241], erscheint er dennoch nach wie vor am besten geeignet, das System der Europäischen Union zu reflektieren, da er den notwendigen Freiraum gibt, die Unterschiede und Differenzen innerhalb der Union (buchstäblich) unter ein Dach zu bringen[242]. Aus einer derartigen Konstruktion alleine können natürlich keine dogmatischen Schlußfolgerungen gezogen werden[243]. Vielmehr handelt es sich um eine reflexive Darstellung einer aufgrund juristisch-dogmatischer Überlegungen entstandenen Konstruktion[244].

Bemüht man den griechischen Tempel zur Darstellung des Unionsgefüges, ergibt sich folgendes Bild: In der ersten Säule liegen die Europäischen Ge-

---

[238] So zum Beispiel *Semrau*, Die Gemeinsame Außen- und Sicherheitspolitik, S. 168-169.

[239] Art. 23 Abs. 1 Satz 1 EUV, Art. 34 Abs. 2 EUV.

[240] Art. 23 Abs. 1 Satz 2 EUV.

[241] *V. Bogdandy/Nettesheim*, Die EU: Ein einheitlicher Verband, EuR 1996, S. 3 (7-8).

[242] Die Anzahl und Gliederung der *Säulen* wird in der Literatur unterschiedlich dargestellt. Alle Versionen legen jedoch Wert auf die Unterscheidung in einen supranationalen (Europäische Gemeinschaften) und einen intergouvernmentalen (GASP und PJZS) Bereich. Vergleiche dazu *Streinz*, Europarecht, Rnr. 69 mit Schaubild 1; *Koenig/Pechstein*, Die EU, Rnr. 7-8, *Burghardt/Trebbe*, Die Gemeinsame Außen- und Sicherheitspolitik der Europäischen Union, EuR 1995, S. 1 (5-6), *Kuschnick*, Integration in Staatenverbindungen, S. 121.

[243] *Koenig/Pechstein*, Die EU, Rnr. 102; *Streinz*, Europarecht Rnr. 121a.

[244] Daneben wird nach das Bild vom Unionsvertrag als *Mantelvertrag* verwendet, *Streinz*, Europarecht Rnr. 121a.

meinschaften, die supranational organisiert und demnach in der Integration am weitesten fortgeschritten sind. Die zweite und dritte Säule, GASP und PJZS, bergen die politische Dimension der Union. Da es sich um politisch sehr sensible Bereiche staatlicher Souveränität handelt, sind sie völkerrechtlich ausgestaltet[245]. Dementsprechend ist das Konsensprinzip vorherrschend und wird nur durch wenige Ausnahmen aufgelockert. Wesentliches Merkmal der Außen- und Sicherheitspolitik ist, daß die Union zwar als eigenständiger Akteur auftritt, ihr die Aktivitäten im Rahmen dieser Säule aber nicht zugerechnet werden. Rechtlich sind nach wie vor die Mitgliedstaaten verantwortlich[246].

Umfaßt wird die Union von den Gemeinsamen Bestimmungen in den Artikeln 1-7 sowie den Schlußbestimmungen in den Artikeln 46-53 des Unionsvertrages, die in der Fortführung der Metapher das Fundament und das Dach bilden[247]. Allerdings ist die Verbindung insofern relativ locker, als die Säulen weitestgehend unabhängig voneinander sind und sich dementsprechend unabhängig voneinander weiterentwickeln können. Damit hemmt beispielsweise der geringe Integrationsgrad der zweiten Säule nicht die Entwicklungen innerhalb der ersten Säule. Die supranationalen Organe der Europäischen Gemeinschaften, insbesondere die Kommission und das Parlament, haben dagegen nur sehr geringen Einfluß auf die Entscheidungen innerhalb der GASP und können keine Weiterentwicklung ohne oder gar gegen den Willen der Mitgliedstaaten betreiben.

3. Ergebnis

Zusammenfassend läßt sich sagen, daß die Union eine internationale Einrichtung bildet, die wesentlich verschiedene Elemente unter sich vereinigt.

Für die Einordnung der Aufgaben der internationalen Krisenmanagements sind insbesondere zwei Erkenntnisse von Bedeutung. Zum ersten ist die Union als hochdiversifizierte Organisation zu sehen, die durch einen Rahmen- oder Mantelvertrag wirtschaftliche und politische Bereiche zusammenhält, deren einzelne Bereiche sich aber in Zielsetzung, Organisationsform und Stand und Tempo der Integration wesentlich voneinander unterscheiden und grundsätzlich organisatorisch streng voneinander getrennt sind. Damit werden zwar große Differenzen unter ein System gefaßt, jedoch erhält jede Säule

---

245 *Koenig/Pechstein*, Die EU, Rnr. 12; aA v. *Bogdandy/Nettesheim*, Die EU: Ein einheitlicher Verband, EuR 1996 S. 3 (18), zur PJZS siehe *O'Keeffe*, CMLR 1995, S. 893, insbesondere 901-2.

246 *Kuschnick*, Integration in Staatenverbindungen S.122.

247 Art. 43-5 zur verstärkten Zusammenarbeit bilden einen Sonderfall, indem sie zwar auf die Europäische Gemeinschaft sowie die Polizeiliche und Justitielle Zusammenarbeit in Strafsachen, nicht aber auf die GASP anwendbar sind.

genügend Freiraum, nicht zuletzt durch die Elemente der Flexibilität, sich selbständig in ihrer eigenen Art und Tempo zu entwickeln.

Zweitens bedingt das innerhalb der politischen Bereiche der Union, also in GASP und PJZS, vorherrschende Konsensprinzip und die fehlenden Einwirkungsmöglichkeiten der Organe der Gemeinschaft, daß sich Fortschritte in diesen Bereichen nicht aus der Union selbst heraus ergeben, sondern nur aufgrund von Initiative und Weiterentwicklung des Systems durch die Mitgliedstaaten[248].

II. Die Integration der Krisenmanagementkompetenzen in die GASP

Zu untersuchen ist zunächst, wie sich die in Titel V des Unionsvertrags normierten Krisenmanagementaufgaben der Union in das Gefüge der Union eingliedern und sie gegebenenfalls verändern.

1. Erweiterung der Aufgaben der Union

Gegenüber den bisherigen Aufgaben der GASP bedeutet der neue Aufgabentypus eine wesentliche Erweiterung des Betätigungsfeldes der Union sowohl in thematischer als auch geographischer Hinsicht.

Neben der Weiterentwicklung der in der EPZ begonnenen und in Maastricht weiter vorangetriebenen Verteidigungsdimension wurden in Amsterdam die Weichen für eine Beteiligung der Union am internationalen Krisenmanagement gestellt. Es stellt sich die Frage, ob Aktionen im internationalen Krisenmanagement nicht schon in den Zielen der Union[249], insbesondere der Verpflichtung zur *Wahrung des Friedens und Stärkung der internationalen Sicherheit* enthalten sind. Die Ziele der Union in Art. 11 EUV sind jedoch lediglich relativ vage formuliert, während es sich bei Art. 17 Abs. 2 EUV um konkrete Aufgaben handelt. Insofern liegt eine thematische Erweiterung vor, da mit den Petersberg-Aufgaben Einsätze abgedeckt werden, die sich unter eine gemeinsame Aktion, die den Zielen und Interessen gemäß Art. 11 Abs. 1 EUV unterlag, nicht fassen ließen. Damit rückt die Union als eigenständiger Aktionsfaktor in den Vordergrund und wird in das gesamteuropäische Sicherheitsnetz eingebaut[250]. Dies stellt einen weiteren, großen Schritt im Rahmen einer politischen Union dar, die seit dem zweiten Weltkrieg immer wieder diskutiert und vorangetrieben wurde. Die EU gewinnt damit außenpolitische Kompetenz und Glaubwürdigkeit auf der internationalen Bühne, die sie

---

[248] Prinzip der Einzelermächtigung. Zur Anwendung des Prinzips in der GASP siehe *Koenig/Pechstein* Rnr. 152-3.

[249] Art. 11 EUV.

[250] *Gilsdorf*, Institutionelle und materielle Reformen im Bereich der GASP, in *Hummer*, Die EU nach dem Vertrag von Amsterdam, S. 239 (247).

wegführt vom Bild des wirtschaftlichen Riesen mit der internationalen Handlungsfähigkeit eines Zwerges.

Auch waren Einsätze außerhalb Europas (nicht zwingend der Europäischen Union) unter den Maastrichter Bestimmungen nicht denkbar, da die in Art. 11 EUV angeführten Ziele dem Wortlaut nach zunächst einmal regional zu verstehen sind. Humanitäre und vor allem Rettungseinsätze jedoch, speziell wenn es sich um die Rettung von Unionsbürgern aus Krisenregionen handelt, können weltweit aktuell werden. Schließlich entfällt die geographische Begrenzung europäischer Aktivitäten auf die Region Europa, indem sich die Union zur Durchführung von Petersberg-Aufgaben unter dem Dach der Vereinten Nationen bereit erklärt[251], wodurch sie sich in einen internationalen Rahmen setzt. Angelegenheiten der Union beschränken sich damit nicht mehr auf das Gebiet der Union.

Zum Teil wird befürchtet, daß durch die Aufnahme der Petersberg-Aufgaben in den Vertrag einer *Supermacht Europa* Vorschub geleistet werden könnte, indem die Befähigung zu weltweiten Aktionen weniger als Sicherheitsgarantie für die Peripherie denn als Instrument der Machtausübung genutzt würden. In dem häufigen Gebrauch des Wortes *Interesse* in den entsprechenden Dokumenten komme die Lancierung einer dergestalteten Interessenpolitik der Staatengruppe zum Ausdruck[252]. Dem ist entgegenzusetzen, daß die Petersberg-Aufgaben reines Krisenmanagement zum Inhalt haben, sich also um Konfliktvermeidung und -eindämmung bemühen. Auch Rettungs- und humanitäre Einsätze sind als Instrument zur Machtausübung nur bedingt geeignet. Zudem bezeichnet Art. 17 Abs. 2 EUV lediglich einen Aufgabentypus und beinhaltet keine Kompetenzerweiterung. Das Gewaltmonopol liegt nach wie vor bei den Vereinten Nationen[253]. Die Gefahr des Entstehens einer Supermacht Europa, die mit militärischen Mitteln ihre Interessen durchzusetzen sucht, kann daher als marginal eingestuft werden.

2. Folgen bezüglich der intergouvernementalen Ausrichtung der GASP

Aufgrund ihrer sensiblen Natur und dem Souveränitätsanspruch der Mitgliedstaaten in Bezug auf ihre Außen- und Sicherheitspolitik stellt die GASP einen der intergouvernmentalen Bereiche der Europäischen Union dar[254]. Damit

---

[251] Vergleiche, *W. Kühne*, *G. Lenzi & A. Vasconcelos*, WEU's Role in Crisis Management and Conflict Resolution in Sub-Saharan Africa, WEU ISS Challiot Paper 22.

[252] *Peters*, GASP und WEU - Wegbereiter einer Supermacht Europa? in *Regelsberger* (Hrsg.), Die GASP der Europäischen Union - Profilsuche mit Hindernissen, S. 139 (149-153).

[253] Art. 11 EUV betont den Einklang mit den Grundsätzen der Charta der Vereinten Nationen.

[254] In der *4. Erklärung zu den Artikeln J.14 und K.10 des Vertrages über die Europäische*

sind die entsprechenden Vorschriften unter völkerrechtlichen Gesichtspunkten zu sehen und bilden keine supranationale Rechtsordnung, wie sie in der Europäischen Gemeinschaft vorherrscht. Wichtige und grundsätzliche Entscheidungen werden im Rat getroffen, wo zwar in Art. 23 Abs. 1 EUV das Prinzip der konstruktiven Enthaltung eingeführt wurde, aber dennoch nicht *gegen* die Stimme eines Mitgliedsstaates entschieden werden kann. Zwar ist für einen Teil der Entscheidungen in Art. 23 Abs. 2 EUV ein qualifizierter Mehrheitsbeschluß vorgesehen. Dieser bezieht sich aber lediglich auf untergeordnete Beschlüsse, insbesondere die Durchführung einer im Europäischen Rat beschlossenen gemeinsamen Strategie durch den Rat, oder Durchführungsbeschlüsse im Rat, welche sich auf eine zuvor einstimmig (unter potentiellen Enthaltungen nach Abs. 1) beschlossene gemeinsame Aktion oder einen gemeinsamen Standpunkt beziehen. Wesentliche Beschlüsse unterliegen damit nach wie vor dem Konsensprinzip.

Durch die Aufnahme der Petersberg-Aufgaben in den Vertrag wurde diese Ausrichtung noch verstärkt oder gar zementiert, da nunmehr auch militärische Maßnahmen erfaßt sind. Die Entsendung von Truppen in ein Krisengebiet (wie auch zur Selbstverteidigung) kann als innerster Kernbereich des staatlichen Souveränitätsdenkens betrachtet werden, so daß eine Übertragung von souveränen Rechten auf die Union in diesem Zusammenhang nicht zu erwarten ist.

3. Der Umfang der Bindungswirkung für die Mitgliedstaaten

Die Aufgaben des internationalen Krisenmanagements (die sogenannten Petersberg-Aufgaben) sind im Titel V des Unionsvertrages verankert und stellen einen Teil der Europäischen Union dar. Damit sind sie grundsätzlich auch für alle Mitgliedstaaten der Union bindend.

Zwar können einzelne Mitgliedstaaten ein *opting-out* von einer Bestimmung des Vertrags erklären. Dies ist aber, mit Ausnahme der Erklärungen Dänemarks, nicht geschehen. Dänemark beteiligt sich dementsprechend nicht an der Ausarbeitung und Durchführung von Beschlüssen und Maßnahmen der Union, die verteidigungspolitische Bezüge haben[255] und verzichtet dabei auch auf sein Recht zur Vorsitzübernahme. Im Gegenzug verpflichtet sich Dänemark, die anderen Mitgliedstaaten an einer Zusammenarbeit nicht zu hindern[256]. Diese Erklärung Dänemarks ist als Vorbehalt zum Unionsvertrag im

---

Union zum Amsterdamer Vertrag wird noch einmal klargestellt, daß eine Übertragung von Zuständigkeiten von den Mitgliedstaaten auf die Europäische Union auch durch Art. 24 EUV, der den Abschluß einer Übereinkunft zwischen der Union und dritten Staaten regelt, nicht stattgefunden hat.

[255] Art. 6 des Protokolls Nr. 4 über die Position Dänemarks.

[256] Europäischer Rat vom 11-12.12.1992 in Edinburgh, Bulletin der Bundesregierung Nr.

Sinne der Art. 19 ff der Wiener Vertragsrechtskonvention zu werten[257]. Jedoch zeigt die Formulierung (‚derzeitige Sonderprobleme'), daß es sich weder um eine Dauerlösung noch um einen Präzedenzfall für Beitrittskandidaten handelt[258].

Es bleibt also festzuhalten, daß die in der GASP festgelegte Kapazität der Union zum internationalen Krisenmanagement grundsätzlich für alle Mitgliedstaaten verpflichtend ist.

4. Anwendung der Rahmenbestimmungen des Unionsvertrags

Auf Operationen im Rahmen der Petersberg-Aufgaben sind durch ihre Zugehörigkeit zur GASP wie auch auf alle anderen Maßnahmen, die im Rahmen der GASP beschlossen werden, die Rahmenbestimmungen des Unionsvertrags anzuwenden.

Dies betrifft in den gemeinsamen Bestimmungen des Titels I EUV insbesondere das Kohärenzgebot aus Art. 3 Abs. 2 EUV, das heißt Petersberg-Operationen müssen gegenüber der sonstigen Außenpolitik der Union kohärent sein. Abs. 1 des gleichen Artikels normiert den einheitlichen institutionellen Rahmen, dem die verschiedenen Bereiche der Union unterliegen. Damit kann bei Maßnahmen im Rahmen der GASP, also auch bei Beschluß und Durchführung von Petersberg-Aufgaben, auf die Organe der Union und der Gemeinschaft zurückgegriffen werden. Art. 6 und 7 EUV normieren die Grundlagen der Union, insbesondere die Achtung der Grundsätze der Freiheit, Demokratie und der Menschenrechte sowie das Verfahren bei Verletzung der Grundsätze. Diese sind, durch die Stellung der Aufgaben in der GASP, auch bei Petersberg-Operationen zu beachten.

Die verstärkte Zusammenarbeit nach Titel VII des Vertrags von Amsterdam ist nicht anwendbar[259]. Der Vertrag von Nizza sieht zwar eine verstärkte Zusammenarbeit im Bereich der GASP vor, beschränkt diese aber in Art. 27b auf die Durchführung einer gemeinsamen Aktion und die Umsetzung eines gemeinsamen Standpunktes, also auf lediglich untergeordnete Entscheidungen. Die Annahme der zugrundeliegenden Aktion oder des Standpunktes sind nicht erfaßt, ebenso wie jegliche Fragen mit militärischen oder verteidigungspolitischen Bezügen.

140/1992 vom 28.12.1992, S. 1289 f.

[257] Die Wiener Vertragsrechtskonvention ist gemäß ihrem Art. 5 auf Gründungsverträge internationaler Organisationen anwendbar. Siehe auch *Münch*, Die gemeinsame Aktion, S. 98-90.

[258] *Semrau*, Die Gemeinsame Außen- und Sicherheitspolitik, S. 106.

[259] *Ehlermann*, Engere Zusammenarbeit nach dem Vertrag von Amsterdam, EuR 1997, 362 (387); *Thun-Hohenstein*, Möglichkeiten einer ‚verstärkten Zusammenarbeit', in *Hummer*, Die Europäische Union nach dem Vertrag von Amsterdam, S. 125 (126).

In Bezug auf die Schlußbestimmungen des Titels VIII ist insbesondere die Zuständigkeit des EuGH zur Abgrenzung der Aufgaben aus der GASP von den Kompetenzen der Gemeinschaft zu nennen (Art. 46). Schließlich lassen die Vorschriften der GASP, also auch die Petersberg-Aufgaben, die Gemeinschaftsverträge unberührt (Art. 47). Anzuwenden ist ferner die Vertragsänderungsvorschrift des Art. 48 EUV, die insbesondere für die Überprüfung des Art. 17 EUV in Abs. 5 ausdrücklich erwähnt ist.

III. Das Verhältnis der GASP zur Europäischen Gemeinschaft

Art. 47 EUV bestimmt, daß der Unionsvertrag die Verträge zur Gründung der Europäischen Gemeinschaften sowie die nachfolgenden Verträge und Akte zur Änderung oder Ergänzung der genannten Verträge unberührt läßt. In einigen Punkten kommt es jedoch zu einer Überschneidung von Kompetenzen der Europäischen Gemeinschaft und der GASP.

1. Das *Dualismus-Dilemma*

Vor Inkrafttreten des Maastrichter Vertrages existierte keine europäische Organisation, die eine gemeinsame Meinung formen und durch eine gemeinsame Position oder sogar Aktion ausdrücken konnte. Das Problem einer Überschneidung von Kompetenzen mit denen der Gemeinschaft konnte also gar nicht entstehen.

Als jedoch die Europäische Politische Zusammenarbeit (EPZ) ins Leben gerufen und von einem reinen Konsultationsbüro zu einer Kooperation weiterentwickelt wurde, begann auch das Problem der Kompetenzüberschneidungen und gegenseitigen Abhängigkeiten zu wachsen. Mit der Festlegung des Aufgabenbereiches der GASP auf *alle Bereiche der Außen- und Sicherheitspolitik* (Art. 11 EUV) sowie *sämtliche Fragen der Sicherheit der Union* (Art. 17 Abs. 1 EUV) fand das Problem der Kompetenzüberschneidung schließlich Eingang in die Vertragstexte. In der Praxis liegt die Bedeutung der Überschneidungen in der Interdependenz der beiden Säulen. Nach wie vor muß die Union auf die wirtschaftlichen Mittel der Gemeinschaft zurückgreifen, um ihre Maßnahmen durchzusetzen, während insbesondere die gemeinsame Handelspolitik von den politischen Entscheidungen der EPZ, seit Maastricht von der GASP, tangiert wird[260].

Damit besteht die Gefahr einer Einschränkung des *acquis communautaire*. Daß eine solche Einschränkung nicht gewollt ist, ergibt sich insbesondere aus der fehlenden Höherrangigkeit des Unionsrechts gegenüber dem Gemein-

---

[260] *Cremona*, The Common Foreign and Security policy of the European Union and the External Relation Powers of the European Community, in *O'Keeffe/Twomey*, Legal Issues of the Maastricht Treaty, S. 247 (253).

schaftsrecht. Der Unionsvertrag stellt einen völkerrechtlichen Vertrag zwischen den Unterzeichnerstaaten dar, wodurch die Europäische Gemeinschaft aufgrund der *pactis-tertiis*-Regel geschützt ist[261]. Der Unionsvertrag selbst erklärt explizit die Verträge zur Gründung der Europäischen Gemeinschaften für unberührt[262] und die volle Wahrung des gemeinschaftlichen Besitzstands zum Ziel[263].

Auch in naher Zukunft ist eine Vergemeinschaftung der GASP durch die Übertragung von Souveränitätsrechten von den Mitgliedstaaten auf die Union nicht zu erwarten. Ebensowenig wahrscheinlich ist eine Intergouvernementalisierung der Europäischen Gemeinschaft, da die Wahrung des *acquis communautaire* vertraglich festgelegt ist, Art. 2 Abs. 1 Spstr. 5 EUV[264]. Der Prozeß ist auch durch die mittlerweile erreichten Integrationsfortschritte nicht mehr ohne weiteres umkehrbar. Folglich sind Maßnahmen notwendig, die eine Abgrenzung und Kooperation der beiden Bereiche ermöglichen, da sonst anstatt der erhofften Synergieeffekte eine gegenseitige Blockade wahrscheinlich ist, die eine Handlungsunfähigkeit und damit den Stillstand oder gar einen Rückschritt der Union bewirken könnte. *Schmalz* umschreibt dies mit dem Begriff Dualismus-Management[265].

Im Folgenden sollen die einzelnen Berührungspunkte zwischen der GASP und der Gemeinschaft dahingehend näher untersucht werden, ob sich Überschneidungen ergeben, wie die Problematik *de iure* und *de facto* gelöst und wie sie im Hinblick auf das Dilemma zwischen kohärenter Außenpolitik und dem Schutz des *acquis communautaire* zu bewerten ist.

2. Vertraglich geregelte Berührungspunkte

Im Vertrag von Maastricht wurden nur zwei Berührungspunkte ausdrücklich geregelt, nämlich der Bereich der Sanktionen und der Gemeinschaftshaushalt[266]. Die im Vertrag von Amsterdam eingeführte Kompetenz der Union (beziehungsweise ihrer Mitgliedstaaten) zum Abschluß von Verträgen mit Drittstaaten im Rahmen der GASP, Art. 24 EUV könnte ebenfalls einen Berührungspunkt mit den Kompetenzen der Gemeinschaft darstellen.

---

[261] *Koenig/Pechstein*, Die EU, Rnr. 106, 107 ff; *Timmermans*, The Uneasy Relationship between the Communities and the second Union Pillar, L.I.E.I. 1996,1, S. 61 (67).
[262] Art. 47 EUV.
[263] Art. 2 Abs. 1 Spstr. 5 EUV.
[264] *Schmalz*, Kohärenz der EU-Außenbeziehungen? S. 72.
[265] Beachte den unterschiedlichen Gebrauch des Wortes Dualismus, das sich hier auf das Verhältnis von GASP und EG bezieht. *Schmalz*, Kohärenz der EU-Außenbeziehungen? S. 72.
[266] *Koenig/Pechstein*, Die EU, Rnr. 120.

a. Die Verhängung von Sanktionen gemäß Art. 301 EGV

Die Verhängung von Sanktionen gegen einen dritten Staat bedeutet die Ausübung von Druck mit wirtschaftlichen Mitteln zur Erzwingung politischer Ziele[267]. Das diesbezügliche Kohärenzproblem besteht darin, daß diese Sanktionen *qua definitionem* wirtschaftliche Maßnahmen aufgrund von politischen Erwägungen darstellen[268]. Der (potentielle) Einsatz von Wirtschaftssanktionen stellt ein wichtiges Mittel dar, um die Identität der Europäischen Union auf internationaler Ebene zu behaupten und ihre außenpolitischen Ziele durchzusetzen. Das Instrumentarium ist folglich der Außenhandelspolitik zuzuordnen, während Ziele und Motive in den intergouvernementalen Befugnissen der Außenpolitik wurzeln[269].

Die Mitgliedstaaten entwickelten bereits vor der Ausarbeitung des Unionsvertrages ein *procedere*, das ihnen erlaubte, Sanktionen zu verhängen[270], ohne gleichzeitig in die exklusive Gemeinschaftskompetenz in Bezug auf die gemeinsame Handelspolitik einzugreifen. Die Mitgliedstaaten einigten sich unter Art. 30 EEA einstimmig auf die Verhängung von Sanktionen. Danach faßte der Rat einen Beschluß unter Art. 113 EGV (aF) für diejenigen Aktionen, die in das Gebiet der Handelspolitik fielen, während die Mitgliedstaaten unabhängig voneinander die übrigen Maßnahmen (beispielsweise ein Waffenembargo) verhängten[271].

Im Vertrag von Maastricht wurde mit der Einführung des Art. 228a EGV dieses zweistufige Vorgehen formalisiert und in Amsterdam ohne Änderung übernommen. Art. 301 EGV bestimmt nunmehr:

> Ist in gemeinsamen Standpunkten oder gemeinsamen Aktionen, die nach den Bestimmungen des Vertrages über die Europäische Union betreffend die Gemeinsame Außen- und Sicherheitspolitik angenommen worden sind, ein Tätigwerden der Gemeinschaft vorgesehen, um die Wirtschaftsbezeihungen zu einem oder mehreren Ländern auszusetzen, einzuschränken oder vollständig einzustellen, so trifft der Rat die erforderlichen Sofortmaßnahmen; der Rat beschließt auf Vorschlag der Kommission mit qualifizierter Mehrheit.

Damit wurde eine vertragliche Verbindung zwischen Gemeinschaft und GASP geschaffen[272]. Im Bereich der Sanktionen scheint die Gemeinschaft nicht mehr nur *de facto*, sondern auch *de iure* zur Ausführung der Beschlüsse

---

[267] *Canor*, Can two walk together, except they be agreed? CMLR (1998) S. 137 (138).Dies betrifft auch die häufig verhängten Waffenembargen, also den Rüstungsexport.

[268] Siehe dazu *Canor*, Can two walk together, except they be agreed? CMLR (1998) S. 137 (138).

[269] *Schmalz*, Kohärenz der EU-Außenbeziehungen? S. 24.

[270] Eine Aktion außerhalb der Gemeinschaftskompetenz unter den Römischen Verträgen.

[271] *MacLeod et.al.*, The External Relations of the European Communities, S. 352-3.

[272] *Schmalz*, Kohärenz der EU-Außenbeziehungen? S.25.

verpflichtet und somit den Beschlüssen des Rates aus der GASP untergeordnet. Eine solche Unterordnung der Gemeinschaft unter die GASP birgt eine Gefahr für den *acquis communautaire.* Das Initiativrecht der Kommission kann durch eine gestärkte Rolle der GASP eingeschränkt werden, zumal nunmehr eine Reihe von Grenzfällen von den Mitgliedstaaten in der intergouvernementalen GASP behandelt werden könnten, die zuvor der supranationalen Gemeinschaft zugeordnet waren. In der Entwicklung einer engeren Gemeinschaft würde dies einen Rückschritt bedeuten[273]. In der Literatur wird allerdings allgemein betont, daß die Kommission juristisch nicht an eine Entscheidung im Rahmen der GASP gebunden ist[274]. Dies ergibt sich in erster Linie aus Art. 47 EUV, welcher ausdrücklich die Verträge zur Gründung der Europäischen Gemeinschaften für von den Bestimmungen des Unionsvertrag unberührt erklärt.

In der Praxis zeigt sich, daß die Mitgliedstaaten in Bereichen der gemeinsamen Außenpolitik nach Möglichkeit auf nationale Maßnahmen ausweichen. So wurde beispielsweise in dem gemeinsamen Standpunkt bezüglich Haiti[275] der Embargobeschluß des Sicherheitsrates der Vereinten Nationen aus Resolution 917(1994)[276] umgesetzt. Die Resolution beinhaltete auch die Aufforderung, bestimmte haitianische Gelder und Finanzmittel einzufrieren. Der gemeinsame Standpunkt beschloß eine Einschränkung der wirtschaftlichen Beziehungen zu Haiti und beauftragte andererseits die Mitgliedstaaten, die erforderlichen Rechts- und Verwaltungsvorschriften zu erlassen, um die Gelder und Finanzmittel einzufrieren. Damit kam also nicht das Abstimmungsverfahren mit qualifizierter Mehrheit nach Art. 73g EGV[277] zum Zuge, da Großbritannien sich bei der Festlegung des GASP-Beschlusses weigerte, dem Verfahren nach Art. 73g EGV zuzustimmen. Hintergrund war ein grundsätzliches Signal gegen die Ausweitung von Mehrheitsbeschlüssen in dem sensiblen Bereich der Außenpolitik, wodurch die Union auf klassische Wirtschaftssanktionen beschränkt war. Bei der Umsetzung der finanzielle Sanktionen blieb den Mitgliedstaaten ein Ermessensspielraum, unter Umständen auch historische Bindungen und politische Interessen zu berücksichtigen[278].

Ähnlich verliefen die Maßnahmen bezüglich Libyen[279] sowie Nigeria[280], wo der Vorschlag der Ausweitung der wirtschaftlichen Beschränkungen auf fi-

---

[273] *Morgan*, How Common will Foreign and Security Policy be? in *Dehousse* (ed.), Europe after Maastricht – An Ever Closer Union? S. 189 (196-7).

[274] *Jürgens*, Gemeinsame Außen- und Sicherheitspolitik, S. 239 ff mwN; *Schmalz*, Kohärenz der EU-Außenbeziehungen? S.26.

[275] Ratsbeschluß vom 30.05.1994, L139/10 (02.06.1994) 94/315/GASP.

[276] Beschluß vom 06.05.1994.

[277] Alte Fassung, Art. 60 in der Renumerierung von Amsterdam.

[278] Siehe dazu ausführlich *Schmalz*, Kohärenz der EU-Außenbeziehungen? S. 27-28.

[279] Beschluß vom 22.11.1993, L309/7 (29.11.1993) 93/614/GASP.

nanzielle Maßnahmen im Gemeinschaftsrahmen nicht den erforderlichen Konsens aller Mitgliedstaaten fand[281]. Auch sonstige Sanktionsmaßnahmen waren von einer großen Zurückhaltung gegenüber der Ausweitung des Gemeinschaftsverfahrens gekennzeichnet. Einer extensiven Auslegung des Rates zufolge mußte jeder einzelnen Durchführungsmaßnahme ein neuer gemeinsamer Standpunkt vorausgehen, der nicht nur Grundsatzbeschluß, sondern auch den Inhalt der Maßnahme bestimmt, was häufig die Reichweite gemeinschaftlicher Sanktionen reduzierte[282].

Die vertragliche Regelung sieht somit zwar keine explizite Unterordnung der Gemeinschaft unter die GASP vor. Sie begünstigt aber *de facto* eine solche Unterordnung, nachdem sich eine solche aus der praktischen Anwendung der Texte ergibt und eine teleologische Interpretation in diesem Zusammenhang nicht viel Schlagkraft bewiesen hat. Zudem ist eine gerichtliche Überprüfung aufgrund der mangelnden Zuständigkeit des EuGH in der GASP[283] nicht möglich.

In der Praxis hat demnach auch die vertragliche Verbindung der beiden Pfeiler statt zu einer konstruktiven Kohärenz vielmehr zu einer besitzstandwahrenden Konkurrenz zwischen Gemeinschaft und GASP geführt. Die Ursache ist vor allem in dem mangelnden politischen Wille zur Abstimmung zu sehen. Während der Rat auf notwendige Effizienz und Glaubwürdigkeit der GASP verweist, sieht die Kommission den gemeinschaftlichen Besitzstand gefährdet[284].

b. Inanspruchnahme des Gemeinschaftshaushaltes, Art. 268 EGV

Im Vertrag von Maastricht war die Finanzierung von Maßnahmen im Rahmen der GASP dergestalt geregelt, daß Verwaltungsausgaben zu Lasten des Haushaltes der Europäischen Gemeinschaften gingen, operative Ausgaben dagegen grundsätzlich zu Lasten der Mitgliedstaaten (nach einem noch festzulegenden Schlüssel), bei einstimmigem Beschluß im Rat zu Lasten des Gemeinschaftshaushaltes[285]. Grundsätzlich ist bei Inanspruchnahme des Gemeinschaftshaushaltes das Europäische Parlament gemäß Art. 203 EGV beteiligt, jedoch vereinbarten Parlament und Rat in einem *gentlemen's agreement,* daß keine Kontrolle durch das Europäische Parlament erfolgen sollte[286]. Der Einfluß des Parlaments wurde damit soweit wie möglich begrenzt.

---

280 Beschluß vom 20.11.1995, L298/1 (11.12.1995) 95/515/GASP.
281 *Schmalz,* Kohärenz der EU-Außenbeziehungen? S. 28-29.
282 Siehe dazu *Schmalz,* Kohärenz der EU-Außenbeziehungen? S. 29.
283 Siehe Art. 46-7 EUV.
284 *Schmalz,* Kohärenz der EU-Außenbeziehungen? S. 33.
285 Art. J.11.2 EUV [Maastrichter Fassung].
286 Siehe dazu *Schmalz,* Kohärenz der EU-Außenbeziehungen? S. 5-6.

Ein Problem ergab sich bei der Finanzierung durch Mitgliedstaaten durch die schlechte Zahlungsmoral, obgleich an sich eine gerechtere Aufteilung aufgrund der unterschiedlicher Interessen und Betroffenheit der Mitgliedstaaten bei jeder einzelnen Aktion gewährleistet war[287]. Ferner wurden durch eine extensive Auslegung des Begriffes *Verwaltungsausgaben* durch den Rat an sich operative Ausgaben der Kontrolle des Parlamentes entzogen, was zu erheblichen Spannungen zwischen Rat und Parlament führte[288].

Der Vertrag von Amsterdam hat der Problematik insofern Rechnung getragen, als nunmehr nicht nur nach wie vor Verwaltungsausgaben zu Lasten des Haushaltes der Gemeinschaften gehen, sondern auch die operative Ausgaben. Ausnahmsweise, bei Maßnahmen mit militärischen oder verteidigungspolitischen Bezügen, gehen die operativen Ausgaben zu Lasten der Mitgliedstaaten, wobei der Schlüssel bereits festgelegt ist[289]. Damit beschränkt sich der Einfluß des Parlaments auf nichtmilitärische Maßnahmen, ist dort aber auch festgelegt.

Diese Lösung erscheint vorteilhaft. Die Handlungsfähigkeit der Union ist insoweit gewährleistet, als die Durchführung einer konkreten Maßnahme nicht mehr eine Entscheidung über die Aufteilung der finanziellen Lasten voraussetzt. Weiterhin sind die Souveränitätsansprüche der Mitgliedstaaten insofern gewahrt, als sich das Mitspracherecht des Parlaments nicht auf militärische Maßnahmen erstreckt. Ein Kohärenzproblem ergibt sich demnach diesbezüglich nicht mehr, nachdem der Rat auch in Fällen mit militärischen Bezügen nicht mehr einstimmig beschließen kann, daß die Ausgaben zu Lasten des Haushaltes gehen sollten. Das Parlament hat keinerlei Einwirkungsmöglichkeiten auf solche Operationen[290]. Eine Einwirkungsmöglichkeit des Parlaments besteht jedoch nach wie vor bei Ausgaben für nichtmilitärische Operationen und für Verwaltungsausgaben, die gemäß Art. 28 Abs. 4 EUV das Haushaltsverfahren der Art. 268ff EGV durchlaufen müssen und damit von der Zustimmung des Parlamentes abhängig sind, Art. 272 Abs. 8 EGV[291]. Zum Teil wird diese Regelung als unbefriedigend bezeichnet, da durch sie

---

287 Ein Beispiel ist die humanitäre Hilfe für Bosnien-Herzegowina, Ratsbeschluß vom 08.11.1993, L286/1 (20.11.1993) 93/603/GASP: weil die Mitgliedstaaten sich nicht auf einen detaillierten Finanzierungsmodus einigen konnten, wurde die Entscheidung vertagt. Erst im Mai 1994 (nach Ende des Winters!) erfolgte eine Einigung, für die Winterhilfe zu spät. Siehe dazu *Schmalz*, Kohärenz der EU-Außenbeziehungen? S. 7-8.

288 *Schmalz*, Kohärenz der EU-Außenbeziehungen? S. 10-2.

289 Der Schlüssel für die Aufteilung der Ausgaben auf die Mitgliedstaaten richtet sich nach dem Bruttosozialprodukt. Im Falle einer konstruktiven Enthaltung eines Staates nach Art. 23 Abs. 2 EUV ist dieser nicht an den Ausgaben zu beteiligen, Art. 28 Abs. 2 UA 2 Satz 2 EUV.

290 *Semrau*, Die GASP, S. 112.

291 Siehe dazu ausführlicher *Münch*, Die gemeinsame Aktion als Mittel der GASP, S. 164.

die Kompetenzverteilung des Unionsvertrags verändert wird[292]. Jedoch darf nicht übersehen werden, daß dem Europäischen Parlament keine positiven Gestaltungsmöglichkeiten zukommen. Es kann lediglich negativ die Politik im Rahmen der GASP blockieren und insofern Einfluß darauf nehmen[293].

Eine Gefahr für den *acquis communautaire* kann in den fehlenden Einflußmöglichkeiten der Gemeinschaftsorgane nicht gesehen werden, nachdem es sich bei militärischen Maßnahmen im Rahmen der GASP um den Kernbereich staatlicher Souveränität handelt, der (noch) nicht an die Union übertragen wurde, sondern bei den Mitgliedstaaten verbleibt. Die Zuständigkeit der Mitgliedstaaten unterstreicht die intergouvernementale Ausrichtung der GASP.

c. Übereinkunft mit dritten Staaten und internationalen Organisationen

Die Möglichkeit der Union und ihrer Mitgliedstaaten, im Rahmen der GASP Abkommen mit Drittstaaten zu schließen, wurde in Amsterdam durch Art. 24 EUV in den Vertrag eingefügt.

Nach der herrschenden Lehre stellt die Union keine völkerrechtsfähige internationale Organisation dar. Bei den Abkommen nach Art. 24 EUV handelt es sich nicht um ein Abkommen der Europäischen Union an sich. Vertragspartner sind vielmehr die Mitgliedstaaten der Union, wobei der Rat *für* die Mitgliedstaaten handelt[294]. Das ergibt sich auch aus der dem Vertrag von Amsterdam angefügten *Erklärung Nr. 4 zu den Art. J.14 und K.10 des Vertrags über die Europäische Union*, wonach diese Artikel keine Übertragung von Zuständigkeiten von den Mitgliedsstaate auf die Europäische Union bedeuten.

Hierbei besteht die Gefahr, daß Angelegenheiten, deren genaue Zugehörigkeit zweifelhaft ist, oder auch solche, welche die Mitgliedstaaten nicht durch eine qualifizierte Mehrheitsentscheidung ihrer Kontrolle entzogen wissen möchten, zukünftig *quasi* als Ausweichmanöver eher nach Art. 24 EUV nach den entsprechenden Gemeinschaftsvorschriften geregelt werden. Inwieweit Art. 24 EUV also für eine Re-Intergouvernementalisierung der europäischen Integration mißbraucht wird, hängt in hohem Maße vom politischen Willen der Mitgliedstaaten ab[295].

---

292 *Münch*, Die gemeinsame Aktion als Mittel der GASP, S. 168-9, *Semrau*, Die GASP, S. 112.

293 Siehe dazu *Münch*, Die gemeinsame Aktion als Mittel der GASP, S. 166.

294 *Schweitzer*, Staatsrecht III, Rnr. 411.

295 Eine Verletzung von Gemeinschaftskompetenzen durch Abschluß einer Übereinkunft nach Art. 24 EUV wäre nach Art. 46, 47 EUV justiziabel, siehe dazu ausführlich *Siems*, Das Kohärenzgebot in der EU, S. 169 ff.

3. Weitere Berührungspunkte

Weitere Berührungspunkte der GASP mit der EG sind potentiell sämtliche in die Gemeinschaftskompetenz fallenden Außenbeziehungen der Europäischen Gemeinschaften[296]. Dies betrifft in erster Linie globale Strategien gegenüber Drittstaaten, insbesondere bezüglich sogenannter Güter mit doppeltem Verwendungszweck.

a. Globale Strategien gegenüber Drittstaaten

Globale Strategien werden vom Rat beschlossen und enthalten sowohl die wirtschaftliche Materie der Gemeinschaft als auch politische Aspekte der GASP. Sie stellen ein wichtiges Instrument der EU-Außenbeziehungen dar[297]. Damit halten politische Elemente Einzug in die wirtschaftlichen Außenbeziehungen der Union, indem die Wirtschaft mit intergouvernementalen Bereichen gekoppelt wird, so daß die Intergouvernementalität in den Bereich der Außenhandelspolitik Eingang findet. So wurde beispielsweise im Abkommen Lomé IV die wirtschaftliche Zusammenarbeit von der Beachtung von Menschenrechten abhängig gemacht[298].

Ein Kohärenzproblem ergibt sich daraus, daß globale Strategien Elemente beider Säulen enthalten, der Vertragstext jedoch eine eindeutige Abgrenzung nicht enthält. Im Gegenteil liegt ein textlicher Widerspruch in der umfassenden Zuständigkeit der GASP für außen- und sicherheitspolitische Fragen[299] und der ausschließlichen Außenhandelskompetenz der Gemeinschaft. Dazu kommt die strikte Trennung zwischen der supranationalen Gemeinschaft und der intergouvernementalen zweiten Säule, inhaltlich und hinsichtlich ihres Aufgabenbereiches, und die ausdrückliche Verpflichtung zur Wahrung des *acquis communautaire* in Art. 2 Spstr. 5 EUV.

Strategische Festlegung von Politikbereichen der Gemeinschaft durch Beschlüsse im Rahmen der GASP können von der Kommission als Einschränkung ihres Handlungsspielraums verstanden werden, wie Warnungen des Europäischen Parlaments vor einer *unüberlegten versteckten Renationalisierung* von Gemeinschaftspolitiken und vor einer Einengung der Zuständigkeiten der Gemeinschaft durch die notwendige Kohärenz zwischen Handelspolitik, Entwicklungspolitik und GASP zeigen[300].

---

[296] *Koenig/Pechstein*, Die EU, Rnr. 125.
[297] *Schmalz*, EU-Außenbeziehungen S. 35.
[298] AKP-EWG-Abkommen von Lomé vom 15.12.1989, Art. 5, abgedruckt in BGBl. 1991 II S. 2 (7-8).
[299] Art. 11 EUV.
[300] *Schmalz*, EU-Außenbeziehungen S. 35.

In der Praxis wurde dieses Dilemma bereits deutlich. So zählte der *Gemeinsamen Standpunkt bezüglich Ruanda*[301] einige Maßnahmen auf, die von der Kommission im Zusammenhang mit den Lomé-Konventionen durchgeführt worden waren, sowie einige *Absichten der Kommission*. Der operative Teil beinhaltet Angelegenheiten, die zweifelsfrei in die Kompetenz der Gemeinschaft fallen, weswegen wohl auch die Notwendigkeit einer engen Kooperation zwischen den Mitgliedstaaten und der Kommission erwähnt ist. Auch der *Gemeinsame Standpunkt bezüglich der Ukraine* beinhaltet in seinem operativen Teil Angelegenheiten, die zumindest gemeinsame Kompetenzen betreffen. Weiterhin heißt es:

> [T]he Commission will direct its action towards achieving the objectives and priorities of this Common Position by appropriate Community means. (...) [The Council will undertake measures] where appropriate, on the basis of Commission proposals[302].

Auch hier wird also eine Unterordnung der Gemeinschaft unter die Beschlüsse der GASP angenommen.

Nach einer heftigen Diskussion wurde 1995 durch die Entwicklung eines *mode d'emploi* der Versuch unternommen, die Konsistenz und Kohärenz der außenpolitischen Handlungen der Union sicherzustellen, auf der anderen Seite aber Eingriffe in die Gemeinschaftskompetenz zu verhindern[303]. In der Praxis wurde jedoch auch nach der Einigung auf den *mode d'emploi* von Seiten des Rates in Ausübung von Maßnahmen der GASP in die Gemeinschaftskompetenz eingegriffen. So bestimmt der *Gemeinsame Standpunkt bezüglich Angola*:

> [that] the Council and Commission acting within the framework of their respective competencies, shall take the measures necessary for the implementation of this common position[304].

Auch hier legt die Wahl der Sprache eine Unterordnung der Gemeinschaft unter die GASP in dem Sinne nahe, daß die Gemeinschaft rechtlich zur Durchführung der innerhalb der GASP beschlossenen Maßnahmen verpflichtet sei[305]. Wie oben gesehen, widerspricht diese Praxis jedoch den Vertrags-

---

[301] Ratsbeschluß vom 24.10.1994, L283/1 (24.10.1994) 94/697/GASP.

[302] Ratsbeschluß vom 28.11.1994, L313/1 (06.12.1994) 94/779/GASP .

[303] Jedoch wurde der *mode d'emploi* nie formal beschlossen. Siehe dazu *Schmalz*, EU-Außenbeziehungen S, 38-9; *Timmermans*, The Uneasy Relationship between the Communities and the second Union Pillar?, L.I.E.I. 1996, S. 61 (63-4).

[304] Ratsbeschluß vom 2.10.1995, L245/1 (12.10.1995) 95/413/GASP.

[305] A.A. Schmalz, der zwar Bezüge zu gemeinschaftsrelevanten Aspekten, nicht aber Ziele, welche die Ziele und Prioritäten der EU auf umfassende und kohärente Art und Weise definieren, und weist auf eine starke Zurückhaltung des Rates in der Formulierung hin. Die Spannungen zwischen Europäischer Gemeinschaft und GASP sieht jedoch auch er durch den *mode d'emploi* nicht beseitigt, *Schmalz*, Eu-Außenbeziehungen S. 40.

bestimmungen, die zumindest eine Gleichwertigkeit, keinesfalls eine Höherwertigkeit des Unionsrechts gegenüber dem Recht der Europäischen Gemeinschaften festlegen.

In der Literatur wurden mehrere Lösungsvorschläge diskutiert. So sollte eine Unterscheidung zwischen Zielen (durch die GASP festzulegen) und den operativen Maßnahmen (Aufgabe der Gemeinschaft) einen Übergriff auf Gemeinschaftskompetenzen ausschließen. Tatsächlich würde dies aber in einer Unterordnung der Gemeinschaft resultieren, da die Maßnahme sich an den vom Rat innerhalb der GASP vorgegebenen Zielen orientieren müßte[306].

Auch könnten die Maßnahmen beider Seiten, GASP und Gemeinschaft, in ein Dokument aufgenommen werden. Dies ist allerdings aufgrund der Verschiedenheit der Entscheidungsprozesse problematisch[307]. Ein weiterer Vorschlag sah vor, eine globale Strategie als *Schlußfolgerungen* des Rates zu formulieren. Dies sollte die Kohärenz sichern, ohne daß die Gemeinschaft der Gefahr der Intergouvernementalisierung ausgesetzt ist, da eine solche keine bindenden Elemente enthält[308].

Schließlich wurde vorgeschlagen, daß der Europäischen Rat als übergeordnetes Gremium einen grundsätzlichen Beschluß erläßt, der die Ziele festlegt. Europäische Gemeinschaft und GASP könnten dann unabhängig voneinander ihre Beschlüsse zur Verwirklichung der Ziele fassen (dieser Ansatz wurde schon in Bezug auf Exportbeschränkungen für *dual-use goods*[309] verwendet)[310]. Damit dient der Europäische Rat als gemeinsamer Nenner, der die Kohärenz gewährleistet, während die entsprechenden Maßnahmen von der GASP beziehungsweise Gemeinschaft beschlossen und durchgeführt werden. Durch diesen Lösungsansatz würde die Kohärenz der EU-Außenpolitik in den Mittelpunkt gestellt und gestärkt, da nunmehr ein Organ einen grundsätzlichen Beschluß faßt, der das kohärente Vorgehen aller Organe und Mitgliedstaaten der Union sichern soll. Allerdings unterstünde die Gemeinschaft erneut der Weisung eines intergouvernementalen Organs, da die grundsätzlichen Entscheidungen über die Aufnahme und Durchführung wirtschaftlicher Beziehungen der einstimmigen Beschlußfassung im Europäischen Rat unter-

---

[306] Siehe dazu *Timmermans*, The Uneasy Relationship between the Communities and the second Union Pillar?, L.I.E.I. 1996, S. 61 (67-8).

[307] *Timmermans*, The Uneasy Relationship between the Communities and the second Union Pillar?, L.I.E.I. 1996, S. 61 (69).

[308] *Burghardt/Tebbe*, Die GASP der EU, EuR 1995, S. 1 (16).

[309] Dual-use goods oder *Güter mit doppeltem Verwendungszweck* sind solche Güter, die sowohl zivilen als auch militärischen Verwendungszwecken zugeführt werden können. Dazu näher im Folgenden.

[310] *Timmermans*, The Uneasy Relationship between the Communities and the second Union Pillar?, L.I.E.I. 1996, S. 61 (69).

läge. Dennoch erscheint dieser Vorschlag als die sinnvollste Möglichkeit, außenpolitische Kohärenz ohne wesentliche Gefährdung von Gemeinschaftskompetenzen zu erreichen.

Im Bereich der globalen Strategien gegenüber Drittstaaten kann daher aufgrund der fehlenden vertraglichen Regelungen und der Erfahrungen in der Praxis eine Gefahr der Unterordnung der Gemeinschaft unter die GASP und eine daraus resultierende Gefahr der Re-Intergouvernementalisierung der Union und der Gemeinschaft angenommen werden.

b. Export von Gütern mit doppeltem Verwendungszweck

Der Export von Gütern mit doppeltem Verwendungszweck tangiert zum einen wirtschaftliche Interessen der Gemeinschaft und ihrer Mitgliedstaaten, zum anderen kann er ein sicherheitspolitisches Risiko darstellen. Er betrifft also gleichermaßen die Handelspolitik der Gemeinschaft und die Sicherheitspolitik der GASP. In der Praxis wurde das Ausfuhrverbot daher gleichzeitig im Rahmen der gemeinsamen Aktion und im Rahmen einer Gemeinschaftsverordnung beschlossen[311].

Dies wurde zum einen aufgrund der daraus resultierenden Verdopplung der Rechtsinstrumente kritisiert, zum anderen wegen der Parallelität, die nicht zu einer Interaktion, sondern nur zu einem Nebeneinander der Pfeiler führt. Zudem müssen Beschlüsse zur Änderung wegen der Entscheidungsstrukturen der GASP einstimmig gefaßt werden[312], wodurch die supranationale Systematik der Gemeinschaft mit der qualifizierten Mehrheitsentscheidung nicht zum Tragen kommt. Auch in diesem Bereich dominiert folglich die GASP mit ihrer intergouvernementalen Struktur die supranationale Gemeinschaft, was wiederum zu einer Gefährdung des *acquis communautaire* und damit zu einer Re-Intergouvernementalisierung der Union führen kann[313].

4. Ergebnis

Die durch den Widerspruch im Vertragstext gegründeten Kohärenzprobleme sind zwar zum Teil durch den Vertrag von Amsterdam reduziert worden, so im Bereich der Finanzierung oder der globalen Strategie. Bei letzterer jedoch ergibt sich nach wie vor das Problem, daß die Gemeinschaft einem intergouvernementalen Organ untergeordnet wird.

---

[311] Ratsbeschluß vom 19.12.1994, L367/8 (31.12.1994) 94/942/GASP; Verordnung (EG) Nr. 3381/94 des Rates vom 19.12.1994, in: ABl. L 367, S.1-7.

[312] *Schmalz*, EU-Außenbeziehungen S.66.

[313] Zum Export von *dual-use*-Gütern siehe ausführlich *Koutrakos*, Export of Dual Use Goods Under the Law of the EU, ELRev 1998, S. 235 ff.

Im Bereich der Sanktionen ist die Gemeinschaft *de facto* mit Art. 301 EGV der GASP untergeordnet, auch wenn eine Bindung der Gemeinschaft an die Beschlüsse der GASP nicht vorgesehen ist. Der Kohärenzkonflikt – nimmt man eine Bindung an, entsteht eine vertragswidrige Unterordnung, verneint man sie, leidet die Kohärenz des für die EU-Außenpolitik und –darstellung wichtigen Instruments – kann nicht durch Interpretation der Vertragstexte, sondern lediglich durch politischen (guten) Willen gelöst werden.

In aller Regel wird der politischen Praktikabilität Vorrang gegeben. Die Instrumente sind so ausgelegt, daß die Mitgliedstaaten die intergouvernementalen Elemente in den Entscheidungsstrukturen beibehalten oder gar noch vergrößern können. Wo die Gemeinschaft in den intergouvernementalen Bereichen Einfluß besitzt, besteht die Gefahr einer gegenseitigen Blockade, welche die Handlungsfähigkeit der Union vermindert. Eine Re-Intergouvernementalisierung der Außenhandelspolitik erscheint möglich, da die Außenwirtschaft nicht mehr losgelöst von politischen Fragen gesehen wird und die GASP an Gewicht gewinnt. Durch die fehlende Überprüfbarkeit durch EuGH und dem geringen Einfluß der Kommission (für die Durchführung ist der Rat, und in ihm die Mitgliedstaaten, verantwortlich) kann die Gefahr gesehen werden, daß sich der ständige Konflikt um die Kompetenzen zugunsten der Mitgliedstaaten entscheidet.

Insgesamt ist folglich ein verbessertes Dualismus-Management in Form einer verbesserten Absprache ebenso notwendig[314] wie das Absehen von einer gegenseitigen Blockade, um das Kohärenzproblem zwischen Gemeinschaft und GASP zu lösen oder zumindest zu bewältigen.

C. Die Rechtliche Ausgestaltung der GASP

I. Kompetenzen und Instrumente der GASP nach dem Vertrag von Amsterdam

1. Die in der GASP normierten Aufgaben

a. Die Petersberg-Aufgaben

Die Definition der Petersberg-Aufgaben erfolgte 1992 durch den Ministerrat der WEU vor einem zweifachen Hintergrund. Zunächst stand der Wunsch Pate, Europa solle neben der NATO möglichst gleichberechtigt eine Institution besitzen, die zu militärischem Eingreifen befähigt ist[315]. Zum anderen ist die Petersberg-Erklärung auch im Lichte des Maastrichter Vertrages zu se-

---

[314] *Schmalz*, Kohärenz der EU-Außenbeziehungen? S. 72.

[315] *Thränert*, Aspekte deutscher Sicherheitspolitik in den neunziger Jahren, S. 14.

hen, der am 7. Februar 1992 unterzeichnet wurde und eine erste formelle Verbindung zwischen WEU und EU herstellte. Die Petersberg-Erklärung war damit offensichtlich ein erster Ansatz, die neue Rolle der WEU als Verteidigungskomponente der EU zu durchdenken und zu formulieren[316].

Die Aufnahme der Petersberg-Aufgaben in den Unionsvertrag durch den Vertrag von Amsterdam stellt eine der zentralen Änderungen des Vertrages dar, die weitreichende juristische Konsequenzen nach sich zieht. Im Gegensatz zu den übrigen Veränderungen im Bereich der GASP, die lediglich bereits begonnene Entwicklungen fortführen, kann sie als grundlegend und richtungsweisend verstanden werden[317], da sie der Union eine juristische Grundlage verschafft, sich am internationalen Krisenmanagement zu beteiligen.

Fraglich ist insbesondere die Einordnung der Petersberg-Aufgaben in das System der GASP. Ihre Stellung im Vertrag in Art. 17 EUV, also nach den Regelungen über den gemeinsamen Standpunkt und die gemeinsame Aktion, läßt auf den ersten Blick vermuten, daß es sich um eine eigenständige Handlungsform handelt. Dagegen spricht jedoch, daß die Petersberg-Aufgaben zu den Fragen gehören, welche die Sicherheit der Union betreffen (Art. 17 Abs. 2 mit Verweis auf Abs. 1 EUV), die ihrerseits von dem umfassenden Anspruch der GASP erfaßt wird, die sich gemäß Art. 11 EUV auf alle Bereiche der Außen- und Sicherheitspolitik erstreckt. Zudem muß die Aufzählung der Handlungsformen in Art. 12 EUV als abschließend betrachtet werden, da über den nun vorliegenden Text hinausgehende Möglichkeiten auf der Regierungskonferenz von 1996 zwar diskutiert wurden, jedoch keinen Konsens fanden. Die Petersberg-Aufgaben bezeichnen somit lediglich ein Aufgabenfeld, das mit den in Art. 12 EUV aufgezählten Handlungsformen umgesetzt werden muß.

b. Sonstige Aufgaben aus Titel V

Die Ziele der Union im Rahmen der GASP sind in Art. 11 eher vage formuliert. Sie umfassen die

> (...) Wahrung der gemeinsamen Werte, der grundlegenden Interessen, der Unabhängigkeit und der Unversehrtheit der Union im Einklang mit den Grundsätzen der Charta der Vereinten Nationen; die Stärkung der Sicherheit der Union in allen ihren Formen; die Wahrung des Friedens und der internationalen Sicherheit (...); die Förderung der internationalen Zusammenarbeit [und]die Entwicklung und Stärkung von Demokratie und Rechtsstaatlichkeit sowie die Achtung der Menschenrechte und Grundfreiheiten[318].

---

316 *Van Ham*, The EU and WEU: From Cooperation to Common Defence? in *Edwards/Pijpers*, The Politics of European Treaty Reform, S. 306 (310).

317 *Pagani*, A New Gear in the CFSP Machinery, EJIL 1998, S. 737 (742).

318 Art. 11 Abs. 1 EUV.

Die Konkretisierung der Ziele bleibt den Mitgliedstaaten überlassen, wobei ihnen gemäß Abs. 2 die Pflicht obliegt, vorbehaltlos im Geiste der Loyalität und der gegenseitigen Solidarität die Außen- und Sicherheitspolitik der Union zu unterstützen. Die sich daraus für die Mitgliedstaaten ergebenden Aufgaben bestimmen sich aus den konkreten Situationen, welche die Ziele der Union bedrohen, und bestehen in der Wahrung dieser Ziele.

c. Der Begriff der Verteidigungspolitik

Auf die Schwierigkeiten bei der Einigung auf eine konsensfähige Fassung der GASP ist wohl auch zurückzuführen, daß die Terminologie zum Teil widersprüchlich erscheint. Insbesondere bedarf der Ausdruck der Verteidigungspolitik[319] einer genaueren Definition.

Art. 17 EUV normiert die Verteidigungspolitik der Union und ihre Beziehung zur WEU. Sein Wortlaut erlaubt der Union, die WEU für die Ausarbeitung und Durchführung von Entscheidungen mit *verteidigungspolitischen Bezügen*[320] in Anspruch zu nehmen. In seiner Erklärung vom 22. Juli 1997 antwortet der Ministerrat der WEU, daß er in einem solchen Fall die Entscheidungen *mit verteidigungspolitischen Bezügen* tatsächlich ausarbeiten und durchführen wird.

Im Textzusammenhang wird zum anderen deutlich, daß die vertragschließenden Parteien die Petersberg-Aufgaben als solche Aufgabe betrachtet haben, für welche die Union die WEU in Anspruch nehmen kann. So wird die WEU gemäß Art. 17 Abs. 1 EUV ihre operativen Kapazitäten der Union zur Verfügung stellen, *notably in the context of paragraph 2*, also den Petersberg-Aufgaben. Die WEU übernimmt die Formulierung in ihrer Erklärung vom 12. Mai 1998: *notably in the context of Petersberg tasks* wird sie der EU den Zugang zu operativen Kapazitäten ermöglichen, und spricht von *crisis management operations*, für die sie von der EU in Anspruch genommen werden[321]. Ferner bezeichnet Art. 17 Abs. 1 Unterabsatz 2 EUV die WEU als integralen Bestandteil der Entwicklung der Union und weist auf den durch die WEU ermöglichten Zugang zu operativen Kapazitäten sowie die Möglichkeit einer späteren Integration der WEU hin. Demnach gehören die Petersberg-Aufgaben zu denjenigen Operationen, für die sich die EU gemäß Art. 17 Abs. 2 EUV der WEU bedienen kann. Fraglich ist somit, ob die Petersberg-Aufgaben selbst *verteidigungspolitische Bezüge* besitzen, was auf den ersten Blick nicht einleuchtet.

---

[319] *Verteidigungspolitik = defence policy = politique de défense,* Art. 17 Abs. 1 Satz 1 EUV.

[320] *Verteidigungspolitischen Bezüge = defence implications= implications dans le domaine de la défense,* Art. 17 Abs. 3 EUV.

[321] WEU Ministerrat auf Rhodos, 12.05.1998, Absätze 2-5.

Der Unionsvertrag in den Fassungen von Maastricht und Amsterdam definieren den Begriff der Verteidigungspolitik nicht näher, außer ihn in Zusammenhang mit einer gemeinsamen Verteidigung zu setzen. Dem Text nach gehört die Verteidigungspolitik zu den Fragen der Sicherheit der Union:

> Die Gemeinsame Außen- Sicherheitspolitik umfaßt sämtliche Fragen, welche die Sicherheit der Union betreffen, *wozu auch die* schrittweise *Festlegung einer gemeinsamen Verteidigungspolitik (...) gehört, die zu einer gemeinsamen Verteidigung führen könnte*, falls der Europäische Rat dies beschließt[322].

Auffallend ist, daß der Verteidigungspolitik nur ein Artikel gewidmet ist (Art. J.4 bzw. Art. 17 EUV) und *Fragen mit verteidigungspolitischen Bezügen*, die nach diesem Artikel behandelt wurden, nach den Maastrichter Bestimmungen nicht dem Verfahren der gemeinsamen Aktion unterlagen. Somit standen in der Theorie für *verteidigungspolitische* Situationen lediglich die Instrumente der Unterrichtung, Abstimmung und gemeinsamer Standpunkte zur Verfügung. Im Vertrag von Amsterdam hat sich bezüglich der Definition nichts verändert. Allerdings ist die Einschränkung in Bezug auf gemeinsame Aktionen weggefallen. Eine Definition der Begriffe Verteidigung oder Verteidigungspolitik oder eine Antwort auf die Frage, ob die Petersberg-Aufgaben unter letzteren Begriff zu fassen sind, läßt sich aus dem Unionsvertrag auch nach Amsterdam nicht ablesen.

In der Charta der Vereinten Nationen wird die Verteidigung nur im Rahmen der Selbstverteidigung als naturgegebenem Recht im Rahmen des Art. 51 genannt und stellt eine der beiden Ausnahmen zum Gewaltverbot des Art. 2 Ziff. 4 dar[323]. Sie ist nur im Falle eines bewaffneten Angriffs gegen das Staatsgebiet erlaubt und schließt die Rettung eigener Staatsangehöriger oder Durchsetzung wirtschaftlicher Rechte im Ausland nach hM nicht mit ein[324]. Kollektive Selbstverteidigung ist im Sinne eines Nothilferechts zu interpretieren, setzt aber ebenfalls einen bewaffneten Angriff auf einen Staat voraus, der von diesem auch als solcher verstanden wird[325]. Im Sinne der Charta ist Verteidigung demnach auf Situationen beschränkt, die einen bewaffneten Angriff auf das Staatsgebiet beinhalten. Für die Union hieße das, daß Verteidigungspolitik im Zusammenhang mit einem bewaffneten Angriff auf das Staatsgebiet eines oder mehrerer ihrer Mitgliedstaaten stünde. Aufgaben des internationalen Krisenmanagements, wie sie in der Petersberg-Erklärung auf-

---

[322] Art. 17 Abs. 1 EUV, Hervorhebung des Autors.

[323] *Fleuß*, Die operationelle Rolle der WEU, S. 65.

[324] *Randelzhofer* zu Art. 51 Rnr. 3,4 und 11 in *Simma* (Hrsg.), Charta der Vereinten Nationen. Kommentar.

[325] *Randelzhofer* zu Art. 52 Rnr. 33 in *Simma* (Hrsg.), Charta der Vereinten Nationen. Kommentar, IGH Nicaragua Fall S. ICJ Reports 1986 Anm. 15, 14 (103-104), §§ 195-196.

gezählt und im Amsterdamer Vertrag verankert sind, haben nach diesem Verständnis keine verteidigungspolitischen Bezüge.

Bei der Klärung dieses Widerspruchs muß die politische Sensibilität des Themas in die Überlegung mit einbezogen werden. Die Worte *verteidigungspolitisch* und *Verteidigung* bezeichnen zunächst einmal tatsächlich lediglich die Selbstverteidigung im Falle eines bewaffneten Angriffs auf das Staatsgebiet eines der Mitglieder der Union. Mit dieser Wortwahl wollte man wohl der Sorge innerhalb und außerhalb Europas bezüglich einer potentiellen militärischen Interessenvertretung durch die Union begegnen.

Eine WEU-Mission im Rahmen des Art. J.4.2 EUV (Maastrichter Fassung) schien demnach *de iure* nicht denkbar, da eine kollektive Selbstverteidigung nicht im Unionsvertrag normiert war, Petersberg-Aufgaben aber keine *verteidigungspolitischen Bezüge* aufweisen. *De facto* aber führt die WEU auf Ersuchen der Union mit der *Kosovo surveillance mission* und auch der WEUDAM[326] eine Operation mit *militärischem*, aber nicht verteidigungspolitischem Bezug aus. Auch im Vertrag von Amsterdam blieb die Bezeichnung der *verteidigungspolitischen Bezüge* bestehen, obgleich im Kontext eine Interpretation im Sinne von *militärischen* Bezüge sinnvoller erscheint[327].

Demnach wird man wohl diese Zweideutigkeit des Textes als Folge der schwierigen Konsensfindung betrachten und in Fällen, welche die Durchführung von Petersberg-Aufgaben betreffen, *verteidigungspolitisch* im Sinne von *militärisch* verstehen müssen.

2. Die Instrumente der GASP

Als Handlungsformen der GASP, die zur Erreichung der gemeinsamen Ziele der Union eingesetzt werden sollen, nennt Art. 12 EUV die Bestimmung der Grundsätze und allgemeinen Leitlinien sowie Beschlüsse über gemeinsame Strategien (Europäischer Rat) und gemeinsame Aktionen und Standpunkte (Rat). Der letzte Spiegelstrich benennt den Ausbau der regelmäßigen Zusammenarbeit der Mitgliedstaaten bei der Führung ihrer Politik.

---

326 WEUDAM = *Western European Union Demining Assistance Mission.*

327 So auch *Cremer* in *Calliess/Ruffert*, Kommentar zu EU-Vertrag und EG-Vertrag, Art. 17 Rnr. 6; *Münch*, Die GASP: ein Schaf im Wolfspelz? ZöR 53(1997), S. 389 (398). Es besteht die Tendenz, eine Aktion mit verteidigungspolitischem Charakter bereits anzunehmen, wenn hoheitlich handelnde Beamte diese durchführen, so beispielsweise Anlage IV Ziff. 1 der Schlußfolgerung des Allgemeinen Rats vom 26.10.1993 in Brüssel, in *Auswärtiges Amt* (Hrsg.), Die gemeinsame Außen- und Sicherheitspolitik, Dokumentation, 1994, S. 133 (146).

a. Allgemeine Leitlinien und die Gemeinsame Strategie

Höchstes Gremium im Rahmen der GASP ist der Europäische Rat, der gemäß Art. 13 Abs. 1 EUV Grundsätze und allgemeine Leitlinien und gemäß Art. 13 Abs. 2 EUV gemeinsame Strategien festlegt.

Grundsätze und allgemeinen Leitlinien[328] sind im Unionsvertrag nicht weiter definiert. Aus Art. 4 EUV ergibt sich, daß der juristische Gehalt dieser Beschlüsse über eine politische Verbindlichkeit grundsätzlich nicht hinausgeht. Im Bereich der GASP ist allerdings eine Initiative des Europäischen Rates in Form einer gemeinsamen Strategie oder einer allgemeinen Leitlinie für ein Tätigwerden des Rates Voraussetzung, da diese ausdrücklich als *Grundlage* der Maßnahmen des Rates bezeichnet werden[329].

Gemeinsame Strategien beschließt der Europäische Rat in den Bereichen, in denen wichtige gemeinsame Interessen der Mitgliedstaaten betroffen sind[330]. Nach der Definition des Ratsgipfels in Lissabon sind dies die geographische Nähe einer bestimmten Region oder eines bestimmten Landes, ein wichtiges Interesse an der politischen und wirtschaftlichen Stabilität in einer Region oder einem Land, und Gefahren für die Sicherheitsinteressen der Europäischen Union[331]. Damit sollen diejenigen Fälle ausgeschlossen werden, in denen nur spezielle Interessen einzelner Mitgliedstaaten betroffen sind[332].

Auf diese Weise legt der Europäische Rat das politische Fundament für eine Aktion und bestimmt die Grundzüge, wodurch er auch in Bezug auf etwaige von der Union durchzuführende Petersberg-Aufgaben weitgehende Kompetenzen genießt. Bemerkenswert ist, daß die Kompetenz bei Vorliegen wichtiger gemeinsamer Interessen der Mitgliedstaaten, die im Unionsvertrag von Maastricht noch beim Rat gelegen hatte, damit nun auf den Europäischen Rat übergegangen ist. Während der Unionsvertrag von 1992 vorsah, daß der Rat bei Vorliegen solcher Interessen eine gemeinsame Aktion auf der Grundlage der Leitlinien des Europäischen Rates beschließt[333], beschließt gemäß Art. 13 Abs. 2 EUV des Vertrags von Amsterdam der Europäische Rat in einem solchen Fall eine gemeinsame Strategie, die dann vom Rat durchgeführt wird.

Dieses Verfahren steht ganz im Zeichen der Intergouvernementalität der GASP, an der auch im Vertrag von Amsterdam nichts geändert wurde. Der Rat ist zwar insbesondere nach der Einführung der konstruktiven Enthaltung

---

[328] Art. 13 Abs. 2 EUV.

[329] *Streinz*, Europarecht, Rnr. 279.

[330] Art. 13 Abs. 2 EUV.

[331] Europäischer Rat in Lissabon, Tagung der Staats- und Regierungschefs der EG am 26. und 27. Juni 1992, Bulletin, Presse- und Informationsamt der Bundesregierung, Nr. 71, 1. Juli 1992, S. 673-88 (679).

[332] *Semrau*, Die GASP, S. 75.

[333] Art. J.1.3, 2. Spstr. und J. 3 Ziff. 1 EUV in der Fassung von Maastricht.

etwas flexibler geworden, die politischen Vorgaben des nach wie vor durch das Konsensprinzip bestimmten Europäischen Rates haben aber durch die Einführung der gemeinsamen Strategie mehr Gewicht gewonnen.

b. Gemeinsamer Standpunkt und gemeinsame Aktion

Der Rat beschließt gemeinsame Standpunkte oder gemeinsame Aktionen auf der Grundlage der allgemeinen Leitlinien des Europäischen Rates (Art. 13 Abs. 3 Satz 1 EUV) oder als Durchführung einer gemeinsamen Strategie des Europäischen Rates (Satz 2). Er stellt das eigentliche Exekutivorgan der Union dar[334]. Mit der Schaffung einer Strategieplanungs- und Frühwarneinheit[335] im Generalsekretariat, die unter der Verantwortung des Generalsekretärs und des Hohen Vertreters für die GASP stehen soll, wurde die politische Kompetenz des Rates weiter gestärkt, zumal er gemäß Art. 13 Abs. 3 UA2 EUV dem Europäischen Rat den Beschluß einer gemeinsamen Strategie empfehlen kann.

Die Abgrenzung zwischen einer gemeinsamen Aktion und einem gemeinsamen Standpunkt, die im Maastrichter Vertrag als unklar kritisiert wurde[336], hat sich im Vertrag von Amsterdam verändert. Im Vertrag von Maastricht wurde die Abgrenzung zwischen einem gemeinsamen Standpunkt und einer gemeinsamen Aktion noch am wesentlichen Interesse der Mitgliedstaaten festgemacht. Wenn ein solches Interesse vorlag, beschloß der Rat eine gemeinsame Aktion (Art. J.1.3 EUV in der Fassung von Maastricht). Im Rahmen der gegenseitigen Unterrichtung und Abstimmung zwischen den Mitgliedstaaten in außen- und sicherheitspolitischen Fragen von allgemeiner Bedeutung konnte der Rat, falls er es für erforderlich erachtete, einen gemeinsamen Standpunkt festlegen (Art. J.2.1/2 EUV).

Der Amsterdamer Vertrag hat, wie oben gesehen, die Frage nach einem wesentlichen Interesse der Mitgliedstaaten in die Kompetenz des Europäischen Rates verlegt und die beiden Instrumente des Rates gleichwertig nebeneinander gestellt. Die Abgrenzung zwischen den Instrumenten findet jetzt anhand der Eignung der Instrumente zu dem speziellen Zweck – Konzept für ein kohärentes Vorgehen der Mitgliedstaaten oder operative Aktion – statt. Eine

---

334 *Gilsdorf*, Institutionelle und materielle Reformen im Bereich der GASP, in *Hummer* (Hrsg.), Die Europäische Union nach dem Vertrag von Amsterdam, S. 239 (248).

335 Von der Konferenz angenommene Erklärungen, Nr. 6 *Erklärung zur Schaffung einer Strategieplanungs- und Frühwarneinheit* (1997). Die Einheit soll die Lücke schließen, die in der Praxis aufgetreten ist, insbesondere mit der langsamen Reaktion der Union in Bezug auf die Krisen in Zentralafrika und der Region Kosovo, *Gilsdorf*, Institutionelle und materielle Reformen im Bereich der Gemeinsamen Außen- und Sicherheitspolitik, in *Hummer* (Hrsg.), Die Europäische Union nach dem Vertrag von Amsterdam, S. 239 (251).

336 *Münch*, Die gemeinsame Aktion als Mittel der gemeinsame Außen- und Sicherheitspolitik, S. 118-9.

gemeinsame Aktion betrifft dabei eine spezifische Situation, in denen eine operative Aktion der Union für notwendig erachtet wird, Art. 14 Abs. 1 EUV, und hat folglich externen Charakter. Ein gemeinsamer Standpunkt gemäß Art. 15 EUV bezeichnet dagegen ein Konzept der Union für eine bestimmte Frage geographischer oder thematischer Art und entwickelt somit in erster Linie Binnenwirkung, indem er die Mitgliedstaaten in Bezug auf ihre einzelstaatliche Politik bindet. Für Situationen mit WEU-Beteiligung bedeutet dies, daß der Rat wohl in erster Linie gemeinsame Aktionen erlassen wird, die durch gemeinsame Standpunkte zur internen Abstimmung vorbereitet oder ergänzt werden können.

Eine weitere Verbesserung gegenüber dem Maastrichter Vertrag liegt in dem Wegfall der Bestimmung, die Fragen mit verteidigungspolitischen Bezügen ausdrücklich von den Vorschriften über die gemeinsame Aktion ausnahm (Art. J.4.3 EUV in der Maastrichter Fassung). Unter der Maastrichter Bestimmung konnten verteidigungspolitische Fragen demnach *de iure* lediglich mittels Unterrichtung, Abstimmung oder gemeinsamen Standpunkten gelöst werden. Daraus ergab sich ein Widerspruch. Bei Vorliegen wichtiger gemeinsamer Interessen der Mitgliedstaaten sollte gemäß Art. J.1.3 EUV (Maastrichter Fassung) die gemeinsame Aktion als Handlungsform gewählt werden, während im Falle von verteidigungspolitischen Bezügen diese Handlungsform ausgeschlossen war. Man kann jedoch davon ausgehen, daß Situation mit verteidigungspolitischen Bezügen regelmäßig solche sind, die wichtige gemeinsame Interessen der Mitgliedstaaten berühren.

In der Praxis wurde seit dem Abschluß des Maastrichter Vertrages die WEU in drei Fällen[337] von der EU die um Ausarbeitung und Durchführung einer Aktion ersucht. Bei der Mission MAPE[338], die in Albanien seit Mai 1997 beim Aufbau einer polizeilichen Infrastruktur hilft, der *General Surveillance of the Kosovo Region* durch das Satellitenzentrum Torréjon seit November 1998 und der Minenräumaktion WEUDAM[339] in Kroatien (seit Mai 1999)[340]. Bei der Operation MAPE allerdings wurde, zu Recht, der verteidigungspolitische Charakter bezweifelt, da in diesem Fall Polizeikräfte entsandt wurden. In Bezug auf WEUDAM muß dies wohl ähnlich gesehen werden, da der einzige militärische Aspekt in der Tatsache liegt, daß Hinterlassenschaften eines beendeten militärischen Konfliktes beseitigt werden, was theoretisch auch durch ein technisches Hilfswerk geschehen könnte. Die Aufklärungsmission

---

[337] Zwar wurde die WEU bereits 1996 von der EU ersucht, für die Region der Großen Seen eine Aktion zu prüfen und auszuarbeiten. Eine Operation wurde dann aber nicht durchgeführt.

[338] MAPE = *Multinational Advisory Police Element.*

[339] WEUDAM = *Western European Union Demining Assistance Mission.*

[340] *http://www.weu.int/eng/info.htm* unter *WEU missions* am 31.10.2000.

im Kosovo stellt daher die einzige Mission mit militärischem Hintergrund dar. Allerdings sind alle drei Aktionen sicher nicht als gegenseitige Unterrichtung, Abstimmung oder gemeinsame Standpunkte zu qualifizieren. Der Amsterdamer Vertrag verzichtet daher auf diese Einschränkung, so daß Maßnahmen mit verteidigungspolitischen Bezügen jetzt auch *de iure* durch eine gemeinsame Aktion durchgeführt werden können.

Seit Inkrafttreten des Vertrags von Amsterdam am 31.05.1999 wurde keine Aktion nach nunmehr Art. 17 Abs. 3 EUV von der Union unter Inanspruchnahme der WEU durchgeführt.

II. Entscheidungsstrukturen

Wenn die EU eine Aktion im Rahmen der GASP durchführen will, setzt dies zunächst einen Beschluß im Rahmen des Titel V EUV voraus. Nimmt sie die WEU zur Durchführung einer Operation des internationalen Krisenmanagements in Anspruch, muß diese ebenfalls, da sie nach wie vor als autonome und von der EU unabhängige Organisation existiert, eine interne Entscheidung über die Angelegenheit treffen. Somit sind auf dem Weg zu einer Operation aufgrund der Beibehaltung der Autonomie der WEU zwei voneinander unabhängige Entscheidungsvorgänge notwendig[341].

Im folgenden sollen die Entscheidungsstrukturen bei Beschluß einer Petersberg-Operation oder einer anderen gemeinsamen Aktion unter Inanspruchnahme der WEU beleuchtet werden. Bei gemeinsamen Maßnahmen der Union unterhalb dieses Niveaus gilt die normale Beschlußfassung, wie sie oben[342] beschrieben wurde.

1. Der Entscheidungsprozeß in der Union

Im Amsterdamer Vertrag erscheint häufig die *Union* als außenpolitischer Akteur. Sie erarbeitet und verwirklicht eine Außen- und Sicherheitspolitik (Art. 11 Abs. 1 EUV) führt beispielsweise die gemeinsamen Strategien durch (Art. 13 Abs. 2 EUV), und nimmt die WEU in Anspruch (Art. 17 Abs. 4 EUV). Daß die Mitgliedstaaten die Union *vorbehaltlos* unterstützen, zeigt, daß die Union Träger einer Außen- und Sicherheitspolitik ist, ohne jedoch

---

[341] Durch die Erklärung der WEU von Marseille am 13. November 2000 und den Vertrag von Nizza entfällt der doppelte Entscheidungsweg. Dennoch soll hier auf den durch den Vertrag von Amsterdam vorgesehenen Prozeß eingegangen werden, da der Vertrag von Nizza derzeit noch nicht in Kraft getreten ist.
[342] Siehe dazu S. 99.

den Mitgliedstaaten ihre ihnen völkerrechtlich zustehende Zuständigkeit zu nehmen[343].

Diese Formulierungen dürfen aber nicht darüber hinweg täuschen, daß die GASP nach wie vor intergouvernemental organisiert ist. Daraus ergibt sich ein ebenso komplexer wie komplizierter Entscheidungsmodus, bei dem im wesentlichen zwei Faktoren von Bedeutung sind, nämlich die im Europäischen Rat gewählte Handlungsform und etwaige militärische oder verteidigungspolitische Implikationen der Maßnahme. Innerhalb der EU werden zwei Beschlüsse gefaßt. Zunächst entscheidet der Europäische Rat, auf Grundlage diese Entscheidung führt dann der Rat der Europäischen Union mittels eigener Entscheidungen die Maßnahme durch.

a. Der Europäische Rat

Zunächst wird eine politische Einigung der EU-Mitgliedstaaten herbeigeführt. Dies geschieht im Europäischen Rat, der gemäß Art. 13 Abs. 1 und Abs. 2 EUV Grundsätze und allgemeine Leitlinien festlegt oder eine Gemeinsame Strategie beschließt, auf denen die Entscheidung des (ordentlichen) Rates dann beruht.

aa. Der Beschluß des Europäischen Rates

Die gemeinsame Strategie Art. 13 Abs. 2 EUV wird in den Bereichen angewendet, in denen wichtige Interessen der Mitgliedstaaten bestehen, die dann von der Union durchzuführen sind. Von den Grundsätzen und allgemeinen Leitlinien des Abs. 1 unterscheidet sich die Gemeinsame Strategie insofern, als daß sie auf eine konkrete Situation antwortet und gemäß Art. 13 Abs. 2 EUV spezifisch die Ziele, Dauer und die von den Mitgliedstaaten zu Verfügung zu stellenden Mittel nennt. Im Gegensatz zu den Leitlinien, die dem Rat lediglich als Grundlage für seine Entscheidungen dienen, wird eine Gemeinsame Strategie vom Rat *durchgeführt.*

Die Bedeutung und die hohe Sensibilität der Entscheidung legt nahe, daß sie in der Form einer Gemeinsame Strategie getroffen wird[344], da eine Operation im Bereich des internationalen Krisenmanagements grundsätzlich wichtige gemeinsame Interessen der Mitgliedstaaten betreffen wird. Zudem ist für eine gemeinsame Aktion in einer derart sensiblen Angelegenheit eine politische Vorgabe erforderlich, die einerseits über eine allgemeine Leitlinie hinausgeht, andererseits die Trennung von Politik und Durchführung bewahrt. Dies ist durch die Trennung in politische Vorgabe durch den Europäischen Rat

---

[343] *Müller-Graff*, EPZ/GASP im System der Europäischen Union, in *Regelsberger* (Hrsg.), Die GASP der Europäischen Union - Profilsuche mit Hindernissen, S. 53 (62).
[344] *Pagani*, A New Gear in the CFSP Machinery, EJIL 1998, S. 737 (742).

und die Umsetzung durch den Rat erfolgt, unterstreicht allerdings wieder die festverankerte Intergouvernementalität im Bereich der GASP.

Mit diesem Instrument geht in einer sensiblen Situation, die konkrete politische Vorgaben erfordert, die politische Verantwortlichkeit vom Rat auf den Europäischen Rat über. Die gemeinsame Strategie wurde in Amsterdam in den Unionsvertrag eingeführt, wodurch zum ersten Mal für die Union die Möglichkeit besteht, eine einheitliche strategische und politische Beurteilung der Interessen Europas sowie der Weltlage vorzunehmen. Durch das Konsensprinzip wird allerdings eine Beschlußfassung erschwert[345].

bb. Die Bindungswirkung des Beschlusses gegenüber dem Rat

Die Rechtswirkung des Beschlusses einer gemeinsamen Strategie durch den Europäischen Rat ist unklar. Im Gegensatz zu Gemeinsamen Aktion, bei der die Bindungswirkung in Art. 14 EUV ausdrücklich festgelegt wird, sieht der Vertrag in diesem Fall keine solche Bindungswirkung gegenüber den Mitgliedstaaten vor. Auch das System der EU spricht gegen eine bindende Qualität einer Gemeinsamen Strategie, da dem Europäischen Rat keine formale Entscheidungskompetenz zugewiesen wurde. Er gibt der Union lediglich die für ihre Entwicklung notwendigen Impulse und legt die allgemeinen politischen Zielvorstellungen fest[346]. Die Entscheidungskompetenz liegt, nach Maßgabe der Bestimmungen des EUV und des EGV, allein bei den Organen der Europäische Gemeinschaft, also gemäß Art. 5 EUV dem Europäische Parlament, dem Rat, der Kommission und dem Europäische Gerichtshof. Der Europäische Rat ist nicht genannt.

Eine Gemeinsame Strategie lediglich als Empfehlung zu betrachten widerspricht jedoch dem Gedanken des Art. 13 Abs. 2 EUV, da sie dadurch auf das sehr generelle Niveau der Grundsätze und allgemeinen Leitlinien des Abs. 1 reduziert und die Differenzierung zwischen den beiden Instrumenten verwischt würde. Insbesondere aufgrund der bei den beiden Instrumenten unterschiedlichen Vorgaben für den anschließenden Ratsbeschluß ist eine Verwässerung der Grenzlinie nicht wünschenswert. Zudem steht die Betrachtung als reine Empfehlung im Widerspruch zu den relativ konkreten Angaben, die der Europäische Rat bezüglich Zielsetzung, Dauer und Mitteln machen soll[347].

Eine Lösung dieses Konflikts besteht darin, eine Bindungswirkung nur in Bezug auf den Rat anzunehmen[348]. Damit würde die Strategie keine juristische Wirkung nach außen, insbesondere gegenüber den Mitgliedstaaten, ent-

---

345 *Eekelen*, Perspektiven der Gemeinsamen Außen- und Sicherheitspolitik der EU, ZEI Discussion Paper (1998) C21, S. 15-6.
346 Art.4 EUV.
347 Art. 13 Abs. 2 UA 2 EUV.
348 *Pagani*, A New Gear in the CFSP Machinery, EJIL 1998, S. 737 (743).

falten, sondern nur den Rat zu einer Umsetzung verpflichten. Dies korreliert auch mit der Formulierung des Art. 13 Abs. 3 Satz 2 EUV, demgemäß der Rat dem Europäischen Rat gemeinsame Strategien empfiehlt und diese durchführt, indem er insbesondere gemeinsame Aktionen und Standpunkte annimmt.

b. Der Rat der Europäischen Union

Daraufhin befaßt sich der Rat mit der Angelegenheit. Der Beschluß des Rates wird die Form einer gemeinsamen Aktion gemäß Art. 14 EUV und/oder eines gemeinsamen Standpunktes gemäß Art. 15 EUV annehmen.

Die gemeinsame Aktion wird angewendet, wenn eine spezifische Situation eine operative Aktion der Union erfordert und legt (erneut) Ziel, Umfang, Dauer und Mittel fest[349]. Darin enthalten ist die Inanspruchnahme der WEU für den konkreten Fall. Wie weit die Vorgaben reichen, welche die EU der WEU machen kann, ist im Vertrag nicht geregelt und wird sich individuell von Fall zu Fall ergeben.

Der gemeinsame Standpunkt dagegen ist ein Konzept der Union für eine bestimmte Frage thematischer oder geographischer Art. Die Mitgliedstaaten sorgen für Einklang mit ihrer einzelstaatlichen Politik, was eine weitergehende Bindung bedeutet als die gemeinsame Strategie, deren rechtliche Bindung lediglich in Bezug auf den Rat anzunehmen ist.

Beschlüsse, die auf allgemeinen Leitlinien beruhen, werden vom Rat einstimmig gefaßt, wobei eine qualifizierte Enthaltung[350] möglich ist. Mit qualifizierter Mehrheit wird ein Beschluß gefaßt, der seinerseits die Durchführung einer gemeinsamen Aktion oder eines gemeinsamen Standpunktes betrifft[351]. Das gleiche gilt, wenn eine gemeinsame Aktion oder ein gemeinsamer Standpunkt zur Durchführung einer gemeinsamen Strategie beschlossen wird[352]. Gemäß Art. 23 Abs. 2 UA 3 EUV bezieht sich das qualifizierte Mehrheitsvotum jedoch nicht auf Beschlüsse mit militärischen oder verteidigungspolitischen Bezügen. Dann gilt wieder das durch die Möglichkeit zur konstruktiven Enthaltung aufgelockerte Konsensprinzip[353]. Die Regelung bezüglich der

---

[349] Art. 14 Abs. 1 EUV.

[350] Art. 23 Abs. 2 EUV; siehe dazu S. 113.

[351] Laut dem Vertrag von Nizza kann in diesem Fall eine verstärkte Zusammenarbeit nach Art. 43ff EUV angewendet werden, wenn keine militärischen oder verteidigungspolitische Bezüge gegeben sind, Art. 27b EUV-Nizza.

[352] Art. 23 Abs. 2 EUV.

[353] Art. 23 Abs. 2,1. Spstr. in Verbindung mit UA 4 EUV.

qualifizierten Mehrheitsentscheidung greift also bei Aktionen mit WEU-Beteiligung nicht ein[354].

2. Der Entscheidungsprozeß in der WEU

Sobald der EU-Rat eine Inanspruchnahme der WEU beschlossen hat, wird ein entsprechender Beschluß im WEU-Ministerrat gefaßt[355].

a. Die Absprachen und Bindungen zwischen WEU und EU

In der Diskussion im Vorfeld des Amsterdamer Vertrages wurden auch die möglichen Absprachen zwischen WEU und EU behandelt, an denen sich der Grad der Partnerschaft ablesen läßt. Die schließlich im Unionsvertrag in Art. 17 Abs. 3 EUV gewählte Formulierung *in Anspruch nehmen* ist enger gefaßt als das Maastrichter *Ersuchen*, bleibt jedoch hinter dem Vorschlag zurück, die EU solle die WEU *anweisen* können. Die WEU selbst geht davon aus, daß sie *in diesem Fall* (des Ersuchens) die Entscheidungen und Aktionen der EU *ausarbeitet und durchführt*[356]. Dieser Brückenkopf in das WEU-System könnte sich allerdings als Engpaß erweisen[357]. Die Erklärung der WEU, daß sie die Beschlüsse umsetzen wird, ist aus dem völkerrechtlichen Grundsatz des *pacta sunt servanda* für die beteiligten Staaten untereinander ebenfalls verbindlich. Allerdings besteht nach wie vor kein völkerrechtlich bindender Vertrag zwischen den beiden Organisationen, sondern die Zusammenarbeit beruht lediglich auf den innerhalb der Organisationen von ihren Mitgliedstaaten angenommenen Beschlüssen[358].

Die WEU ist gemäß der Bestimmung des Art. 17 Abs. 3 UA 2 EUV, die sie in ihrer Erklärung vom 22. Juli 1997[359] anerkannt hat, der Leitlinienkompe-

---

[354] Gilsdorf nimmt an, daß zumindest humanitäre und Rettungseinsätze nicht unter diese Ausnahme fallen dürften, *Gilsdorf*, Institutionelle und materielle Reformen im Bereich der GASP, in *Hummer* (Hrsg.), Die Europäische Union nach dem Vertrag von Amsterdam, S. 239 (250). Dem ist entgegenzuhalten, daß die Petersberg-Aufgaben als solche konzipiert sind, die grundsätzlich einen militärischen Bezug aufweisen, so daß in den meisten Fällen die Ausnahme für alle Petersberg-Aufgaben einschließlich der humanitären und Rettungseinsätze gilt.

[355] Der Entscheidungsprozeß in der WEU entfällt, wenn die Union künftig ihre Operationen des internationalen Krisenmanagements selbst durchführt. Nachdem der Vertrag von Nizza jedoch noch nicht in Kraft getreten ist, wird hier der Entscheidungsprozeß der WEU im Zusammenhang mit Aufgaben des internationalen Krisenmanagements dennoch dargestellt.

[356] Erklärung der Westeuropäischen Union zur Rolle der Westeuropäischen Union und zu ihren Beziehungen zur Europäischen Union und zur Atlantischen Allianz, 22. Juli 1997, Absatz 5.

[357] *Pagani*, A New Gear in the CFSP Machinery, EJIL 1998, S. 737 (747).

[358] *Pagani*, A New Gear in the CFSP Machinery, EJIL 1998, S. 737 (744).

[359] Erklärung der Westeuropäischen Union zur Rolle der Westeuropäischen Union und zu

tenz des Europäischen Rates[360] nach Art. 13 EUV unterworfen. Fraglich ist die Reichweite dieser Kompetenz, insbesondere, inwieweit die WEU zur Beachtung der Vorgaben aus der Gemeinsamen Strategie verpflichtet ist[361].

Art. 13 EUV nennt in Absatz 1 die Grundsätze und allgemeinen Leitlinien, in Absatz 2 die gemeinsame Strategie. Auch wenn sich die Leitlinienkompetenz in Art. 17 Abs. 3 EUV dem Wortlaut nach auf die Leitlinien nach Art. 13 bezieht, wird man dennoch annehmen müssen, daß sie beide Absätze umfaßt. Damit ist auch die gemeinsame Strategie, die einer EU-geführten Petersberg-Operation zugrunde liegt, von der WEU zu beachten. Das erscheint insofern sinnvoll, als die Gemeinsame Strategie bereits Zielsetzung, Dauer und Mittel bestimmt. Eine diesbezüglich anders lautende Entscheidung im Rat der WEU würde zu einer Diskrepanz zwischen den beiden Entscheidungsgremien führen, die eine Durchführung der Operation verhindert. Die WEU ist also zwar vertraglich nicht zur Durchführung einer Maßnahme verpflichtet, im Falle der Inanspruchnahme durch die Union jedoch unterliegt sie der Leitlinienkompetenz des Europäischen Rates, die ihrerseits sowohl die allgemeinen Leitlinien als auch die gemeinsamen Strategien umfaßt.

b. Problematik der fehlenden völkerrechtlichen Bindung

Die beiden beschlußfassenden Organe in der EU beziehungsweise der WEU, also der jeweilige Rat, entscheiden somit zwar auf der Grundlage und im vorgegebenen Rahmen der gleichen Strategie, aber (theoretisch) unabhängig voneinander. Die Vorgaben der Union bei einer von der WEU durchgeführten Operation gehen über die politische Kontrolle deutlich hinaus, gleichzeitig ist aber der Status der WEU als autonome Organisation nicht berührt, das heißt, sie wird nicht zu einer Art ausführenden Organisation der EU[362]. Zumeist wird die Auswirkung auf die Praxis aufgrund der Zusammensetzung der beiden Organe gering sein. Es sind jedoch Fallkonstellationen denkbar, bei denen die fehlende Bindung problematisch werden könnte.

So könnte ein WEU-Vollmitglied in der EU einem Beschluß zustimmen, in der WEU jedoch ablehnen. Dies würde einem *de facto*-Veto der WEU-Vollmitglieder im EU-Rat gleichkommen. Zwar unterliegen die Mitgliedstaaten dem Kohärenzgebot aus Art. 3 EUV, und ein solches Abstimmungsverhalten würde diesem Gebot zuwiderlaufen. Jedoch sind keine Sanktionen

---

ihren Beziehungen zur Europäischen Union und zur Atlantischen Allianz, 22. Juli 1997, Absatz 5.

[360] *Die Befugnis (...) zur Festlegung von Leitlinien = The competence (...) to establish guidelines = La competence (...) pour définir des orientations,* Art. 17 Abs. 3 UA 2 EUV.

[361] Eine Bindung an den Beschluß des EU-Rates ist schon durch den Wortlaut ausgeschlossen, der in Art. 17 Abs. 3 UA 2 EUV ausdrücklich nur den Europäischen Rat nennt.

[362] *Lenzi,* The WEU between NATO und EU, ZEI Discussion Paper (1998) C4, S. 7-8.

vorgesehen für den Fall, daß ein Mitgliedsstaat gegen Art. 3 EUV verstößt, so daß dem nur mit politischen Druck begegnet werden kann. Zudem greifen allgemeine völkerrechtliche Grundsätze ein, insbesondere das *venire contra factum proprium*, das einem Staat widersprüchliches Verhalten verbietet. Ein solches widersprüchliches Verhalten wäre im angesprochenen Fall gegeben, es fehlt jedoch auch hier an Mitteln zur Durchsetzung. Somit würde eine positive Abstimmung im Rat der EU und negative im Rat der WEU gegen Unions- wie auch Völkerrecht verstoßen. Allerdings ist die Union in Form der übrigen Mitgliedstaaten auf politischen Druck angewiesen, um eines ihrer Mitglieder zu kohärentem Verhalten zu bewegen[363].

Weiterhin ist denkbar, daß eines der WEU-Vollmitglieder im EU-Rat gegen einen Beschluß stimmt, da es die Operation im Rahmen der WEU nicht unterstützen will[364]. In den meisten Fällen wird im Anschluß an positive Beschlüsse in beiden Organisationen allerdings nur eine *coalition of the willing* zusammentreten, die eine Operation unter Billigung der anderen Mitgliedstaaten durchführt[365]. Ein Mitgliedsstaat kann also auch im WEU-Rat zustimmen, ohne sich an der konkreten Aktion zu beteiligen, so daß dieser Fall nur bei grundsätzlichen und schwerwiegenden Bedenken eines Staates gegen die Operation zu erwarten ist.

c. Modus der Beschlußfassung

Der Beschluß im WEU-Ministerrat unterliegt dem Konsensprinzip, so daß die Zustimmung aller Vollmitglieder zur Durchführung einer Operation erforderlich ist. Auf einen französischen Vorschlag hin wird geprüft, ob das Prinzip einer qualifizierten Enthaltung auch im Rahmen von WEU-Ministerratsbeschlüssen einzuführen sei[366], eine Änderung des modifizierten Brüsseler Vertrages ist jedoch noch nicht erfolgt.

Allerdings ist zu bedenken, daß die gegenwärtigen Operationen der WEU nach einem positiven Beschluß im WEU-Ministerrat lediglich von einer *coa-*

---

[363] Völkerrechtliche Druckmittel, wie beispielsweise die Repressalie oder Sanktionen erscheinen nicht angebracht oder zumindest im Hinblick auf die Eigenschaft der Union als Staatengemeinschaft, politisch nicht sinnvoll.

[364] *Pagani*, A New Gear in the CFSP Machinery, EJIL 1998, S. 737 (744).

[365] Zwar beschließt der WEU-Minsterrat einstimmig, gemäß der Petersberg-Erklärung müssen jedoch nicht alle Mitgliedstaaten der WEU an einer Petersberg-Operation teilnehmen. Damit kann eine einmal gebilligte Aktion von wenigen Staaten unter dem Dach der WEU durchgeführt werden; alle weiteren Schritte unterliegen nicht der Billigung im WEU-Ministerrat. Siehe dazu *Peters*, GASP und WEU - Wegbereiter einer Supermacht Europa?, in *Regelsberger*, Die GASP der Europäischen Union - Profilsuche mit Hindernissen S. 139 (141-2).

[366] Erfurter Erklärung des WEU Ministerrats vom 18.11.1997, Absatz 5, Bulletin Quotidien Europe Nr. 2058, 21.11.1997.

lition of the willing durchgeführt werden. Eine Ablehnung einer Operation durch einen Mitgliedsstaat erfolgt also nur bei schwerwiegenden Bedenken des Staates gegen die Operation selbst, in welchem Fall er wohl auch meist dann negativ stimmen würde, wenn ihm das Instrument der konstruktiven Enthaltung zur Verfügung stände.

3. Kompetenzen während der Durchführung einer Operation

Mit einer positiven Entscheidung im Rat der EU und im Ministerrat der WEU kann die von der EU initiierte Operation von der WEU durchgeführt werden. Zu klären ist weiterhin die Rollenverteilung in der operationellen Durchführung.

a. Die politische Kontrolle

Die politische Kontrolle liegt beim Rat der EU, der für den Einsatz, für etwaige Veränderungen und die Beendigung der Operation verantwortlich sein wird. Gemäß Art. 18 EUV ist der Vorsitz für die Umsetzung von gemeinsamen Maßnahmen im Bereich der GASP zuständig. Damit entscheidet der Vorsitz über den täglichen Fortgang, überwacht die Entwicklungen und handelt im Auftrag des Rates Abkommen mit Drittstaaten aus, die dann gemäß Art. 24 EUV vom Rat geschlossen werden. Unterstützt wird er dabei vom Generalsekretär des Rates, der gemäß Art. 18 Abs. 3 EUV gleichzeitig den Posten eines Hohen Vertreters für die GASP innehat[367].

Durch die Bindungswirkung der gemeinsamen Strategie des Europäischen Rates gegenüber dem Rat muß der Rat jedoch dafür sorgen, daß sich alle seine Entscheidungen bezüglich der konkreten Operation im Rahmen der ursprünglichen Gemeinsamen Strategie des Europäischen Rates bewegen. Ergibt sich eine wesentliche Änderung der Umstände, so überprüft der Rat gemäß Art. 14 Abs. 2 EUV die Grundsätze und Ziele der Aktion und trifft die erforderlichen Entscheidungen. Der Europäische Rat ist nicht mehr beteiligt. Fraglich ist jedoch, ob im Falle einer grundlegenden Änderung der Umstände eine neue Gemeinsame Strategie durch den Europäischen Rat gefaßt werden muß, welche bei der Anpassung der konkreten Aktion die neuen Gegebenheiten berücksichtigt. Dagegen spricht, daß die Mitgliedstaaten die Kompetenz für den Fall der Änderung der Umstände ausdrücklich an den Rat gegeben haben. Eine Zuweisung dieser Fälle an den Europäischen Rat ist daher durch die Systematik nicht gerechtfertigt. Dafür spricht auch die nahezu identische Zusammensetzung der Gremien und die Möglichkeit in Art. 23 Abs. 2 UA1 Satz 3 EUV, nach dem der Rat mit qualifizierter Mehrheit einen Beschluß an den Europäischen Rat zur einstimmigen Beschlußfassung weiterleiten kann.

---

[367] Derzeit ist diese Stelle mit Javier Solana besetzt, der gleichzeitig als Generalsekretär der WEU fungiert.

Schließlich besteht nach wie vor die Möglichkeit der Ablehnung eines Beschlusses im Rat durch jeden einzelnen Mitgliedsstaat.

Weiterhin stellt sich die Frage, ob diejenigen Staaten, die sich bei der Durchführungsentscheidung im Rat konstruktiv enthalten haben, bei den folgenden Ratsbeschlüssen beteiligt sind. Dies muß bejaht werden, nachdem es sich bei den Ratsentscheidungen um die politische Kontrolle einer Operation, nicht hingegen die militärische Durchführung handelt. Alle Mitgliedstaaten der EU haben ein Stimm- und Mitspracherecht, was die Außenpolitik der Union angeht, und können von der politischen Willensbildung der Union auch im konkreten Fall nicht ausgeschlossen werden. Art. 28 Abs. 1 UA 2 EUV verpflichtet die sich enthaltenden Mitgliedstaaten zu Loyalität, so daß sie sich einem dergestalt gefaßten Beschluß nicht in einer neuen Entscheidung entgegenstellen können, wenn nicht wesentlich neue Aspekte gegeben sind. Bei einer wesentlichen Änderung der Umstände muß ihnen jedoch die Möglichkeit gegeben werden, sich daraus ergebende grundsätzliche Bedenken zum Ausdruck zu bringen.

b. Die militärische Durchführung

Die militärische Dimension wird von der WEU kontrolliert. Sie stellt den militärischen und operationellen Kommandeur, der die Operation vor Ort leitet und führt.

Derzeit ist die WEU noch eher ein Forum und Kooperationsgremium der teilnehmenden Nationen, die ihrerseits von einer Führungsnation[368] geleitet werden[369]. Damit müssen im Verlauf einer Operation nicht alle WEU-Mitgliedstaaten, sondern nur die teilnehmenden Staaten den weiteren Schritten zustimmen, was die Konsensfindung erheblich erleichtert[370].

Ein Problem entsteht durch die Abhängigkeit der WEU von der NATO. Die operativen Kapazitäten der WEU sind noch sehr begrenzt, und Art. IV des modifizierten Brüsseler Vertrages verpflichtet die WEU, auf die Duplizierung der militärischen NATO-Stäbe zu verzichten, so daß der Aufbau einer eigenständigen Infrastruktur neben derjenigen der NATO schwer möglich ist.

Dadurch stellt sich die Frage nach einem Mitspracherecht der NATO. Es ist nicht ersichtlich, daß insbesondere die USA, Infrastruktur zur Verfügung stellen, ohne eine Kontrollmöglichkeit zu behalten. Um der WEU Truppen zur Verfügung zu stellen, jedoch nicht Strukturen der NATO zu duplizieren,

---

368 Im Englischen als *lead nation* bezeichnet.

369 Beispielsweise beteiligen sich an der Opertation WEUDAM (WEU Demining Assistance Mission in Kroatien) acht Nationen unter schwedischer Führung.

370 *Peters*, GASP und WEU - Wegbereiter einer Supermacht Europa?, in *Regelsberger*, Die GASP der Europäischen Union - Profilsuche mit Hindernissen S. 139 (142).

hat sich das Konzept der *Combined Joint Task Force* (CJTF) durchgesetzt, das derzeit noch weiterentwickelt und implementiert wird. Dabei dienen nationale Truppenteile oder multinationale Truppenverbände (beispielsweise das Eurokorps oder der britisch-niederländische Amphibienverband), die im Bedarfsfall der NATO unterstellt werden, gleichzeitig auch als FAWEU (*Forces Answerable to WEU*). Damit ist die WEU auf die Bereitstellung von Infrastruktur durch ihre Mitgliedstaaten angewiesen[371], um nicht in Abhängigkeit der NATO zu geraten. Wohl auch aus diesem Grund sind Operationen der EU in Verbindung mit der WEU im internationalen Krisenmanagement derzeit nur in geringem und regional begrenztem Umfang denkbar, da ansonsten die NATO als geeigneteres Bündnis zur Verfügung steht.

Auf dem Ratsgipfel von Helsinki im Dezember 1999 wurde ferner die Entschlossenheit der Union konkretisiert, eigene und von der NATO unabhängige Strukturen innerhalb der Mitgliedstaaten zu schaffen. Bis zum Jahr 2003 sollen die Mitgliedstaaten in der Lage sein, innerhalb von 60 Tagen Krisenreaktionskräfte in der Stärke von 50-60.000 Mann bereitzustellen, die einen Einsatz von bis zu einem Jahr Länge durchführen können[372]. Die Formulierung *cooperating voluntarily in EU-led operations*[373] zeigt jedoch deutlich, daß es sich um nationale Einheiten und Strukturen handeln soll, die im Bedarfsfall und nur bei freiwilliger Teilnahme an einer Aktion im Rahmen einer EU-geführten Operation eingesetzt werden können.

Die Aufteilung in politische Kontrolle und militärische Durchführung zwischen der EU und der WEU wird in der Praxis Probleme aufwerfen. Insbesondere die Kommunikation zwischen der politischen Führungsebene und der militärischen Kommandoebene muß klar geregelt sein und reibungslos funktionieren. Ungenaue Absprachen und Kompetenzunsicherheiten führen zu Ineffizienz sowie zur Verlangsamung des Verfahrens, was im Falle einer internationalen Krise nicht wünschenswert ist. Um eine erfolgreiche Operation sicherzustellen, bedarf es daher einer klaren Abgrenzung der Kompetenzen und eines guten Zusammenspiels der beiden Kräfte.

---

[371] Derzeit dürften allerdings nur Frankreich und Großbritannien die nötigen Strukturen für umfangreichere Operationen besitzen.
[372] EU-Gipfeltreffen in Helsinki vom 10./11. Dezember 1999, Abs. 27-8.
[373] EU-Gipfeltreffen in Helsinki vom 10./11. Dezember 1999, Abs. 28, 1.Spiegelstrich.

III. Das Flexibilitätskonzept der 'ad hocery' *in der GASP*

1. Die Entwicklung der Flexibilität im Unionsvertrag

Bezogen auf Fragen der Flexibilität stellt der Unionsvertrag von Maastricht einen Wendepunkt dar. Während bis dahin alle Elemente der Europäischen Gemeinschaften von sämtlichen Mitgliedstaaten getragen wurden, brachte die Integration von problematischen politischen Bereichen in das Unionsgefüge eine Reihe von selektiven Beteiligungen mit sich[374]. Insbesondere im Bereich der Währungsunion, des Sozialbereiches und der Schengen-Absprachen kam es zu Sondervereinbarungen, zum Teil einem *opting-out*, einzelner Mitgliedstaaten[375].

Als Auslöser dieser Entwicklung kann wohl ein gemeinsamer offener Brief des deutschen Bundeskanzlers Kohl und des französischen Staatspräsidenten Chirac vom 6.12.1995 gesehen werden[376]. Darin erachteten sie es für wünschenswert, die Möglichkeit zu einer verstärkten Zusammenarbeit unter Wahrung des einheitlichen institutionellen Rahmens der Union zu entwickeln, um die Handlungsfähigkeit und den Fortschritt der Union nicht durch die zeitweiligen Schwierigkeiten eines Partners, Schritt zu halten, zu beeinträchtigen. Die beiden Hauptelemente des Konzeptes der Flexibilität sind hierin schon genannt. Einerseits ist dies der politische Wille zur verstärkten Zusammenarbeit, andererseits die Fähigkeit hierzu. Der Begriff Flexibilität ist nicht deckungsgleich mit dem Konzept der verstärkten Zusammenarbeit in Titel VII EUV, sondern stellt einen Oberbegriff für alle Formen abgestufter Integration dar[377]. Flexibilität bezeichnet folglich jedes Konzept des Amsterdamer Vertrags, das die Zulässigkeit einer verstärkten Zusammenarbeit zwischen Mitgliedstaaten unter Inanspruchnahme der Verfahren, Organe und Mechanismen der EU regelt[378].

Während der Regierungskonferenz von 1996 wurde das Instrument der Flexibilität als einziger Ausweg aus einer politischen und institutionellen Para-

---

[374] *Missiroli*, CFSP, Defence and Flexibility, Chaillot Paper 38, S. 4 von 26.

[375] Siehe zum Beispiel *das 11. Protokoll über einige Bestimmungen betreffend das Vereinigte Königreich Großbritannien und Nordirland* und *12. Protokolls über einige Bestimmungen betreffend Dänemark*, in denen ein opt-out bezüglich der Währungsunion erklärt wird, oder das *14. Protokoll über die Sozialpolitik.*

[376] *Ehlermann*, Engere Zusammenarbeit nach dem Vertrag von Amsterdam, S. 362 (368, Abs. 25).

[377] *Gaja*, How Flexible is Flexibility in the Amsterdam Treaty? CMLRev (1998) S. 855 (858-59), *Hofmann*, Wieviel Flexibilität für welches Europa? EuR 1999, S. 713 (721).

[378] *Thun-Hohenstein*, Möglichkeiten einer ‚verstärkten Zusammenarbeit', S. 125 (125-6). Siehe für eine ausführliche Beschreibung *Thun-Hohenstein*, Der Vertrag von Amsterdam, S. 114.

lyse gesehen, die eine einzelne Regierung verursachen konnte[379]. Im Bereich der Außen- und Sicherheitspolitik lieferte insbesondere das Versagen der Europäischen Union im Hinblick auf die Balkankrise, welche von den Vereinigten Staaten als europäische Angelegenheit betrachtet wurde und daher als außerhalb ihrer Sicherheitsinteressen, den Anlaß, die Bestimmungen der Gemeinsamen Außen- und Sicherheitspolitik zu reformieren[380].

Zahlreiche Konzepte wurden diskutiert, welche von einer Uniformität ohne jegliche Flexibilität über verschiedene Geschwindigkeiten, konzentrische Kreise, flexible Integration bis hin zu einem *Europe à la carte* reichen[381]. Schließlich fanden drei grundsätzliche Formen von Flexibilität Eingang in den Vertrag von Amsterdam[382]. Zum ersten gibt es nun Ermächtigungsklauseln (‚*enabling clauses*'), mit Hilfe derer mehrere Mitgliedstaaten, die eine weitergehende Integration anstreben, eine engere Zusammenarbeit im Rahmen der Union durchführen können. Als generelle Bestimmung wurde diese verstärkte Zusammenarbeit in Titel VII des Unionsvertrages festgeschrieben, sie findet sich aber auch in spezifischen Klauseln des Art. 11 EGV und in Art. 40 des Unionsvertrages. Die zweite Form ist die einer Einzelfallklausel (‚*case-by-case flexibility*'). Sie existiert nur im Rahmen des Verfahrens der Beschlußfassung innerhalb der Gemeinsamen Außen- und Sicherheitspolitik, das in Art. 23 EUV die Möglichkeit einer konstruktiven Enthaltung vorsieht. Schließlich gibt es noch die Form der vertragsbasierten Flexibilität (‚*predefined flexibility*'). Hier ist der Integrationsstand in der Regel in Erklärungen und Protokollen zum Vertrag bereits festgelegt, und der Vertrag tritt in dieser Form in Kraft. Beispiele sind vor allem die Sonderbestimmungen Dänemarks und Großbritanniens zur dritten Säule im Zusammenhang mit dem Schengener Abkommen.

Die Verankerung des Konzepts der Flexibilität beruht auf der Einsicht, daß verstärkte Zusammenarbeit besser innerhalb als außerhalb der Union erfolgen sollte, da sie so besser kontrollieren und zur Förderung des Integrationsprozesses eingesetzt werden kann[383]. Allerdings wird die Gefahr gesehen, daß

---

[379] Insbesondere ist hier die Obstruktionspolitik Großbritanniens im Zusammenhang mit dem Embargo gegen britisches Rindfleisch, aber auch die von Griechenland blockierte Anerkennung der Republik Mazedonien zwischen 1992 und 1995 zu nennen, *Missiroli*, CFSP, Defence and Flexibility, Chaillot Paper 38, S. 5 von 26.

[380] *Kuschnick*, Integration in Staatenverbindungen S. 124; De Spiegeleire, From mutually assured debilitation to flexible response, in *Lenzi* (ed.), WEU at fifty, S. 1-2 von 14; *Duff*, Reforming the European Union, S. 77. Zu den verschiedenen Konzepten siehe *Usher*, Variable geometry of concentric circles, ICLQ (1997), S. 243 ff, *Walker*, Sovereignty and Differential Integration, ELJ (1998) S. 355 ff.

[381] *Walker*, Sovereignty and Differential Integration, ELJ (1998) S. 355 (362-63).

[382] *Missiroli*, CFSP, Defence and Flexibility, Chaillot Paper 38, S. 5 von 26.

[383] *Thun-Hohenstein*, Möglichkeiten einer ‚verstärkten Zusammenarbeit', S. 125 (128).

eine zu weit gehende Flexibilisierung zum einen die Gefahr der Herausbildung eines harten Kerns innerhalb der (erweiterten) Union in sich birgt, zum anderen, daß ein *Europa à la carte* zu einem komplexen und intransparenten System führen kann[384]. Auch wird befürchtet, daß die Effektivität der Beschlüsse durch eine konstruktive Enthaltung gemindert wird[385].

2. Die konstruktive Enthaltung in der GASP

a. Normierung im Unionsvertrag

In den Verhandlungen zum Amsterdamer Vertrag zeigte sich, daß eine Flexibilitätsklausel, die eine verstärkte Integration lediglich einer Gruppe von Mitgliedstaaten der Union ermöglichen würde, innerhalb der GASP nicht durchzusetzen war. Daher wurde das Konzept der verstärkten Zusammenarbeit im Hinblick auf die GASP in letzter Minute gestrichen, obwohl dieser Bereich zuvor als ideales Feld für eine verstärkte Zusammenarbeit gegolten hatte. Der Vertrag von Nizza sieht die Möglichkeit zur verstärkten Zusammenarbeit nach Art. 43ff EUV auch für die GASP vor, beschränkt sie aber gemäß Art. 27b EUV-Nizza auf Beschlüsse zur Durchführung von gemeinsamen Aktionen und Standpunkten und schließt Fragen mit militärischen und verteidigungspolitischen Bezügen ganz aus. Dadurch ist der Anwendungsbereich der verstärkten Zusammenarbeit auch in der Vertragsfassung von Nizza *de facto* auf Einzelfallflexibilität beschränkt[386].

Lediglich die Konstruktion einer *qualifizierten Enthaltung* wurde im Vertrag normiert[387]. Damit kann zwar innerhalb der GASP keine Kerngruppe im Hinblick auf Fragen der Sicherheit und Verteidigung entstehen[388], die Mitgliedstaaten können aber, in gewissem Umfang, auf Einzelfallbasis über ihre Teilnahme an einer spezifischen Aktion oder Maßnahme entscheiden.

Die Bestimmung ist aus einer Erklärung im Annex des Maastrichter Vertrages entstanden. Die Konferenz kam darin überein, daß die Mitgliedstaaten bei

---

[384] *Kuschnick*, Integration in Staatenverbindungen S. 170-2.

[385] *Neuhold*, The provisions of the Amsterdam Treaty, in *Hafner*, Liber amicorum, S. 495 (505).

[386] Grundsätzlich zielt das Konzept der verstärkten Zusammenarbeit auf Flexibilität in größerem Rahmen mit u.U. mehreren Maßnahmen ab, während die konstruktive Enthaltung einen Mechanismus für das Vorgehen im Einzelfall darstellt. Die Beschränkung der verstärkten Zusammenarbeit in der GASP durch den Vertrag von Nizza auf untergeordnete Entscheidungen stuft sie jedoch *de facto* auf Einzelfallentscheidungen zurück.

[387] *Ehlermann*, Engere Zusammenarbeit nach dem Vertrag von Amsterdam, S. 362 (387, Abs. 117); *Hofmann*, Wieviel Flexibilität für welches Europa? EuR 1999, S. 713 (726-7), *Missiroli*, CFSP, Defence and Flexibility, Chaillot Paper 38, S. 5 von 26; *Thun-Hohenstein*, Möglichkeiten einer ‚verstärkten Zusammenarbeit', S. 125 (126).

[388] *Missiroli*, CFSP, Defence and Flexibility, Chaillot Paper 38, S. 8 von 26.

Entscheidungen, welche Einstimmigkeit erfordern, soweit wie möglich davon absehen, die Einstimmigkeit zu verhindern, sofern eine qualifizierte Mehrheit für die betreffende Entscheidung besteht[389]. Seit dem Vertrag von Amsterdam ist diese ursprüngliche Vereinbarung in Art. 23 Abs. 1 UA 2 EUV normiert und erlaubt einem Mitgliedsstaat, aus bestimmten, offenzulegenden Gründen eine Entscheidung im Bereich der GASP nicht mitzutragen und somit auch nicht umzusetzen, obgleich er sich zur Solidarität mit den übrigen Staaten verpflichtet und dem Beschluß sowie der Umsetzung nicht entgegenwirken darf. Der Rat und mit ihm die EU wird in dieser Angelegenheit nicht handlungsunfähig. Enthalten sich mehr als ein Drittel der Stimmen nach Art. 148 EGV, so wird der Beschluß gemäß Art. 23 Abs. 1 UA 2 EUV nicht gefaßt.

Im Gegensatz zu dem in Maastricht verankerten absoluten Konsensprinzip ist die Einführung der konstruktiven Enthaltung in jedem Fall ein Fortschritt[390]. Das eigentliche Ziel, die Blockade eines Beschlusses zu verhindern, wurde aber nicht erreicht, da jeder Mitgliedstaat nach wie vor das Recht zur negativen Stimmabgabe hat, in welchem Fall der Beschluß nicht zustande kommt[391].

b. Das Konzept der ‚ad-hocery'

Als Katalysator für die endgültige Fassung des Art. 23 EUV kann die Situation in Albanien verstanden werden[392]. Als die Krise offensichtlich wurde, konnten sich die Unionsmitglieder nicht auf ein gemeinsames Vorgehen einigen, da nach dem Maastrichter Vertrag Konsens erforderlich war und insbesondere Großbritannien und Deutschland Vorbehalte gegen einen Einsatz vorbrachten. Innerhalb der WEU wurde ein Einsatz gar nicht erst diskutiert[393].

---

389 Erklärung Nr. 27 *zu den Abstimmungen im Bereich der Gemeinsamen Außen- und Sicherheitspolitik* zum Vertrag über die Europäische Union, Maastrichter Vertrag vom 7. Februar 1992.

390 Insbesondere die Handlungsunfähigkeit der Union in Jugoslawien haben verdeutlicht, daß flexible Strukturen für die Aktionsfähigkeit der Union im Bereich der GASP sinnvoll sind, *Hofmann*, Wieviel Flexilbilität für welches Europa, EuR 1999, S. 713 (728-9). Hofmann geht dabei sogar noch weiter, indem er eine flexible Integration unter Einbeziehung von Drittstaaten vorschlägt, S. 729-31.

391 *Griller*, Verbliebener Reformbedarf nach Amsterdam, in *Hummer* (Hrsg.), Die Europäische Union nach dem Vertrag von Amsterdam, S. 324 (325-6).

392 1996-97 brach in Albanien ein blutiger Konflikt aus. Nach den Erfahrungen von Bosnien befürwortete die internationale Gemeinschaft ein frühes Eingreifen in den Konflikt. Nachdem die USA klargemacht hatten, daß sie in diesem Fall keine aktive Rolle spielen würden, lag es an Europa zu handeln. Die Krise in Albanien erreichte ihren Höhepunkt während der Endphase der Verhandlungen über den Amsterdamer Vertrag. Siehe dazu *Missiroli*, CFSP, Defence and Flexibility, Chaillot Paper 38, S. 8 von 26.

393 Die Mitgliederstruktur der WEU läßt vermuten, daß das Ergebnis einer Diskussion ähnlich dem der Union ausgefallen wäre, nachdem sowohl Großbritannien als auch Deutsch-

Die *Operation Alba* wurde schließlich, außerhalb jeglicher europäischen Einrichtung, von einer durch die Vereinten Nationen mandatierten *coalition of the willing* unter Leitung Italiens erfolgreich durchgeführt[394]. Auch wenn keine sichere Aussage darüber getroffen werden kann, ob die Union unter den Entscheidungsbedingungen des Amsterdamer Vertrages zu einer positiven Entscheidung gekommen wäre, gilt die *Operation Alba* als Präzedenzfall für die mit einer konstruktiven Enthaltung entstehende, sogenannte ‚*ad-hocery*'[395].

Das Konzept der *ad-hocery* beinhaltet, daß grundsätzlich jeder einzelne Mitgliedsstaat bei jeder anstehenden Operation im Rahmen der Petersberg-Aufgaben entscheiden kann, ob er an ihr teilnehmen möchte. Im Falle einer Enthaltung blockiert er aber im Gegensatz zu der Maastrichter Fassung der GASP nicht die gesamte Mission, sondern bleibt lediglich unbeteiligt, während die übrigen Unionsmitglieder die Operation durchführen[396]. Es kommt zu von Fall zu Fall unterschiedlichen *ad-hoc*-Koalitionen. Unter dieser Regelung können beispielsweise die 10 Vollmitglieder der WEU im EU-Rat einen Beschluß fassen, während sich die 5 Beobachter der Stimme enthalten und somit auch an der Umsetzung nicht beteiligt sind[397].

Unter operativen Gesichtspunkten ist dabei die Variante des *framework nation concept* von Vorteil, indem ein Staat, die *leading nation*, schnell die militärische Infrastruktur sowie die Kernelemente des Hauptquartiers und der Truppenkontingente zur Verfügung stellt, in welche die Kontingente der übrigen beteiligten Staaten eingegliedert werden[398].

Insbesondere im Bereich des Krisenmanagements, welches ein besonderes Engagement der beteiligten Staaten erfordert und historisch oder geographisch bedingte Ressentiments einzelner Staaten mit sich bringen kann, ist

---

land Vollmitglieder der WEU sind und innerhalb der WEU ebenfalls das Konsenserfordernis gilt.

394 *Gustenau*, Towards a Common European Policy on Security an Defence, Occasional Paper 9 S. 5 von 12, *Missiroli*, CFSP, Defence and Flexibility, Chaillot Paper 38, S. 8-9 von 26.

395 *Missiroli*, CFSP, Defence and Flexibility, Chaillot Paper 38, S. 9 von 26.

396 Eine Gegenstimme jedoch führt nach wie vor zur Blockade des Beschlusses, da der Beschluß nur gegen Enthaltungen, nicht aber gegen ein *nein* zustande kommen kann. Folglich hat jeder einzelne Mitgliedsstaat bei Entscheidungen im Rat betreffend einer GASP-Angelegenheit ein Vetorecht.

397 Auf die fünf Beobachter der WEU entfallen im Rat der EU 17 von 87 Stimmen, also nur etwa 20%.

398 *Gustenau*, Towards a Common European Policy on Security an Defence, Occasional Paper 9, S. 5 von 12. Beispiele für dieses Konzept sind die Operation WEUDAM, die unter schwedischer Führung durchgeführt wird, oder die unter italienischer Leitung durchgeführte Operation Alba.

eine solche Flexibilisierung der Entscheidungsabläufe notwendig, um eine Paralyse der Union zu verhindern. Es ist daher sinnvoll, daß ein Staat zurückstehen kann, ohne gleich die gesamte Entscheidung zu blockieren[399], und gibt es den Mitgliedstaaten die Möglichkeit, trotz einer grundsätzlichen Unterstützung des Aufbaus glaubwürdiger europäischer Krisenreaktionskapazitäten an einer konkreten Operation aus bestimmten, offenzulegenden Gründen nicht teilzunehmen[400]. Eine Stimmenthaltung braucht nur bei grundsätzlichen Bedenken eines Staates gegen die Operation angewendet werden. Bei Bedenken, die sich in innenpolitischen, historischen oder konstitutionellen Problemen erschöpfen, kann der Staat von der Verpflichtung befreit werden, Truppen zu entsenden, trotzdem aber den Beschluß mittragen[401].

Jedoch darf die Flexibilität lediglich ein Mittel zur Förderung der Integration sein, nicht aber diese verwässern oder hindern[402]. Insbesondere ist das Prinzip nicht unbegrenzt anwendbar. Der Frage, welcher Mitgliedstaat sich bei welcher Maßnahme enthält, kommt durchaus Bedeutung zu. Auch wenn der Beschluß nicht angenommen wird, falls die gewichteten Stimmen der sich enthaltenden Staaten mehr als ein Drittel der Stimmen des Rates ausmachen[403], so kann eine Enthaltung aufgrund des politischen Gewichtes, der operativen Kapazitäten, der historischen Bindungen oder der geographischen Gegebenheiten der sich enthaltenden Staaten die operativen Möglichkeiten der Union wesentlich einschränken[404]. Die Glaubwürdigkeit einer Mission mit militärischen Implikationen ohne Frankreich oder Großbritannien[405] wäre ebenso geschwächt wie beispielsweise eine Operation im Ostseeraum ohne die Teilnahme der skandinavischen Länder[406]. Schließlich ist denkbar, daß einzelne Mitgliedstaaten das Prinzip der konstruktiven Enthaltung nutzen, um sich aus rein finanziellen Gründen der Teilnahme an einem Einsatz zu entziehen, was

---

399 *Missiroli*, CFSP, Defence and Flexibility, Chaillot Paper 38, S. 6 von 26.

400 *De Spiegeleire*, From mutually assured debilitation to flexible response, in Lenzi (ed.), WEU at fifty, S. 8 von 14.

401 *Pagani*, A New Gear in the CFSP Machinery, EJIL 1998, S. 737 (744).

402 *Missiroli*, CFSP, Defence and Flexibility, Chaillot Paper 38, S. 10 von 26.

403 Die Gewichtung erfolgt gemäß Art. 23 I Unterabsatz 2 EUV nach Art. 205 Abs. 2 des Vertrags zur Gründung der Europäischen Gemeinschaft.

404 *Missiroli*, CFSP, Defence and Flexibility, Chaillot Paper 38, S. 6 von 26.

405 Ein besonderes politisches Gewicht im Rahmen der GASP kommt diesbezüglich Großbritannien und Frankreich zu. Sie haben, falls ein Mandat des Sicherheitsrates notwendig ist, durch ihren Ständigen Sitz im Sicherheitsrat eine geborene Führungsrolle, auch wenn Art. 19 Abs. 2 EUV die Vertretung der Unionsinteressen sowie die Information der übrigen Mitgliedstaaten vorschreibt, *Frowein*, Auf dem Weg zu einer gemeinsamen Sicherheits- und Verteidigungspolitik, in *Tomuschat*, Rechtsprobleme einer europäischen Sicherheits- und Verteidigungspolitik, S. 11 (17).

406 *Missiroli*, Enhanced Cooperation and Flexibility, in Lenzi (ed.), WEU at fifty, S. 6 von 11; *Missiroli*, CFSP, Defence and Flexibility, Chaillot Paper 38, S. 6 von 26.

sowohl der Glaubwürdigkeit des Konzeptes als auch dem Integrationsgedanken widersprechen würde.

3. Die vertragsdefinierte Flexibilität

Das einzige Element der vertragsbasierten Flexibilität[407] in der GASP ist das *opting-out* Dänemarks im Protokoll Nr. 5 zum Vertrag von Amsterdam[408]. Hintergrund war das Referendum der dänischen Bevölkerung gegen die Ratifikation des Vertrags von Maastricht im Jahr 1992. Das Protokoll verändert den Maastrichter Vertrag gerade soviel, daß eine Zustimmung im folgenden Referendum sicher erschien, eine Neuverhandlung des Vertrags aber nicht notwendig wurde[409]. Dänemark beteiligt sich dementsprechend nicht an den Beschlüssen der Union mit verteidigungspolitischen Bezügen, nimmt an der Annahme nicht teil und ist nicht zur Beteiligung an der Finanzierung verpflichtet. Gleichzeitig hindert Dänemark die anderen Mitgliedstaaten nicht an der Annahme und Durchführung eines solchen Beschlusses[410].

Dänemark wird durch das Protokoll im Rahmen einer konkreten Maßnahme faktisch wie ein sich konstruktiv enthaltender Mitgliedsstaat gestellt, indem beide sich nicht an der Maßnahme beteiligen, die übrigen Mitgliedstaaten aber bei der Durchführung nicht behindern. Lediglich die zugrundeliegende Ursache für die fehlende Teilnahmebereitschaft unterscheidet sich. Das Element der vertragsbasierten Flexibilität ändert damit nichts an der grundsätzlichen Ausrichtung des grundsätzlichen Konzeptes der durch die Möglichkeit zur konstruktiver Enthaltung entstehenden *ad hocery*.

IV. Politische und demokratische Kontrolle

Politische und demokratische Kontrolle kann sich in erster Linie aus der Beteiligung von Organen der Europäische Gemeinschaft und der WEU ergeben. Zu klären ist daher die Rolle der Kommission, des Europäischen Parlaments

---

407 Zum Begriff siehe *Missiroli*, CFSP, Defence and Flexibility, Chaillot Paper 38, S. 5 von 26.

408 Teil II, Art. 6 des Protokolls beschäftigt sich mit der Haltung Dänemarks zur GASP.

409 In erster Linie bezieht sich das Protokoll auf Angelegenheiten im Rahmen des Titel IV EGV, also *Visa, Asyl, Einwanderung* (...). Lediglich Art. 6 des Protokolls befaßt sich mit der Haltung Dänemarks im Bereich der Sicherheits- und Verteidigungspolitik, während Art. 7 bestimmt, daß Dänemark im Einklang mit seinen verfassungsrechtlichen Vorschriften jederzeit erklären kann, von dem Protokoll insgesamt oder zum Teil keinen Gebrauch zu machen. In der 2. Erklärung Dänemarks zu Art. K.14 des Unionsvertrags weist Dänemark auf seine Verfassungsvorschriften hin, aufgrund derer zur Übertragung von Hoheitsrechten an die Union entweder eine 5/6-Mehrheit im *Folketing* oder aber die Mehrheit der abgegebenen Stimmen sowohl im *Folketing* als auch im Rahmen einer Volksabstimmung notwendig ist.

410 Art. 6 des 4. Protokolls über die Position Dänemarks zum Vertrag von Amsterdam.

und des Europäischen Gerichtshofes sowie der parlamentarischen Versammlung der WEU bei der Entscheidung und Durchführung einer Operation im Bereich der Petersberg-Aufgaben.

Eine Beteiligung der Organe der Europäischen Gemeinschaft ist aufgrund der Autonomie der WEU lediglich im Rahmen der EU-internen Entscheidungen möglich. Allerdings hat der Ministerrat der WEU zur Verbesserung der Zusammenarbeit in seiner Erklärung vom Mai 1998[411] den Ständigen Rat beauftragt, praktische Vereinbarungen zwischen der Kommission und der WEU zu treffen, welche die Rolle der Kommission gemäß des Unionsvertrags berücksichtigen.

1. Die Beteiligung der Kommission

Die Vorschriften unter Titel V EUV sehen lediglich begrenzte Rechte der Kommission vor. Gemäß Art. 27 EUV wird die Kommission *in vollem Umfang* beteiligt, sie hat ein Frage- und Vorschlagsrecht gegenüber dem Rat (Art. 22 Abs. 1 EUV) und kann in dringenden Fällen eine außerordentliche Sitzung des Rates beantragen, die dann vom Vorsitz einberufen wird (Abs. 2). Bei der Entscheidung für eine Gemeinsame Strategie im Europäischen Rat, welche die Grundlage für den Beschluß im Rat bildet, ist der Präsident der Kommission gemäß Art. 4 UA2 EUV vertreten.

Damit ist die Kommission zwar aktiv an der ersten politischen Entscheidung im Europäischen Rat beteiligt, bei der konkreten Umsetzung und Durchführung jedoch kann sie nur einwirken und politischen Druck erzeugen, besitzt aber kein Stimmrecht mehr. Dies kann als weiteres Indiz für die nach wie vor rein intergouvernementale Ausrichtung der GASP auch nach Inkrafttreten des Amsterdamer Vertrages verstanden werden.

2. Das Europäische Parlament und die parlamentarische Versammlung

Das Europäische Parlament wird gemäß Art. 21 EUV zu den wichtigsten Aspekten und Weichenstellungen gehört (UA 1 Satz 1) und unterrichtet (UA 1 Satz 2) und darf im Rat Anfragen stellen und Empfehlungen an den Rat richten (UA 2). Bei Entscheidungen von der Tragweite einer Petersberg-Operation ist eine Beteiligung des Parlamentes im oben genannten Rahmen notwendig, da es sich in jedem Fall um einen *wichtigen Aspekt* im Rahmen der GASP handelt. Dennoch sind die Einflußmöglichkeiten gering, da es sich um reine Informationsrechte handelt, das Parlament jedoch keinen direkten Einfluß auf die Entscheidungen hat. Zudem kann die Anhörung des Parlaments dem Wortlaut nach auch nachträglich erfolgen, wodurch das ohnehin

---

[411] WEU Ministerrat auf Rhodos, 12. Mai 1998, Abs. 10.

schon auf die *wesentlichen* Aspekte der GASP reduzierte Anhörungsrecht auch in seiner inhaltlichen Wirkungskraft begrenzt wird[412].

Auch eine indirekte Einflußnahme über das Budget der Europäischen Gemeinschaften ist im Falle von Operationen unter WEU-Beteiligung nicht möglich. Zwar hat das Parlament im Bereich des Finanzwesens der Gemeinschaften wesentliche Mitspracherechte und kann den Entwurf eines Haushaltsplanes aus wichtigen Gründen ablehnen (Art. 272 Abs. 8 EGV), wodurch ihm auch ein indirekter Einfluß auf die GASP zukommt, deren Ausgaben zum Teil zu Lasten des Haushaltes der Europäischen Gemeinschaften gehen. Jedoch werden Aktionen der GASP mit verteidigungspolitischen oder militärischen Bezügen nicht zu Lasten des Haushaltes abgerechnet, Art. 28 Abs. 3 EUV, so daß das Parlament keine Möglichkeit zur Einflußnahme auf (und über) die Finanzierung besitzt. Das Europäische Parlament hat demnach in der zweiten Säule nur sehr geringe Kompetenzen, die über die Ausübung von politischem Druck als gewählte Volksvertretung nicht hinausgehen, was wiederum den intergouvernementalen Charakter der GASP betont.

Die parlamentarische Versammlung der WEU richtet Fragen und Empfehlungen an den Rat, die dieser beantwortet, die ihn aber nicht binden. Die Vertreter sind von den nationalen Parlamenten entsandte Mandatsträger. Das Selbstverständnis der Versammlung geht allerdings über diese unverbindliche Funktion hinaus, indem sie sich gemäß ihrer Geschäftsordnung mit allen Fragen befassen kann, die den modifizierten Brüsseler Vertrag betreffen, und berechtigt ist, den halbjährlichen Bericht des Rates abzulehnen[413]. Gemäß des modifizierten Brüsseler Vertrages besitzt sie jedoch keine Mitwirkungsrechte, die über reine Informationsrechte hinausgehen. Die Ablehnung eines Berichtes ist demnach als politischer Druck zu werten, der allerdings aufgrund der Eigenschaft der Abgeordneten als nationale Mandatsträger nicht zu unterschätzen ist.

Die Versammlung hat somit ebenso wie das Europäische Parlament nur sehr geringe Einflußmöglichkeiten, die sich grundsätzlich in der Ausübung von politischem Druck erschöpfen. Ein Informationsrecht und gewisse Mitspracherechte sind aber durch die Berechtigung zu Fragen und Empfehlungen gegeben.

V. Finanzierung der Maßnahmen

Unklar ist noch, ob die Finanzierung im EU- oder im WEU-System stattfindet. Eine explizite Regelung im Unionsvertrag existiert nicht. Die Regelung

---

[412] *Hilf/Schorkopf*, Das Europäische Parlament in den EU-Außenbeziehungen, EuR 1999, S. 185 (194f).
[413] Siehe dazu im einzelnen S. 34.

im Unionsvertrag weist aber auf eine Finanzierung durch die Union hin[414], da außer solchen Operationen unter Inanspruchnahme der WEU derzeit keine Aktionen mit militärischem Bezug denkbar sind. In der Praxis wird dementsprechend die Operation WEUDAM durch die EU sowie einer Beteiligung Norwegens und einer Sachspende Deutschlands finanziert, die Aktion MAPE durch das EG-Programm PHARE[415]. In der Praxis wird es allerdings keinen Unterschied geben, ob die teilnehmenden Staaten die Ausgaben im Rahmen des Art. 28 Abs. 3 UA 2 unter sich aufteilen oder eine Regelung im Rahmen der WEU in Anspruch nehmen.

Innerhalb der Union werden Operationen mit militärischem oder verteidigungspolitischem Bezug gemäß Art. 28 EUV nicht aus dem Budget der Europäischen Gemeinschaften bezahlt. Politische Aktivitäten der EU zur Prävention von Konflikten oder im Bereich von Friedens- oder Sicherheitsprozessen werden dagegen dem Budget zugeschlagen. Auf letztere hat das Europäische Parlament aufgrund seiner Beteiligung am Haushaltsverfahren ebenso Einfluß wie auf die Verwaltungsausgaben der Organe[416]. Damit gehen die Ausgaben bei einer Operation unter Inanspruchnahme der WEU nicht zu Lasten des Haushaltes der Europäischen Gemeinschaften, sondern werden gemäß Art. 28 Abs. 3 UA 2 EUV nach einem vom Bruttosozialprodukt abhängigen Schlüssel auf die Mitgliedstaaten verteilt, sofern nicht der Rat etwas anderes beschließt. Staaten, die sich qualifiziert enthalten haben, werden nicht zur Finanzierung der Aktion herangezogen, Art. 23 Abs. 3 UA 2 EUV[417].

Die Frage der Finanzierung hat sich in der Vergangenheit oftmals als entscheidungshemmendes Element in der Beschlußfassung erwiesen[418]. Durch eine Finanzierung innerhalb der Union, deren Schlüssel bereits feststeht, entfällt diese Frage als zu verhandelnder Punkt, was eine schnellere Entscheidungsfindung und damit die Handlungsfähigkeit der Union begünstigt.

D. Völkerrechtliche Aspekte

Zu untersuchen bleibt schließlich noch, welche Stellung die Europäische Union seit dem Inkrafttreten des Vertrags von Amsterdam, insbesondere der

---

[414] So auch *Nuttal*, The CFSP provisions in the Amsterdam Treaty, CFSP-Forum 3(1997) S. 1 (3).

[415] PHARE = *Poland and Hungary: Aid for Economic Reconstruction.*

[416] Art. 28 Abs. 4 EUV verweist auf das Haushaltsverfahren in den Art. 268 ff EGV.

[417] Zur Finanzierung der Maßnahmen im Rahmen der GASP siehe *Münch*, Die gemeinsame Aktion als Mittel der GASP, S. 161 ff, *Semrau*, Die GASP, S. 107ff.

[418] Ein Beispiel war die geplante bosnische Winterhilfe, welche aufgrund der Finanzierungsfrage so lange verhandelt wurde, daß erst im Mai 1994 mit der Hilfeleistung begonnen werden konnte. Siehe dazu *Schmalz*, Kohärenz in den EU-Außenbeziehungen? S. 7-8.

Integration der Petersberg-Aufgaben in die GASP, in völkerrechtlicher Hinsicht auf internationaler Ebene einnimmt.

I. Klassifizierung der Union gemäß der Charta der Vereinten Nationen

1. Die Kategorien des internationalen Krisenmanagements

Die internationale Reaktion auf Ereignisse, welche die Sicherheit bedrohen, bewegt sich nach wie vor zwischen zwei Extremen. Auf der einen Seite steht eine gemeinsame Verteidigung, die auf den eindeutigen Fall eines großangelegten Angriffes abzielt und deren Bündnisse in erster Linie der Abschreckung dienen, auf der anderen Seite finden sich traditionelle Friedensmissionen, die in Bezug auf das Risiko einer Eskalation als eher harmlos einzustufen sind[419].

Nach dem Ende des Kalten Krieges ist die große Masse der Konflikte aber nunmehr zwischen den Extremen angesiedelt, so daß neue Formen der Krisenprävention und der Reaktion notwendig geworden sind[420]. Operationen des internationalen Krisenmanagements können im wesentlichen den drei Kategorien der traditionellen Friedensmissionen, der humanitären Interventionen und der Rettungseinsätze zugeordnet werden.

a. Traditionelle Friedensmissionen

Zu differenzieren ist zwischen den friedensschaffenden und –erhaltenden Maßnahmen, die unter Zustimmung oder sogar auf Einladung des betroffenen Staates erfolgen, und friedenserzwingenden Maßnahmen.

aa. Friedensschaffende und –erhaltende Maßnahmen

Diese Maßnahmen betreffen zumeist innerstaatliche Konflikte und benötigen daher kein Mandat der Vereinten Nationen, sondern werden auf Basis von völkerrechtlichen Abkommen getroffen.

In diesem Zusammenhang ist die Unterscheidung zwischen friedenserhaltenden *(peace-keeping)* und friedenschaffenden Maßnahmen (*peace-making)* zu treffen. Ersteres sieht lediglich die Anwesenheit einer Truppe in einer befriedeten Region vor, die ohne Waffengewalt mit Zustimmung aller beteiligten Parteien ein (Wieder-)Aufflammen einer internationalen Krise verhindern

---

[419] *Nerlich*, The relationship between a European common defence and NATO, the OSCE and the United Nations, in *Martin /Roper* (eds.), Towards a Common Defence Policy, S. 69 (84).

[420] Die Unterscheidung zwischen den beiden grundsätzlichen Fällen bleibt jedoch für die strukturelle Einordnung und Legitimation einer kollektiven Reaktion wesentlich, *Nerlich*, The relationship between a European common defence and NATO, the OSCE and the United Nations, in *Martin /Roper* (eds.), Towards a Common Defence Policy, S. 69 (84).

soll[421]. *Peace-making* beschreibt dagegen friedensschaffende Maßnahmen, die mit dem Einverständnis, oft auf Aufforderung, des betroffenen Staates getroffen werden. Im Gegensatz zum *peace-keeping* wird hier ein bestehender, offener Konflikt durch die Friedenstruppen eingedämmt und nach Möglichkeit beendet. Bei beiden Varianten besteht die völkerrechtliche Grundlage des Eingriffs in der Absprache mit dem betroffenen Staat. Ein Mandat des Sicherheitsrates ist wünschenswert, da die Grenzen zum *peace-enforcement* fließend sein können[422], ist aber nicht zwingend notwendig[423].

bb. Friedenserzwingende Maßnahmen

Davon zu unterscheiden sind friedenserzwingende Maßnahmen (*peace-enforcement*). Hier greift eine Friedenstruppe gegen den Willen des betroffenen Staates in einen Konflikt ein und erzwingt die (vorläufige) Beilegung. Da bei mangelnder Kooperationsbereitschaft des Empfangsstaates ein grundsätzlich unzulässiger Eingriff in die inneren Angelegenheiten des Staates, Art. 2 Ziff. 7 VN-Charta, sowie ein Verstoß gegen das Gewaltverbot, Art. 2 Ziff. 4 VN-Charta, vorliegt, kann eine solche Mission von Friedenstruppen ausschließlich unter der Ägide der Vereinten Nationen erfolgen. Ein Mandat des Sicherheitsrates ist, nach dem Recht der VN-Charta, zwingend erforderlich[424]. Im Falle einer solchen Krise kann der Sicherheitsrat gemäß Art. 48 Abs. 2 VN-Charta seine Mitglieder beauftragen, im Rahmen einer geeigneten internationalen Einrichtungen eine solche Operation durchzuführen.

Friedenserzwingende Maßnahmen sind in der Charta der Vereinten Nationen nur als Ersatz oder Ablösung von Maßnahmen der Selbstverteidigung vorgesehen. Die Zwangsmaßnahmen in Kapitel VII sind im Sinne der Charta so

---

421 *Kimminich/Hobe*, Einführung in das Völkerrecht, S. 275.

422 *Frowein*, Auf dem Weg zu einer gemeinsamen Sicherheits- und Verteidigungspolitik, in *Tomuschat* (Hrsg), Rechtsprobleme einer europäischen Sicherheits- und Verteidigungspolitik, S. 11 (17). Das Gewaltmonopol der Vereinten Nationen gerät derzeit unter Kritik: es stellt sich die Frage, ob Europa und/oder Amerika bereit sind, nichts zu unternehmen, weil China oder Rußland sich weigern, im Sicherheitsrat für ein Mandat zu stimmen, siehe *Eekelen*, Perspektiven der Gemeinsamen Außen- und Sicherheitspolitik der EU, ZEI Discussion Paper (1998) C21, S. 12-3.

423 *Eekelen*, Perspektiven der Gemeinsamen Außen- und Sicherheitspolitik der EU, ZEI Discussion Paper (1998) C21, S. 12-13; *Frowein*, Die Europäische Union mit WEU als Sicherheitssystem in *Due* (Hrsg.), Festschrift für Ulrich Everling, S. 315 (325).

424 Bereits in früheren Missionen wurden die sogenannten *Feigenblattmandate* kritisiert, beispielsweise im Golfkrieg 1990-91: Es gab zwar eine Resolution des Sicherheitsrates, die war allerdings gerade umfassend genug war, um alles abzudecken (*Mini-Mandat*), indem die Vereinten Nationen ihre Mitglieder ermächtigten, alle notwendigen Mittel einzusetzen, um Saddam Hussein aus Kuwait zu vertreiben. Solche minimalistischen Resolutionen sind beispielsweise im Kosovo nicht denkbar, *Eekelen*, Perspektiven der Gemeinsamen Außen- und Sicherheitspolitik der EU, ZEI Discussion Paper (1998) C21, S.13.

konzipiert, daß sie der Ablösung von Maßnahmen individueller oder kollektiver Selbstverteidigung gemäß Art. 51 der Charta dienen, also lediglich die Wiederherstellung des vorherigen (territorialen) Zustandes anstreben[425]. Da es sich um Operationen gegen den Willen des betroffenen Staates handelt, ist ein Mandat des Sicherheitsrates verpflichtend.

Unmittelbar nach Ende der sehr präsenten und groß dimensionierten Bedrohung des Kalten Krieges glaubte man, daß alle nachfolgenden, nicht globalen Konflikte geringer und ihnen damit besser zu begegnen sein würden. Die internationalen Sicherheitseinrichtungen wurden als effektives Mittel zur Verhinderung oder Eindämmung solcher Konflikte gesehen. Diese Hoffnung erwies sich jedoch als falsch[426]. Die nun aufbrechenden Konflikte sind zwar im Umfang geringer, als es ein offener Ost-West-Konflikt gewesen wäre. Die Strukturen und Hintergründe aber sind oftmals sehr viel komplexer und das Interesse der Weltgemeinschaft an der Beendigung des Konfliktes im Einzelfall geringer oder diverser als zuvor, so daß sich eine Lösung dieser Konflikte als schwieriges, zum Teil aussichtsloses Unterfangen herausstellt[427].

Zudem ist die Mehrzahl der Konflikte seither innerstaatlich, so daß eine Selbstverteidigung gegen eine externe Aggression, auf welche die Bestimmungen der Charta ausgelegt sind, schon begrifflich nicht einschlägig ist. Dem ursprüngliche Konzept der Charta der Vereinten Nationen, das in der Ablösung von individuellen oder kollektiven Selbstverteidigungsmaßnahmen durch eine vom Sicherheitsrat gesteuerte internationale Aktion gegen den Aggressor bestand, ist damit seit dem Ende des Kalten Krieges die faktische Grundlage entzogen. Eine Anpassung der Charta an die veränderten Umstände erfolgte indes nicht und ist auch in naher Zukunft aufgrund politischer Erwägungen einzelner Staaten nicht wahrscheinlich.

b. Die neue Praxis: Humanitäre Interventionen

Interstaatliche Konflikte sind seit Ende des Kalten Krieges die Ausnahme. Die meisten Konflikte des letzten Jahrzehnts bis heute sind intrastaatlicher Natur. So haben gerade solche Konflikte an Zahl und Intensität zugenommen, die zum einen keine Aggression gegen einen anderen Staat beinhalten, zum anderen gerade die Zivilbevölkerung am stärksten in Mitleidenschaft ziehen[428]. Für die benachbarten Staaten ergibt sich zudem das Problem von

---

425 *Kritsiotis*, The Legal Travails of Kind-Hearted Gunmen, M.L.R. 1999, S. 937 (947).

426 *Nerlich*, The relationship between a European common defence and NATO, the OSCE and the United Nations, in *Martin /Roper* (eds.), Towards a Common Defence Policy, S. 69 (83).

427 *Nerlich*, The relationship between a European common defence and NATO, the OSCE and the United Nations, in *Martin /Roper* (eds.), Towards a Common Defence Policy, S. 69 (93-4).

428 Beispiele dafür sind neben den Konflikten im ehemaligen Jugoslawien, die erst durch

Flüchtlingsströmen oder einer eventuellen wirtschaftlichen Destabilisierung der Region. Ein Problem ergibt sich, wenn es im Zuge solcher innerstaatlichen Konflikte zu schweren Verstößen gegen die Menschenrechte kommt, der Staat sich aber gegen Einmischung von außen verwahrt.

Die Anwendung bewaffneter Gewalt zur Verhinderung oder Beseitigung massiver Menschenrechtsverletzungen in einem fremden Staat durch ein Eingreifen der internationalen Gemeinschaft oder einzelner Staaten(gruppen) in diesen Konflikt wird als humanitäre Intervention bezeichnet[429]. Sie ist ein Teilaspekt des internationalen Krisenmanagements, der vermehrt die traditionellen Friedensoperationen ablöst. Im Unterschied zu diesen handelt es sich nicht um friedenserzwingende Maßnahmen in dem ursprünglichen Sinne, daß sie Maßnahmen der individuellen oder kollektiven Selbstverteidigung ersetzen, unterstützen oder ablösen. Vielmehr beinhaltet die humanitäre Intervention den Eingriff in einen innerstaatlichen Konflikt mit der Zielsetzung, fortdauernde Menschenrechtsverletzungen zu beenden.

Im Schrifttum ist die Rechtmäßigkeit einer humanitären Intervention umstritten. Das völkerrechtliches Interventionsverbot verbietet grundsätzlich eine Einmischung in die inneren Angelegenheiten eines Staates[430], wenn der betroffene Staat keine Zustimmung zu einer Mission gibt. Die Charta der Vereinten Nationen legt explizit fest, daß

> [a]us dieser Charta (...) ein Befugnis der Vereinten Nationen zum Eingreifen in Angelegenheiten, die ihrem Wesen nach zu inneren Zuständigkeit eines Staates gehören, oder eine Verpflichtung der Mitglieder, solche Angelegenheiten einer Regelung auf Grund dieser Charta zu unterwerfen, nicht abgeleitet werden [kann]; die Anwendung von Zwangsmaßnahmen nach Kapitel VII wird durch diesen Grundsatz nicht berührt[431].

---

die völkerrechtliche Anerkennung der Teilrepubliken als eigene Staaten zu zwischenstaatlichen Konflikten wurden, der Völkermord in Ruanda, die innere Krise Somalias, der Kongo (vormals Zaire), die Terrorakte gegen die Zivilbevölkerung in Algerien und viele andere mehr.

[429] *Randelzhofer* zu Art. 2 Ziff.4 Rnr. 49, in *Simma* (Hrsg.), Charta der Vereinten Nationen. Kommentar, Steinkamm, Zur humanitären Intervention, in Ipsen/Raap/Stein/Steinkamm, Festschrift für Klaus Dau, S. 261 (273-4), *Wheatly*, Chechnya and humanitarian intervention, N.L.J. 2000, 150 (6018) S. 30.

[430] Art. 2 Ziff. 7 der VN-Charta; 3. Grundsatz der Erklärung über völkerrechtliche Grundsätze für freundschaftliche Beziehungen und Zusammenarbeit zwischen den Staaten im Sinne der Charta der Vereinten Nationen (*Friendly Relations Declaration*), Anhang der Resolution der VN-Generalversammlung Nr. 2625 (XXV) vom 24.10.1970.

[431] Art. 2 Ziff. 7 der VN-Charta.

Das Gewaltverbot der VN-Charta manifestiert sich darin, daß alle

> Mitgliedstaaten (...) in ihren internationalen Beziehungen jede (...) mit den Zielen der Vereinten Nationen unvereinbare Androhung oder Anwendung von Gewalt [unterlassen][432].

Ausnahmen davon sind lediglich das Recht zur individuellen oder kollektiven Selbstverteidigung aus Art. 51 der VN-Charta sowie vom Sicherheitsrat autorisierte Maßnahmen zur Wiederherstellung des Friedens und der internationalen Sicherheit nach Kapitel VII der Charta[433]. Eine Intervention aus humanitären Gründen ist in der Charta nicht vorgesehen und bei systematischer Betrachtung auch nicht ohne weiteres ableitbar[434], sondern bedürfte einer konstitutionellen Anpassung und einer grundlegenden Reorientierung bezüglich der Rolle und Verantwortung der Vereinten Nationen[435].

Eine Konvention zum Schutz von elementaren Menschenrechten stellt die von 59 Staaten unterzeichnete Genozidkonvention dar. Sie legt jedoch nur fest, daß die Täter in dem Land, in welchem die Taten begangen wurden, oder vor einem internationalen Gerichtshof vor Gericht gestellt werden dürfen[436], begründet also eine individuelle Strafbarkeit vor dem Völkerrecht. Eine Intervention der Vereinten Nationen in ein Krisengebiet rechtfertigt sich daraus nicht.

Auf der anderen Seite werden die fundamentalen Menschenrechte vermehrt als *ius cogens*[437] betrachtet, welches über das Interventionsverbot dominieren könnte. Das derzeitige Völkerrecht befindet sich demnach im Spannungsfeld zwischen Menschenrechtsschutz und Gewaltverbot[438]. Im Folgenden soll untersucht werden, wie sich das Völkerrecht insbesondere in der letzten Dekade hinsichtlich dieses Konfliktes verändert hat. Dabei wird zwischen solchen Maßnahmen unterschieden, die vom Sicherheitsrat autorisiert werden, und solchen, die ohne Mandat des Sicherheitsrates durchgeführt werden.

---

432 Art. 2 Ziff. 4 der VN-Charta .

433 Die Feindstaatenklausel des Art. 53 der Charta der Vereinten Nationen, welche sich insbesondere gegen Deutschland und Italien richtete, ist durch die Veränderungen der globalen sicherheitspolitischen Situation heute obsolet.

434 *Randelzhofer* zu Art. 2 Ziff. 4 Rnr.49-51 mwN, in *Simma* (Hrsg.), Charta der Vereinten Nationen. Kommentar.

435 *Kritsiotis*, The Legal Travails of Kind-Hearted Gunmen, M.L.R. 1999, S. 937 (949).

436 Art. VI der Konvention über die Verhütung und Bestrafung des Völkermordes, UNTS Bd. 78 S. 277.

437 Ius cogens bezeichnet zwingendes Völkerrecht, siehe dazu ausführlich *Frowein*, Jus Cogens, in *Bernhardt* (ed.), EPIL (7) 327-30.

438 *Doehring*, Völkerrecht, Rnr. 1010.

aa. Vom Sicherheitsrat autorisierte Maßnahmen

Die Resolutionen des Sicherheitsrates in der letzten Dekade des 20. Jahrhunderts begründeten das Eingreifen nie mit der Verteidigung der Menschenrechte allein, sondern immer nur in Verbindung mit einer Bedrohung des Friedens und der Sicherheit in dem entsprechenden Gebiet. So sprechen die Resolutionen bezüglich Irak[439], bezüglich Somalia[440], Ruanda[441], Haiti[442], und Kosovo[443] alle von einer Bedrohung des internationalen Friedens und der Sicherheit (*threat to peace and security*) und rechtfertigen damit den bewaffneten Eingriff in die inneren Angelegenheiten des Landes.

Damit ist nicht die Verletzung der Menschenrechte die rechtliche Grundlage, die den Sicherheitsrat zur Autorisierung einer Maßnahme berechtigt, sondern vielmehr die daraus resultierende Bedrohung der Sicherheit und Stabilität der Region. Sowohl im Falle Ruanda als auch Somalia betonten zudem die Mitglieder des Sicherheitsrates, daß es sich um außerordentliche und einzigartige Fälle handele, die nicht verallgemeinerungsfähig seien[444].

Vom Sicherheitsrat wurde der Menschenrechtsschutz folglich zwar nur indirekt angesprochen. Die Menschenrechtsverletzungen werden aber als Auslöser für die Bedrohung des internationalen Friedens und der Sicherheit betrachtet und ein Eingriff in intrastaatliche Konflikte damit gerechtfertigt[445]. Es handelt sich also um eine Interpretation des in der Charta verwendeten Begriffes des Friedens und der internationalen Sicherheit im Wege einer teleologischen Expansion.

Allerdings wird diese Interpretation vom Sicherheitsrat nur sehr zögernd eingesetzt. Eine ausdrückliche Bezugnahme auf die Menschenrechtsverletzungen erfolgt nicht. Auch die Betonung der Einzigartigkeit der Fälle, so in den Resolutionen bezüglich Somalia und Ruanda, deutet darauf hin, daß (noch) kein Konsens besteht, bei fundamentalen Menschenrechtsverletzungen generell ein Recht des Sicherheitsrats zur Intervention aus humanitären Gründen aus den Art. 39-42 der VN-Charta herzuleiten.

---

439 SR-Resolution 688 (1991).

440 SR-Resolution 794 (1992).

441 SR-Resolution 929 (1993).

442 SR-Resolution 940 (1994).

443 Die SR-Resolution 1199 (1998) bezüglich des Kosovo stellt keine rechtliche Grundlage für eine bewaffnete Intervention dar.

444 *Bartl*, Die humanitäre Intervention durch den Sicherheitsrat der Vereinten Nationen im ‚Failed State', S. 226.

445 Siehe dazu *Delbrück*, Effektivität des UN-Gewaltverbots – Bedarf es einer Modifikation der Reichweite des Art. 2 (4) UN-Charta?, in: Die Friedenswarte 1999, S. 139 (146 ff).

bb. Vom Sicherheitsrat nicht autorisierte Maßnahmen

Schwieriger wird es bei Maßnahmen zum Schutz von Menschenrechten, die ohne Autorisierung durch den Sicherheitsrat durchgeführt werden. Relevant wird diese Variante, wenn der Sicherheitsrat in seiner Entscheidungsfindung verspätet, unangemessen oder gar nicht reagiert. Bisher gibt es hierfür im wesentlichen drei Beispiele. 1990/91 wurde die Operation ECOMOG[446] in Liberia durchgeführt, 1991/92 erfolgte eine Intervention zum Schutz der Kurden und der Shi'a im Irak, und 1999 führte die NATO im Zusammenhang mit der Kosovo-Krise Angriffe auf Serbien[447]. Es könnte sich, nach der herrschenden Meinung durch Übung und Rechtsüberzeugung (*opinio iuris*)[448], Völkergewohnheitsrecht herausbilden[449].

Einige Stimmen im Schrifttum lehnen eine Rechtfertigung der humanitären Intervention im Zuge einer restriktiven Interpretation der VN-Charta nach wie vor ab[450]. Zwar bestimmte bereits 1950 die *Uniting for Peace-Resolution* die Kompetenz der Generalversammlung, den Mitgliedstaaten gewaltsame Maßnahmen zu empfehlen[451], um einen Alternativmechanismus zur (In)aktion des Sicherheitsrates zu schaffen[452], sah also bereits die Möglichkeit einer Blockade des Sicherheitsrates. Eine Änderung des Völkergewohnheitsrechts hin zu einem Interventionsrecht ist aber insofern problematisch, als damit der mißbräuchlichen gewaltsamen Einflußnahme eines mächtigeren auf einen anderen Staat Vorschub geleistet wird.

Dagegen vertritt eine neuere Meinung die Ansicht, Art. 2 Ziff. 4 VN-Charta greife in diesem Fall nicht ein, nachdem das primäre Ziel der humanitären

---

446 ECOMOG = *Economic Community of West African States Military Observer Group.*

447 Zum Einsatz der NATO gegen Serbien im Rahmen der Kosovo-Krise 1999 siehe insbesondere *Epping*, Nachbetrachtung: Der Kosovo-(Kampf-) Einsatz der Bundeswehr, in *Epping/Fischer/Heintschel v. Heinegg*, Festschrift für Knut Ipsen, S. 615, *Ipsen*, Der Kosovo-Konflikt – Illegal? Gerechtfertigt? Entschuldbar?, Die Friedenswarte 74 (1999), S. 19, *Steinkamm*, Zur humanitären Intervention – Völker- und wehrrechtliche Aspekte des Kosovo-Konflikts, in *Ipsen/Raap/Stein/Steinkamm*, Festschrift für Klaus Dau, S. 261.

448 *Schweitzer*, Staatsrecht III, Rnr.237.

449 Die humanitäre Intervention als Ausweg aus dem Dilemma zwischen Menschenrechtsschutz und Gewaltverbot, siehe dazu *Ipsen*, Relativierung des absoluten Gewaltverbots, in *Ipsen/Raap/Stein/Steinkamm*, Festschrift für Klaus Dau, S. 103 (108-9).

450 *Beyerlein*, Humanitarian Intervention, in *Bernhardt* (ed.), EPIL, Volume II (1995), S. 926ff , *Epping*, Nachbetrachtung: Der Kosovo-(Kampf-) Einsatz der Bundeswehr, in *Epping/Fischer/Heintschel v. Heinegg*, Festschrift für Knut Ipsen, S. 615 (639-44), *Randelzhofer* zu Art. 2(4), Rnr. 51ff, in *Simma* (Hrsg), Charta der Vereinten Nationen. Kommentar, wohl auch *Bothe*, Kosovo – Anlässe zum völkerrechtlichen Nachdenken, in *Ipsen/Raap/Stein/Steinkamm*, Festschrift für Klaus Dau, S. 13 ff.

451 ‚*To make recommendations to Member States for collective, forcible measures*', GV-Resolution 377 (V) vom 03.11.1950.

452 *Kritsiotis*, The Legal Travails of Kind-Hearted Gunmen, M.L.R. 1999, S. 937 (956).

Intervention weder die Okkupation von Territorium, noch die Beeinträchtigung der politischen Unabhängigkeit des anderen Staates sei[453]. Das vorrangige Ziel der Vereinten Nationen war ursprünglich die Kriegsverhütung im Sinne des Kampfes des einen Staates gegen den anderen. Die Fälle brutaler Menschenrechtsverletzungen ergaben sich in voller Klarheit erst nach Inkrafttreten der Charta und sind daher nicht adäquat berücksichtigt worden. Schließlich wird das Individuum entgegen früherer Auffassung hinsichtlich der Inanspruchnahme von fundamentalen und zum *ius cogens* zählenden Menschenrechten als Subjekt des Völkerrechts anerkannt und muß insofern ein eigenes Selbsthilferecht erhalten, wodurch ihm auch Nothilfe geleistet werden kann[454]. Zudem gibt die restriktive Auslegung keine Antwort auf die Frage, wie einem Völkermord und Verstößen gegen andere Verbotsnormen des *ius cogens* begegnet werden soll.

Daher kann davon ausgegangen werden, daß eine Norm des Gewohnheitsrechts im Entstehen begriffen ist, die in besonders schweren Fällen den Einsatz militärischer Gewalt zuläßt[455]. Insbesondere kann die Staatengemeinschaft es nicht mehr hinnehmen, daß veto-berechtigte Mitglieder des Sicherheitsrats dieses Privileg, welches ohnehin ein Relikt aus der Nachkriegszeit darstellt, zur Durchsetzung nationalstaatlicher Interessen mißbrauchen[456].

Allerdings muß ein solches völkergewohnheitsrechtliches Institut als Ausnahme vom Gewaltverbot verstanden und entsprechend restriktiv ausgelegt werden[457]. Eine solche Maßnahme kann daher nicht nur mit vereinzelten Menschenrechtsverletzungen begründet werden, sondern vielmehr müssen die Verletzungen eine gewisse Schwere und Größenordnung erreicht haben, die von den Vereinten Nationen als Bedrohung des internationalen Friedens und der Sicherheit betrachtet wird, *und* es muß eine Handlungsunwilligkeit oder –fähigkeit des Sicherheitsrates vorliegen. In diesem Fall, wenn es um die Abwendung einer *humanitären Katastophe* gehe, ist ein bewaffnetes Eingreifen durch einen Staat oder eine Staatengruppe gerechtfertigt. Die humanitäre Intervention muß ultima ration sein und die Interventionsmacht keine

---

[453] *Doehring*, Völkerrecht, Rnr. 1012.
[454] *Doehring*, Völkerrecht, Rnr. 1013.
[455] *Ipsen*, Völkerrecht, § 59 Rnr. 26, *Delbrück*, Effektivität des UN-Gewaltverbots – Bedarf es einer Modifikation der Reichweite des Art. 2 (4) Un-Charta? in: Die Friedenswarte 1999, S. 139 (148).
[456] *Steinkamm*, Zur humanitären Intervention, in *Ipsen/Raap/Stein/Steinkamm*, Festschrift für Klaus Dau, S. 261 (273), so auch *Doehring*, Völkerrecht, Rnr. 1015.
[457] *Delbrück*, Effektivität des UN-Gewaltverbots – Bedarf es einer Modifikation der Reichweite des Art. 2 (4) Un-Charta? in: Die Friedenswarte 1999, S. 139 (148).

besonderen Eigeninteressen an der Situation besitzen. Schließlich ist das Verhältnismäßigkeitsprinzip zu beachten[458].

cc. Ergebnis

Wie so oft im Völkerrecht, wird auch hier das Recht von den Fakten zur Weiterentwicklung getrieben. Die Bestimmungen der VN-Charta, entstanden in einem wesentlich anderen sicherheitspolitischen Klima, können in ihrer ursprünglichen Gestalt und Interpretation nicht mehr adäquat auf die heute vorherrschenden sicherheitspolitischen Probleme reagieren.

Zum einen führt dies zu einer teleologischen Expansion der Charta, indem schwere Menschenrechtsverletzungen als eine Bedrohung des Friedens und der internationalen Sicherheit betrachtet werden, wodurch ein Mandat des Sicherheitsrates nach Art. 39-42 VN-Charta erteilt werden kann. Zum anderen ist ein Satz des Völkergewohnheitsrechts im Entstehen begriffen, nach dem Maßnahmen einzelner Staaten oder Staatengruppen zur Abwendung einer humanitären Katastrophe gerechtfertigt sind, wenn der Sicherheitsrat blockiert ist. Wesentlich ist dabei eine sehr restriktive Handhabung, um den Mißbrauch des Instrumentes für eigene Machtinteressen, vor allem aber eine vollständige Aushöhlung der VN-Charta zu verhindern.

c. Sonderfall Rettungseinsätze

Rettungseinsätze betreffen die gewaltsame Evakuierung eigener Staatsangehöriger, die im Ausland als unbeteiligte Partei in einen Konflikt und dadurch in Gefahr geraten. Zu unterscheiden sind die beiden Fälle, daß entweder eine Gruppe eigener Staatsangehöriger von Kriminellen/Terroristen als Geiseln genommen wird, um den Heimatstaat zu einem bestimmten Verhalten zu zwingen, oder daß innere Unruhen oder bürgerkriegs(ähnliche) Zustände im Gastland zu einer Gefährdung eigener Staatsangehöriger führen. Ein Angriff auf eigene Staatsangehörige im Ausland stellt jedoch grundsätzlich keine Aggression im Sinne des Art. 51 der VN-Charta dar[459].

aa. Einsätze mit Zustimmung des betroffenen Staates

Findet ein Rettungseinsatz mit Zustimmung des betroffenen Staates statt, so beruht er auf einem völkerrechtlichen Abkommen. Die Integrität des Staates wird durch die Gewaltanwendung eines Drittstaates auf seinem Territorium nicht gefährdet. Aktuelle Beispiele für solche Aktionen mit Zustimmung oder

---

[458] Der Katalog der Kriterien findet sich im wesentlichen in dieser Form aus der völkerrechtlichen Literatur, siehe dazu insbesondere *Bothe*, Kosovo – Anlässe zum völkerrechtlichen Nachdenken, in *Ipsen/Raap/Stein/Steinkamm*, Festschrift für Klaus Dau, S. 13, insbesondere S. 19 ff, *Steinkamm*, Zur humanitären Intervention, ebd., S. 261 (273 ff), *Wheatley*, Chechnya and humanitarian intervention, N.L.J. 2000, 150 (6918) S. 30.
[459] *Ipsen*, Völkerrecht, §59 Rnr. 33-4.

sogar Aufforderung des betroffenen Staates sind die Rettung europäischer Staatsangehöriger 1994 aus Ruanda, 1998 aus dem Kongo und 1997 die Evakuierung von 120 Staatsangehörigen verschiedener Nationen durch Einheiten der Bundeswehr aus Tirana in Albanien[460].

bb. Einsätze gegen den Willen des betroffenen Staates

Anders verhält es sich bei Einsätzen, die ohne Zustimmung des betroffenen Staates durchgeführt werden. Die Rechtmäßigkeit solcher Maßnahmen ist umstritten. In der VN-Charta findet sich keine explizite Regelung zu diesem Sachverhalt.

Zum Teil wird im Schrifttum die Rechtmäßigkeit einer solchen Maßnahme vertreten, wenn auch mit verschiedenen Begründungsansätzen. Die Zielsetzung bei einem solchen Einsatz unterscheide sich wesentlich von den oben genannten Einsätzen. Während im Fall von Friedensmission oder humanitären Interventionen auf eine Änderung der vorgefundenen Verhältnisse abgezielt werde, wolle ein Rettungseinsatz lediglich die in Gefahr geratenen Staatsangehörigen evakuieren, ohne in den Konflikt selbst einzugreifen[461]. Zum Teil wird die Rechtmäßigkeit mit einer Pflichtenkollision und daraus folgender Güterabwägung begründet[462].

Jedoch übersehen diese Ansichten, daß unter der Geltung der VN-Charta Gewaltanwendung durch einen Staat nur unter den Voraussetzungen des Art. 51 erlaubt ist, die hier nicht gegeben sind[463]. Aus der Entstehungsgeschichte begründet sich diese Haltung damit, daß eine 'getarnte' Invasion oder indirekte Einflußnahme durch eine der Großmächte auf dritte Staaten verhindert werden sollte. Die Evakuierung dieser Staatsangehörigen mit Waffengewalt ist nicht durch die Bestimmungen der VN-Charta abgedeckt und verstößt somit gegen das Interventionsverbot. Eine Rechtmäßigkeit einer Rettungsaktion ist gemäß der VN-Charta folglich nicht gegeben[464].

Fraglich ist, ob auch in diesem Fall Völkergewohnheitsrecht im Entstehen begriffen ist. Eine Staatenpraxis bezüglich von Rettungseinsätzen liegt sicher vor. Auch könnte man aus der Aufnahme von Rettungseinsätzen in den Uni-

---

[460] *Ipsen*, Völkerrecht, §59 Rnr. 34.

[461] So auch *Franzke*, H.-G., Die militärische Abwehr von Angriffen auf Staatsangehörige im Ausland, ÖZöR 16 (1966) S. 128 (148-9).

[462] So beispielsweise *Schweisfurth*, Operations to Rescue Nationals in Third States, GYIL 23 (1980) S. 159 (177).

[463] Siehe dazu *Randelzhofer* zu Art. 51 Rnr. 10, 13, in *Simma* (Hrsg), Charta der Vereinten Nationen. Kommentar.

[464] *Verdross/Simma*, Universelles Völkerrecht, § 1338; *Beyerlein*, Die israelische Befreiungsaktion von Entebbe in völkerrechtlicher Sicht, ZaöRV 37(1977) S. 213 (239); *Kimminich/Hobe*, Einführung in das Völkerrecht S. 282.

onsvertrag[465] möglicherweise schließen, daß die *opinio iuris* der internationalen Gemeinschaft die Rechtmäßigkeit dieser Einsätze bejaht. Dazu fehlt es allerdings sowohl an einer über die EU hinausgehenden Zustimmung also auch schon der eindeutigen Interpretation des EUV als *opinio iuris* als Zustimmung zur Durchführung von derartigen Rettungseinsätzen.

Zudem ist die Staatenpraxis durch große Zurückhaltung gekennzeichnet, solche Aktionen als rechtswidrig zu qualifizieren[466]. Die Zurückhaltung der Staaten läßt sich jedoch durch ihren Wunsch erklären, ihren Spielraum im Falle eines notwendig werdenden Einsatzes zur Rettung eigener Staatsbürger nicht politisch durch vorher getroffene abstrakte Aussagen einzuengen. Schließlich lagen bei den Einsätzen der letzten Dekade in der Regel die Einwilligungen aller Konfliktparteien einschließlich der noch anerkannten Regierungen lag vor, so in Ruanda 1994 und im Kongo 1998[467].

cc. Ergebnis

Eine Rechtfertigung aus der VN-Charta zur gewaltsamen Intervention zur Rettung eigener Staatsbürger läßt sich nicht feststellen, da ein Angriff auf eigene Staatsbürger im Ausland keine Berechtigung zur Selbstverteidigung gemäß Art. 51 VN-Charta auslöst. Für eine völkergewohnheitsrechtliche Regelung fehlt es an der *opinio iuris* der Staatengemeinschaft. Damit sind Rettungseinsätze nur mit Zustimmung des betroffenen Staates rechtmäßig durchzuführen.

d. Ergebnis

Zusammenfassend läßt sich sagen, daß Einsätze jeder Art mit Zustimmung des betroffenen Staates bezüglich ihrer Rechtmäßigkeit keine Probleme aufwerfen.

Zwangsmaßnahmen dagegen unterliegen durch die veränderte sicherheitspolitische Situation und die fehlende Adaption der VN-Charta an die neuen Gegebenheiten Diskussionen und Veränderungen. Lediglich friedenserzwingende Maßnahmen sind in Art. 39, 42 der VN-Charta vorgesehen, worin die Notwendigkeit eines Mandats des Sicherheitsrates normiert wird.

Humanitäre Interventionen sind in der VN-Charta nicht normiert und verstoßen bei enger Auslegung des Wortlautes gegen das völkerrechtliche Gewalt- und Interventionsverbot. Die völkerrechtliche Praxis hat sich jedoch dahingehend weiterentwickelt, daß der Sicherheitsrat in Fällen fundamentaler Menschenrechtsverletzungen eine Bedrohung des Friedens und der Sicherheit

---

[465] *Rettungseinsätze = rescue tasks = missions (...) d'évacuation*, Art. 17 Abs. 2 EUV.
[466] *Randelzhofer* zu Art. 2 Ziff. 4, Rnr. 55 in *Simma* (Hrsg.), Charta der Vereinten Nationen. Kommentar.
[467] *Ipsen*, Völkerrecht, § 59 Rnr.34.

in der Region angenommen und ein Mandat gemäß Art. 39, 42 VN-Charta erteilt hat. Weiterhin scheint sich ein Völkergewohnheitsrecht dahingehend zu entwickeln, daß zur Abwendung von humanitären Katastrophen bei einer Handlungsunfähigkeit des Sicherheitsrats aufgrund einer Blockade das Eingreifen einzelner Staaten oder Staatengruppen zulässig ist.

Rettungseinsätze schließlich sind gegen den Willen des betroffenen Staates völkerrechtlich nicht zulässig. Ein dahingehendes Völkergewohnheitsrecht kann nicht angenommen werden.

2. Die Wahl der Aufgaben durch die Union

Die Voraussetzung für ein Engagement durch Staaten und Organisationen ist in der veränderten sicherheitspolitischen Situation zunächst einmal die Wahl ihres Aufgabenbereiches[468].

Wie oben gesehen, hat sich die Europäische Union im in der Regierungskonferenz zum Vertrag von Amsterdam entschieden, den Schwerpunkt der Union in sicherheitspolitischer Hinsicht auf Maßnahmen des internationalen Krisenmanagements zu legen. Durch die Aufnahme der Petersberg-Aufgaben in den Vertrag zeigen die Mitgliedstaaten ihre Bereitschaft und den Wunsch, im Rahmen der Union solche Aufgaben zu übernehmen. Eine gemeinsame Verteidigung wurde dagegen wiederum nicht in den Vertrag integriert, sondern lediglich als Zielbestimmung in Art. 17 Abs. 1 festgehalten.

Die Frage nach der Qualität der Union als Sicherheitsbündnis im Sinne des Art. 51 VN-Charta stellt sich somit nicht. Es bleibt jedoch zu untersuchen, ob und inwieweit die Union im Rahmen ihrer Aufgaben aus dem Unionsvertrag als geeignete internationale Einrichtung gemäß Art. 48 Abs. 2 VN-Charta oder als regionale Abmachung gemäß Art. 52-3 VN-Charta zu gelten hat.

3. Aufgaben des internationalen Krisenmanagements, Art. 48 der VN-Charta

Fraglich ist, ob die Union eine geeignete internationale Einrichtung im Sinne des Art. 48 Abs. 2 VN-Charta darstellt. Daher sollen die Aufgaben der Union im internationalen Krisenmanagement untersucht werden

a. Definition einer geeigneten internationalen Einrichtung, Art. 48 VNC

Definiert wird die geeignete internationale Einrichtung im Sinne des Art. 48 Abs. 2 VN-Charta als jede von den Vereinten Nationen unabhängige internationale Abmachung oder Einrichtung, die nach ihrer Satzung geeignet ist, den Sicherheitsrat bei der Durchführung seiner Beschlüsse im Rahmen des Kapi-

---

[468] *Nerlich*, The relationship between a European common defence and NATO, the OSCE and the United Nations, in *Martin /Roper* (eds.), Towards a Common Defence Policy, S. 69 (83-4).

tels VII zu unterstützen. Dies können militärische wie auch nicht-militärische Organisationen sein, da die Verpflichtung auch nicht-militärische Maßnahmen umfaßt. Völkerrechtssubjektivität der Einrichtung selbst ist nicht erforderlich, sofern nur ihre Mitgliedstaaten gleichzeitig Mitglieder der Vereinten Nationen sind[469]. Das ergibt sich durch eine weite Auslegung des Art. 48 Abs. 2 der VN-Charta, die sich durch das Ziel, eine möglichst große Anzahl an Organisationen in das Konfliktvermeidungs- und -eindämmungssystem der Vereinten Nationen einzubinden, rechtfertigt.

Art. 48 ist im Kern die Bekräftigung der bereits in Art. 25 niedergelegten Verpflichtung der Mitgliedstaaten, bindende Entscheidungen des Sicherheitsrates zu befolgen. Absatz 2 bezeichnet den Versuch der Einbindung auch anderer internationaler Organisationen in das Friedenssicherungssystem[470]. Es handelt sich dabei um eine reine Durchführungsbestimmung, welche die Mitgliedstaaten einer solchen Organisation zur Unterstützung des Sicherheitsrates nach besten Kräften im Rahmen der geeigneten internationalen Einrichtungen verpflichtet. Eine unmittelbare Verpflichtung der Einrichtung durch den Sicherheitsrat ist nicht möglich[471]. Statt dessen trifft die Verpflichtung zur Umsetzung der Beschlüsse die Mitglieder, da die Charta nur diese als Mitgliedstaaten der Vereinten Nationen völkerrechtlich verpflichten kann. Eine solche indirekte Einflußnahme erscheint auch völlig ausreichend[472].

b. Maßnahmen der Union mit Zustimmung des betroffenen Staates

aa. Friedenschaffende und friedenserhaltende Operationen

Art. 17 Abs. 2 EUV normiert als eine der Aufgaben der Union im Bereich des internationalen Krisenmanagements friedenserhaltende und friedensschaffende Maßnahmen, letztere explizit im Zusammenhang mit Kampfeinsätzen. Da sie mit Zustimmung des betroffenen Staates durchgeführt werden, ist ein Mandat des Sicherheitsrates nicht erforderlich[473].

In aller Regel dürften diese Maßnahmen für die Union kein Problem darstellen, da sich in traditionellen Friedensmissionen keine oder nur geringe Änderung der Variablen[474] während des Einsatzes ergeben. Diese Operationen

---

[469] *Bryde* zu Art. 48 Rnr. 9, in *Simma* (Hrsg), Charta der Vereinten Nationen. Kommentar.
[470] *Bryde* zu Art. 48 Rnr. 1, 4, in *Simma* (Hrsg), Charta der Vereinten Nationen. Kommentar.
[471] *Fleuß*, Die operationelle Rolle der WEU, S. 228.
[472] *Bryde* zu Art, 48 Rnr. 10, in *Simma* (Hrsg), Charta der Vereinten Nationen. Kommentar.
[473] Siehe dazu oben S. 121.
[474] Es werden drei Variablen im internationalen Krisenmanagement angenommen: Grad der Übereinstimmung der Parteien, Maß der Gewalt und Grad der Unparteilichkeit *(Degree of consent by the parties, level of violence, and degree of impartiality), Nerlich* The relationship between a European common defence and NATO, the OSCE and the United Na-

beinhalten daher aufgrund ihres vorhersehbaren Ergebnisses und der geringen Gewalt grundsätzlich ein geringes Risiko[475].

Im Unterschied zum bisherigen Einigungsprozeß der Union geht es nunmehr nicht mehr um die Sicherung des Friedens nach innen durch die Aussöhnung der in der Union vereinten ehemaligen Weltkriegsgegner, sondern um den Export von Stabilität und Frieden in die Nachbarregionen der Union. Dies erfordert ein Überdenken des politischen Selbstverständnisses und einen fundamentalen Perspektivenwechsel von einer Introvertiertheit zu einer stärkeren Wahrnehmung und Gestaltung ihrer Außenwelt[476]. Insbesondere die Situation in den an die Union angrenzende Regionen liegt im unmittelbaren Interesse der Union, weshalb *J. Solana* erklärte, daß alle legitimen Mittel genutzt werden müssen, um Sicherheit und Stabilität jenseits unserer Grenzen zu projizieren[477].

bb. Humanitäre Aufgaben

Der Unionsvertrag hat mit der Aufnahme der Petersberg-Aufgaben auch humanitäre Aufgaben der Kompetenz der Union zugeordnet[478]. Ob damit auch humanitäre Interventionen, also Operationen gegen den Willen des betroffenen Staates, gemeint sind, kann für den Moment dahin stehen.

Völkerrechtlich sind solche humanitären Einsätze mit Zustimmung des betroffenen Staates zulässig. Da sie auf einem völkerrechtlichen Abkommen zwischen dem betroffenen Staat und den eingreifenden Staaten beruhen, ist ein Mandat des Sicherheitsrats nicht zwingend erforderlich. Das Abkommen kann von der Union im Rahmen des Art. 24 EUV geschlossen werden. Dabei ist allerdings zu beachten, daß nicht die Union selbst, sondern lediglich die Mitgliedstaaten verpflichtet werden, da die Union nicht die zum Vertragsschluß notwendige Völkerrechtspersönlichkeit besitzt und darüber hinaus eine Übertragung der Kompetenzen zum Vertragsschluß von den Mitgliedstaaten auf die Union nicht angenommen werden kann[479]. Einsätze, die mit

---

tions, in *Martin /Roper* (eds.), Towards a Common Defence Policy, S. 69 (86-7).

475 Sogenannte ‚*low risk operations*'.

476 *Schmalz*, Die Gemeinsame Außen-, Sicherheits- und Verteidigungspolitik unter deutscher Ratspräsidentschaft, Integration 22 (1999) S. 191 (200-1).

477 *Solana*, Die ESVI – das Integrationsprojekt der nächsten Dekade, Integration 23 (2000) S. 1 (2).

478 Zunächst stellt sich die Frage nach Einsätzen mit Zustimmung des betroffenen Staates. Ob damit auch humanitäre Interventionen gemeint sind, kann für den Moment dahin stehen.

479 Manchen Autoren zufolge überträgt die Vorschrift des Art. 24 EUV eine ‚begrenzte Völkerrechtspersönlichkeit' auf die Union, zu beispielsweise *Langrish*, The Treaty of Amsterdam, (1998)23 ELRev 3 (3-4). Dagegen ist jedoch zum einen einzuwenden, daß der Union keine Völkerrechtspersönlichkeit zukommt, die ihr trotz der Diskussion auf der Re-

Zustimmung oder gar auf Ersuchen des betroffenen Staates geschehen, sind also von Art. 17 Abs. 2 EUV erfaßt.

Geographisch sind die Einsätze nicht begrenzt, so daß die Union in Bezug auf humanitäre Aufgaben theoretisch weltweit agieren kann[480]. Problematisch sind jedoch die fehlenden operativen Kapazitäten der Union. Eine militärische Infrastruktur und Ausstattung, die für eine erfolgreiche Durchführung eines solchen Einsatzes geeignet ist, besteht derzeit weder in der Union noch in ausreichendem Maße innerhalb der einzelnen Mitgliedstaaten[481].

cc. Rettungseinsätze mit Zustimmung des betroffenen Staates

Der Unionsvertrag sieht in den Petersberg-Aufgaben auch die Durchführung von Rettungseinsätzen vor. Darunter sind in jedem Fall die Einsätze zu fassen, welche mit Zustimmung oder gar auf Ersuchen des betroffenen Staates durchgeführt werden. Diese sind völkerrechtlich zulässig[482].

In erster Linie werden solche Rettungseinsätze die Evakuierung oder Befreiung eigener Unionsbürger betreffen. Jedoch ist nicht ausgeschlossen, daß die Union einer anderen Nation mit ihren Kapazitäten zur Rettung derer Staatsbürger zur Hilfe kommt, vorausgesetzt, der vom Einsatz betroffene Staat stimmt dem zu. Eine geographische Begrenzung ergibt sich weder aus dem Vertrag noch aus sonstigen rechtlichen oder sachlichen Gesichtspunkten.

Die operative Durchführung ist aufgrund der geringeren Größenordnung und logistischen Anforderungen wohl auch schon derzeit ohne Unterstützung durch die NATO möglich. Damit kann die Union jederzeit und überall Rettungseinsätze vornehmen, solange die Zustimmung des betroffenen Staates gegeben ist.

---

gierungskonferenz von 1996 nicht verliehen wurde, zum anderen spricht besteht für einen Mitgliedsstaat die Möglichkeit, aus konstitutionellen Gründen eine Bindung abzulehnen. Schließlich wird in der *4. Erklärung zu den Artikeln J.14 und K.10 des Vertrages über die Europäische Union* zum Amsterdamer Vertrag noch einmal klargestellt, daß eine Übertragung von Zuständigkeiten von den Mitgliedstaaten auf die Europäische Union auch durch Art. 24 EUV, der den Abschluß einer Übereinkunft zwischen der Union und dritten Staaten regelt, nicht stattgefunden hat, siehe dazu auch *Koenig/Pechstein*, Die EU, Rnr. 85.

480 Siehe dazu oben S. 78.

481 Bis 2003 sollen nach dem Ratsbeschluß von Helsinki die Mitgliedstaaten in der Lage sein, Truppen in einer Stärke von 50.000 bis 60.000 Personen innerhalb von 60 Tagen bereitzustellen, die zur Erfüllung der Petersberg-Aufgaben fähig sind und mindestens ein Jahr in der Krisenregion stationiert werden können, EU-Ratsgipfel in Helsinki, 10./11. Dezember 1999, Abs. 28.

482 Siehe dazu oben S. 129.

dd. Ergebnis

Maßnahmen, die mit Zustimmung des betroffenen Staats durchgeführt werden, sind von den Petersberg-Aufgaben erfaßt. Das gilt sowohl für traditionelle Friedensmissionen im Sinne von friedensschaffenden und –erhaltenden Einsätzen als auch für humanitäre Aufgaben und Rettungseinsätze.

Eine geographische Begrenzung ist nicht ersichtlich. Die Union kann also zur Erfüllung der genannten Aufgaben grundsätzlich weltweit agieren. Durch das System der konstruktiven Enthaltung werden die Einsätze in der Regel durch *ad hoc* gebildete *coalitions of the willing* durchgeführt werden.

c. Maßnahmen der Union gegen den Willen des betroffenen Staates

Fraglich ist, inwieweit die Union im Rahmen des Art. 48 der Charta der Vereinten Nationen auch Maßnahmen gegen den Willen des betroffenen Staates durchführen kann, wie sie oben beschrieben wurden. Dies betrifft also friedenserzwingende Maßnahmen, humanitäre Interventionen und bestimmte Rettungseinsätze.

aa. Friedenserzwingende Maßnahmen

(a) Nicht-militärische Zwangsmaßnahmen gemäß Art. 41 VN-Charta

Die Union besitzt die Kompetenz zur Durchführung nicht-militärischer Zwangsmaßnahmen nach Art. 41 VN-Charta, wie zum Beispiel Sanktionen gemäß Art. 301 EGV[483]. Vor dem Abschluß des Unionsvertrages wurden Sanktionen über einen Mechanismus beschlossen, der eine politische Entscheidung in der EPZ und eine Umsetzung durch die Europäische Gemeinschaft beinhaltete[484].

Auch besteht ein dahingehendes Selbstverständnis der Union selbst, dem Sicherheitsrat als Instrument zur Verfügung zu stehen. In der Erklärung des Ratsgipfels von Helsinki im Dezember 1999 heißt es:

> „The Union will contribute to international peace and security in accordance with the principles of the United Nations Charter. (...)„[485].

Damit zeigt die Union ihren Willen, im System der Vereinten Nationen zu internationalem Frieden und Sicherheit aktiv beizutragen, was ihr Selbstverständnis als geeignete internationale Einrichtung beweist. Zudem ist der Auf-

---

[483] Art. 41 VN-Charta nennt Boykottmaßnahmen lediglich beispielhaft als nicht-militärische Zwangsmaßnahme, *Bryde* zu Art. 48 Rnrn. 8-9, in *Simma* (Hrsg), Charta der Vereinten Nationen. Kommentar. Für die Qualifikation eines Waffenembargos als nicht-militärische Zwangsmaßnahme iSd. Art. 41 VN-Charta: *Frowein/Ibsen*, Antragserwiderungsschrift zum Organstreitverfahren 2 BvE 3/92 v. 14.01.1993, 36.

[484] Das Waffenembargo im Jugoslawienkonflikt 1991 wurde beispielsweise in Umsetzung einer VN-Resolution (UN Res 713/1991 vom 25.09.1991) beschlossen.

[485] Ratsgipfel der Europäischen Union in Helsinki, 10-11. Dezember 1999, Absatz 26.

bau eines nicht-militärischen Mechanismus im Bereich des Krisenmanagement durch die Union geplant[486].

Die Union dient demnach bereits als Einrichtung zur Umsetzung nicht-militärischer Zwangsmaßnahmen der Vereinten Nationen, so daß sie in dieser Hinsicht als geeignete internationale Einrichtung gemäß Art. 48 Abs. 2 VN-Charta zu begreifen ist.

(b) Militärische Zwangsmaßnahmen gemäß Art. 42 VN-Charta

Der Bereich der militärischen Zwangsmaßnahmen nach Art. 42 VN-Charta war dagegen bisher ausgeschlossen. Fraglich ist, ob mit den Petersberg-Aufgaben auch diese Dimension Einzug in das Unionsgefüge gehalten hat.

Wichtig ist in diesem Zusammenhang wieder die Unterscheidung zwischen friedensschaffenden, friedenserhaltenden und –erzwingenden Maßnahmen[487]. Die ersten beiden sind in Art. 17 Abs. 2 EUV ausdrücklich im Rahmen der Petersberg-Aufgaben erwähnt und somit unzweifelhaft Teil der Aufgaben der Union. Unklar ist die Regelung bezüglich der friedenserzwingenden Maßnahmen.

Frowein leitet aufgrund der getroffenen Regelung ab, daß friedenserzwingende Maßnahmen ins Auge gefaßt werden, während *Eekelen* noch einen Schritt weitergeht und diese als bereits in den Petersberg-Aufgaben enthalten und somit als Teil des Vertrages sieht[488].

Gegen diese Ansicht spricht, daß friedenserzwingende Maßnahmen im Unionsvertrag nicht erwähnt sind. Eine Aufnahme in den Katalog wurde diskutiert, fand aber keine Zustimmung[489]. Der Unterschied zwischen friedensschaffenden Maßnahmen (*peace making*) und friedenserzwingenden Maßnahmen (*peace enforcement*) darf nicht mißachtet oder verwässert werden, da es sich, wie oben ausgeführt, um wesentlich verschiedene Mittel handelt.

Die Aufzählung ist als abschließend zu betrachten, da ansonsten dem expliziten Entschluß der Mitgliedstaaten, ein Element gerade nicht aufzunehmen, zuwidergehandelt würde. Demnach enthalten die Petersberg-Aufgaben keine friedenserzwingenden Aufgaben und qualifizieren die Union nicht zur Durchführung dieser Art der militärischen Zwangsmaßnahmen.

Somit hat die Aufnahme der Petersberg-Aufgaben in den Unionsvertrag in erster Linie die Möglichkeiten der Union erweitert, nicht-militärische

---

486 EU-Ratsgipfel am 10./11. Dezember in Helsinki, Abs. 28 5.Spiegelstrich.

487 Siehe dazu oben S. 121 ff.

488 *Eekelen*, Perspektiven der Gemeinsamen Außen- und Sicherheitspolitik der EU, ZEI Discussion Paper (1998) C21, S. 15; *Frowein*, Die Europäische Union mit WEU als Sicherheitssystem in *Due* (Hrsg.), Festschrift für Ulrich Everling, S. 315 (325).

489 *Pagani*, A New Gear in the CFSP Machinery, EJIL 1998, S. 737 (741).

Zwangsmaßnahmen im Auftrag des Sicherheitsrates durchzuführen. Zur Durchführung einer friedenserzwingenden Maßnahme gemäß Art. 42 VN-Charta jedoch ist die Union aufgrund ihres Vertrages nicht in der Lage[490]. Damit ist unklar, wie sich die Union bei einer Eskalation einer Operation verhalten soll, da militärische friedenserzwingende Maßnahmen im Vertrag nicht enthalten sind[491]. Das Risiko im Krisenmanagement besteht gerade in der Eskalation des Konfliktes[492]. Dynamische Konflikte (wie beispielsweise in Bosnien) mit ihren strategische Schwierigkeiten und dem Erfordernis komplexer Operationen[493] sind daher für die Union durch ihre auf friedenschaffende und –erhaltende Maßnahmen begrenzte Kompetenz nur schwierig einzudämmen.

bb. Humanitäre Interventionen

Ein humanitär motivierter Einsatz gegen den Willen des betroffenen Staates ist völkerrechtlich nur zulässig, wenn ein Mandat des Sicherheitsrates vorliegt[494]. Ein Völkergewohnheitsrecht zu einer humanitären Intervention scheint jedoch im Entstehen begriffen[495]. Für die Union ist die Diskussion der humanitären Intervention insofern von Bedeutung, als der Vertrag von Amsterdam mit der Aufnahme der Petersberg-Aufgaben ausdrücklich humanitäre Aufgaben zum Kompetenzbereich der Union hinzugefügt hat. Fraglich ist somit, ob auch humanitäre Aktionen gegen den Willen des Staates von dieser Formulierung erfaßt sind. Zudem stellt sich die Frage nach der Rechtmäßigkeit, wenn sich einige Unionsmitglieder außerhalb der Union im Rahmen einer *coalition of the willing* zu einer solchen Aktion entschließen.

Fraglich ist somit, ob die in Art. 17 Abs. 2 EUV normierten humanitären Aufgaben auch humanitäre Interventionen umfassen.

Eine *humanitäre Intervention* beinhaltet eine humanitär motivierte Einmischung in innere oder äußere Angelegenheiten eines anderen Staates[496]. Die humanitäre Intervention bewegt sich auf derselben Ebene wie eine Zwangs-

---

[490] Die militärische Handlungsfähigkeit der Union ist zudem nach wie vor gering, wenn auch Fortschritte im Bereich Kooperation erzielt wurden.

[491] Siehe dazu oben S. 137.

[492] *Nerlich*, The relationship between a European common defence and NATO, the OSCE and the United Nations, in *Martin /Roper* (eds.), Towards a Common Defence Policy, S. 69 (88).

[493] *Nerlich*, The relationship between a European common defence and NATO, the OSCE and the United Nations, in *Martin/Roper* (eds.), Towards a Common Defence Policy, S. 69 (86-7).

[494] Siehe dazu oben S. 126.

[495] Dazu ausführlich oben S. 127.

[496] *Ipsen*, Völkerrecht, §59 Rnr. 26; *Bartl*, Die humanitäre Intervention durch den Sicherheitsrat der Vereinten Nationen im ‚Failed State', S. 59.

maßnahme, insbesondere aufgrund der Praxis des Sicherheitsrats, eine Bedrohung für den Frieden und die Sicherheit der Region anzunehmen und daher Maßnahmen zur Wiederherstellung des Weltfriedens und der internationalen Sicherheit gemäß Art. 39, 42 VN-Charta zu beschließen. Dies gilt aber auch für solche Interventionen, die von einzelnen Staaten oder Staatengruppen bei einer Blockade des Sicherheitsrats zur Abwendung einer humanitären Katastrophe durchgeführt werden. Maßnahmen mit Einwilligung des betroffenen Staates stellen dementsprechend keine humanitäre Intervention dar[497].

Abzugrenzen davon ist die *humanitäre Aktion*, die ‚Maßnahmen von Staaten, der Organe der Vereinten Nationen und Internationalen Komitees des Roten Kreuzes, die unmittelbar auf dem Territorium eines Staates mit militärischen oder nichtmilitärischen Mitteln, mit Zustimmung der Konfliktparteien oder gegen der Willen durchgeführt werden‘ umfaßt[498]. Damit ist die humanitäre Aktion der Oberbegriff. Jede humanitäre Intervention ist gleichzeitig auch eine humanitäre Aktion[499].

Die *humanitäre Aufgabe*, wie sie in den Petersberg-Aufgaben der WEU und damit in Art. 17 Abs. 2 EUV vorgesehen ist, wird in den Dokumenten der Union oder WEU nicht weiter definiert. Eine Kongruenz mit der humanitären Aktion in der oben gegebenen Definition von *Beyerlein* ist schon aufgrund der fehlenden Kompetenz der Union zu friedenserzwingenden Maßnahmen nicht möglich. Vielmehr können humanitäre Aufgaben als ein zweiter Unterfall der humanitären Aktion neben der Intervention gesehen werden. Die humanitäre Aufgabe definiert sich damit als *Maßnahme von Staaten, die unmittelbar auf dem Territorium eines Staates mit nichtmilitärischen Mitteln unter Zustimmung der Konfliktparteien durchgeführt wird.* Humanitäre Interventionen wären damit von Art. 17 Abs. 2 EUV nicht umfaßt.

Dies befindet sich auch im Einklang mit dem Wortlaut des Art. 17 Abs. 2 EUV, der humanitäre Aufgaben vor und inhaltlich getrennt von den Kampfeinsätzen nennt. Daraus läßt sich schließen, daß humanitär motivierte Kampfeinsätze in den Petersberg-Aufgaben und damit im Unionsvertrag nicht vorgesehen sind. Zudem wurde aber bereits mit dem Begriff *Aufgabe*[500] eine Form gewählt, die gegenüber den Begriffen Intervention und Aktion ein *minus* ausdrückt.

---

[497] Siehe dazu *Bartl*, Die humanitäre Intervention durch den Sicherheitsrat der Vereinten Nationen im ‚Failed State‘, S. 59-60.

[498] *Beyerlein*, Die humanitäre Aktion zur Gewährleistung des Mindeststandards in nicht-internationalen Konflikten, S. 18.

[499] *Bartl*, Die humanitäre Intervention durch den Sicherheitsrat der Vereinten Nationen im ‚Failed State‘, S. 73.

[500] *Aufgaben = tasks = missions*, Art. 17 Abs. 2 EUV.

Außerhalb des Unionsrahmens gebildete, aus Unionsmitgliedern bestehende *coalitions of the willing* können dagegen im Rahmen der völkerrechtlichen Zulässigkeit auch humanitäre Interventionen durchführen, wenn ein Mandat des Sicherheitsrates gegeben ist oder, gemäß derzeit im Entstehen begriffenen Völkergewohnheitsrechts, zur Abwendung einer humanitären Katastrophe, wenn der Sicherheitsrat aufgrund einer Blockade handlungsunfähig ist.

cc. Rettungseinsätze gegen den Willen des betroffenen Staates

Gesondert zu betrachten sind in diesem Zusammenhang die in Art. 17 Abs. 2 EUV ebenfalls erwähnten Rettungseinsätze. Wie oben gesehen, sind diese mit Zustimmung des betroffenen Staates im Rahmen des Art. 17 Abs. 2 EUV möglich. Fraglich ist jedoch, ob auch Rettungseinsätze gegen den Willen des betroffenen Staates unter Art. 17 Abs. 2 EUV zu fassen sind. Da der Unionsvertrag keine Einschränkung bezüglich der Rettungseinsätze enthält, könnte insofern eine Kompetenz der Union angenommen werden, diese auch gegen den Willen des betroffenen Staates durchzuführen.

Ein gewaltsamer Einsatz ohne Zustimmung ist jedoch unter Geltung der Charta der Vereinten Nationen nicht als völkerrechtlich zulässig zu betrachten[501]. Auch besteht in Bezug auf Rettungseinsätze nach wie vor kein Völkergewohnheitsrecht, welches einen Einsatz gegen den Willen des betroffenen Staates erlauben würde[502].

Die Union hat sich in Art. 11 Abs. 1 EUV verpflichtet, im Einklang mit den Grundsätzen der Charta der Vereinten Nationen zu handeln. Zudem normiert Art. 103 der VN-Charta den Vorrang der Charta vor anderen Verpflichtungen für den Fall, daß sich Verpflichtungen der Mitgliedstaaten aus der Charta mit solchen aus anderen internationalen Übereinkünften widersprechen. Eine Kompetenz der Union in Bezug auf völkerrechtlich unzulässige Einsätze kann daher nicht angenommen werden[503]. Die Petersberg-Aufgaben im Vertrag von Amsterdam beziehen sich folglich lediglich auf solche Einsätze, die auf Anfrage oder zumindest mit Billigung des betroffenen Staates erfolgen. Einsätze gegen den Willen des betroffenen Staates sind nicht zulässig.

dd. Ergebnis

Die Union ist zu Maßnahmen gegen den Willen des betroffenen Staates nicht in der Lage. Das gilt sowohl für friedenserzwingende Maßnahmen, welche

---

[501] *Randelzhofer* zu Art. 51 Rnr. 26, Art. 2 Ziff. 4 Rnr. 52-4, in *Simma* (Hrsg), Charta der Vereinten Nationen. Kommentar.

[502] Siehe oben S. 131.

[503] Allerdings führt die offene Ausgestaltung des Textes dazu, daß eine diesbezügliche Änderung des Völkerrechts gleichzeitig eine Änderung der Kompetenzen der Union mit sich bringen könnte, ohne daß eine Vertragsänderung notwendig wäre.

gar nicht erst in den Unionsvertrag mit aufgenommen wurden, wie auch für humanitäre Interventionen, die nicht von den humanitären Aufgaben in Art. 17 Abs. 2 EUV erfaßt sind. Auch Rettungseinsätze sind nur mit Zustimmung des betroffenen Staates zulässig, da ein Einsatz gegen den Willen des Staates völkerrechtlich unzulässig wäre.

d. Die Union als geeignete internationale Einrichtung im Sinne des Art. 48 Abs. 2 der VN-Charta

Wie oben gesehen, ist eine geeignete internationale Einrichtung nach Art. 48 Abs. 2 der Charta der Vereinten Nationen jede von den Vereinten Nationen unabhängige internationale Abmachung oder Einrichtung, die nach ihrer Satzung geeignet ist, den Sicherheitsrat bei der Durchführung seiner Beschlüsse im Rahmen des Kapitels VII zu unterstützen[504]. Dies können militärische wie auch nicht-militärische Organisationen sein, da die Verpflichtung auch nichtmilitärische Maßnahmen umfaßt. Völkerrechtssubjektivität der Einrichtung selbst ist nicht erforderlich, sofern nur ihre Mitgliedstaaten gleichzeitig Mitglieder der Vereinten Nationen sind[505].

Die Union ist eine von den Vereinten Nationen unabhängige internationale Einrichtung, deren Mitgliedstaaten auch gleichzeitig Mitglieder der Vereinten Nationen sind. Sie ist nach ihrer Satzung geeignet, nichtmilitärische Zwangsmaßnahmen wie beispielsweise Sanktionen oder Embargos nach Art. 39, 41 VN-Charta durchzuführen.

Militärische Zwangsmaßnahmen in Form von friedenserzwingenden Maßnahmen oder humanitären Interventionen kann die Union dagegen nicht durchführen, da diese in den Petersberg-Aufgaben in Art. 17 Abs. 2 EUV nicht enthalten sind. Dies bedeutet ein *minus* zu den Möglichkeiten der NATO[506]. Militärische Aufgaben in Form von friedensschaffenden oder -erhaltenden Maßnahmen setzen die Zustimmung des betroffenen Staates voraus und sind daher keine Zwangsmaßnahmen gemäß Kapitel VII der Charta. Das gleiche gilt für die humanitären Aufgaben und Rettungseinsätze, welche die Union laut Art. 17 Abs. 2 EUV zu ihren Aufgaben zählt. Unionsmitglieder sind mit einem entsprechenden Mandat der Vereinten Nationen als *coalitions of the willing* handlungsfähig, nicht aber im Unionsrahmen. Damit ist die Union nicht in der Lage, militärische Zwangsmaßnahmen nach Art. 39, 42 VN-Charta durchzuführen.

Die Europäische Union kann als eine geeignete internationale Organisation im Sinne des Art. 48 Abs. 2 VN-Charta bezeichnet werden. Dies bezieht sich

---

[504] Siehe oben S. 132.

[505] *Bryde* zu Art. 48 Rnr. 9 in *Simma* (Hrsg), Charta der Vereinten Nationen. Kommentar.

[506] The Alliance's Strategic Concept, Agreed by the Heads of State in Rome, 7./8. November 1991, Abs. 20, 32.

aber lediglich auf ihre Fähigkeit, dem Sicherheitsrat zur Durchführung von nichtmilitärischen Maßnahmen nach Art. 39, 41 VN-Charta zur Verfügung zu stehen. Militärische Zwangsmaßnahmen sind von den Bestimmungen des Unionsvertrags nicht umfaßt.

Darüber hinaus ist die Union in der Lage, Maßnahmen des internationalen Krisenmanagements mit Zustimmung des betroffenen Staates in Form von friedensschaffenden und –erhaltenden Aufgaben, humanitären Aufgaben und Rettungseinsätzen durchzuführen. Diese Operationen stellen ein Element internationaler Friedenserhaltung dar, das in der Charta nicht ausdrücklich vorgesehen ist.

Aufgrund des Verweises in Art. 24 Abs. 2 VN-Charta entsteht eine Zuständigkeit des Sicherheitsrates dort, wo die Wahrung des Weltfriedens und der internationalen Sicherheit gefährdet ist (Kapitel VI) oder eine Bedrohung oder ein Bruch des Friedens vorliegt (Kapitel VII)[507]. In unterhalb dieses Niveaus liegenden Fällen, beispielsweise ein Rettungseinsatz oder eine räumlich begrenzte humanitäre Aufgabe, ist ein Mandat des Sicherheitsrats nicht zwingend notwendig, sondern diese Aufgaben können aufgrund völkerrechtlicher Abkommen zwischen dem Entsendestaat und dem betroffenen Staat durchgeführt werden. Eine Mandatierung ist aber aufgrund der Zuständigkeit des Sicherheitsrats für Sicherheitsfragen möglich, so daß oft ein Mandat des Sicherheitsrats ergehen wird. Zur Durchführung dieser Beschlüsse kann die Union von Sicherheitsrat mandatiert werden, so daß sie insofern ebenfalls als geeignete internationale Einrichtung zu gelten hat[508].

4. Interne Bindungs- und Schlichtungswirkung, Art. 52-53 VNC

Eine regionale Abmachung wird, bei einer weiten Auslegung des Kapitels VIII der Charta, definiert als jedes auf Dauer angelegte multinationale Abkommen, durch welches sich Staaten eines bestimmten geographischen Gebietes unter Ausnutzung der zwischen ihnen bestehenden Gemeinsamkeiten verpflichten, die Vereinten Nationen bei der Wahrung des Weltfriedens und

---

[507] *Bothe* nach Art. 38 Rnr. 39-41 in *Simma* (Hrsg), Charta der Vereinten Nationen. Kommentar.

[508] In der Praxis wurden und werden eine Reihe von Missionen mit Zustimmung der beteiligten Parteien durchgeführt, welche vom Sicherheitsrat der Vereinten Nationen mandatiert sind, so beispielsweise die UNEF (United Nations Emergency Force) am Suezkanal 1956-67 aufgrund der SR-Resolution 1000/1956 (ES-1) vom 5.11.1956, die Operation des Nations Unies pour le Congo (ONUC) aufgrund der SR-Resolution 143/1960 vom 14.7.1960, die United Nations Force in Cyprus (UNFICYP) aufgrund der SR-Resolution 186/1964 von 4.3.1964 oder die United Nations Operation in Somalia (UNOSOM) aufgrund der SR-Resolutionen 751/1992 vom 24.4.1992 und 814/1993 vom 26.3.1993, siehe dazu *Kimminich/Hobe*, Einführung in das Völkerrecht, S. 275-279.

der internationale Sicherheit innerhalb des Vertragsgebietes durch die Bereithaltung effektiver Streitbeilegungsmechanismen zu unterstützen, und dadurch zum Ausdruck bringen, auf der Grundlage der Charta der Vereinten Nationen agieren zu wollen. Dazu muß noch ein subjektiven Kriterium des diesbezüglichen Selbstverständnisses der betroffenen Staatenverbindung kommen[509]. Eine Völkerrechtspersönlichkeit ist entsprechend dem offenen Wortlaut der Charta nicht notwendig. Die regionale Abmachung bildet ein System kollektiver Sicherheit, das sich primär gegen Aggressionen aus dem Kreis der Mitgliedstaaten richtet[510].

Die EU ist mit Sicherheit ein auf Dauer angelegtes multinationales Abkommen von Staaten eines bestimmten geographischen Gebietes. Problematisch ist jedoch das Merkmal der Binnenausrichtung der Streitbeilegungsmechanismen. *Örtlich begrenzt* bedeutet, daß der Konflikt zwischen den Mitgliedern der Regionaleinrichtung bestehen muß. Auch ein innerstaatlicher Konflikt in einem der Mitgliedstaaten fällt darunter[511].

Zum Teil wird die interne Ausrichtung der Union verneint, da das Ziel der Bemühungen nicht die Förderung der innergemeinschaftlichen Sicherheit sei, sondern eine unionsexterne Friedenssicherung, wie Art. 301 EGV oder Art. 17 und 24 EUV zeigten[512]. Die Integration der Petersberg-Aufgaben in die GASP durch den Vertrag von Amsterdam mit ihrer eindeutigen Ausrichtung auf Konflikte außerhalb der Union hat daran nicht nur nichts geändert, sondern unterstützt diese Ansicht noch. Jedoch schließen sich Außen- und Binnenwirkung nicht aus[513], so daß die externe Friedenssicherung nicht als Argument gegen die Qualität der Union als regionale Abmachung herangezogen werden kann.

Dazu kommt, daß die Union für den Fall einer internen Streitigkeit im Unionsvertrag keinen Mechanismus normiert hat. Der EuGH ist lediglich für Streitigkeiten innerhalb der Europäischen Gemeinschaften sowie Kompetenzabgrenzungen zwischen den Gemeinschaften und den intergouvernementalen Bereichen der Union zuständig.

Aufgrund der völkerrechtlichen Natur der politischen Bereiche der Union wäre es theoretisch denkbar, daß ein Streit über die GASP oder die PJZS vor dem IGH geklärt wird, sofern alle Parteien eine entsprechende Erklärung gemäß Art. 36 des IGH-Statuts abgeben. Allerdings würde eine solche Erklä-

---

[509] *Fleuß*, Die operationelle Rolle der WEU, S. 150-1.

[510] *Randelzhofer* zu Art. 24 Abs. 2 GG, in *Maunz/Dürig*, Kommentar zum Grundgesetz, Rnr. 11.

[511] *Hummer/Schweitzer* zu Art. 52, Rnr. 50-1 in *Simma* (Hrsg), Charta der Vereinten Nationen. Kommentar.

[512] *Fleuß*, Die operationelle Rolle der WEU, S. 196.

[513] *Fleuß*, Die operationelle Rolle der WEU, S. 123f, 209.

rung wohl an dem hochpolitischen Charakter der Bereiche scheitern. Zudem wäre eine Klage vor dem IGH gegen einzelne Mitgliedstaaten nicht vereinbar mit dem Charakter der außen- und sicherheitspolitischen Zusammenarbeit, die auf den Ausgleich der einzelstaatlichen Interessen und die Achtung der nationalen Identität der Mitgliedstaaten abzielt[514]. In Bezug auf eine Streitbeilegung im Wege eines Schiedsvertrags durch den EuGH nach Art. 239 EGV wird bezweifelt, daß es in der Intention der Mitgliedstaaten lag, den EuGH durch Art. 46 EUV von den politischen Bereichen der Union auszuschließen, um ihn dann durch Art. 239 EGV wieder zuzulassen. Zu beachten ist jedoch, daß gemäß Art. 239 EGV die Streitigkeit *mit dem Gegenstand dieses Vertrags in Zusammenhang* stehen muß, wobei sich *dieser Vertrag* offensichtlich auf den EGV bezieht. Es darf daher bezweifelt werden, ob eine Streitigkeit aus den politischen Bereichen der Union überhaupt unter Art. 239 EGV fallen kann. Also wird nur in gravierenden Fällen die Möglichkeit bestehen, einem Unionsmitglied im Falle eines unionsinternen Streits mit Repressalien oder sogar einer Suspendierung vom Vertrag gemäß Art. 60 der Wiener Vertragsrechtskonvention zu begegnen. In der Praxis werden Konflikte daher durch politischen Druck und Kompromisse zu lösen sein[515].

Ansonsten besteht keine rechtliche Möglichkeit zur internen Streitbeilegung. Jedoch ist aufgrund der engen Verflechtung der Mitgliedstaaten der politische Druck nicht zu unterschätzen, der auf einen Mitgliedstaat ausgeübt werden kann. Insbesondere ist eine Eskalation zu einem offenen Konflikt, den die Streitbeilegungsmechanismen in erster Linie zu verhüten versuchen, unter den Mitgliedstaaten grundsätzlich nicht denkbar. Sollte es, theoretisch, doch zu einem solchen Konflikt kommen, ist das gesamte Gefüge der Union mit seinem Integrationsgedanken nicht mehr haltbar. Eine Zuständigkeitsbegründung des Internationalen Gerichtshofes innerhalb der Union ist damit nicht denkbar, so daß im Falle einer Streitigkeit der Konflikt durch die Mitgliedstaaten mit politischen Mitteln zu lösen ist.

Ein Blick in die Geschichte der Union zeigt jedoch, daß die Europäische Gemeinschaft für Kohle und Stahl sehr wohl unter dem Aspekt innerer Sicherheit stand, und dieser Gedanke auch bei der Gründung der damaligen Europäischen Wirtschaftsgemeinschaft präsent war[516]. Die politischen Einigungsbemühungen standen seit Ende des Zweiten Weltkrieges unter dem Zeichen der inneren Befriedung Europas und der Konfliktvermeidung[517]. Die enge

---

[514] *Münch*, Die gemeinsame Aktion, S. 158.

[515] *Semrau*, Die Gemeinsame Außen- und Sicherheitspolitik, S. 157.

[516] Siehe dazu oben S. 25 ff.

[517] *Everling*, Möglichkeiten und Grenzen der Europapolitik, (1978): „Nach den Zerstörungen durch zwei Weltkriege soll in Europa ein politisches System errichtet werden, das erneute Auseinandersetzungen auf Dauer ausschließt, Selbstbehauptung nach außen ermög-

Verflechtung der westeuropäischen Staaten durch zunächst die Gemeinschaften, jetzt die Union, ist ein wesentlicher Grund für die Tatsache, daß ein unionsinterner Konflikt derzeit nicht denkbar ist[518]. Die Beziehungen der Mitgliedstaaten auf eine stabile, unumkehrbar friedliche Basis zu stellen, ist der eigentliche historische Beitrag der EG/EU, wie ihn die Gründungsväter gesehen haben. Diese Aufgabe wirkt nach wie vor fort, nicht zuletzt im Zusammenhang mit der geplanten Osterweiterung der EU[519].

Auch war die Europäische Union formell bei einem Treffen des Generalsekretärs der Vereinten Nationen mit Regionalorganisationen vertreten, das im Rahmen der *Agenda for Peace* stattfand[520], was sowohl ein dahingehendes Selbstverständnis der Union als auch eine Akzeptanz dieses Status durch die Vereinten Nationen indiziert.

Insofern ist die Union durchaus als Regionale Abmachung im Sinne der Art. 52-53 der VN-Charta zu qualifizieren, woran auch die Aufnahme der Petersberg-Aufgaben in den Vertrag nichts geändert hat. Daraus ergeben sich für die EU keine zusätzlichen Kompetenzen, da es sich bei den Art. 52-53 um eine reine Durchführungsbestimmung handelt. Die EU ist jedoch verpflichtet, interne Konflikte zunächst friedlich durch ihre Streitbeilegungsmechanismen zu regeln[521] und kann von den Vereinten Nationen im Konfliktfall in Anspruch genommen werden[522].

II. Die Konsequenzen für die WEU

1. Die Rolle der WEU

a. Die Krisenmanagementkompetenzen in Europa

Seit Inkrafttreten des Amsterdamer Vertrags standen in Europa mit der EU und der WEU grundsätzlich zwei Organisation für Aufgaben des internatio-

---

licht und innere und äußere Freiheit und Sicherheit der Bürger gewährleistet.„ Zitat aus: Möglichkeiten und Grenzen der Europapolitik, in ders., Das europäische Gemeinschaftsrecht im Spannungsfeld von Politik und Wirtschaft, S. 157.

518 *Frowein*, Die EU mit WEU als Sicherheitssystem, in *Due* (Hrsg.), Festschrift für Everling, S. 315 (320).

519 *Ischinger*, Die Gemeinsame Außen- und Sicherheitspolitik nach Amsterdam, ZEI Discussion Paper (1998) C14, S. 3-4.

520 *Frowein*, Die EU mit WEU als Sicherheitssystem, in *Due* (Hrsg.), Festschrift für Everling, S. 315 (319-20).

521 Art. 52 II VN Charta.

522 Die Anwendung von Zwangsmaßnahmen ist ausschließlich unter der Autorität der Vereinten Nationen möglich, da die Feindstaatenklausel heute obsolet ist, *Ress* zu Art. 53 Rnr. 10, 47 in *Simma* (Hrsg), Charta der Vereinten Nationen. Kommentar.

nalen Krisenmanagements zur Verfügung[523]. Die militärische Durchführung lag in jedem Fall bei der WEU, die politische Kontrolle konnte jedoch auch von der EU wahrgenommen werden. Eine Durchführung einer Operation ausschließlich durch die WEU war dann denkbar, wenn sich die Mitgliedstaaten der EU im Europäischen Rat nicht auf ein konkretes Vorgehen einigen können, insbesondere wenn einer oder mehrere der fünf Beobachter der WEU gegen einen Einsatz stimmen. Wie oft und in welchen Fällen also die WEU eigenständig tätig wurde, hing in hohem Maße von der Kohärenz und Einigkeit der Mitgliedstaaten der EU ab.

Durch die Beschlüsse der WEU von Marseille und der Union von Nizza Ende 2000 hat die WEU ihren Rückzug aus dem internationalen Krisenmanagement erklärt. Damit liegt auch die operationelle Durchführung einer solchen Operation bei der Union.

b. Der Verlust von Kompetenzen bei der WEU

Durch die Aufnahme der Petersberg-Aufgaben in den Unionsvertrag hat die WEU wichtige Kompetenzen im Zusammenhang mit Operationen im Bereich des Krisenmanagement verloren.

Die Durchführung von Petersberg-Aufgaben war bis zum Inkrafttreten des Vertrags von Amsterdam, bezogen auf europäische Organisationen, lediglich unter der Ägide der WEU möglich, während die EU die WEU für Aktionen der GASP unterhalb dieses Niveaus beanspruchte. Unter dem Vertrag von Amsterdam fällt die Durchführung einer Petersberg-Operation unter Umständen in die Verantwortlichkeit der EU. Theoretisch ist es seit Inkrafttreten des Amsterdamer Vertrages möglich, daß der Sicherheitsrat der Vereinten Nationen der EU ein Mandat für eine Operation erteilt, die ihrerseits wiederum die WEU in Anspruch nimmt.

Grundsätzliche Planung, die Koordination und Absprache mit und der ständige Kontakt zum Sicherheitsrat sowie die tagespolitische Kontrolle läge in einem solchen Fall bei der Union. Die WEU wäre lediglich mit der Durchführung betraut und hätte somit die politische Kontrolle über einen Teil ihrer Operationen verloren. Obgleich die WEU nach wie vor selbständig Petersberg-Operationen durchführen kann, muß sie demnach zumindest bei EU-geführten Operationen einen wesentlichen Kompetenzverlust hinnehmen.

Zudem hat sich der Wortlaut der Petersberg-Erklärung, der den neuen Aufgabentypus mit dem Zusatz *könnten* in den Konjunktiv stellt, im Amsterdamer Vertrag sowie der folgenden Absprachen zum Indikativ verengt, indem sie erklärt, die Aktionen der EU auszuarbeiten und entsprechend der Leitlinien

---

523 Die OSZE stellt einen weiteren Mechanismus in Bezug auf Krisenmanagement in Europa dar, soll aber in diesem Zusammenhang nicht weiter betrachtet werden.

des Europäischen Rates tätig zu werden[524]. Allerdings hat sich die WEU nicht völkerrechtlich bindend verpflichtet, für die EU tätig zu werden, so daß sie nach wie vor ihren eigenen Entscheidungsprozeß durchlaufen muß, bevor sie eine Aktion für die EU ausarbeitet und durchführt. Ein Verlust ihrer Eigenständigkeit kann durch eine solche politische Absichtserklärung nicht angenommen werden.

Die jüngste Entwicklung in den Beschlüssen von Marseille und Nizza[525] ist insofern nur konsequent. Die WEU, deren Vollmitglieder ohnehin alle auch gleichzeitig Mitglieder der Union sind, zieht sich aus dem internationalen Krisenmanagement zurück. Damit werden die Kompetenz, solche Aufgaben zu beschließen, und die Kapazitäten zur operativen Durchführung in eine Hand gelegt. Die WEU verliert ihre Kompetenzen in diesem Bereich und beschränkt sich auf die in Art. V des modifizierten Brüsseler Vertrags als Kernaufgabe normierte gemeinsame Verteidigung.

2. Einbindung der Beobachter, assoziierten Mitglieder und Partner

Die WEU hat sich durch ihr komplexes System verschiedener Stufen der Mitgliedschaft zu einem Sicherheitsforum für Europa entwickelt, das ein Zusammenwirken der europäischen Staaten über die Grenzen der EU hinaus ermöglicht. Mit dem Rückzug aus dem internationalen Krisenmanagement soll diese Aufgabe auf die EU übergehen[526].

a. Die Rolle der Beobachter

Für die fünf Beobachter der WEU, die alle gleichzeitig Mitglieder der EU[527] sind, bedeutet die Abgabe der politischen Kontrolle über zumindest einen Teil der Operationen an die Europäische Union eine Aufwertung.

Im Falle der Durchführung einer Operation allein durch die WEU erlaubt ihnen ihr Beobachterstatus, an den Sitzungen des WEU-Rates und der Arbeitsgruppen auf Einladung der Vollmitglieder hin teilzunehmen. Ein Rede- und Stimmrecht jedoch besitzen sie nicht. Während der Durchführung einer Operation durch die WEU sind weitere Beschlüsse auf WEU-Ebene nicht erforderlich, sondern lediglich eine Abstimmung der teilnehmenden Nationen.

---

[524] Erklärung des WEU-Ministerrats auf dem Petersberg, 19. Juni 1992, Absatz 4, Erklärung der Westeuropäischen Union zur Rolle der Westeuropäischen Union und zu ihren Beziehungen zur Europäischen Union und zur Atlantischen Allianz, 22. Juli 1997, Absatz 5; siehe auch *Frowein*, Die EU mit WEU als Sicherheitssystem, in *Due* (Hrsg.), Festschrift für Everling, S. 315 (324).

[525] Erklärungen des WEU Ministerrates in Marseille am 13. November 2000 und des EU-Ratsgipfels in Nizza am 6.-9. Dezember 2000.

[526] Erklärung des WEU Ministerrats in Marseille am 13. Dezember 2000, Punkt. 4.

[527] Dänemark, Finnland, Irland, Österreich, Schweden.

Als Mitglieder der Europäischen Union nehmen sie an den Ratssitzungen der Europäischen Union teil, die sich mit Fragen bezüglich des Titels V befassen, und haben somit politische Mitwirkungsrechte und –möglichkeiten bezüglich der Planung und der zugrundeliegenden politischen Leitlinien einer konkreten Operation, selbst wenn sie sich konstruktiv enthalten und an der Operation selbst nicht teilnehmen wollen.

Dies gilt umso mehr, wenn in Ausführung der Beschlüsse von Marseille und Nizza die WEU ihre Krisenmanagementkompetenzen vollständig an die Union abgibt.

b. Die Rolle der assoziierten Mitglieder und Partner

Die assoziierten Mitglieder und die assoziierten Partner müssen dagegen einen Kompetenzverlust hinnehmen.

Die assoziierten Mitglieder (Island, Norwegen und die Türkei, seit 1999 zusätzlich Polen, die Tschechische Republik und Ungarn) sind, angesichts ihrer Eigenschaft als europäische NATO-, jedoch nicht EU-Mitglieder, berechtigt, in vollem Umfang an den Tagungen des WEU-Rates, seiner Arbeitsgruppen und Nebenorgane teilzunehmen, können allerdings einen Entschluß nicht blockieren, zu dem ein Konsens der Vollmitglieder erforderlich ist.

Ähnliches gilt für die assoziierten Partner, die innerhalb der WEU über gewisse Mitspracherechte und somit Einflußmöglichkeiten verfügen. Sie können an Ratstagungen und Gesprächen teilnehmen, werden über die Arbeit in den Arbeitsgruppen informiert und können im Einzelfall zur Teilnahme an einer Arbeitsgruppe eingeladen werden. Am Prozeß der Entscheidungsfindung innerhalb der Europäischen Union und speziell im Europäischen Rat und Rat der Europäischen Union, deren Beschlüsse einer eventuellen Operation der WEU vorausgehen und zugrunde liegen, sind sie jedoch nicht beteiligt. Damit fehlt ihnen die Möglichkeit der Mitsprache und Einflußnahme in der für die Operation und ihre Durchführung wesentlichen Phase der ersten Planung und Beschlußfassung.

Ihr Status bei EU-geführten Operationen ist ungeklärt. Art. 17 Abs. 3 UA3 S.1 EUV spricht lediglich davon, daß *alle Mitgliedstaaten* der Union sich an den Aktionen beteiligen können, gibt aber keinen Hinweis darauf, ob dies ausschließlich zu verstehen ist. Bei einer Operation im Bereich des internationalen Krisenmanagements erscheint jedoch ein Ausschluß beteiligungswilliger nicht-EU-Mitgliedstaaten nicht wahrscheinlich.

3. Die Funktion der WEU als europäischer Pfeiler der NATO

Auf der *Haager Plattform Europäischer Sicherheitsinteressen* im Oktober 1987 wurde erstmals eine neue Rolle der WEU angesprochen. Sie sollte nicht nur Mittel zur Ausstattung der EG mit einer Sicherheits- und Verteidigungskomponente sein, sondern auch die europäische Komponente innerhalb der NATO stärken[528]. In zahlreichen weiteren Dokumenten wird die Scharnierfunktion der WEU betont und die WEU als europäischer Pfeiler der NATO bezeichnet[529].

Der Unionsvertrag in der Fassung von Amsterdam wie auch der Vertrag von Nizza enthalten kein Element der gemeinsamen Verteidigung in der Union, das über eine Zielbestimmung hinausgeht. Daher liegt die kollektive Verteidigung für die meisten Mitgliedstaaten der Union, insbesondere allen WEU-Vollmitgliedern, nach wie vor bei der NATO. Die Aufwertung der WEU durch die Europäische Union läßt sich als Indiz für eine Emanzipation Europas von der bisher vorherrschenden Dominanz der Vereinigten Staaten sehen. Die WEU erlangt Bedeutung als Bündnisstruktur innerhalb der NATO, aufgrund der Mitgliederstruktur der drei Bündnisse, zur Vertretung europäischer Interessen bei der gemeinsamen Verteidigung wie auch den Fragen des internationalen Krisenmanagements.

Rechtlich bindende Strukturen für die Unionsmitglieder zur gemeinsamen Interessenvertretung gibt es jedoch nur in geringem Umfang. Zwar verpflichtet Art. 19 EUV die Mitglieder zu koordiniertem Auftreten auf internationaler Ebene. Die in internationalen Organisationen und Konferenzen vertretenen Mitgliedstaaten koordinieren ihr Handeln und setzen sich für die gemeinsamen Standpunkte ein (Abs. 1) und unterrichten die nicht vertretenen Mitglieder (Abs. 2 Satz 1). Allerdings ist die Bestimmung nur sehr vage formuliert und nicht überprüfbar. Eine Mißachtung zieht keine Sanktion nach sich. Damit hängt die koordinierte oder gar gemeinsame Interessenvertretung der Europäischen Union auf internationaler Ebene in erster Linie vom politischen Willen und den Interessen der einzelnen Mitgliedstaaten ab. Auch die WEU kann als europäischer Pfeiler der NATO nur Wirkung entfalten, wenn ihre Mitgliedstaaten über die im Unionsvertrag normierte und durchsetzbare Zusammenarbeit hinaus eine gemeinsame Interessenvertretung innerhalb der NATO politisch wollen und durchführen.

---

[528] Deutsche Übersetzung abgedruckt in BPA (Hrsg.) – Bulletin 1987, Nr. 112 v. 29.10.1987, 970-2; siehe dazu auch *Fleuß*, Die operationelle Rolle der WEU, S. 73-8.

[529] Siehe beispielsweise WEU Contribution to the European Union Intergovernmental Conference 1996, 14. Nov. 1995, Abs. 6; WEU Ministerrat in Erfurt, 18. Nov.1997 Abs. 4; Rhodos, 12. Mai 1998 Abs. 2; Bremen, 11. Mai 1999, Abs. 4, 6; Luxemburg, 23. Nov.99 Abs. 2-3; *Erklärung Nr. 3 zur Westeuropäischen Union* zum Amsterdamer Vertrag, Abs. 8-12.

E. Ausblick und Bewertung

1. Zusammenfassung der Änderungen durch den Vertrag von Nizza

Durch die Art. 27a-e EUV-Nizza wurde die verstärkte Zusammenarbeit in die GASP eingeführt. Die Beschränkung auf Durchführungsbeschlüsse zu gemeinsamen Aktionen und Standpunkten ohne militärische oder verteidigungspolitische Bezüge führt jedoch dazu, daß sie ihre Funktion als Rahmen für eine größer angelegte Flexibilität nicht ausfüllen kann und *de facto* gleichbedeutend neben der bereits in den Vertrag von Amsterdam integrierten konstruktiven Enthaltung steht.

Bei Übereinkünften mit dritten Staaten richten sich die Mehrheitserfordernisse gemäß Art. 24 EUV-Nizza nach den Erfordernissen der Annahme entsprechender interner Beschlüsse. Ferner wurde das Politische Komitee aufgewertet und nimmt gemäß Art. 25 EUV-Nizza nunmehr die Kontrolle und strategische Leitung von Operationen zur Krisenbewältigung wahr.

Die wichtigste Änderung des Vertrags von Nizza korrespondiert mit der Erklärung des WEU-Ministerrats von Marseille im November 2000 und betrifft den Rückzug der WEU aus dem internationalen Krisenmanagement. Dementsprechend fehlen in Art. 17 EUV-Nizza die Verweise auf die WEU als integralen Bestandteil der Union sowie die Vorschriften zur Kooperation bei Einsätzen nach Art. 17 Abs. 3 EUV (Amsterdamer Fassung). Damit besitzt die Union nicht nur gemäß Art. 17 Abs. 2 EUV (beider Fassungen) die Kompetenz zur Durchführung von Operationen des internationalen Krisenmanagements, wie sie in den Petersberg-Aufgaben definiert sind, sondern führt diese nunmehr auch selbständig durch.

Zusammenfassend läßt sich jedoch sagen, daß der Vertrag von Nizza das System der Gemeinsamen Außen- und Sicherheitspolitik, wie sie in den Verträgen von Maastricht und Amsterdam konzipiert wurde, relativ unverändert läßt.

2. Gedankliche Fortführung des Konzepts

In einer gedanklichen Fortführung des im Amsterdamer Vertrag zum Ausdruck gekommenen Konzepts einer europäischen Sicherheits- und Verteidigungspolitik erhält die Union zu ihren Kompetenzen bezüglich der Durchführung von Aufgaben des internationalen Krisenmanagements auch die notwendigen operativen Kapazitäten, so daß sie diesbezüglich nicht mehr auf die WEU zurückgreifen muß, wie dies durch die Erklärung der WEU von Marseille und den Vertrag der EU von Nizza bereits erfolgt ist.

Fragen der kollektiven Verteidigung verbleiben hingegen auch in Zukunft bei der NATO, die dadurch als wichtiges Bündnis Nordamerika und Europa verbindet. Eine Reform der NATO hin zu einer gleichberechtigten Partnerschaft Amerikas und Europas ist nicht zwingend notwendig, für Europa aber erstrebenswert. Die Europäische Union übernimmt dabei die derzeitige Funktion der WEU als europäischer Pfeiler der NATO und vertritt die Interessen der Union. In der Fortführung des Gedankens sind dann beide Elemente des WEU-*acquis*, die Beistandsverpflichtung und die Aufgaben des internationalen Krisenmanagements, auf andere Organisationen übergegangen. Die WEU kann in der Konsequenz aufgelöst werden.

3. Bewertung

Im Vertrag von Amsterdam hat die Union durch die Aufnahme der Petersberg-Aufgaben die juristische Grundlage zur Wahrnehmung von Aufgaben im Bereich des internationalen Krisenmanagement geschaffen.

Zugang zu operativen Kapazitäten erhält sie zunächst durch die Möglichkeit, die WEU für eine Operation in Anspruch zu nehmen. Mit den Beschlüssen von Marseille und Nizza[530] obliegt dann auch die operative Durchführung der Operation der EU. Damit entfällt das Erfordernis einer doppelten Entscheidungsstruktur, wie es im Rahmen des Vertrags von Amsterdam noch notwendig ist, solange die WEU von der Union für die Durchführung von Operationen des internationalen Krisenmanagements in Anspruch genommen wird. Allerdings haben derzeit sowohl WEU als auch EU noch sehr begrenzte operative Kapazitäten und keine integrierte Führungs- oder Kommandostruktur. Bei bisherigen Einsätzen diente die WEU eher als Forum der sich beteiligenden Staaten denn als tatsächliche Führungseinheit. Dadurch ergeben sich wiederum Abhängigkeiten von der NATO. Sollte die EU eine Operation selbst durchführen, sind derzeit noch Rückgriffe auf Strukturen der NATO fast unumgänglich.

Der Aspekt der ‚harten' Sicherheit, also der Verteidigung, wurde dagegen nicht integriert, sondern nur als Programm im Art. 17 Abs. 1 EUV festgehalten.

Diese Lösung stellt den kleinsten gemeinsamen Nenner der Unionsmitglieder dar und spiegelt die Uneinigkeit auf der Regierungskonferenz wider. Zwar sind zwei Ziele der Union erkennbar. Zum einen sehen die Mitgliedstaaten die Notwendigkeit, die Union mit einem eigenen Krisenmanagement-Potential zu versehen, zum anderen wird der Aufbau einer Europäischen Si-

---

[530] Erklärungen des WEU Ministerrates in Marseille am 13. November 2000 und des EU-Ratsgipfels in Nizza am 6.-9. Dezember 2000. Der Aufbau eigener operativer Kapazitäten der Union wurde schon auf den Ratsgipfeln in Köln (Juni 1999) und Helsinki (Dezember 1999) erklärt. Der Vertrag von Nizza stellt insofern die logische Konsequenz der vorangegangenen Beschlüsse dar.

cherheits- und Verteidigungsidentität, insbesondere gegenüber den USA als dem stärksten NATO-Partner, als sinnvoll erachtet. Wie weit allerdings die Kompetenzen der Union in diesen Bereichen gehen soll, insbesondere ob eine eigene Verteidigungskomponente in den Vertrag integriert werden soll, ist nach wie vor unter den Mitgliedstaaten umstritten.

Insbesondere wurde nicht vom Prinzip der Intergouvernementalität der GASP innerhalb der Europäischen Union abgewichen. Obgleich in Amsterdam ein kleiner Schritt hin zur Flexibilisierung getan wurde, haben die Mitgliedstaaten doch darauf geachtet, daß sie jede Entscheidung von Bedeutung und Gewicht auch dann blockieren können, wenn sämtliche anderen Unionsmitglieder an sich für eine Aktion stimmen würden. Eine Änderung dieser Haltung ist auch nach dem Vertrag von Nizza in diesem sensiblen Bereich staatlicher Souveränität nicht in Sicht.

Das Konzept, wie es hinter dem Vertrag von Amsterdam steht und im Vertrag von Nizza fortentwickelt wurde, sieht die Union in erster Linie als wirtschaftlich dominierten Staatenverbund ohne föderative Strukturen. Außenpolitische Maßnahmen der Union beschränken sich auf solche, welche die wirtschaftlich geprägte Gemeinschaft flankieren, während eine weitergehende Übertragung von souveränen Rechten auf die Union keine Zustimmung fand. Lediglich die Durchführung von traditionellen Friedensmission, die ihrem Charakter nach grundsätzlich mit einem geringen Risiko und begrenzter Involvierung verbunden sind, fanden einen Konsens unter den Unionsmitgliedern. Insofern kann das Konzept des Amsterdamer Vertrags sowohl als grundsätzliche Entscheidung gegen eine tiefergehende Integration interpretiert werden, als auch als Übergangsstadium auf dem Weg zu einer föderativen Struktur.

Kapitel 3. Das Konzept der Integration der Beistandsverpflichtung mittels eines fakultativen Zusatzprotokolls zum Unionsvertrag

A. Das Konzept des sicherheitspolitischen Dualismus

Die Integration der WEU in die Union im Wege der Unterzeichnung eines Fakultativprotokolls zum Unionsvertrag zielt auf ein System ab, das mit *dual mechanism* bezeichnet wird[531]. Damit wird das wesentliche Element dieses Konzepts umschrieben, das in der Trennung der außen- sicherheitspolitischen Kompetenzen von denen der Verteidigung liegt[532]. Zwar werden beide Teile des *acquis* der WEU[533] in die Union integriert, jedoch erfolgt die Normierung an unterschiedlichen Stellen im Unionsrecht. Die Petersberg-Aufgaben, welche die Kompetenzen im Bereich des internationalen Krisenmanagements darstellen, sind seit dem Vertrag von Amsterdam Teil der GASP[534]. Die Beistandsverpflichtung aus Art. V des modifizierten Brüsseler Vertrag, welche das zentrale Element des WEU-*acquis* darstellt, wird in einem Zusatzprotokoll zum Unionsvertrag normiert.

1. Kompetenzen bezüglich Außensicherheitspolitik und Krisenmanagement

Gemäß Art. 11 Abs. 1 EUV verwirklicht die Union eine gemeinsame Außen- und Sicherheitspolitik. Sie umfaßt gemäß Art. 17 Abs. 1 Satz 1 EUV sämtliche Fragen, welche die Sicherheit der Union betreffen, wozu auch die schrittweise Festlegung einer Verteidigungspolitik gehört. Damit umfaßt die GASP in Titel V sowohl nicht-militärische Aufgaben und Maßnahmen der Außen- und Sicherheitspolitik als auch solche Aufgaben, die das internationale Krisenmanagement betreffen. Ihre Integration in den Titel V des Unionsvertrag bedingt, daß sie grundsätzlich[535] von allen Mitgliedstaaten getragen wird.

---

[531] WEU contribution to the EU Intergovernmental Conference of 1996, 14 November 1995, Abs. 88 ff.

[532] Aus praktischen Gründen erfolgt die Darstellung des Kapitels im Indikativ, obgleich es sich bei dem Konzept um eine (noch) nicht verwirklichte Option zur Weiterentwicklung der Europäischen Sicherheits- und Verteidigungspolitik handelt.

[533] Der *acquis* der WEU setzt sich aus der in Art. V des modifizierten Brüsseler Vertrags normierten Beistandsverpflichtung und den in der Petersberg-Erklärung genannten Aufgaben des internationalen Krisenmanagements zusammen.

[534] Ihren Namen erhalten die Petersberg-Aufgaben durch ihre erstmalige Erwähnung in der Petersberg-Erklärung der WEU vom 19. Juni 1992, Bulletin der Bundesregierung Nr. 68/1992 vom 23.06.1992, S. 649-53.

[535] Zum opting-out Dänemarks siehe S. 117.

Der Unionsvertrag erfährt in diesem Bereich bei dem vorliegend diskutierten Konzept keine wesentliche Änderung, sondern bleibt in der Form des Vertrages von Amsterdam bestehen.

a. Die Außensicherheitspolitik der Union

Die Außensicherheitspolitik der Union seit dem Vertrag von Maastricht stellt eine Fortführung der Europäischen Politischen Zusammenarbeit dar. Der Unionsvertrag stellt Instrumente für Konsultation und ein einheitliches Vorgehen der Mitgliedstaaten bereit, so beispielsweise die gemeinsame Aktion nach Art. 14 EUV oder der gemeinsame Standpunkt nach Art. 15 EUV.

Begrifflich beschränkt sich die Sicherheit in diesem Zusammenhang auf äußere Sicherheit, was zum einen durch die Bezugnahme auf verteidigungspolitische Aspekte, zum anderen durch die Schaffung eines innenpolitischen Politikbereiches betreffend justizielle und innere Angelegenheiten im Maastrichter Vertrag unterstrichen wird[536]. Jedoch wird dem Wortlaut nach keine Beschränkung auf militärische Aspekte vorgenommen, sondern die Fragen außenpolitischer Sicherheit umfassen auch wirtschaftliche und politische Gesichtspunkte[537]. Die Formulierung bedeutet keinen Souveränitätsverlust der Mitgliedstaaten[538].

Begrenzt werden die außen- und sicherheitspolitischen Kompetenzen der Union aus dem Vertrag somit durch die außenhandelspolitischen Kompetenzen der Europäischen Gemeinschaft auf der einen und durch die souveränen Rechte der Mitgliedstaaten auf der anderen Seite.

b. Die verteidigungspolitischen Aspekte der GASP

Die Zuständigkeit der Union im Rahmen der GASP umfaßt gemäß Art. 17 Abs. 1 EUV eine Verteidigungspolitik[539]. Seit dem Vertrag von Amsterdam beinhalten die Fragen der Sicherheit der Union ausdrücklich auch solche des internationalen Krisenmanagements, also die Durchführung von Operationen

---

[536] *Semrau*, Die Gemeinsame Außen- und Sicherheitspolitik, S. 54-5.

[537] *Jürgens*, Die gemeinsame Außen- und Sicherheitspolitik, S. 222-3.

[538] Dies wird auch in der Erklärung Nr. 4 zu den Artikeln J.14 und K.10 des Vertrags über die Europäische Union noch einmal klargestellt, die einen konkludenten Übergang von Souveränitätsrechten der Mitgliedstaaten auf die Union durch die in Art. 24 und Art. 38 EUV vorgesehene Möglichkeit zu einer Übereinkunft der Union mit dritten Staaten ausschließt.

[539] Die Formulierung des Maastrichter Vertrags, daß die Festlegung einer gemeinsamen Verteidigungspolitik zu den Fragen der Sicherheit der Union gehört (Art. J.4.1 EUV), legt nahe, daß bereits zu diesem Zeitpunkt die Verteidigungspolitik von der Zuständigkeit der Union erfaßt wurde, *Frowein*, Auf dem Wege zu einer gemeinsamen Sicherheits- und Verteidigungspolitik, in *Tomuschat*, Rechtsprobleme eine europäischen Sicherheits- und Verteidigungspolitik S.11 (12).

des Petersberg-Typus. Sie sind in Art. 17 Abs. 2 EUV genauer definiert, der die auf der WEU-Ministertagung am 19. Juni 1992 formulierten Petersberg-Aufgaben nennt, und werden in der Sprache des Vertrages unter *Aufgaben mit verteidigungspolitischen Bezügen* gefaßt[540].

Diese Aufgabenstellung in der GASP ändert sich bei dem vorliegend diskutierten Konzept nicht. Das internationale Krisenmanagement verbleibt in Form der Petersberg-Aufgaben unverändert in der GASP des Unionsvertrags in der Fassung von Amsterdam.

Im Bereich der operationellen Durchführung ergeben sich jedoch Änderungen gegenüber dem Vertrag von Amsterdam. Im Rahmen dieses Vertrages nimmt die Union bei Aufgaben mit verteidigungspolitischen Bezügen die WEU zur Durchführung ihrer Entscheidungen und Aktionen in Anspruch. Eine Integration der WEU in die Union bedeutet jedoch, daß die WEU aufgelöst wird und damit als eigenständige Organisation nicht mehr existiert. Die Union kann folglich nicht mehr auf die WEU als eine weitere, autonome Organisation zurückgreifen, um ihre Entscheidungen und Aktionen durchzuführen, sondern muß sich auf eigene operative Kapazitäten stützen. Der Vertrag von Nizza[541] nimmt diese Entwicklung bereits vorweg, indem er einen Rückgriff auf die Kapazitäten der WEU zur Durchführung einer Operation nicht mehr vorsieht. Dies korrespondiert mit dem Beschluß der WEU von Marseille[542], Aufgaben des internationalen Krisenmanagements der EU zu übertragen.

2. Das fakultative Zusatzprotokoll zur gemeinsamen Verteidigung

Im Unionsvertrag sind Aufgaben im Bereich der Verteidigung lediglich als Zielbestimmung normiert. Die gemeinsame Verteidigungspolitik könnte

> zu einer gemeinsamen Verteidigung führen (...), falls der Europäische Rat dies beschließt[543].

Bei dem vorliegend diskutierten Modell wird zwar eine gemeinsame Verteidigung von einem Teil der Unionsstaaten beschlossen, jedoch wird diese Komponente gerade nicht in den Titel V integriert. Damit fallen jegliche Aufgaben der Verteidigung nicht in den Kompetenzbereich der Union aus Titel V des Unionsvertrages.

Vielmehr werden Fragen der gemeinsamen Verteidigung als Zusatzprotokoll an den Unionsvertrag angefügt, welches die Beistandsgarantie übernimmt,

---

[540] Siehe dazu S. 95.
[541] Vertrag von Nizza in der am 26. Februar 2001 unterzeichneten Fassung.
[542] WEU Ministerrat in Marseille am 13. Dezember 2000.
[543] Art. 17 Abs. 1 UA 1 des Unionsvertrages.

die bisher in Art. V des modifizierten Brüsseler Vertrags zu finden war. Mit der Beistandsklausel des Protokolls wird ein neues Element in die Union eingeführt, das bis dahin nur als Zielbestimmung normiert war. Sollte dementsprechend ein Unterzeichnerstaat des Protokolls

> das Ziel eines Angriffs in Europa werden, so werden ihm die anderen (...) [Unterzeichner] im Einklang mit den Bestimmungen des Artikels 51 der Satzung der Vereinten Nationen alle in ihrer Macht stehende militärische und sonstige Hilfe und Unterstützung leisten[544].

Die fakultative Natur des Protokolls bedingt, daß jeder Mitgliedstaat der Union über seine Teilnahme an der gemeinsamen Verteidigung entscheiden kann. Es handelt sich um einen Fall des *opting-in*, da die Teilnahme an, im Gegensatz zur Abstention von, einer Bestimmung erklärt werden muß.

3. Die Auflösung der WEU

Durch die Aufnahme der Beistandsverpflichtung in das Protokoll zum Unionsvertrag wird auch das zweite Element des WEU-*acquis* in die Union integriert[545]. Damit wird die WEU als autonome internationale Einrichtung obsolet.

Im Verhältnis des Protokolls zum modifizierten Brüsseler Vertrag gilt Art. 54 lit. a) WVRK. Dementsprechend kann ein Vertrag nach der Maßgabe seiner Bestimmungen gekündigt werden. Im Falle des modifizierten Brüsseler Vertrags ist dessen Art. XII einschlägig, der eine Kündigung mit einer Frist von einem Jahr vom Zeitpunkt des fünfzigjährigen Bestehens[546] des Vertrags an erlaubt. Erfolgt keine ausdrückliche Kündigung des Vertrags nach Art. XII,

---

[544] Die Beistandsverpflichtung aus dem Art. V des modifizierten Brüsseler Vertrags, wie sie in das Protokoll übernommen werden soll.

[545] Die Petersberg-Aufgaben sind zwar nicht im modifizierten Brüsseler Vertrag verankert, bilden aber dennoch aufgrund des Beschlusses vom Petersberg am 19. Juni 1992 (Bulletin der Bundesregierung Nr. 86/1992 vom 23. Juni 1992, S. 649-53) einen Teil des WEU-*acquis*. Im Zentrum steht allerdings nach wie vor die Beistandsverpflichtung. Mit der Erklärung des Ministerrats in Marseille (13. Dezember 2000) zieht sich die WEU jedoch wieder aus dem internationalen Krisenmanagement zurück.

[546] *Duke*, The Second Death (or Coming?) of WEU, J.Com.M.St.(1996) S. 167 (188); *van Ham*, The EU and WEU, in *Edwards/Pijpers* (eds.), The Politics of European Treaty Reform, S. 306 (318), *Medvedev*, The WEU after Maastricht, in *Bonvicini et.al* (eds.), A Renewed Partnership for Europe, S. 171 (178). Zum Teil wird die Ansicht vertreten, daß bei der Berechnung des Zeitpunktes auf den modifizierten Vertrag von 1954 abgestellt werden müßte, da zu diesem Zeitpunkt ein neuer, selbständiger Vertrag geschlossen wurde. In diesem Fall könnte der Vertrag erst im Jahre 2004 gekündigt werden. Die herrschende Meinung nimmt aber an, daß der modifizierte Brüsseler Vertrag auf dem Brüsseler Vertrag von 1948 beruht und daher die Kündigung oder Suspendierung des Vertrages seit 1998 möglich ist, *Fleuß*, Die operationelle Rolle der WEU, S. 29-30 mwN.

so richtet sich die Beendigung des Vertrags nach Art. 59 Nr.1a der WVRK. Danach gilt ein Vertrag als beendet, wenn alle Vertragsparteien später einen sich auf denselben Gegenstand beziehenden Vertrag schließen und aus dem späteren Vertrag hervorgeht oder anderweitig feststeht, daß eine Regelung des Gegenstandes durch den späteren Vertrag beabsichtigt ist. Der modifizierte Brüsseler Vertrag wird also durch das Protokoll explizit oder konkludent außer Kraft gesetzt, sofern alle derzeitigen Vollmitglieder der WEU dem Protokoll beitreten, zumindest aber der Außerkraftsetzung des Vertrags zustimmen.

B. Einordnung der Beistandsverpflichtung und der Krisenmanagementkompetenzen in das vertragliche System der Union

Zunächst ist zu untersuchen, wie sich die beiden Elemente des WEU-*acquis*, also internationales Krisenmanagement in der Ausprägung der Petersberg-Aufgaben und eine kollektive Verteidigung im Sinne der Beistandsklausel, in die Union fügen und diese gegebenenfalls verändern[547].

I. Die Krisenmanagementkompetenzen innerhalb der GASP

Die in der GASP normierten Petersberg-Aufgaben sind unbestreitbar Teil des Unionsvertrags. Aufgrund der doppelten Natur des Unionsvertrags als Gründungsvertrag der Europäischen Union und als Änderungsvertrag der Europäischen Gemeinschaften sind jedoch nicht alle Vorschriften des Vertrags gleichzeitig auch Unionsrecht. Vielmehr stellt der Unionsvertrag neben die Gemeinschaften zwei intergouvernementale Säulen sowie für alle Säulen verbindliche Rahmenbestimmungen. Auf die in Titel V normierte GASP sind dementsprechend neben ihren eigenen Bestimmungen lediglich die Rahmenbestimmungen des Unionsvertrags anwendbar[548].

Eine Veränderung der Aufgaben im Rahmen der GASP gegenüber der Fassung von Amsterdam findet durch das Anfügen des Protokolls mit der Beistandsverpflichtung an den Unionsvertrag nicht statt. Die Fragen der Sicherheit der Union umfassen somit grundsätzlich nicht-militärische Aktionen im Bereich der Außenpolitik sowie militärische und nicht-militärische Aufgaben des internationalen Krisenmanagements[549]. Die größte Veränderung innerhalb der GASP, die durch die Integration der WEU in die Union bewirkt wird, ist die Tatsache, daß die Durchführung einer Petersberg-Operation nunmehr nicht mehr lediglich bei einer weiteren, autonomen internationalen Organisation in Auftrag gegeben wird, sondern die Verantwortung von der politischen

---

[547] Ausgehend von der derzeit einschlägigen Amsterdamer Fassung des Unionsvertrags.
[548] *Semrau*, Die GASP, S. 40, siehe dazu ausführlicher oben S. 81.
[549] Siehe dazu oben S. 132 ff.

Entscheidung bis hin zur Durchführung bei der Union liegt. Dadurch werden zwar die Kompetenzen in der GASP *nicht erweitert*, aber die bestehenden Kompetenzen werden *vertieft*, nachdem jetzt in Bezug auf Aufgaben mit verteidigungspolitischen Implikationen nicht nur die politische Willensbildung und Verantwortung, sondern auch die Planung und Durchführung der Operation bei der Union liegt[550].

Die Instrumente der Union sind dabei die gleichen, die ihr bereits im Vertrag von Amsterdam im Titel V zugewiesen wurden. Dementsprechend legt der Europäische Rat als übergeordnetes, intergouvernementales Organ die Grundsätze und allgemeinen Leitlinien fest, die dann vom Rat durchgeführt werden. Falls wesentliche Interessen der Mitgliedstaaten berührt sind, bedient sich der Europäische Rat einer Gemeinsamen Strategie[551], die dem Rat weniger Gestaltungsspielraum bei der Umsetzung läßt. Der Rat führt seinerseits die gemeinsame Strategie des Europäischen Rates durch[552] oder ergreift Maßnahmen auf der Basis der Grundsätze oder allgemeinen Leitlinien. Dies geschieht in Form einer gemeinsamen Aktion oder eines gemeinsamen Standpunkts[553].

Fragen des internationalen Krisenmanagements werden also im wesentlichen beschlossen und durchgeführt, wie es der Unionsvertrag in der Fassung von Amsterdam bestimmt[554].

II. Die Einordnung des Fakultativprotokolls in den Unionsrahmen

Die Aufgaben der gemeinsamen Verteidigung stehen im Gegensatz zu den Aufgaben des internationalen Krisenmanagements nicht im Unionsvertrag selbst, sondern werden als Fakultativprotokoll an den Vertrag angefügt. Fraglich ist damit, wie ein solches Zusatzprotokoll in das bisherige System der Europäischen Union einzuordnen ist. Bleibt man beim Bild des griechischen Tempels, so lautet die Frage, ob das Zusatzprotokoll Teil einer Säule sein wird, ob es eine eigene Säule bildet oder gar außerhalb der Konstruktion steht.

1. Das Protokoll als Teil der GASP?

Zunächst ist zu untersuchen, ob das Protokoll einer der bestehenden Bereiche der Union, im Bild des Tempels einer der drei Säulen, zugeordnet werden

---

550 Der Vertrag von Nizza sieht bereits vor, daß die Union bei der Durchführung einer Operation nicht mehr auf die WEU zurückgreift, sondern selbst tätig wird, Art. 17 EUV-Nizza.
551 Art. 13 Abs. 1 und 2 EUV.
552 Art. 13 Abs. 3 UA 2 EUV.
553 Art. 14, 15 EUV.
554 Siehe dazu oben S. 101 ff.

kann[555]. Aufgrund seiner thematischen Zugehörigkeit zu den außenpolitischen Aktivitäten der Union und seiner völkerrechtlichen Ausgestaltung kommt dafür nur der Titel V, die Gemeinsame Außen- und Sicherheitspolitik, in Betracht.

Eine Zuordnung des – externen – Protokolls zur GASP ist überhaupt nur dann möglich, wenn der Unionsvertrag nicht eine exklusive Behandlung aller Fragen der Außen- und Sicherheitspolitik innerhalb des Titels V vorsieht. Gemäß Art. 11 EUV erstreckt sich die GASP auf alle Bereiche der Außen- und Sicherheitspolitik, was eine ausschließliche Behandlung der Bereiche in diesem Titel begründen könnte. Gegen eine solche Annahme spricht jedoch schon die Überschrift des Titels, *Bestimmungen über die Gemeinsame Außen- und Sicherheitspolitik*, deren Wortlaut das Bestehen weiterer Bestimmungen und Regelungen nicht explizit ausschließt. Ferner verhindert die exklusive Kompetenz der Europäischen Gemeinschaft in Bezug auf die Außenhandelspolitik eine ausschließliche Kompetenz der GASP auf *alle* Bereiche der Außen- und Sicherheitspolitik. Schließlich erlauben die Vorschriften selbst den Mitgliedstaaten, sich in diesem Bereich zu betätigen[556]. Eine Regelung eines thematischen Teilbereichs der Gemeinsamen Außen- und Sicherheitspolitik außerhalb des Titels V des Unionsvertrages ist also grundsätzlich möglich.

a. Das Protokoll als spätere Übereinkunft gemäß Art. 31 WVRK

Möglicherweise ist das Protokoll als Auslegungsmittel bezüglich einzelner Vertragsbestimmungen innerhalb der zweiten Säule zu sehen. Dazu zählt gemäß Art. 31 Nr. 3a) WVRK

> jede spätere Übereinkunft zwischen den Vertragsparteien über die Auslegung des Vertrags oder die Anwendung seiner Bestimmungen.

Für diese Ansicht spricht die Bezeichnung als Protokoll zum Vertrag, da die Erklärungen und Protokolle zum Unionsvertrag im wesentlichen der Klarstellung im Vertrag enthaltener Klauseln sowie Stellungnahmen und Sonderpositionen einzelner Mitgliedstaaten dienen. Das Protokoll könnte folglich als Klarstellung und genaueren Ausdeutung der in Art. 17 EUV genannten gemeinsamen Verteidigung gesehen werden, wodurch es der zweiten Säule zuzuordnen wäre.

Dazu müßte die gemeinsame Verteidigung in ihren wesentlichen Punkten im Vertrag verankert sein. Das heißt, es müßte Konsens unter allen Mitgliedstaaten herrschen, daß sich die Kompetenzen der Union im Rahmen der GASP

---

555 Zum Aufbau der Union siehe oben S. 72 ff.

556 So zum Beispiel Art. 17 Abs. 1 UA 3 EUV bezüglich der NATO oder Art. 17 IV bezüglich einer engeren zwei- oder mehrseitigen Zusammenarbeit von Mitgliedstaaten.

auf eine gemeinsame Verteidigung erstrecken. Genau dies ist aber im Unionsvertrag nicht vereinbart worden, woran auch ein Zusatzprotokoll nichts ändert. Die gemeinsame Verteidigung in Art. 17 Abs. 1 EUV ist vielmehr, wie oben gesehen, nach wie vor eine in die Zukunft gerichtete Zielbestimmung[557]. Das Protokoll führt ein von den Bestimmungen über die Gemeinsame Außen- und Sicherheitspolitik unabhängiges Instrument ein. Zudem beinhaltet der von allen Unionsmitgliedern unterzeichnete Teil des Protokolls lediglich eine Ermächtigung, sich innerhalb der Union zu einer kollektiven Verteidigungseinrichtung zusammenzuschließen. Die eigentlichen Bestimmungen bezüglich der gemeinsamen Verteidigung jedoch werden nicht von *allen* Unionsmitgliedern unterzeichnet, so daß Art. 31 Abs. 3a) der Wiener Vertragsrechtskonvention schon aus diesem Grund nicht eingreift.

Folglich handelt es sich nicht um ein Auslegungsmittel für eine Bestimmung des Unionsvertrages im Sinne des Art. 31 Abs. 3a) WVRK.

b. Das Protokoll als Ausführungsbestimmung zur GASP

Weiterhin könnte das Protokoll als Teil der GASP verstanden werden, indem es ein im Vertrag enthaltenes Element der gemeinsamen Verteidigung konkretisiert und mit einer Durchführungsbestimmung versieht. Hier gilt jedoch das oben Gesagte insofern, als die gemeinsame Verteidigung zumindest grundsätzlich im Vertrag enthalten sein müßte. Erwähnung findet sie in Art. 17 EUV, jedoch gehen die entsprechende Bestimmung im Vertrag über eine Zielbestimmung nicht hinaus.

Auch übersieht diese Betrachtungsweise, daß die Vertragsparteien der gemeinsamen Verteidigung gerade deswegen die Form eines Zusatzprotokolls gegeben haben, weil sie zwar Eingang in die Union finden, nicht aber in den Unionsvertrag integriert werden sollte. Wesentlicher Indikator ist hier das Instrument des *opting-in*. Die Vereinbarung bezüglich der Verteidigungskomponente ist nicht Teil des Unionsvertrages, sondern stellt eine zusätzliche Vereinbarung dar, die zwar von anderen Mitgliedstaaten zur Kenntnis genommen und respektiert wird, aber nicht verpflichtend ist. Nicht die Abstention muß durch ein *opting-out* aus einer einzelnen Klausel des Vertrages explizit erklärt werden, sondern vielmehr die Aufsichnahme der Beistandsverpflichtung durch die an der Verteidigungskomponente der Union teilnehmenden Staaten. Darin liegt auch der Unterschied zu anderen flexiblen Instrumenten wie der Europäischen Wirtschafts- und Währungsunion oder den Schengen-Bestimmungen, die durch die Verträge von Maastricht und Amsterdam im Vertrag über die Europäische Gemeinschaft, somit innerhalb der ersten Säule verankert wurden[558]. Mitgliedstaaten, die diese

---

[557] ‚Die zu einer gemeinsamen Verteidigung führen *könnte*', Art. 17 Abs. 1 EUV, Hervorhebung des Autors.

ersten Säule verankert wurden[558]. Mitgliedstaaten, die diese Politikbereiche nicht mit tragen wollten, mußten dies explizit durch ein *opting-out* erklären.

Folglich kann das Protokoll auch nicht als Ausführungsbestimmung zu einer in der GASP verankerten Regelung verstanden werden.

c. Verstärkte Zusammenarbeit im Rahmen des Titel VII

In Art. 17 Abs. 4 EUV wird eine engere Zusammenarbeit von Mitgliedstaaten der Union auf zweiseitiger Ebene oder im Rahmen der WEU oder NATO explizit gestattet. Titel VII EUV regelt die verstärkte Zusammenarbeit zwischen einzelnen Mitgliedstaaten. Fraglich ist daher, ob eine gemeinsame Verteidigung, die in einem Protokoll dem Unionsvertrag angefügt wird, eine solche verstärkte Zusammenarbeit darstellt.

Der Vertrag sieht jedoch gerade nicht die Möglichkeit zu einer verstärkten Zusammenarbeit im Rahmen der Gemeinsamen Außen- und Sicherheitspolitik vor. Zwar wurde ein solches Instrument diskutiert, jedoch relativ spät in den Verhandlungen wieder aus dem Entwurf gestrichen und die konstruktive Enthaltung als einziges Element der Flexibilität für die zweite Säule normiert[559]. Der Vertrag in seiner endgültigen Fassung bezieht die Vorschriften des Titel VII über eine verstärkte Zusammenarbeit ausschließlich auf solche Projekte, die innerhalb der Europäischen Gemeinschaft oder der Polizeilichen und Justiziellen Zusammenarbeit in Strafsachen angesiedelt sind. Art. 43 lit. h) verweist demgemäß auch lediglich auf spezielle Kriterien in Art. 11 des Vertrages zur Gründung der Europäischen Gemeinschaft und Art. 40 des Unionsvertrages.

Der Vertrag von Nizza läßt zwar gemäß seiner Art. 27a-e eine verstärkte Zusammenarbeit zu, beschränkt diese aber auf untergeordnete Entscheidungen und schließt in Art. 27b Fragen mit militärischen oder verteidigungspolitischen Bezügen explizit aus.

Damit ist ein Protokoll bezüglich einer kollektiven Verteidigung nicht als verstärkte Zusammenarbeit im Sinne des Titel VII zu qualifizieren. Das Protokoll wird also von den Mitgliedstaaten nicht als Teil der zweiten Säule geplant und kann auch aus juristischer Sicht nicht so ausgelegt werden.

---

[558] Die EWU findet sich in den Artikeln 105-111, die Bestimmungen des Abkommens von Schengen wurden als Titel IV. *Visa, Asyl, Einwanderung und andere Politiken betreffend den freien Personenverkehr* im Vertrag von Amsterdam in den Unionsvertrag integriert.
[559] *Ehlermann*, Engere Zusammenarbeit nach dem Vertrag von Amsterdam, S. 362 (387), *Thun-Hohenstein*, Möglichkeiten einer „verstärkten Zusammenarbeit„, S. 125 (126), *Neuhold*, The provisions of the Amsterdam Treaty, in *Hafner*, Liber amicorum Prof. Seidl-Hohenveldern, S. 495 (505).

2. Das Protokoll als Annex außerhalb der Union?

Daraus ließe sich der Rückschluß ableiten, das Protokoll stehe außerhalb des Unionsvertrages und werde quasi nur anläßlich einer Konferenz der Union beschlossen, um gegenüber den nicht teilnehmenden Mitgliedstaaten transparent zu bleiben.

Gegen diese Ansicht spricht jedoch, daß die Vertragsparteien eine Integration der WEU in die Union mittels des Protokolls gerade wünschen. Die Erwähnung der gemeinsamen Verteidigung in Art. 17 Abs. 1 EUV sowie die Tatsache, daß alle Mitgliedstaaten zunächst einmal der Einrichtung eines solchen Verteidigungsprotokolls zustimmen müssen, auch wenn sie sich an der gemeinsamen Verteidigung selbst nicht beteiligen, deutet darauf hin, daß das Protokoll in den Unionsrahmen gestellt werden soll. Zudem würde eine Auflösung der WEU und die Übernahme des WEU-*acquis* in ein Protokoll, das wiederum außerhalb der Union steht, lediglich eine Veränderung der Bezeichnung bedeuten, was weder rechtlich noch politisch sinnvoll erscheint.

Damit kann das Protokoll auch nicht als außerhalb der Union stehend betrachtet werden, da dies dem erklärten Willen der Vertragsparteien widersprechen sowie juristisch und politisch keinen Sinn ergeben würde.

3. Das Protokoll als eigener Politikbereich

Wie oben gesehen, kann das Protokoll weder als Teil der GASP gesehen werden, noch steht es gänzlich außerhalb des Unionsvertrages.

Möglicherweise stellt das Fakultativprotokoll einen Annex *zum* Unionsvertrag dar. Damit würde es in den Rahmen der Union gestellt, ohne eine für alle Mitgliedstaaten verbindliche grundsätzliche Bindungswirkung oder Teilnahmepflicht zu begründen. Eine solche Lösung stellt einen Kompromiß dar zwischen denjenigen Staaten, die eine Integration der gemeinsamen Verteidigung in die Union wünschen, und denjenigen, welche sie als strikt intergouvernementale Einrichtung außerhalb der GASP belassen wollen[560].

Das erste Beispiel eines solchen Protokolls als Anlage zum Unionsvertrag war das Sozialprotokoll, das im Zusammenhang mit dem Vertrag von Maastricht entstand. Das Fakultativprotokoll zur gemeinsamen Verteidigung unterscheidet sich vom Sozialprotokoll insofern, als es sich nicht um eine Frage des Gemeinschaftsrecht handelt. Dennoch kann die Diskussion um das Sozialprotokoll und Sozialabkommen für die Frage nach dem Status des Verteidigungsprotokolls Hinweise geben, wie ein nicht von allen Unionsmitgliedern

---

[560] *D'Oléon/Jopp*, The Way Ahead for a European Defence Cooperation, in *Martin/Roper*, Towards a Common Defence Policy, S. 99 (105).

inhaltlich unterzeichnetes, aber von allen als eine fakultative Einrichtung akzeptiertes Dokument in Bezug auf das Gefüge der Union zu betrachten ist.

Es erscheint daher sinnvoll, einen kurzen Blick auf das Sozialprotokoll zu werfen, um anhand eventueller Gemeinsamkeiten mit einem Fakultativprotokoll bezüglich einer gemeinsamen Verteidigung Rückschlüsse auf die Einordnung des letztgenannten Protokolls zu ziehen.

a. Das Sozialprotokoll und Sozialabkommen zum Vergleich

Hintergrund des Sozialprotokolls waren die Weigerung Großbritanniens, das Sozialkapitel zu verändern, gegenüber der Weigerung anderer Mitgliedstaaten, insbesondere Frankreich und Deutschland, der Wirtschafts- und Währungsunion ohne Stärkung der sozialen Grundrechte zuzustimmen[561]. Die Inhalte des späteren Protokolls konnten daher nicht direkt im Vertrag festgelegt werden.

Der Streit zwischen Großbritannien und den übrigen Mitgliedstaaten fand in letzter Minute eine Lösung, indem alle (damals zwölf) Mitgliedstaaten als Anlage zum Vertrag über die Europäische Union ein *Protokoll über die Sozialpolitik* vereinbarten, welches die Mitgliedstaaten der Europäische Gemeinschaft mit Ausnahme Großbritanniens ermächtigt, die im Gemeinschaftsrecht vorgesehenen sozialen Grundrechte weiterzuentwickeln[562]. Auf der Grundlage dieses Protokolls verabschiedeten die elf Mitgliedstaaten ein Abkommen über die Sozialpolitik. Diese Gemeinschaft ist gemäß dem Protokoll berechtigt,

> die Organe, Verfahren und Mechanismen der Europäische Gemeinschaft in Anspruch zu nehmen, um die erforderlichen Rechtsakte und Beschlüsse zur Umsetzung des Abkommens untereinander anzunehmen und anzuwenden[563].

Diese Vereinbarungen stellen einen Sonderfall im Recht der Europäischen Union dar, der bisher ohne Beispiel war. Der Rechtsstatus des Protokolls wie des Abkommens ist dementsprechend umstritten[564]. Zum Teil wird das dem Sozialprotokoll als Annex beigefügte Abkommen nicht als Teil des Sozialprotokolls und somit nicht als Teil des Gemeinschaftsrechts gesehen. Vielmehr handle es sich um ein nach den traditionellen Regeln des Völkerrechts geschlossenes internationales Übereinkommen, das in den Mitgliedstaaten entsprechend der nationalen Verfassungen ratifiziert werden müßte[565].

---

561 *Kampmeyer*, Sozialpolitik der Europäischen Union, S. 44f, *Ringler*, Die Europäische Sozialunion, S. 183.
562 *Ringler*, Die Europäische Sozialunion, S.183-4.
563 Vgl. Ziffer 1 des Protokolls über die Sozialpolitik.
564 *Kampmeyer*, Sozialpolitik der Europäischen Union, S. 151.
565 *Vogel-Polsky*, Beurteilung des sozialen Teils des Unionsvertrags, S.5f .

Die herrschende Meinung jedoch stellt den primärrechtlichen Charakter des Sozialprotokolls und selbst des Sozialabkommens grundsätzlich nicht in Frage[566]. Zwar bestimmt das Sozialprotokoll, daß die gemeinschaftlichen Vorschriften zur Sozialpolitik unberührt bleiben, aber dies bedeutet nur, daß die im Vertrag verankerten Vorschriften in vollem Umfang ihre Geltung bewahren[567]. Allerdings gilt das Abkommen nicht für die gesamte Gemeinschaft, sondern nur für einen Teil, so daß es kein klassisches Gemeinschaftsrecht darstellt[568]. Begründet wird die Zugehörigkeit zum Gemeinschaftsrecht im wesentlichen mit *formalen* und *inhaltlichen* Verbindung der Sozialpolitik mit dem Gemeinschaftsrecht[569] sowie mit der *Intention*, dem Abkommen zwischen den 11 Mitgliedstaaten diejenige Rechtswirkung zukommen zu lassen, die auch bei einer Aufnahme der Bestimmungen in den Vertrag gegolten hätte[570], ohne gleichzeitig eine Bindungswirkung für alle Mitgliedstaaten zu entfalten[571]. Das Protokoll und das Abkommen werden demnach dem Primärrecht zugeordnet.

Aufgrund des Regierungswechsels hat Großbritannien im Rahmen des Vertrags von Amsterdam der Übernahme der Bestimmungen zugestimmt[572]. Damit sind die Bestimmungen des Sozialprotokolls Teil des Besitzstandes der Europäischen Gemeinschaft geworden.

b. Das Fakultativprotokoll zur gemeinsamen Verteidigung

Auch das Fakultativprotokoll zur gemeinsamen Verteidigung beinhaltet sinnvollerweise eine Übereinkunft aller Mitgliedstaaten, eine fakultative Verteidigungsgemeinschaft einzurichten, und eine weitere Übereinkunft, welche die gemeinsame Verteidigung regelt und nur von einem Teil der Mitgliedstaaten auf fakultativer Basis unterzeichnet wird. Die Frage nach der Zugehörigkeit des Protokolls zum Primärrecht der Union wird durch dieselben Argumente indiziert, wie sie im Zusammenhang mit dem Sozialprotokoll und –abkommen verwendet wurden. Damit ist die formelle und inhaltliche Verbindung des Protokolls mit dem Vertrag ebenso zu prüfen sowie die Intention der Vertragsparteien.

aa. Die formelle und inhaltliche Verbindung mit dem Unionsvertrag

Eine formelle Verbindung des Protokolls mit dem Unionsvertrag ergibt sich zum einen aus der Tatsache, daß es von allen (derzeit) fünfzehn Mitgliedstaa-

---

566 *Ringler*, Die Europäische Sozialunion, S.186 mit weiteren Nachweisen.
567 *Ringler*, Die Europäische Sozialunion, S.186-7.
568 *Kampmeyer*, Sozialpolitik der Europäischen Union, S.178.
569 *Kampmeyer*, Sozialpolitik der Europäischen Union, S.161-7.
570 *Ringler*, Die Europäische Sozialunion, S.187-8.
571 Im Sozialbereich entstand dadurch ein *Europa der zwei Geschwindigkeiten*.
572 *Koenig/Pechstein*, Die EU, Rnr. 47

ten der Union, und nur von ihnen, beschlossen wird. Desweiteren steht die Unterzeichnung der Beistandsklausel grundsätzlich allen Mitgliedstaaten, aber auch nur den Mitgliedstaaten der Union offen. Schließlich ist das Fakultativprotokoll auch als ein Protokoll zum Unionsvertrag konzipiert und folglich insoweit mit dem Vertrag verbunden.

Auch inhaltlich läßt sich eine Verbindung des Protokolls zum Unionsvertrag feststellen. Art. 17 Abs. 1 EUV schreibt die gemeinsame Verteidigung als Zielbestimmung im Unionsvertrag selbst fest. Das Zusatzprotokoll beinhaltet diese gemeinsame Verteidigung, die zwar nicht von allen Mitgliedstaaten der Union, aber immerhin von ihrer Mehrheit getragen wird[573]. Damit führt es zwar ein neues, eigenes Institut ein, welches ausdrücklich die Integration der WEU in die Union zum Ziel hat. Jedoch ist die Grundlage bereits im Unionsvertrag selbst gelegt. Das Protokoll stellt folglich eine Weiterführung der Außen- und Sicherheitspolitik dar und wird zu einem Teil der politischen Dimension der Union. Eine inhaltliche Verbindung mit dem Unionsvertrag ist folglich gegeben.

bb. Die Intention der Mitgliedstaaten

Ähnlich wie bei der Frage um die Erweiterung des Sozialkapitels stehen sich auch bei der Diskussion um eine gemeinsame Verteidigung zwei diametral entgegengesetzte Meinungen gegenüber. Ein Teil der Staaten, (wiederum) geführt von Frankreich und Deutschland, befürwortet eine Integration der WEU in die EU, während andere (in diesem Fall vor allem die neutralen Staaten[574]) die Union nicht als Verteidigungsbündnis ausgestaltet wissen möchten.

Das Fakultativprotokoll stellt einen Kompromiß dar[575], indem es denjenigen Staaten, die eine gemeinsame Verteidigung für wünschenswert erachten, ein Forum innerhalb der Union zur Verfügung stellt, eine Aufnahme in den konstitutiven Unionsvertrag und eine grundsätzliche Teilnahmepflicht für alle Mitgliedstaaten aber vermeidet. Damit begründet die gemeinsame Verteidigung einen Politikbereich der Union, dem sich die Mitgliedstaaten aufgrund einer freien Entscheidung verpflichten können.

Die Intention der Unionsmitglieder geht also dahin, wie auch im Fall des Sozialprotokolls innerhalb der Union ein Forum zu schaffen, welches von den Mitgliedern fakultativ zu einer weitergehenden Integration genutzt werden

---

573 Dies gilt, wenn man von der Prämisse ausgeht, daß die zehn derzeitigen Vollmitglieder der WEU alle oder zumindest zum größten Teil das Protokoll unterzeichnen. Die Mehrheit der Mitgliedstaaten ist mit 8 Unterzeichnerstaaten erreicht.

574 Dies sind Finnland, Irland, Österreich und Schweden.

575 *D'Oléon/Jopp*, The Way Ahead for a European Defence Cooperation, in *Martin/Roper*, Towards a Common Defence Policy, S. 99 (105).

kann, als sie im Unionsvertrag selbst derzeit besteht. Die Folge ist, ebenfalls wie im Fall des Sozialprotokolls, ein *Europa der zwei Geschwindigkeiten* oder *Europa á la carte*, je nachdem, ob man in den Bereichen der engeren Zusammenarbeit einen Prototyp sieht, dem die übrigen Staaten im Laufe der Zeit auch beitreten, oder eine politische Schwerpunktbildung, die jedem Unionsmitglied auch in Zukunft selbst überlassen bleibt[576]. Das Protokoll soll also nach dem Willen der Mitgliedstaaten die Beistandsverpflichtung in den Rahmen der Union stellen, aber gleichzeitig nicht alle Mitgliedstaaten verpflichten. Damit wird eine engere Zusammenarbeit einiger Mitgliedstaaten im Unionsrahmen gewünscht und ermöglicht, um die Beachtung der Interessen der Gemeinschaft und der nicht beteiligten Unionsmitglieder sowie des *acquis communautaire* zu sichern[577]. Für nicht an dem Protokoll beteiligte Mitgliedstaaten der Union gilt ihr jeweiliger besonderer Charakter der Sicherheits- und Verteidigungspolitik.

4. Die Rechtsnatur des Protokolls

Gemäß Art. 17 Abs. 4 EUV ist eine engere Zusammenarbeit von Mitgliedstaaten auf zweiseitiger Ebene oder im Rahmen der WEU oder NATO ausdrücklich gestattet. Diese Zusammenarbeit geschieht auf völkerrechtlicher Ebene. Das Protokoll ist demnach als ein völkerrechtlicher Vertrag zu werten, der eine engere Zusammenarbeit im Rahmen der WEU als deren Nachfolger zum Inhalt hat. Dementsprechend sind die Bestimmungen der WVRK auf das Protokoll anzuwenden[578], sofern keine vertraglichen Regelungen vorliegen. Die rechtliche Ausgestaltung ist rein intergouvernemental.

5. Ergebnis

Das Protokoll ist so mit der Union verbunden, daß es als Teil derselben zu betrachten ist. Jedoch bedeutet es keine Ausweitung der zweiten Säule, sondern generiert einen eigenen Politikbereich. Vergleichbar dem Sozialabkommen, welches als Teil des Gemeinschaftsrechts, nicht aber des Sozialkapitels gilt, stellt die gemeinsame Verteidigung Primärrecht der Union, aber nicht der GASP dar. Die Mitgliedstaaten treten der gemeinsamen Verteidigung, im

---

[576] Zu den verschiedenen Flexibilitätskonzepten für die EU siehe *Walker*, Sovereignty and Differential Integration, CMLRev (1998) S. 355, insbesondere S. 364 ff, *Usher*, Variable geometry or concentric circles: Patterns for the European Union, ICLQ (1997) S. 243 ff.

[577] Das Konzept der GASP verliert allerdings an Glaubwürdigkeit, wenn zu umfangreiche Ausnahmen gemacht werden und sich einige Länder beispielsweise nur noch an Teilen der Außenpolitik beteiligen, *Semrau*, Die Gemeinsame Außen- und Sicherheitspolitik, S. 106.

[578] Art. 1 WVRK bestimmt, daß sie auf alle Verträge zwischen den Unterzeichnerstaaten Anwendung findet.

Gegensatz zu einem *opting-out* der nicht teilnehmenden Nationen von einer Vertragsbestimmung, durch Unterzeichnung des Protokolls bei.

Obgleich die gemeinsame Verteidigung in der GASP erwähnt ist, wird sie dort nicht weiter ausgeführt und bleibt als Zielbestimmung für die Zukunft stehen. Bezogen auf die Säulenarchitektur wird man das Protokoll daher als vierte Säule neben die drei derzeitigen Säulen stellen müssen.

III. Die Anwendung von Unionsrecht auf Maßnahmen i.R.d. Protokolls

Die Gemeinsame Verteidigung stellt als eigener Politikbereich einen Teil der Union dar. Wegen der doppelten Natur des Unionsvertrages – einerseits als Gründungsvertrag der Union, anderseits als Änderungsvertrag zum Vertrag über die Europäische Gemeinschaften - ergibt sich die Widersprüchlichkeit, daß nicht alle Vorschriften des Unionsvertrages gleichzeitig auch Unionsrecht sind, also beispielsweise nicht alle Vorschriften des Unionsvertrages Anwendung auf die GASP finden[579]. Lediglich die Rahmenbestimmungen des Vertrages sind auf alle anderen Titel anwendbar[580]. Es handelt sich dabei um die Einführenden Bestimmungen der Art. 1-7 EUV sowie die Schlußbestimmungen der Art. 46-53 EUV des Unionsvertrages. Fraglich ist daher, ob und welche Bestimmungen des Unionsvertrages auf das Protokoll Anwendung finden.

1. Anwendung der Rahmenbestimmungen des Unionsvertrags

Die gemeinsame Verteidigung, wie sie im Protokoll festgelegt wird, ist nicht Teil des Unionsvertrags. Damit könnte eine Anwendung der einführenden und der Schlußbestimmungen des Vertrages auf die Regelungen zur gemeinsamen Verteidigung ausscheiden. Jedoch ist zu beachten, daß das Protokoll zum Primärrecht der Union gehört und dadurch einen Teilbereich der Union darstellt. Zudem gewährleistet die Anwendung der entsprechenden Bestimmungen die Wahrung des *acquis* der Union und ein kohärentes Vorgehen innerhalb der Union. Dies entspricht auch der Intention der Mitgliedstaaten, die eine gemeinsame Verteidigung als Fakultativbereich *innerhalb* der Union ansiedeln, und gilt um so mehr, als durch die Anwendung der Art. 1-7 und 46-53 des Unionsvertrages die intergouvernementale Natur des Protokolls nicht beeinträchtigt wird. Die Vorschriften des Titel V EUV sind auf das Protokoll nicht anzuwenden, nachdem dieses keinen Teil der GASP darstellt.

Insbesondere sind die Unterzeichner des Protokoll daher auch bei Handlungen, die sie im Rahmen des Protokolls vornehmen, zur Verfolgung der Ziele

---

[579] *Semrau*, Die Gemeinsame Außen- und Sicherheitspolitik, S. 40, siehe dazu oben S. 72 ff.

[580] *Semrau*, Die Gemeinsame Außen- und Sicherheitspolitik, S. 40.

in Art. 2 EUV sowie zur Achtung der Grundlagen der Union verpflichtet, die gemäß Art. 6 EUV die Grundsätze der Freiheit, der Demokratie, der Achtung der Menschenrechte und Grundfreiheiten sowie der Rechtsstaatlichkeit beinhalten. Art. 7 EUV nennt die Möglichkeiten der übrigen Mitgliedstaaten, eine Verletzung der Grundlagen nach Art. 6 EUV festzustellen und darauf zu reagieren. Art. 3 EUV garantiert den einheitlichen konstitutionellen Rahmen und formuliert das Kohärenzgebot, dem auch Handlungen im Rahmen des Protokolls unterliegen.

Die Schlußbestimmungen regeln insbesondere die Zuständigkeit des EuGH. Im Protokoll erhält der EuGH sinnvollerweise wie auch in der GASP des Vertrags von Amsterdam keine Kompetenzen und hat damit lediglich gemäß Art. 46-47 EUV darüber zu wachen, daß der Kompetenzbereich der Europäische Gemeinschaft nicht durch die Behandlung einer Angelegenheit im Rahmen des Protokolls verletzt wird.

2. Indirekte Voraussetzungen aus dem Kohärenzgebot, Art. 3 EUV

Art. 17 Abs. 4 EUV erlaubt eine *engere Zusammenarbeit* auf zweiseitiger Ebene oder im Rahmen von WEU und NATO. Allerdings läßt sich die Form der Zusammenarbeit im Sinne des Art. 17 Abs. 4 EUV nicht unter die Bestimmungen zur verstärkten Zusammenarbeit nach Titel VII fassen, da diese für den Bereich der Gemeinsamen Außen- und Sicherheitspolitik ausdrücklich nicht vorgesehen ist[581]. Es handelt sich lediglich um eine Zusammenarbeit innerhalb der Union ohne konkrete unionsvertragliche Basis. Eine analoge Anwendung der Art. 43 ff EUV verbietet sich aus demselben Grund[582].

Die vorliegende Form der engeren Zusammenarbeit muß dennoch bestimmte Rahmenbestimmungen beachten, um nicht der Idee und der Substanz der Union entgegenzulaufen. Dies ergibt sich insbesondere aus dem Gebot des Art. 3 Abs. 2 EUV, der die Beachtung der Kohärenz *aller (...) außenpolitischen Maßnahmen im Rahmen ihrer [der Union] Außen-, Sicherheits-, Wirtschafts- und Entwicklungspolitik* vorschreibt. Eine engere Zusammenarbeit einer Gruppe von Mitgliedstaaten innerhalb der Union muß bestimmte Voraussetzungen erfüllen, um die Zielen der Union nicht zu gefährden, sondern im Gegenteil eine weitere Integration zu fördern.

a. Kohärenz in den Zielen

Zunächst einmal muß das Protokoll darauf ausgerichtet sein, die Ziele der Union zu fördern und ihre Interessen zu schützen und ihnen zu dienen. Nur

---

581 Siehe dazu auch oben S. 161.

582 Zwar sieht der Vertrag von Nizza eine verstärkte Zusammenarbeit auch im Bereich der GASP vor, schließt aber Fragen mit militärischen oder verteidigungspolitischen Bezügen aus, Art. 27b EUV-Nizza.

dann ist eine engere Zusammenarbeit innerhalb der Union sinnvoll. In Art. 2 des Unionsvertrages wird als eines der Ziele der Union

> die Behauptung ihrer [der Union] Identität auf internationaler Ebene, insbesondere durch eine Gemeinsame Außen- und Sicherheitspolitik, wozu nach Maßgabe des Art. 17 auch die schrittweise Festlegung einer gemeinsamen Verteidigungspolitik gehört, die zu einer gemeinsamen Verteidigung führen könnte[583]

definiert. Art. 11 des Unionsvertrags nennt als Ziel der Union unter anderem

> die Wahrung der gemeinsamen Werte, der grundlegenden Interessen, der Unabhängigkeit und der Unversehrtheit der Union (...), die Stärkung der Sicherheit der Union in allen ihren Formen [und] die Wahrung des Friedens und die Stärkung der internationalen Sicherheit entsprechend den Grundsätzen der Charta der Vereinten Nationen(...).

Das Protokoll hat eine gemeinsame Verteidigung zum Inhalt, die gerade darauf ausgerichtet ist, die Sicherheit der Union und ihrer Mitglieder zu gewährleisten und die Union und ihre Unabhängigkeit in außenpolitischer Hinsicht zu stärken[584]. Folglich ist die Bedingung der Förderung der Ziele der Union und des Schutzes ihrer Interessen erfüllt.

b. Die Vereinbarkeit mit den Verträgen

Weiterhin ist das Verhältnis einer engeren Zusammenarbeit zu den Verträgen über die Union und die Gemeinschaft zu untersuchen. Dies ergibt sich aus dem Ziel der Union, den *acquis communautaire* zu wahren[585] und eine immer engere Integration[586] zu fördern. Bestimmungen, die diesen Zielen entgegenlaufen, können nicht als primäres Unionsrechts akzeptiert werden. Die Zusammenarbeit muß also die Grundsätze dieser Verträge und den einheitlichen institutionellen Rahmen der Union beachten. Zudem darf sie der nach Titel V vorgesehenen Zusammenarbeit aller Mitgliedstaaten nicht zuwiderlaufen und diese nicht behindern[587].

Dem Wortlaut nach ergibt sich keine Überschneidung von Kompetenzen aus dem Protokoll mit solchen der Europäischen Gemeinschaft. Ein der Union oder der Gemeinschaft entgegenlaufendes Handeln ist ebenfalls nicht feststellbar. Der Besitzstand der Gemeinschaft und die nach Maßgabe der Ver-

---

[583] Art. 2, 2. Spiegelstrich des Unionsvertrags.

[584] Durch die Integration der WEU wird die Verteidigungskomponente der WEU in die Union übernommen. Die Frage der Beziehung Europas und einer europäischen Sicherheits- und Verteidigungsidentität (ESVI) gegenüber der NATO bleibt auch nach einer Integration der WEU in die Union bestehen.

[585] Art. 2 Spstr. 5 EUV.

[586] Art. 1 Abs. 2 EUV.

[587] Art. 17 Abs. 4 2. Halbsatz EUV.

träge getroffenen Maßnahmen werden also durch eine verstärkte Zusammenarbeit im Bereich einer gemeinsamen Verteidigung nicht beeinträchtigt[588].

c. Bestimmungen bezüglich der Mitgliedstaaten

Eine engere Zusammenarbeit muß weiterhin mindestens die Mehrheit der Mitgliedstaaten betreffen und den übrigen Mitgliedstaaten offenstehen, um die Kohärenz der Union nicht zu gefährden. Wenn schon eine flexible Lösung gewählt werden muß, um die Integration voranzutreiben, da nicht alle Mitgliedstaaten einem bestimmten Projekt zustimmen, so darf die beteiligte Gruppe nicht so klein sein, daß sie weder als Prototyp dienen noch eine Sogwirkung entfalten kann[589].

Das Protokoll stellt eine Integration des WEU-*acquis* in die Union dar, so daß von einer Unterzeichnung zumindest durch die derzeitigen Vollmitglieder der WEU auszugehen ist. Dies sind zehn der fünfzehn Mitgliedstaaten der Union, also die Mehrheit der Unionsmitglieder. Die Unterzeichnung der Beistandsklausel steht auch den übrigen fünf Mitgliedstaaten, die derzeit bei der WEU einen Beobachterstatus einnehmen, grundsätzlich jederzeit frei[590]. Eine Beeinträchtigung der Zuständigkeiten, Rechte, Pflichten und Interessen der übrigen, an der Zusammenarbeit nicht beteiligten Mitgliedstaaten ist nicht ersichtlich.

d. Ergebnis

Es ist nicht zu erkennen, daß es sich um eine der Union oder den Gemeinschaften zuwiderlaufende oder den *acquis communautaire* gefährdende Bestimmung handelt. Einer Zusammenarbeit der derzeitigen Vollmitglieder der WEU im Wege einer gemeinsamen Verteidigung steht also nicht entgegen, daß dadurch das System der Union gestört oder beeinträchtigt würde.

Das Protokoll bezüglich einer gemeinsamen Verteidigung erfüllt somit auch die indirekten Voraussetzungen, die sich aus dem Kohärenzgebot des Art. 3 EUV ergeben.

3. Der einheitliche institutionelle Rahmen, Art. 3 Abs. 1 EUV

Mit den Rahmenbestimmungen des Vertrags kommt auch Art. 3 Abs. 1 EUV zur Anwendung. Dies begründet sich zum einen in der Tatsache, daß es sich bei den Protokollvorschriften um Primärrecht handelt, zum anderen aus dem Ziel des Art. 3 Abs. 1 EUV, die Kohärenz und Kontinuität der Maßnahmen

---

588 Zu der Problematik der Abgrenzung von Kompetenzen aus dem Gemeinschaftsvertrag und dem Protokoll siehe im einzelnen unten Kapitel 3 S. 171 ff.

589 Diese Überlegung liegt auch der Regelung des Art. 43 d und g EUV zugrunde.

590 Die Einführung von *Konvergenzkriterien* steht dem nicht entgegen, sofern diese nicht bewußt zur Ausgrenzung einiger Mitgliedstaaten gewählt sind.

sicherzustellen. Eine entgegengesetzte Intention der Mitgliedstaaten ist nicht erkennbar.

Die Mitgliedstaaten können daher im Rahmen dieser engeren Zusammenarbeit die im Unionsvertrag und im Vertrag über die Europäische Gemeinschaft vorgesehenen Organe, Verfahren und Mechanismen im Wege der Organleihe in Anspruch nehmen. Eine Beteiligung der Organe der Europäischen Gemeinschaft ist in einem durch das Protokoll vorgegebenen Rahmen ebenso möglich wie ein Rückgriff auf Beschlußfassungsmechanismen oder Stimmgewichtung, wie sie im EGV vorgesehen sind.

IV. Abgrenzung der Kompetenzen aus dem Union- und dem Gemeinschaftsvertrag und dem Protokoll

Durch die Trennung der Aufgaben der Verteidigung von solchen des internationalen Krisenmanagements und ihrer Behandlung in zwei verschiedenen Bereichen des Unionsrechtes ist es von Bedeutung, die beiden Felder deutlich voneinander zu trennen und die jeweilige Kompetenz den verschiedenen Bereichen zuzuordnen. Ebenso muß eine Abgrenzung der Maßnahmen aus der GASP und dem Protokoll von den Europäischen Gemeinschaften erfolgen. Dies erfordert zunächst einmal präzise Definitionen der genannten Bereiche, zum anderen eine Betrachtung und Regelung der sich zwangsläufig ergebenden Überschneidungsbereiche.

1. Begrifflichkeiten und Definitionen

Die Gemeinsame Außen- und Sicherheitspolitik erstreckt sich gemäß Art. 17 Abs. 1 EUV auf alle Fragen, welche die Sicherheit der Union betreffen[591]. Dies umfaßt auch die schrittweise Festlegung einer gemeinsamen Verteidigungspolitik. Problematisch ist insbesondere die Einordnung von Aufgaben mit militärischen Bezügen. Um eine solche Angelegenheit zweifelsfrei entweder der GASP oder dem Protokoll zuweisen zu können, bedarf es insbesondere einer Abgrenzung der Aufgaben der Außensicherheitspolitik, der Verteidigungspolitik und der Verteidigung.

a. Die Außensicherheitspolitik

Gemeinsame Aktionen oder Standpunkte ohne militärischen Bezug, wie zum Beispiel die Unterstützung der Verwaltung von Mostar[592] oder die Entsendung von Beobachtern zu den Parlamentswahlen in der Russischen Föderation[593] sind Teil der Außensicherheitspolitik der Union. Sie unterfallen den Be-

---

[591] Wie oben gesehen, unterfällt die Außenhandelspolitik dem exklusiven Zuständigkeitsbereich der Europäischen Gemeinschaft, siehe dazu S.153; *Streinz*, Europarecht, Rnr. 624.
[592] L 134/1 (20.05.1994) 94/308/GASP und folgende Beschlüsse.
[593] L 286/3 (20.11.1993) 93/604/GASP.

stimmungen zur Gemeinsamen Außen- und Sicherheitspolitik in Titel V des Unionsvertrags.

b. Die Verteidigungspolitik

Wie oben bereits gesehen umfassen Aufgaben mit verteidigungspolitischen Bezügen im Unionsvertrag diejenigen Aufgaben der Außen- und Sicherheitspolitik, die militärischen Implikationen besitzen[594]. Sie sind durch die Petersberg-Aufgaben näher definiert. Der Begriff der Verteidigungspolitik ist demnach sehr weit gefaßt und beinhaltet im wesentlichen sämtliche Aufgaben des militärischen internationalen Krisenmanagements[595]. Diese sind im Unionsvertrag in der Fassung von Amsterdam innerhalb der GASP geregelt.

c. Die gemeinsame Verteidigung

Im Unionsvertrag oder dem modifizierten Brüsseler Vertrag findet sich keine Definition der gemeinsamen Verteidigung. Begrifflich erstreckt sie sich auf einen sehr eng abgesteckten Bereich. In der Charta der Vereinten Nationen wird die Verteidigung lediglich im Rahmen der Selbstverteidigung als naturgegebenes Recht im Rahmen des Art. 51 genannt und stellt eine der beiden praktischen Ausnahmen zum Gewaltverbot des Art. 2 Ziff. 4 dar[596]. Sie ist nur im Falle eines bewaffneten Angriffs gegen das Staatsgebiet geboten und schließt die Rettung eigener Staatsangehöriger oder Durchsetzung wirtschaftlicher Rechte im Ausland nach herrschender Meinung nicht mit ein[597]. Kollektive Selbstverteidigung ist im Sinne eines Nothilferechts zu interpretieren, setzt aber ebenfalls einen bewaffneten Angriff auf einen Staat voraus, der von diesem auch als solcher verstanden wird[598].

Eine *gemeinsame* Verteidigung definiert sich folglich als eine gemeinsame Reaktion auf die eine Verteidigung bedingende Handlung. Dabei läßt sich noch einmal in eine stärkere (*the organisation of the armed forces of the Member States in common*) und einer schwächeren Ausprägung (*the organisation* of the activities *of the armed forces of the Member States in common*)

---

[594] Siehe dazu oben S. 95.

[595] Roper definiert die gemeinsame Verteidigungspolitik als ‚a common policy with respect to the use of force of the armed forces of the Member States of the European Union', *Roper*, Defining a Common Defence Policy and Defence, in *Martin/Roper* (eds.), Towards a Common Defence Policy, S. 7 (8-9).

[596] Durchbrochen wird das absolute Gewaltverbot des Art. 2 Ziff. 4 der Charta der Vereinten Nationen nur von dem Recht zur individuellen und kollektiven Selbstverteidigung (Art. 51) und den Zwangsmaßnahmen durch den Sicherheitsrat (Art. 39, 42). Die Feindstaatenklausel in Art. 52 VN-Charta ist heute obsolet.

[597] *Randelzhofer* zu Art. 51 Rnr. 3,4 und 11, in *Simma* (Hrsg.), Die Charta der Vereinten Nationen. Kommentar.

[598] *Randelzhofer* zu Art. 52 Rnr. 33, in *Simma* (Hrsg.), Die Charta der Vereinten Nationen. Kommentar, IGH im Nicaragua Fall S. ICJ Reports 1986 Anm. 15, 14 (103-4), §§ 195-6.

der gemeinsamen Anstrengung unterscheiden[599]. Diese Definitionen verdeutlichen, daß sich die gemeinsame Verteidigung nicht notwendigerweise aus einer bereits weiter fortgeschrittenen gemeinsamen Verteidigungspolitik entwickeln muß, sondern sich vielmehr Verteidigungspolitik und eine gemeinsame Verteidigung parallel entwickeln können[600].

Die Beistandspflicht des Art. V modifizierter Brüsseler Vertrag, die in das Protokoll übernommen wird, setzt dementsprechend ebenfalls einen bewaffneten Angriff auf eine der Vertragsparteien in Europa voraus. Eine gemeinsame Verteidigung ist erst bei einem bewaffneten Angriff auf eine der Vertragsparteien des Zusatzprotokolls geboten. Sonstige militärische Operationen fallen nicht in diese Kategorie.

2. Die Abgrenzung zwischen Maßnahmen im Rahmen der GASP und des Protokolls

Grundsätzlich beschäftigen sich die beiden Regelungskreise mit theoretisch klar abgrenzbaren Bereichen. Im Falle eines Angriffs auf die Union liegt kein internationales Krisenmanagement (mehr) vor, während man nicht von einer gemeinsamen Verteidigung sprechen kann, solange das geographische Gebiet der Union nicht betroffen ist[601].

Eine Überschneidung von Aufgaben aus dem Bereich des internationalen Krisenmanagements mit solchen der gemeinsamen Verteidigung ist jedoch in drei Situationen vorstellbar. Zum ersten, wenn eine Petersberg-Operation eskaliert und sich auf das Gebiet eines Unterzeichnerstaates des Protokolls ausweitet, zum zweiten im Zusammenhang mit Maßnahmen im Vorfeld eines bewaffneten Angriffs auf das Bündnisgebiet des Protokolls, und schließlich im Zusammenhang mit Maßnahmen während eines Verteidigungsfalles. In jedem dieser Fälle ist eine genaue Abgrenzung und Zuweisung der Kompetenzen in den Bereich der GASP oder den des Zusatzprotokolls notwendig. Dies soll im Folgenden näher untersucht werden.

---

599 *Roper*, Defining a Common Defence Policy and Defence, in *Martin/Roper* (eds.), Towards a Common Defence Policy, S. 7 (9), siehe dazu auch *van Ham*, The EU and WEU, in *Edwards/Pijpers* (Hrsg.), The Politics of Treaty Reform, S. 306 (321-2).

600 *van Ham*, The EU and WEU, in *Edwards/Pijpers* (Hrsg.), The Politics of Treaty Reform, S. 306 (322).

601 Diese Definition geht davon aus, daß internationales Krisenmanagement ein Eingreifen in jenen Situationen bedeutet, in denen der Eingreifende von dem (drohenden) Konflikt nicht direkt betroffen ist. Eine indirekte Beziehung durch geographische Nähe oder wirtschaftliche Interessen ändern daran nichts.

a. Eskalation einer Petersberg-Operation

Abgrenzungsprobleme könnten sich ergeben, wenn ein von einer Petersberg-Operation betroffener Staat einen militärischen Schlag auf das Gebiet der Union führt. Denkbar ist eine solche Situation zunächst nur im Falle einer vom Sicherheitsrat mandatierten Operation, die gegen den Willen des betroffenen Staates stattfindet, also in erster Linie friedenserzwingender Maßnahmen. Wie bereits oben dargelegt[602], umfassen die Petersberg-Aufgaben im Bereich der vom Sicherheitsrat zu autorisierenden Operationen jedoch keine friedenserzwingenden Maßnahmen, so daß diese Frage in Bezug auf die Union akademisch erscheint. Allerdings kann eine Eskalation auch im Zusammenhang mit einer friedenschaffenden oder –erhaltenden Operation eintreten, bei der die zunächst gegebene Zustimmung des betroffenen Staates zurückgezogen wird oder die Dynamik der Situation unvermittelt eine weitergehende Zustimmung erfordern würde. Geht man also davon aus, daß der betroffene Staat einen oder mehrere der an der Operation teilnehmenden Staaten in ihrem eigenen Staatsgebiet angreift oder beschießt, stellt sich die Frage nach der Zuständigkeit.

Für die Petersberg-Operation sind zunächst die Vorschriften der GASP anzuwenden. Fraglich ist, wann die oben beschriebenen Situation die Bestandsverpflichtung auslöst und somit die Bestimmungen des Protokolls herangezogen werden müssen.

aa. Der bewaffnete Angriff auf einen Teilnehmerstaat des Protokolls[603]

Eine Beschießung oder Bombardierung oder das Eindringen in ein fremdes Staatsgebiet sind nach dem Völkerrecht klassische Angriffshandlung im Sinne des Art. 51 der VN-Charta, solange es sich nicht um bloße Grenzzwischenfälle, sondern um militärischer Maßnahmen in größerem Umfang handelt[604]. Dabei gelten die Land-, Luft- und Seestreitkräfte eines Staates sowie seine zivile Luft- und Seeflotte als Außenpositionen des Staates, so daß ein auf sie gerichteter Angriff als bewaffneter Angriff im Sinne des Art. 51 verstanden werden kann[605], sofern eine gewisse Intensität erreicht ist[606]. Der An-

---

602 Siehe dazu S. 136 ff.

603 Ausgegangen wird davon, daß die derzeitigen WEU-Vollmitglieder das Protokoll unterzeichnen, während Dänemark, Finnland, Österreich, Irland und Schweden einen Beobachterstatus analog ihres derzeitigen Beobachterstatus bei der WEU annehmen.

604 *Randelzhofer* zu Art.51 Rnr. 19, 21, in *Simma* (Hrsg.), Die Charta der Vereinten Nationen. Kommentar.

605 *Randelzhofer* zu Art.51 Rnr. 25-7, in *Simma* (Hrsg.), Die Charta der Vereinten Nationen. Kommentar.

606 Der angreifende Staat kann sich seinerseits nicht auf Art. 51 VN-Charta berufen, da die Petersberg-Operation vom Sicherheitsrat autorisiert wurde. Gewaltanwendung im Wege einer Repressalie ist nicht zulässig, zumal eine Repressalie das rechtswidrige Verhalten des

griff auf seine Botschaft oder Staatsangehörige im Ausland dagegen rechtfertigen keine Gewaltanwendung zum Zwecke der Selbstverteidigung[607].

Handelt es sich also um vereinzelten, unsystematischen Raketenbeschuß oder Grenzübertritte, so ist dies ähnlich zu bewerten wie ein Widerstand gegenüber den VN-Truppen im Gebiet des betroffenen Staates selbst. Die Handlung ist nicht als bewaffneter Angriff auf die Union zu qualifizieren, wodurch das Protokoll nicht zur Anwendung kommt. Die Vorschriften des Titel V bleiben weiterhin einschlägig. Dies ergibt auch insofern Sinn, als daß an der Operation beteiligte Unionsmitglieder, die nicht zu den Unterzeichnern des Protokolls zählen, in vollem Umfang gleichberechtigt bleiben. Erreicht jedoch der Angriff einen gewissen Umfang, so daß er völkerrechtlich als bewaffneter Angriff auf das Gebiet einer Vertragspartei des Protokolls zu sehen ist[608], so löst dies den Bündnisfall im Sinne der Beistandsverpflichtung des Protokolls aus. In diesem Fall sind die Vorschriften des Protokolls anwendbar. Gleichzeitig (und bei einem Angriff auf Dänemark) sind die Vertragsparteien des nordatlantischen Bündnisses zur Hilfeleistung verpflichtet.

bb. Der Angriff auf ein sonstiges Unionsmitglied

Problematisch wäre ein Angriff auf einen der neutralen Staaten. Diese Situation unterfällt nicht dem Protokoll, so daß eine Beistandsgarantie der übrigen Unionsstaaten nicht besteht. Denkbar ist jedoch, daß ein Eingreifen im Wege der Nothilfe erfolgt, sofern sich der betroffene Staat als angegriffen betrachtet und sich mit der Hilfe einverstanden zeigt[609]. Gerade im Hinblick auf die enge Verflechtung der Unionsmitglieder und die Gefahr der Ausweitung des Konfliktes ist es unwahrscheinlich, unabhängig von spezifischen vertraglichen Bindungen, daß im Falle eines bewaffneten Angriffs von außen auf ein Unionsmitglied nicht von den Unionspartnern Hilfe geleistet würde[610].

Die Vorschriften des Protokolls über die gemeinsame Verteidigung sind jedoch in diesem Fall nicht anwendbar, da es sich nicht um die Verwirklichung

---

Repressaliengegners voraussetzt. Ein solches rechtswidriges Verhalten ist aber, aufgrund des Mandates des Sicherheitsrates, nicht gegeben.

607 *Randelzhofer* zu Art. 51 Rnr. 23-4, in *Simma* (Hrsg.), Die Charta der Vereinten Nationen. Kommentar.

608 Auch dieses Szenario ist eher akademischer Natur, da ein in innere oder äußere Konflikte verwickelter Staat, aus dem Staatsangehörige der Union gerettet werden müssen, in der Regel zu einem bewaffneten Angriff auf einen dritten Staat, oder ein Bündnis, weder in der Lage noch willens sein wird.

609 *Randelzhofer* zu Art.51 Rnr.33, in *Simma* (Hrsg.), Die Charta der Vereinten Nationen. Kommentar.

610 *Van Ham*, The EU and WEU, in *Edwards/Pijpers* (Hrsg.), The Politics of Treaty Reform, S. 306 (319).

der dort gegebenen Verteidigungsgarantien handelt, sondern eine völkerrechtlich zulässige Nothilfe geübt wird[611].

b. Maßnahmen im Vorfeld eines bewaffneten Angriffs

Ein weiterer Bereich, in dem es zu Kompetenzüberschneidungen kommen könnte, ist das Vorfeld zu einem sich abzeichnenden bewaffneten Angriff auf die Union. Fraglich ist, wie Maßnahmen der Union in diesem Stadium einzuordnen sind.

Die Union kann in einem Fall einer sich abzeichnenden Bedrohung gegenüber dem Aggressor beispielsweise mit Wirtschaftssanktionen gemäß Art. 301 EGV reagieren. Die Verhängung solcher Sanktionen wird nach den Vorschriften des Titels V als Gemeinsame Aktion oder als Gemeinsamer Standpunkt beschlossen und anschließend durch die Europäische Gemeinschaft umgesetzt. Ein Übergang von Kompetenzen von der Gemeinschaft an die Protokollstaaten ist nicht beabsichtigt. Kompetenzen aus dem Protokoll bestehen für die Unterzeichnerstaaten insofern nicht.

Problematisch ist die Situation, wenn friedensschaffende oder –erhaltende Maßnahmen[612] als vorbeugende Maßnahmen ergriffen werden. Dabei stellt sich die Frage, auf welchen Zeitpunkt einer Abwehrhandlung abgestellt werden muß. Ab wann Selbstverteidigungsmaßnahmen gegen einen bewaffneten Angriff zulässig sind, ist umstritten. Wird Art. 51 der Charta der Vereinten Nationen als bloße Bestätigung des bestehenden traditionellen Selbstverteidigungsrechts interpretiert, so finden die Kriterien Anwendung, daß die Notwendigkeit zur Selbstverteidigung *unverzüglich, überwältigend und ohne Alternativen, und ohne Zeit für eine Abwägung* sein muß[613]. Diese Formulierung beinhaltet auch ein präventives Selbstverteidigungsrecht[614]. Jedoch sprechen der restriktive Wortlaut des Art. 51 und der Sinn und Zweck der Vorschrift gegen ein präventives Selbstverteidigungsrecht, weshalb diese erst dann zulässig ist, wenn der bewaffnete Angriff bereits eingesetzt hat[615]. Diese Auslegung stimmt auch mit der überwiegenden Staatenpraxis überein[616].

---

[611] Siehe dazu ausführlicher unten S. 199.

[612] Solche erfolgen immer mit Zustimmung des betroffenen Staates, da die Union keine Kompetenzen zur Durchführung militärischer Zwangsmaßnahmen besitzt, siehe dazu Kapitel 2 S. 140.

[613] *Instant, overwhelming and leaving no choice of means, and no moment for deliberation*, Randelzhofer in Simma, Art. 51 Rnr. 34.

[614] *Fleuß*, Die operationelle Rolle der WEU, S. 74.

[615] *Fleuß*, Die operationelle Rolle der WEU, S. 74; *Randelzhofer* zu Art. 51 Rnr. 34, in *Simma* (Hrsg.), Die Charta der Vereinten Nationen. Kommentar.

[616] *Greenwood*, Geschichtliche Entwicklung und Rechtsgrundlage, in *Fleck* (Hrsg), Handbuch des humanitären Völkerrechts in bewaffneten Konflikten, S. 1 (2f); *Randelzhofer* zu Art. 51 Rnr. 34, in *Simma* (Hrsg.), Die Charta der Vereinten Nationen. Kommentar.

Dementsprechend ist eine militärische Operation friedensschaffender oder -erhaltender Art in einem benachbarten Staat, die zur Wahrung von Sicherheitsinteressen der Union geführt wird, um ein Übergreifen des Konfliktes oder beispielsweise Migrationsströme zu verhindern, nicht als Maßnahme kollektiver Selbstverteidigung zu werten, da in diesem Stadium noch kein bewaffneter Angriff vorliegt. Das Protokoll zur gemeinsamen Verteidigung ist folglich zu diesem Zeitpunkt noch nicht einschlägig, da eine Selbstverteidigung erst mit dem bewaffneten Angriff selbst ansetzt, nachdem in eine präventive Selbstverteidigung völkerrechtlich nicht gestattet ist.

Auch fehlt dem Protokoll die notwendige Kompetenz, um sich mit außenwirtschaftlichen, also der Gemeinschaft zugewiesenen, Aufgaben zu befassen. Die Vertragsparteien des Protokolls können keine Maßnahmen beschließen, die von der Europäischen Gemeinschaft oder innerhalb des Titel V umzusetzen wären, da die neutralen Staaten sowie Dänemark in diesem Fall von der Abstimmung ausgeschlossen wären, innerhalb der Union aber dennoch einen (eventuell mit qualifizierter Mehrheit gefaßten) Beschluß mittragen müßten.

Im Vorfeld eines bewaffneten Angriffs sind demnach ausschließlich die Bestimmungen des Titels V EUV sowie diejenige der Europäischen Gemeinschaft einschlägig, um dem Aggressor beispielsweise mit wirtschaftlichen Sanktionen oder einer Unterbrechung der diplomatischen Beziehungen zu begegnen. Damit greift auch die Bündnisverpflichtung des Protokolls erst in dem Moment ein, in dem ein bewaffneter Angriff auf einen der Unterzeichnerstaaten geführt wird.

c. Maßnahmen während des Verteidigungsfalles

Wird ein Vertragsstaat des Protokolls von einem dritten Staat angegriffen, so greift die Beistandsverpflichtung aus dem Protokoll ein. Gleichzeitig greift im Rahmen der NATO die Beistandsklausel ein. Im Falle eines Angriffs auf eines der nicht am Protokoll teilnehmenden Unionsmitglieder ergeben sich keine Verpflichtungen aus dem Protokoll. Eine militärische Hilfe kann sich wieder nur aus dem völkerrechtlich gestatteten Nothilferecht in Verbindung mit der engen Verflechtung der Union begründen.

Fraglich ist, wie wirtschaftliche, die Verteidigung flankierende Maßnahmen gegen den Aggressor zu behandeln sind. Da es sich um Maßnahmen während eines Verteidigungsfalles handelt, auf den das Protokoll Anwendung findet, könnte man annehmen, daß auch flankierende Maßnahmen im Kreise der Protokollstaaten getroffen werden können. Jedoch liegt die Außenwirtschaftskompetenz auch in diesem Fall bei der Europäischen Gemeinschaft[617].

---

[617] *Streinz*, Europarecht, Rnr. 624.

Eine Abtretung des Ausübungsrechts an die Protokollunterzeichner ist nicht vereinbart. Damit besitzen die nicht teilnehmenden Staaten ebenfalls ein Stimmrecht. Der Rat beschließt im Bereich der Gemeinsamen Handelspolitik grundsätzlich mit qualifizierter Mehrheit[618]. Auch Abkommen werden grundsätzlich mit qualifizierter Mehrheit beschlossen, Ausnahmen bilden nur solche Abkommen in den Bereichen, für die auch bei internen Vorschriften Einstimmigkeit vorgeschrieben ist[619], und Assoziierungsabkommen[620]. Allerdings besitzen die nicht am Protokoll teilnehmenden Staaten zusammen nach der Gewichtung gemäß Art. 205 EGV weniger als ein Drittel der Stimmen[621] und können somit bei Entscheidungen, für die eine qualifizierte Mehrheit vorgesehen ist, die Entscheidung nicht gegen die Stimmen der Protokollstaaten verhindern[622].

Ähnlich verhält es sich mit den gemeinsame Aktionen und Standpunkten, die nicht unmittelbar die militärische Verteidigung betreffen. Sie werden, aus den oben genannten Gründen, auch während einer Verteidigungshandlung nach den Vorschriften des Titels V gefaßt. Diese Regelung birgt zwar das Problem in sich, daß flankierende Maßnahmen während einer Verteidigungssituation nicht ausschließlich von den beteiligten Staaten getroffen werden können, läßt sich aber nicht anders mit den Kompetenzen der Unionsmitglieder aus Titel V EUV vereinbaren. Damit gilt für diese Entscheidungen grundsätzlich das Konsensprinzip, bei dem jedoch eine konstruktive Enthaltung möglich ist[623].

3. Das Verhältnis der GASP und des Protokolls zur Europäischen Gemeinschaft

Schließlich stellt sich die Frage nach dem Verhältnis der GASP und der Beistandsverpflichtung zur Europäischen Gemeinschaft.

In Bezug auf das Verhältnis der GASP zur EG ergeben sich keine Änderungen gegenüber den Regelungen des derzeitigen Unionsvertrags in der Fassung von Amsterdam[624]. Zu beachten ist dabei, daß der *acquis* der Europäi-

---

618 Art. 133 Abs. 4 EGV.
619 Art. 133 Abs.3 in Verbindung mit Art. 300 EGV.
620 Art. 310 EGV.
621 Ausgegangen wird wieder davon, daß sich Dänemark, Finnland, Österreich, Irland und Schweden nicht an dem Protokoll zur gemeinsamen Verteidigung beteiligen. Diese Unionsmitglieder vereinen im Rat 17 der 87 gewichteten Stimmen auf sich, also etwa 20%, Art. 205 Abs. 2 EGV.
622 Fraglich ist, inwieweit sich bei einer Unionserweiterung dieses Stimmverhältnis verschiebt, wenn die beitretenden Staaten an der gemeinsamen Verteidigung nicht teilnehmen.
623 Art. 23 Abs. 1 EUV.
624 Siehe dazu ausführlich oben S. 82 ff.

schen Gemeinschaft nicht durch Aktionen im Rahmen der GASP verletzt wird[625], insbesondere in Bezug auf die gemeinsame Handelspolitik der Union. Gemäß Art. 133 EGV wird die Gemeinsame Handelspolitik nach *einheitlichen Grundsätzen* gestaltet. Der EuGH hat in diesem Zusammenhang eine parallele Kompetenz der Europäischen Gemeinschaft und der Mitgliedstaaten mit der Begründung abgelehnt, daß sonst ein wirksamer Schutz der Gesamtinteressen der Gemeinschaft gegenüber den Einzelinteressen der Mitgliedstaaten nicht gewährleistet werden könne, und damit eine ausschließliche Kompetenz der Gemeinschaft in diesem Bereich begründet[626]. Eine Maßnahme aus dem Bereich der GASP stellt aufgrund der intergouvernementalen Natur des Bereichs eine Entscheidung der souveränen Mitgliedstaaten (oder einer Gruppe hiervon, falls das Konzept der konstruktiven Enthaltung zum Tragen kommt) dar, nicht aber eine Entscheidung der Union als solche. Damit verletzt eine Maßnahme, die im Bereich der GASP beschlossen wird und den Bereich der Außenhandelspolitik tangiert, gleichzeitig die exklusive Kompetenz der Gemeinschaft[627].

Das Protokoll wiederum besitzt keine wesentlichen Überschneidungsbereiche mit der Europäischen Gemeinschaft. Zu denken wäre allenfalls an wirtschaftliche Maßnahmen im Rahmen von Sanktionen oder globalen Strategien während oder im Vorfeld eines Angriffs. Für diese Maßnahmen ist jedoch, wie oben gesehen, die GASP zuständig, so daß insofern deren Verhältnis zur EG einschlägig ist.

C. Rechtliche Ausgestaltung des Konzepts

Im folgenden soll untersucht werden, wie das Konzept des sicherheitspolitischen Dualismus in der Europäischen Union rechtlich ausgestaltet wird. Dabei sind insbesondere die vertragliche Fixierung des Konzepts, die Entscheidungsstrukturen und die damit verbundenen Flexibilitätsmechanismen von Interesse.

---

625 Siehe dazu *Timmermans*, Relationship between the Communities and the second Union pillar, L.I.E.I. 1996, 1, 61 (63).

626 EuGH Gutachten 1/75 – Lokale Kosten – Rspr. 1975, S. 1355 (1363f), bestätigt durch Gutachten 1/94 – GATS und TRIPS – Rspr. 1994 I, S. 5267 (5395); siehe dazu auch *Streinz*, Europarecht, Rnr. 624.

627 Gemäß Art. 46-7 EUV des Unionsvertrages besteht die Möglichkeit für die Gemeinschaft, eine vom Rat im Rahmen der GASP beschlossene Maßnahme gemäß Art. 230 EGV vor dem EuGH prüfen und aufgrund einer Inkompatibilität mit Art. 47 EUV für unwirksam erklären zu lassen.

I. Die Vertragliche Ausgestaltung der Beistandsverpflichtung

1. Formelle Annahme des Protokolls

Bei einer Betrachtung des Protokolls ist eine Differenzierung zwischen seinen beiden Elementen erforderlich. Zum einen ergeht ein grundsätzlicher Beschluß der Unionsmitglieder zur Integration der Beistandsklausel in die Union mittels eines fakultativen Zusatzprotokolls. Zum anderen wird der zweite Teil des Protokolls mit den entsprechenden Bestimmungen zur gemeinsamen Verteidigung ausgestaltet.

a. Der grundsätzliche Beschluß zur Integration der Beistandsklausel

Zunächst erfolgt der grundsätzliche Beschluß, ein Fakultativprotokoll zur gemeinsamen Verteidigung an den Unionsvertrag anzufügen. Der Beschluß kann nicht gegen den Willen eines Mitgliedsstaats fallen, sondern muß aufgrund der völkerrechtlichen Ausrichtung der politischen Bereiche der Union einstimmig verabschiedet werden.

Im vorliegenden Fall handelt es sich nicht um eine Vertragsänderung, die gemäß Art. 48 EUV beziehungsweise der Spezialvorschrift des Art. 17 Abs. 1 EUV zu behandeln wäre. Die Beistandsklausel wird gerade nicht in den Unionsvertrag eingefügt, sondern in einem Fakultativprotokoll zum Vertrag normiert. Der Vertrag wird durch das Protokoll nicht geändert, sondern um eine Übereinkunft der Mitgliedstaaten ergänzt. Dieses Vorgehen entspricht dem Abschluß eines weiteren, völkerrechtlichen Vertrags, der lediglich im Zusammenhang mit dem Unionsvertrag steht. Damit ist die Übereinkunft von den Vertretern aller Mitgliedstaaten der Union zu unterzeichnen[628] und entsprechend der verfassungsrechtlichen Vorschriften zu ratifizieren[629].

b. Die Ausgestaltung der Bestimmungen

Das Protokoll kann von den Mitgliedstaaten aufgrund einer *opting-in* Entscheidung unterzeichnet werden. Die Ausgestaltung dieses Teils erfolgt durch diejenigen Staaten, die dem Protokoll sofort beitreten wollen. Wenn ein Mitgliedsstaat später dem bereits bestehenden Protokoll beitreten will, ist er an die bestehenden Bestimmungen gebunden.

---

[628] Die Unterzeichnung *kann* im Europäischen Rat stattfinden, da dieser in seiner Zusammensetzung der Staats- und Regierungschefs der Mitgliedstaaten eine *kleine Regierungskonferenz* darstellt. Allerdings stellt sich dann die Frage nach dem Stimmrecht des Kommissionspräsidenten, der ebenfalls im Europäischen Rat vertreten ist, Art. 4 UA 2 EUV.

[629] Art. 12 und 14 WVRK.

2. Inhaltliche Ausgestaltung

Fraglich ist, welche Bestimmungen das Protokoll zur gemeinsamen Verteidigung enthalten soll. Zentrales Element ist natürlich die Beistandsverpflichtung. Sinnvollerweise enthält das Protokoll jedoch auch noch weitere Bestimmungen, die den Rahmen der Verteidigungsgemeinschaft bilden. Im folgenden sollen daher die Beistandsverpflichtung und ihre flankierenden Bestimmungen näher untersucht werden.

a. Die Beistandsgarantie und ihre internationale Dimension

aa. Die Beistandsverpflichtung

Die Beistandsgarantie stellt das zentrale Element des Protokolls dar. Sinnvollerweise orientiert sie sich an Art. V des modifizierten Brüsseler Vertrags. Damit werden die Verpflichtungen der Mitgliedstaaten aus dem modifizierten Brüsseler Vertrag uneingeschränkt weitergeführt. Die Verpflichtung lautet:

> Sollte einer der Hohen Vertragschließenden Teile das Ziel eines bewaffneten Angriffs in Europa werden, so werden ihm die anderen Hohen Vertragschließenden Teile im Einklang mit den Bestimmungen des Artikels 51 der Satzung der Vereinten Nationen alle in ihrer Macht stehende militärische und sonstige Hilfe und Unterstützung leisten[630].

Mit der Aufnahme Griechenlands in die WEU im Jahr 1992 kam es zu einer Schwächung der Reichweite des Artikel V des modifizierten Brüsseler Vertrags. Die Sorge, die Bündnisse könnten in den seit langem schwelenden Konflikt zwischen Griechenland und dem NATO-Mitglied Türkei hineingezogen werden, veranlaßte die WEU-Staaten, in der Petersberg-Erklärung eine entsprechende Bestimmung aufzunehmen. Demgemäß heißt es, daß

> die Sicherheitsgarantien und Verteidigungspflichten in den Verträgen, welche die Mitgliedstaaten innerhalb der WEU und innerhalb des Atlantischen Bündnisses miteinander verbinden, sich gegenseitig verstärken und (...) bei Streitigkeiten zwischen Mitgliedstaaten einer der beiden Organisationen nicht geltend gemacht werden[631].

Obgleich der Konflikt derzeit abzuflauen scheint[632], sind die Streitpunkte nach wie vor ungelöst. Daher muß diese Einschränkung der Bündnispflichten auch im Rahmen der Union gelten. Allerdings erscheint eine ausdrückliche Erwähnung im Protokoll nicht erforderlich, da ein Eingreifen in einen Konflikt zwischen zwei NATO-Mitgliedern *per se* schon mit der Grundidee des Bündnisses nicht vereinbar ist, wie auch die Harmonisierungsklausel in Art. 2

---

[630] Art. V des modifizierten Brüsseler Vertrags.

[631] Petersberg-Erklärung, Bulletin der Bundesregierung Nr. 68/1992 vom 23. Juni 1992, S. 649 (652), Abs. III.A; siehe dazu auch *van Ham*, The EU and WEU, in *Edwards/Pijpers* (Hrsg.), The Politics of Treaty Reform, S. 306 (313-4).

[632] Insbesondere die gegenseitige Hilfe bei den Erdbeben Mitte 1999 wurde zum Anlaß zu einem Dialog der Konfliktparteien.

des Nordatlantikvertrags indiziert. Zum anderen erklärt der Unionsvertrag in Art.17 Abs. 1 UA 3 EUV, daß die Politik der Union nach diesem Artikel (also der Gemeinsamen Verteidigungspolitik) mit der im Rahmen der NATO festgelegten gemeinsamen Sicherheits- und Verteidigungspolitik vereinbar ist. Zwar ist das Protokoll nicht Bestandteil der GASP, aus Gründen der Kohärenz darf es dieser aber auch nicht widersprechen oder in wichtigen Angelegenheiten unterschiedlich ausgestaltet sein. Eine mit der Politik im Rahmen der NATO kompatible Auslegung auch des Protokolls ist daher geboten. Folglich läßt sich das Gebot, nicht im Rahmen der WEU beziehungsweise des Protokolls an der Seite Griechenlands gegen die Türkei vorzugehen, bereits aus dem Unionsvertrag in Verbindung mit dem Nordatlantikpakt erschließen.

Schließlich sollte vertraglich sichergestellt werden, daß die Vertragsparteien nicht durch weitere, dem Vertragstext widersprechende Verträge untereinander oder gegenüber Dritten bereits gebunden sind oder sich in Zukunft binden werden[633].

bb. Das Verhältnis zur NATO

Zu definieren ist auch das Verhältnis des Protokolls zur NATO. Der modifizierte Brüsseler Vertrag erklärt den Aufbau einer Parallelorganisation zu den militärischen NATO-Stäben für unerwünscht[634]. Zahlreiche Dokumente und Äußerungen der betreffenden Staaten in ihrer Funktion als Mitgliedstaaten der EU wie der WEU lassen zudem erkennen, daß den europäischen Regierungen an einem guten Verhältnis zur NATO, damit insbesondere zu den USA, gelegen ist. Der Unionsvertrag selbst bestimmt in Art. 17 das Verhältnis der Union zur NATO:

> Die Politik der Union nach diesem Artikel (...) achtet die Verpflichtungen einiger Mitgliedstaaten, die ihre gemeinsame Verteidigung in der Nordatlantikorganisation (NATO) verwirklicht sehen, aus dem Nordatlantikvertrag und ist vereinbar mit der in jenem Rahmen festgelegten gemeinsamen Sicherheits- und Verteidigungspolitik[635].

Die Aufnahme einer Verteidigungskomponente in den Unionsvertrag kann damit nach dem Willen der Vertragsparteien die Verteidigungsaspekte der NATO nicht verdrängen, sondern soll diese komplementieren, wie dies durch die WEU derzeit geschieht.

Zu beachten ist ferner, daß sich die Beistandspflichten aus dem modifizierten Brüsseler Vertrag und diejenige des Nordatlantikvertrags unterscheiden. Der

---

[633] Der modifizierte Brüsseler Vertrag normiert dies in Art. VII, der Nordatlantikvertrag in Art. 8.
[634] Art. IV des modifizierten Brüsseler Vertrags.
[635] Art. 17 Abs. 1 UA 3 EUV.

NATO-Vertrag fordert die Partner auf, diejenigen Maßnahmen zu ergreifen, die sie

> für erforderlich erachten, um die Sicherheit des nordatlantischen Gebiets wiederherzustellen und zu erhalten[636].

Der modifizierte Brüsseler Vertrag hingegen verpflichtet die Vertragsparteien im Falle eines Angriffs auf das Bündnisgebiet lediglich, Beistand zu leisten,

> indem jede von ihnen für sich und im Zusammenwirken mit den anderen Parteien die Maßnahmen, einschließlich der Anwendung von Waffengewalt, trifft, die sie für erforderlich erachtet, um die Sicherheit des nordatlantischen Gebietes wiederherzustellen und zu erhalten[637].

Damit knüpfen der modifizierte Brüsseler Vertrag und mit ihm die entsprechende Protokollbestimmung und der NATO-Vertrag zwar an die gleiche Situation an (bewaffneter Angriff auf einen Mitgliedsstaat), die Rechtsfolgen sind jedoch unterschiedlich weit gefaßt, wobei der modifizierte Brüsseler Vertrag durch seine weitergehende Beistandsverpflichtung ein *plus* gegenüber der Bestimmung der NATO enthält[638].

Eine Festlegung des Verhältnisses der EU zur NATO im Protokoll erscheint sinnvoll, politisch gesehen sogar notwendig, und sollte die im modifizierten Brüsseler Vertrag und im Unionsvertrag enthaltenen Gedanken widerspiegeln, gemäß derer die europäische Verteidigungskomponente nicht zum Ziel hat, mit den Strukturen der NATO in Konkurrenz zu treten.

cc. Der Vorrang der Vereinten Nationen

Die Charta normiert die Hauptverantwortung des Sicherheitsrats für die Wahrung des Weltfriedens und der internationalen Sicherheit in Art. 24 Abs. 1 der Charta der Vereinten Nationen und verhängt in Art. 2 Ziff. 4 der Charta ein grundsätzliches Gewaltverbot. Beruft sich eine internationale Organisation auf ihr Recht zur kollektiven Selbstverteidigung, so ist dies daher ausschließlich im Rahmen des Art. 51 der VN-Charta möglich. Indem bereits die Beistandsverpflichtung explizit in den Rahmen des Art. 51 der Charta der Vereinten Nationen gestellt wird, erkennt der Vertrag den Vorrang des Sicherheitsrates und den Ausnahmecharakter der kollektiven Selbstverteidigung an und unterstellt sich somit den Grenzen, die durch die Vereinten Nationen in diesem Zusammenhang gesetzt wurden.

Art. VI des modifizierten Brüsseler Vertrages befaßt sich speziell mit der Beziehung zu den Vereinten Nationen. Demgemäß achten die Vertragsparteien

---

[636] Art. 8 des Nordatlantikvertrags.
[637] Art. 5 Unterabsatz 1, 2. Halbsatz des Nordatlantikvertrages.
[638] Siehe dazu unten S. 204.

der WEU den Vorrang des Sicherheitsrates und erklären, daß die Bestimmungen des Vertrags die Verpflichtungen der Parteien aus der Charta der Vereinten Nationen nicht beeinträchtigen und anhand der Charta auszulegen sind. Insbesondere Art. 103 der VN-Charta bestimmt, daß die Bestimmungen der Charta Vorrang vor allen anderen Verträgen haben[639]. Ein Vertrag, der die (nicht vom Sicherheitsrat autorisierte) Androhung oder Anwendung von Gewalt in internationalen Beziehungen außerhalb des Art. 51 vorsieht, ist demnach diesbezüglich unwirksam. Da alle Unionsmitglieder gleichzeitig auch Mitglieder der Vereinten Nationen sind, ist ein ausdrücklicher Hinweis auf Art. 51 und den Vorrang des Sicherheitsrates juristisch gesehen an sich nicht mehr notwendig.

b. Die institutionelle Struktur

Fraglich ist, welche Organe bei Maßnahmen im Rahmen des Protokolls mitwirken, wenn diese im Wege eines Zusatzprotokolls in die Union integriert wird. Die Beschlußfassung von Maßnahmen im Rahmen des Protokolls erfolgt sinnvollerweise durch ein intergouvernementales Organ. Dabei bieten sich die Möglichkeiten an, entweder den Ministerrat der WEU als zentrales Organ in das Protokoll zu übernehmen, oder aber dessen Zuständigkeiten auf den Rat in der Europäischen Union zu übertragen[640]. Entscheidungen und andere Vorgänge, die bisher im Ständigen Rat der WEU stattfanden, verbleiben in diesem Gremium, welches auch nach Auflösung der WEU als zentrales Organ (unter der Aufsicht der entsprechenden Minister des Rates) bestehen bleibt.

Entsprechend der derzeitigen Praxis innerhalb der GASP sowie der WEU kann angenommen werden, daß ein parlamentarisches Element mit Informations-, nicht aber Gestaltungsrechten eingeführt wird[641]. Dies entspricht dem intergouvernementalen Charakter des Protokolls.

Der Kommission schließlich ist im Rahmen der GASP ebenso wie dem Parlament eine sehr begrenzte Rolle zugewiesen, indem sie lediglich ein Frage- und Vorschlagsrecht besitzt sowie in dringenden Fällen eine außerordentliche

---

[639] Art. 103 der Charta der Vereinten Nationen lautet: *Widersprechen sich die Verpflichtungen von Mitgliedern der Vereinten Nationen aus dieser Charta und ihre Verpflichtungen aus anderen internationalen Übereinkünften, so haben die Verpflichtungen aus dieser Charta Vorrang.*

[640] Dies ist möglich, sofern sich der einheitliche institutionelle Rahmen der Union (Art. 3 Abs.1 EUV) auch auf das Protokoll erstreckt und so die Nutzung von Unionsorganen im Wege einer Organleihe zulässig wird. Vergleiche dazu oben S. 170.

[641] Die konkrete Gestaltung des parlamentarischen Elements soll unten näher diskutiert werden. Denkbar wäre neben der Beibehaltung der parlamentarischen Versammlung der WEU oder ihrer Auflösung und Übertragung der Kompetenzen auf das Europäische Parlament auch die Einrichtung eines Verteidigungskomitees.

Sitzung des Rates beantragen kann[642]. Obgleich ein größerer Einfluß der Kommission im Bereich der gemeinsamen Verteidigung aufgrund dessen intergouvernementalen Struktur nicht möglich ist, erscheint eine Beteiligung in dem genannten Umfang auch im Bereich des Protokolls sinnvoll, um die Kohärenz in der Union, insbesondere im Hinblick auf die GASP und die gemeinsame Verteidigung, zu gewährleisten[643].

c. Interne Streitbeilegung

Aufgrund des dezentralen Charakters des Völkerrechts[644] sind die (völker-)rechtliche Verbindlichkeit von Rechtsakten und die Frage ihrer Durchsetzbarkeit und Erzwingbarkeit im Völkerrecht streng zu trennen, da wegen des fehlenden übergeordneten Mechanismus zur Durchsetzung des Völkerrechts nicht jede völkerrechtliche Rechtsposition auch wirksam durchgesetzt werden kann[645].

In Art. X des modifizierten Brüsseler Vertrags erklären die Vertragsparteien den Internationalen Gerichtshof für alle unter Art. 36 Abs. 2 des IGH-Statuts fallenden Streitigkeiten zuständig. Diese umfassen alle Rechtsstreitigkeiten über

> a) die Auslegung des Vertrages, b) jede Frage des Völkerrechts, c) das Bestehen jeder Tatsache, die, wäre sie bewiesen, die Verletzung einer internationalen Verpflichtung darstellt, d) Art und Umfang der wegen Verletzung einer internationalen Verpflichtung geschuldeten Wiedergutmachung.

Der Mechanismus der zur internen Streitbeilegung bezieht sich lediglich auf die Europäischen Gemeinschaften[646]. Der Europäische Gerichtshof ist für die intergouvernementalen Bereiche der Union nicht zuständig, also auch nicht für Streitigkeiten aus dem Protokoll. Aufgrund der fortgeschrittenen Integration ist aber auch eine Befassung des Internationalen Gerichtshofs mit einer unionsinternen Streitigkeit nicht vorstellbar. Ein dem Art. X des Brüsseler Vertrags entsprechender Streitbeilegungsmechanismus ist in der GASP nicht normiert braucht daher auch nicht in das Protokoll übernommen zu werden.

---

[642] Art. 22 Abs. 1 und 2, Art. 27 des Unionsvertrags.

[643] Von der Kommission selbst wird ihre die Aufgaben dementsprechend auch eher im Bereich des internationalen Krisenmanagements und der nicht-militärischen Aktionen gesehen, *Patten*, Die Zukunft der Europäischen Sicherheits- und Verteidigungspolitik, S. 5-8 von 10.

[644] *Blumenwitz*, Souveränität – Gewaltverbot – Menschenrechte, Politische Studien der HSS, Sonderheft 4/1999 S. 19 (26).

[645] *Semrau*, Die Gemeinsame Außen- und Sicherheitspolitik, S. 155.

[646] Siehe dazu oben S. 142.

d. Vorschriften bezüglich Beitritt und Kündigung

aa. Beitritt

Das Protokoll muß grundsätzlich allen Mitgliedstaaten der Union offenstehen. Bei manchen Formen einer engeren Zusammenarbeit erscheint es allerdings notwendig, die Teilnahme einzelner Mitgliedstaaten an der Zusammenarbeit von der Erfüllung bestimmter Kriterien abhängig zu machen[647].

Im Falle eines Verteidigungsbündnisses wäre es in diesem Zusammenhang denkbar, die Teilnahme von der Interessenlage der beteiligten Staaten, der militärischen Infrastruktur und der außenpolitischen Situation und Tradition eines Staates abhängig zu machen. Jedoch sind die Interessen der Mitgliedstaaten infolge ihrer geographischen Geschlossenheit in verteidigungspolitischer Hinsicht so ähnlich gelagert und ist die Union relativ homogen, so daß eine Aufstellung von Kriterien nicht geboten erscheint[648]. Ein Problem ergibt sich jedoch aus der unterschiedlichen Mitgliederstruktur der Verteidigungsbündnisse. Zu prüfen ist insbesondere, ob eine NATO-Mitgliedschaft erforderlich ist, bevor ein Unionsmitglied sich an der unionsinternen Beistandsverpflichtung im Zusatzprotokoll beteiligen kann[649].

Dritten Staaten außerhalb der Union ist ein Beitritt zum Protokoll zumindest als Vollmitglied nicht möglich.

bb. Rücktritt vom Protokoll

Fraglich ist weiterhin, inwieweit ein Mitgliedsstaat der Union, der dem Zusatzprotokoll als Partei angehört, von diesem wieder zurücktreten kann. Aufgrund der völkerrechtlichen Ausprägung des Protokolls ist in diesem Fall Völkerrecht anzuwenden, insbesondere das Wiener Übereinkommen über das Recht der Verträge (WVRK). Einschlägig ist die Bestimmung des Art. 56 WVRK, welche den Rücktritt von einem Vertrag behandelt, der keine Bestimmungen über Beendigung, Kündigung oder Rücktritt enthält. Danach kann ein Staat nur dann zurücktreten, wenn die übrigen Vertragspartner dem zustimmen.

---

[647] Die Wirtschafts- und Währungsunion, die auch eine – wenn auch im Vertrag über die Europäische Gemeinschaft festgelegte – Form der engeren Zusammenarbeit einzelner Mitgliedstaaten darstellt, verlangt eine Erfüllung der sogenannten Konvergenzkriterien, bevor ein Mitgliedsstaat der Union auch Mitglied dieser Zusammenarbeit wird, Art. 121-2 EGV, 6. Protokoll über die Konvergenzkriterien nach Art. 109j des Vertrags zur Gründung der Europäischen Gemeinschaft.

[648] Die einzige Ausnahme könnte Griechenland mit seinem traditionell angespannten Verhältnis zur Türkei bilden. Wie oben gesehen, ist jedoch aufgrund der Mitgliedschaft beider Nationen in der NATO ein Übergreifen eines Konfliktes auf die Union unwahrscheinlich, so daß sich dadurch keine Inhomogenität begründen läßt.

[649] Dazu näher unten S. 208.

Zum Rücktritt vom Protokoll aufgrund eines Austrittes aus der Union besteht keine Regelung. Der Vertrag über die Europäische Union gilt gemäß Art. 51 EUV auf unbefristete Zeit. Eine Kündigung ist nicht vorgesehen[650]. Ein Austritt aus der Union oder eine Suspendierung der Mitgliedschaft gemäß Art. 60 der Wiener Vertragsrechtskonvention hat jedoch automatisch den Verlust der Mitgliedschaft im Protokoll zur Folge.

3. Zusammenfassung

Bei der Betrachtung des Protokolls zur gemeinsamen Verteidigung ist zunächst einmal zwischen den zwei Elementen des Dokuments zu unterscheiden. Zum einen treffen die Mitgliedstaaten einen Beschluß, der die grundsätzliche Einrichtung eines Forums innerhalb der Union zur gemeinsamen Verteidigung vorsieht und von allem Mitgliedstaaten unterzeichnet werden muß. Zum anderen werden die Protokollbestimmungen, welche die Ausgestaltung der gemeinsamen Verteidigung beinhalten, von den (zukünftigen) Teilnehmern am Protokoll ausgehandelt. Dieser Teil steht allen Mitgliedstaaten zur Unterzeichnung offen, ist aber nicht verpflichtend für alle Unionsstaaten.

Das zentrale Element des Protokolls ist, wie schon im modifizierten Brüsseler Vertrag, die gegenseitige Beistandsverpflichtung. Weiterhin enthält das Protokoll eine Klarstellung des Verhältnisses zur NATO und den Vereinten Nationen, um die internationale Einordnung zu klären, und schließlich werden noch die notwendigen institutionellen Bestimmungen in das Protokoll aufgenommen.

Damit übernimmt das Protokoll die Beistandsgarantie des Art. V des modifizierten Brüsseler Vertrags. Nachdem die Petersberg-Aufgaben bereits in der GASP normiert sind, werden nunmehr alle Elemente des WEU-*acquis* von der Union übernommen. Die WEU hört daher auf, als eigenständige internationale Organisation zu bestehen.

II. Die Entscheidungsstrukturen

1. Maßnahmen des internationalen Krisenmanagements i.R.d. GASP

Im Bereich der Gemeinsamen Außen- und Sicherheitspolitik beschließt der Rat, wie im Amsterdamer Vertrag festgelegt, gemeinsame Aktionen und Standpunkte auf der Grundlage der Gemeinsamen Strategien und allgemeinen Leitlinien des Europäischen Rates. Der Rat beschließt dabei einstimmig, ein-

---

[650] Die wechselseitigen Verflechtungen der Union haben mittlerweile ein solches Maß erreicht, daß ein einseitiges Ausscheiden allein aus diesem Aspekt heraus praktisch unmöglich ist; siehe dazu *Kuschnick*, Integration in Staatenverbindungen S. 145-51.

zelne Mitgliedstaaten können sich aber gemäß Art. 23 Abs. 1 EUV konstruktiv enthalten, so daß sie zwar den Beschluß nicht mittragen müssen, dennoch aber die Entscheidung nicht blockieren. Insofern ändern sich weder das in Amsterdam festgelegte Beschlußverfahren noch die Instrumente[651].

Durch die Einführung der qualifizierten Mehrheitsentscheidung innerhalb der GASP in Art. 23 Abs. 2 EUV haben supranationale Elemente Eingang in die intergouvernementale GASP gefunden, indem nunmehr eine Verpflichtung eines Mitgliedsstaates gegen seinen Willen möglich ist. Jedoch sind diese derzeit so schwach ausgeprägt (nur untergeordnete Entscheidungen sind betroffen) und durch ein Vetorecht jedes einzelnen Mitgliedsstaates entkräftet, daß sich die intergouvernementale Ausrichtung der GASP insoweit nicht ändert. Auch ist die Mitwirkung von supranationalen Organen der Gemeinschaften nicht vorgesehen.

Aufgrund der Auflösung der WEU werden Maßnahmen mit militärischen Implikationen, sofern sie in den Bereich der GASP fallen, nicht mehr nur politisch beschlossen, während eine weitere, autonome Organisation mit der operativen Durchführung betraut wird, sondern sowohl die politische Kontrolle als auch die operative Durchführung fallen nunmehr in den Bereich und die Zuständigkeit der GASP[652]. Damit benötigen die Mitgliedstaaten für Entscheidungen im Rahmen der GASP auch diejenigen Instrumente, die sie zu einer Einschätzung, Planung und Durchführung der militärischen Komponente befähigen. Dies wären insbesondere die derzeitige Planungszelle der WEU, das Satellitenzentrum sowie die politisch-militärische Arbeitsgruppe (PMG) und die Gruppe militärischer Deligierter (MDG)[653]. Auf dem Kölner Gipfel am 3. und 4. Juni 1999 entschlossen sich die Staats- und Regierungschefs der Union daher, diejenigen Funktionen der WEU zu übernehmen, die für die Erfüllung von Petersberg-Aufgaben notwendig sind[654].

2. Maßnahmen i.R.d. Beistandsverpflichtung aus dem Protokoll

Ausgehend von der Prämisse, daß das Protokoll zur gemeinsamen Verteidigung einen Teil der Union darstellt, fügt es sich in den einheitlichen institu-

---

[651] Siehe dazu oben S. 97 ff, 101 ff.

[652] Dies ist bereits durch den Vertrag von Nizza in seinem Art. 17 vorgesehen. Siehe dazu auch oben S. 154.

[653] Siehe dazu oben S. 32.

[654] Die EU-Staats- und Regierungschefs haben dieser Notwendigkeit Rechnung getragen, indem sie eine Übertragung der entsprechenden Funktionen der WEU auf die EU avisierten, im Sinne einer *inclusion of those functions of WEU (...) to fulfil Petersberg tasks*, Kölner Ratsgipfel, 3./4. Juni 1999, Absatz 5. Bestätigt wurde dies durch den WEU-Ministerrat in Marseille, 13. November 2000, Abs. 6.

tionellen Rahmen der Union[655]. Die Organe können daher im Wege der Organleihe nach Maßgabe der Bestimmungen des Protokolls tätig werden.

a. Die Beschlußfassung im Rat

aa. Zusammensetzung

Fraglich ist, welches Gremium die Entscheidungen im Rahmen des Zusatzprotokolls fällt. Zum Teil wird davon ausgegangen, daß der Ministerrat der WEU als zentrales Organ des Protokolls bestehen bleibt[656]. Eine andere Möglichkeit wäre die Übertragung der Aufgaben des derzeitigen WEU-Ministerrats auf den Rat der EU. Der WEU-Ministerrat besteht aus den Außen- und Verteidigungsministern der Mitgliedstaaten, die sich halbjährlich unter rotierendem Vorsitz treffen. In seiner Zusammensetzung ähnelt der Ministerrat der WEU damit dem Rat der Union, der sich gemäß Art. 203 EGV aus einem Vertreter jedes Mitgliedsstaates auf Ministerebene zusammensetzt und ebenfalls halbjährlich tagt. Einer Übertragung der Aufgaben des Ministerrates auf den Rat der Union erscheint daher sinnvoll[657]. Dies entspräche auch dem Kohärenzgebot des Art. 3 Abs. 2 EUV, indem es eine unionskonforme Politik innerhalb des Protokolls begünstigt.

Problematisch ist in diesem Zusammenhang allerdings die unterschiedliche Mitgliederstruktur der beiden Gremien, da nicht alle Mitglieder der Union auch das Protokoll unterzeichnen. Eine Lösung bietet sich darin an, ähnlich wie es im Rahmen des Art. 44 EUV zu einer verstärkten Zusammenarbeit gehandhabt wird, die grundlegenden Entscheidungen im Rat treffen zu lassen, wobei nur an der gemeinsamen Verteidigung beteiligte Mitgliedstaaten an der Beschlußfassung teilnehmen. Die nicht beteiligten Staaten stehen der Durchführung nicht im Wege. Dies ergibt sich aus der Forderung nach einem einheitlichen institutionellen Rahmen ebenso wie aus dem Gedanken der politischen Union. Wenn eine gemeinsame Verteidigung als engere Zusammenarbeit einzelner Mitgliedstaaten innerhalb der Union verwirklicht wird, so müssen die übrigen Staaten zumindest einen politischen Einfluß auf die Entwicklung in diesem Bereich ausüben können, auch wenn die Beschlußfassung den beteiligten Staaten vorbehalten bleibt.

bb. Vorsitz

Bezüglich der Handhabung des Vorsitzes bietet sich der Lösungsansatz an, den die Union 1992 im Umgang mit der Haltung Dänemarks zur GASP wähl-

---

[655] Siehe dazu oben S. 170.

[656] *Whitman*, Amsterdam's Unfinished Business? WEU ISS Occasional Paper 7, S. 22.

[657] Durch die Anwendung der Rahmenbestimmungen des Unionsvertrags auf das Protokoll ist auch aufgrund des einheitlichen institutionellen Rahmens in Art. 3 Abs. 1 EUV ein Nutzung von Unionsorganen im Wege der Organleihe möglich.

te. Dementsprechend verzichtet Dänemark auf sein Recht zur Vorsitzausübung, wenn die zu behandelnde Angelegenheit die Ausarbeitung und Durchführung von Beschlüssen und Maßnahmen der Union mit verteidigungspolitischen Zügen umfaßt[658]. Der Vorsitz wird dann von dem Staat wahrgenommen, der für die nächste Präsidentschaft vorgesehen ist.

cc. Abstimmungsprinzip

Zu prüfen ist ferner, ob eine Flexibilitätsregelung, wie sie in der GASP durch die Einführung einer konstruktiven Enthaltung besteht, innerhalb des Bereiches der gemeinsamen Verteidigung sinnvoll erscheint. Der Gedanke wurde im Zusammenhang mit dem Abstimmungsverhalten innerhalb der WEU bereits diskutiert. Für eine solche Flexibilisierung des Entscheidungsmodus spräche die Tatsache, daß die WEU durch ihre differenzierte Mitgliederstruktur bei einer Lockerung des strikten Konsensprinzips schneller und leichter einsatzfähig wäre. Jedoch wurde die Angelegenheit aufgrund der geringen Tragweiten der bisherigen WEU-Operationen nicht weiter verfolgt. Zudem bezog sich der Vorschlag lediglich auf die Maßnahmen des internationalen Krisenmanagements der WEU, da nur in diesem Rahmen Flexibilitätsvorschriften möglich und sinnvoll seien[659].

Dies bestätigt auch der Wortlaut und Sinn einer Beistandsverpflichtung, wie sie in Art. V des modifizierten Brüsseler Vertrages steht und in das Protokoll übernommen werden soll. Eine Beistandsverpflichtung generiert ein Bündnis kollektiver Verteidigung, in dem einem angegriffenen Bündnispartner automatisch alle anderen Bündnispartner beistehen. Diesem Zusammenschluß für den Fall eines bewaffneten Angriffs bildet das zentrale Element eines solchen Bündnisses. Eine Flexibilitätsregelung dagegen gestattet jedem Vertragspartner, bezüglich des die Beistandsverpflichtung auslösenden Falls seine Beteiligung noch einmal zu überdenken und von Fall zu Fall zu entscheiden, ob er an der kollektiven Verteidigungsanstrengung teilnimmt oder nicht. Sie liefe demnach der zentralen Bestimmung eines Verteidigungsbündnisses zuwider und ergäbe weder für Art. V noch für die im Zusatzprotokoll zum Unionsvertrag zu normierenden Bestimmungen Sinn. Damit besteht für Entscheidungen im Rahmen des Zusatzprotokolls das Einstimmigkeitsprinizip.

b. Beteiligung weiterer Organe

Aufgaben der Verteidigung sind der Kontrolle der Organe entzogen, soweit nicht das Protokoll eine Mitbestimmung vorsieht. Das folgt aus der streng intergouvernementalen Natur des Protokolls. Eine Beteiligung eines parla-

---

[658] Siehe dazu *Münch*, Die gemeinsame Aktion, S. 89-90, *Semrau*, Die Gemeinsame Außen- und Sicherheitspolitik, S. 105-6.
[659] *Missiroli*, Enhanced Cooperation and Flexibility, in *Lenzi* (ed.), WEU at fifty, S. 6.

mentarischen Elementes ist aber insofern wünschenswert, als dadurch ein Minimum an demokratischer Kontrolle gewährleistet und die Kohärenz innerhalb der Union gestärkt wird.

aa. Das parlamentarische Element

Die Parlamentarische Versammlung der WEU genießt nur wenige Befugnisse[660]. Sie kann lediglich Fragen und Empfehlungen an den Rat richten, die diesen aber nicht binden. Nach ihrer eigenen Charta ist sie weiterhin zur Befassung mit allen Angelegenheiten des Vertrags und zur Ablehnung des halbjährlichen Bericht des Rates befugt[661]. Diese sehr begrenzte Einflußnahme der parlamentarischen Versammlung begründet sich aus dem intergouvernementalen Charakter des Vertrags. Unterstrichen wird dieser Charakter noch durch die Zusammensetzung der Versammlung. Sie besteht im Gegensatz zum Europäischen Parlament nicht aus direkt gewählten, sondern aus von den nationalen Parlamenten entsandten Vertretern. Insofern ist der intergouvernementale Status der WEU selbst durch die wenigen Kompetenzen ihrer Versammlung nicht berührt.

Fraglich ist, wie die parlamentarische Kontrolle im Rahmen des Protokolls zur Verteidigung ausgestaltet werden soll. Im Wesentlichen sind drei Optionen ersichtlich.

Zunächst könnten die Aufgaben, die bisher von der Versammlung der WEU wahrgenommen wurden, auf das Europäische Parlament übertragen werden. Dies bietet sich zum einen aus organisatorischen wie aus Effizienzgründen aufgrund des Bestehens eines solchen Organs in der Union an, zum anderen würde die demokratische Kontrolle des Politikbereiches gestärkt. Ferner entspricht eine Stärkung der Rolle des Europäischen Parlaments auch oder gerade in den politischen Bereichen der Union der Gründungsbestimmung der Europäischen Union, die eine *immer engere Union der Völker Europas* als Zielbestimmung in Art. 1 Abs. 2 EUV führt[662].

Im Hinblick auf den intergouvernementalen Charakter des Protokolls könnte es dagegen ratsam erscheinen, die Versammlung der WEU in dieser Form beizubehalten und in das Protokoll zu übernehmen. Ein Mindestmaß an parlamentarischer Kontrolle, wie es schon in der WEU gegeben war, wäre ge-

---

660 Siehe oben S. 34.

661 Die Kompetenzen der Versammlung gehen damit über diejenigen, die das Parlament im Bereich der GASP genießt, insofern hinaus, als das Parlament kein Fragerecht besitzt und lediglich zu den *wichtigsten* Aspekten der Gemeinsamen Außen- und Sicherheitspolitik gehört wird.

662 Von der politischen Gestaltung der Union ist das Europäische Parlament jedoch auch nach Amsterdam vollständig ausgeschlossen, *Duff*, Foreign Policy – or trompe l'oeil? in ders., The Treaty of Amsterdam, Text and Commentary, S.124 (128).

währleistet, der intergouvernementale Status des Protokolls aber nicht berührt. Allerdings ist die intergouvernementale Natur des Protokolls zu beachten, der zufolge keinerlei Souveränität von den Mitgliedstaaten an die Union übertragen wird. Ferner steht die Zusammensetzung des Europäischen Parlamentes entgegen, das Parlamentarier aus allen Mitgliedstaaten, nicht nur der Protokollunterzeichner, umfaßt.

Schließlich wurde als Mittelweg die Schaffung eines *Gemeinsamen Europäischen parlamentarischen Verteidigungskomitees*[663] vorgeschlagen[664]. Diese Option sieht die Besetzung des Gremiums mit Delegationen der nationalen Parlamente, vorzugsweise aus den jeweiligen Sicherheits- und Verteidigungsausschüssen, und mit Mitgliedern des Europäischen Parlamentes vor. Damit wäre zum einen eine im Bereich politischer Entscheidungen ebenso wichtige wie nützliche Verbindung zwischen den nationalen Parlamenten und dem Europäischen Parlament geschaffen, zum anderen könnte diese Konstellation das Mißtrauen und den Widerstand einiger Mitgliedstaaten gegenüber einer parlamentarischen Kontrolle des sensiblen Politikbereiches bezüglich Sicherheits- und Verteidigungsfragen entschärfen[665].

Aufgrund der intergouvernementalen Struktur des Protokolls und seiner Mitgliederstruktur, die lediglich eine Teilmenge der Unionsmitglieder darstellt, erscheint die Einrichtung eines solchen Komitees sinnvoll. Die damit erfolgte Heranführung der vormaligen parlamentarischen Versammlung an die Union dient dabei den Zielen einer weiteren Integration, während durch die Zusammensetzung und Aufgabenstellung der intergouvernementale Charakter der Einrichtung gewahrt bleibt.

bb. Die Kommission

Auch erscheint es geboten, eine regelmäßige Unterrichtung der Kommission durch den Rat über die Entwicklung der engeren Zusammenarbeit zu verlangen. Damit erhöht sich die Transparenz des Bereiches für die nichtteilnehmenden Staaten und die Kohärenz der Union in ihren Zielen und Aktivitäten wird besser gewährleistet. Eine über die auch in der GASP normierten Informationsrechte[666] hinausgehende Beteiligung ist nicht zu erwarten und würde auch dem intergouvernementalen Charakter widersprechen.

---

663 *Common European Parliamentary Defence Committee.*

664 *Whitman*, Amsterdam's Unfinished Business? WEU ISS Occasional Paper 7, S. 15.

665 *Silvestri/Gnesotto/Vasconcelos*, Decision-making and Institutions, in *Martin/Roper*, Towards a Common Defence Policy, S. 51, 68.

666 *Die Kommission wird in vollem Umfang an den Arbeiten im Bereich der gemeinsamen Außen- und Sicherheitspolitik beteiligt*, Art. 27 EUV.

3. Die Entscheidung über die Zuordnung einer Maßnahme

Die Frage, wann ein bewaffneter Angriff auf einen der Protokollstaaten gegeben ist, wird sinnvollerweise einstimmig im Rat entschieden. Stimmrecht haben dabei nur die Protokollstaaten, die übrigen Mitgliedstaaten sollten sich aber mit dem Beschluß assoziieren können. In diesem Fall könnten sie an der Operation als gleichberechtigte Partner mit den gleichen Rechten und Pflichten wie die Unterzeichnerstaaten des Protokolls teilnehmen.

Handelt es sich allerdings um die Eskalation einer Petersberg-Operation, das heißt, es ist über die Intensität eines Übergriffes auf das Unionsgebiet zu entscheiden, müssen alle an der Operation beteiligten Staaten an der Abstimmung beteiligt sein. Dies ergibt sich aus der Kompetenz der Nicht-Protokollstaaten bezüglich der Petersberg-Operation. Wird das Vorliegen eines bewaffneten Angriffs festgestellt, so können sich wiederum alle nichtbeteiligten Mitgliedstaaten mit den Beschlüssen zur gemeinsamen Verteidigung assoziieren[667]. Das gleiche gilt für die Situation während des Verteidigungsfalles, wenn eine Maßnahme als Verteidigungs- oder als flankierende Maßnahme definiert werden muß.

Die sich aus diesen Abgrenzungen ergebende Problematik liegt in der strikten Trennung der Verteidigung von der Verteidigungspolitik, die in dem vorliegend diskutierten Konzept durchgeführt wird. Die Entscheidungsstrukturen der beiden Bereiche ähneln sich insofern, als in beiden Fällen der Rat das zentrale Entscheidungsorgan darstellt, während die supranational strukturierten Organe nur wenig Einfluß besitzen. Der zentrale Unterschied zwischen Entscheidungen im Rahmen der GASP und solchen im Rahmen der gemeinsamen Verteidigung ist die Frage des Stimmrechtes. Bei ersteren Entscheidungen besitzen alle Unionsmitglieder ein Stimmrecht, bei Entscheidungen betreffend die gemeinsame Verteidigung lediglich die Protokollstaaten.

Aus den Ausführungen läßt sich ersehen, daß eine klare Abgrenzung der Kompetenzen aufgrund der Behandlung der Angelegenheit in zwei verschiedenen Bereichen der Union von großer Bedeutung ist. Grundsätzlich beinhaltet dies eine Situationsanalyse, die jede geplante Maßnahme dahingehend überprüft, ob sie zur Abwehr eines bewaffneten Angriffs auf das Unionsgebiet durchgeführt wird, und eine entsprechende Zuordnung auf eine der beiden Bereiche vornimmt. Durch die Trennung der Bereiche Verteidigung und Verteidigungspolitik ist die Abgrenzung aber schwierig und nur bedingt sinnvoll.

---

[667] Zum Verhältnis der Protokollstaaten zu den an der gemeinsamen Verteidigung nicht beteiligten Unionsmitgliedern siehe 209.

III. Das Flexibilitätskonzept des sicherheitspolitischen Dualismus

1. Das Konzept der konstruktiven Enthaltung in der GASP

Grundsätzlich beherrscht das Konsensprinzip die völkerrechtlich organisierten Bereiche der Union. Seit dem Amsterdamer Vertrag besteht jedoch die Möglichkeit für einzelne Mitgliedstaaten, sich im Einzelfall bei einer konkreten geplanten Maßnahme der Union gemäß Art. 23 Abs. 1 UA 2 EUV konstruktiv zu enthalten und dadurch die Entscheidung zwar nicht mitzutragen, aber auch nicht zu blockieren. Dadurch ergeben sich von Fall zu Fall wechselnde *ad-hoc*-Koalitionen[668]. Dies hat den Vorteil größerer Handlungsfähigkeit der Union, die nicht bereits bei Bedenken eines einzelnen Mitgliedsstaats blockiert wird. Allerdings besitzt noch immer jeder Mitgliedsstaat *de facto* ein Vetorecht, da die Entscheidung zwar bei einer konstruktiven Enthaltung, nicht aber gegen die Stimme eines Staates fallen kann.

2. Vertragsdefinierte Flexibilität bezüglich der Beistandsverpflichtung

Das Protokoll wird nur durch diejenigen Mitgliedstaaten unterzeichnet, die an einer gemeinsamen Verteidigung teilnehmen wollen. Dies stellt eine vertragsdefinierte Flexibilität dar, die im Unterschied zu dem im Einzelfall möglichen *opting-out* der konstruktiven Enthaltung eine grundsätzliche Entscheidung für oder gegen die Teilnahme an einem bestimmten politischen Bereich der Union verlangt[669]. Die Besonderheit des Protokolls liegt darin, daß die Teilnahme, nicht die Abstention, erklärt werden muß.

Die nicht teilnehmenden Mitgliedstaaten sind im Gegensatz zu den Unterzeichnerstaaten nicht verpflichtet, wohl aber im Einzelfall berechtigt, sich an einer Aktion zu beteiligen. Insofern könnte man auch von *ad-hoc*-Koalitionen im Rahmen des Protokolls sprechen. Im Unterschied zur *ad-hocery* innerhalb der GASP existiert hier jedoch ein harter Kern von Mitgliedstaaten, die aufgrund ihrer Beistandsverpflichtung jedenfalls an einer Aktion teilnehmen. Das Protokoll greift dementsprechend auch nur bei einem Angriff auf einen Unterzeichnerstaat ein. Es ergibt sich somit, daß die Union einem Angriff auf einen Protokollstaat mit einer gemeinsamen Verteidigung aller Protokollstaaten *plus x* reagieren wird.

---

668 Siehe dazu ausführlich oben S. 113 ff. Durch die Einführung der qualifizierten Mehrheitsentscheidung innerhalb der GASP in Art. 23 Abs. 2 EUV haben zwar supranationale Elemente Eingang in die intergouvernementale GASP gefunden, indem nunmehr eine Verpflichtung eines Mitgliedsstaates gegen seinen Willen möglich ist. Jedoch sind diese so schwach ausgeprägt (nur untergeordnete Entscheidungen sind betroffen) und durch ein Vetorecht jedes einzelnen Mitgliedsstaates entkräftet, daß sich die intergouvernementale Ausrichtung der GASP insoweit nicht ändert.

669 Siehe dazu ausführlich oben S. 111 und 117.

3. Ergebnis

Der unterschiedlichen Integrationsbereitschaft der Unionsmitglieder wird in verschiedener Weise Rechnung getragen. Innerhalb der GASP besteht die Möglichkeit, sich durch eine konstruktive Enthaltung nicht an einer konkreten Aktion zu beteiligen. Das Protokoll dagegen begründet eine vertragsdefinierte Flexibilität, indem jeder Mitgliedsstaat über seine Unterzeichnung der Beitrittsklausel entscheiden kann. Bei Maßnahmen im Rahmen des Protokolls kann es aber aufgrund des Sinn und Zwecks der Bestimmung keine der konstruktiven Enthaltung analoge Flexibilität geben.

Die unterschiedliche Behandlung von Maßnahmen des internationalen Krisenmanagements und der gemeinsamen Verteidigung liegt in der Tatsache, daß zwar beide Bereiche Primärrecht der Union darstellen, das Protokoll aber nicht zum *acquis* der Union gehört und daher nicht grundsätzlich für alle Mitgliedstaaten verpflichtend ist. Es handelt sich um einen Fall eines *opting-in*, während bei Entscheidungen innerhalb der GASP von einzelnen Maßnahmen ein *opting-out* möglich ist. Damit ist die Bindung des Protokolls an die Union trotz der Eigenschaft als Primärrecht erheblich lockerer, als es bei einer Bestimmung der Fall ist, der sich ein zögernder Mitgliedsstaat durch eine entsprechende Erklärung entziehen muß[670].

IV. Die Durchführung einer Maßnahme

1. Die Gemeinsame Außen- und Sicherheitspolitik

Durchführungsbeschlüsse werden gemäß Art. 13 Abs. 3 EUV vom Rat getroffen. Dieser beschließt gemäß Art. 23 Abs. 1 EUV grundsätzlich einstimmig, wobei die Möglichkeit zur qualifizierten Enthaltung besteht. Beschlüsse auf der Grundlage einer gemeinsamen Strategie oder zur Durchführung einer gemeinsamen Aktion werden mit qualifizierter Mehrheit gefaßt, wobei jedoch jedem Mitgliedsstaat ein Vetorecht zusteht[671].

Derzeit besitzt die Union noch keine eigenen operative Kapazitäten zur Durchführung von Aufgaben des Krisenmanagements, da sie gemäß dem Vertrag von Amsterdam das Potential der WEU nutzen kann. Auf dem Gipfel von Helsinki wurde der Entschluß gefaßt, bis zum Jahre 2003 Truppenkontingente auf nationaler Ebene aufzustellen, die einen Einsatz im Bereich der Petersberg-Aufgaben selbständig, das heißt ohne Unterstützung der NATO,

---

[670] Ein Beispiele hierfür ist das Protokoll Nr. 5 zum EUV, in dem Dänemark erklärt, an einigen Aktionen der Union nicht teilzunehmen.

[671] Art. 23 Abs. 2 EUV, beachte Abs. 2 UA 3 EUV, gemäß dem Beschlüsse mit militärischen oder verteidigungspolitischen Bezügen nicht dem qualifizierten Mehrheitsbeschluß unterliegen.

durchführen können. Der Vertrag von Nizza bestätigt diese Entwicklung. Auch dieses Potential untersteht jedoch dem jeweiligen nationalen Kommando und kann nur aufgrund einer nationalen Entscheidung der Union zur Verfügung gestellt werden[672].

2. Die Gemeinsame Verteidigung

a. Umsetzung eines Beschlusses

Fraglich ist, wie die Beschlüsse des Rates im Hinblick auf Aktionen und Maßnahmen der gemeinsamen Verteidigung umgesetzt werden. Problematisch ist dabei in erster Linie die unterschiedliche Zusammensetzung der Mitgliedstaaten der Union und der Parteien zum Protokoll, die eine engere Zusammenarbeit bilden. Ein Beschluß der Protokollstaaten kann nicht als Beschluß der Union betrachtet werden, der Bindungswirkung für alle Mitgliedstaaten, also auch der am Protokoll nicht beteiligten Staaten, entfalten würde.

Es erscheint sinnvoll, die in Art. 43 Abs. 2 EUV gewählte Lösung zu übernehmen, so daß die beteiligten Mitgliedstaaten die im Rahmen der Zusammenarbeit gefaßten Rechtsakte und Beschlüsse anwenden, während die übrigen Mitgliedstaaten deren Durchführung nicht im Wege stehen. Dies entspricht dem Charakter des Protokolls als engere Zusammenarbeit einiger Mitgliedstaaten, deren Beschlüsse und Umsetzungen von den übrigen Staaten nicht behindert werden sollen, aber dennoch im Hinblick auf eine kohärente Union Rücksicht auf den *acquis* der Union sowie die einzelnen Interessen der nicht beteiligten Mitgliedstaaten nehmen muß.

Da es sich um die Abwehr eines bewaffneten Angriffs auf das Unionsgebiet handelt, ist eine ständige Information und eine enge Absprache auch mit den nicht am Protokoll teilnehmenden Mitgliedstaaten erforderlich.

b. Die operativen Kapazitäten der Union

Auch ist die Frage der operativen Kapazitäten der Union zu klären. Die WEU besitzt derzeit keine eigenen Truppen, sondern erlangt ihre operative Kapazitäten aus der Abordnung von nationalen oder multinationalen Kontingenten[673].

Auch die Union, insbesondere die Unterzeichnerstaaten des Protokolls, unterhalten keine stehende europäische Armee. In der Erklärung von Helsinki, die sich allerdings auf die Erfüllung von Petersberg-Aufgaben bezog, stellten die Staats- und Regierungschefs ferner klar, daß eine solche europäische Armee auch in Zukunft nicht gewünscht ist. Vielmehr sollen die Truppenkon-

---

672 Europäischer Unionsgipfel in Helsinki vom 10./11. Dezember 1999, Abs. 28.
673 *FAWEU = Forces answerable to WEU.*

tingente auf nationaler Ebene aufgestellt werden, die dann der Union aufgrund einer nationalen Entscheidung zur Verfügung gestellt werden können[674].

Damit muß auch im Rahmen des Protokolls auf nationale Verbände zurückgegriffen werden, die aufgrund nationaler Entscheidungen zur Verfügung stehen[675]. Die militärische Umsetzung der Beschlüsse, also die Erfüllung der sich aus dem Protokoll ergebenden Beistandsverpflichtung, erfolgt demnach nicht durch eine europäische Armee, sondern durch nationale/multinationale Truppenverbände, die aufgrund nationaler Entscheidungen eingesetzt werden.

Mit diesen operativen Kapazitäten erfüllen die Vertragsparteien des Protokolls ihre Beistandspflicht gegenüber dem angegriffenen Bündnispartner. Damit wird der intergouvernementale Charakter sowohl der GASP als auch, in noch höherem Maße, des Protokolls unterstrichen und gefestigt.

V. Die Finanzierung einer Maßnahme

Die Finanzierung von Maßnahmen im Rahmen der GASP wird durch Art. 28 EUV geregelt. Dementsprechend werden lediglich die Verwaltungskosten der Organe vom Haushalt der Europäischen Gemeinschaften bestritten[676]. Die operativen Kosten für Maßnahmen mit militärischen oder verteidigungspolitischen Bezügen fallen zu Lasten der Mitgliedstaaten, der Schlüssel orientiert sich am Bruttosozialprodukt. Unionsmitglieder, die sich in der zugrundeliegenden Entscheidung gemäß Art. 23 Abs. 1 EUV konstruktiv enthalten haben, sind nicht beteiligungspflichtig[677].

Die Finanzierung von Maßnahmen der gemeinsamen Verteidigung erfolgt dagegen außerhalb des Haushaltes der Europäischen Gemeinschaft. Dies folgt daraus, daß bereits die militärischen Maßnahmen *innerhalb* der GASP von dem Haushalt der Europäischen Gemeinschaften ausgenommen sind, was umso mehr für militärische Operationen *außerhalb* der GASP gelten muß. Sie werden von den beteiligten Mitgliedstaaten betrieben. Dazu müßte ein Schlüssel festgelegt werden, der sich wie auch in Art. 28 Abs. 3 EUV nach dem Bruttosozialprodukt der beteiligten Staaten richten könnte. Eine Aus-

---

[674] Europäischer Unionsgipfel in Helsinki vom 10./11. Dezember 1999, Abs. 28.

[675] Die operativen Kapazitäten eines Staates zur Landesverteidigung unterscheiden sich von denjenigen Truppenteilen, die für Aufgaben des Krisenmanagements vorgesehen sind. In den meisten europäischen Staaten liegt der Schwerpunkt auf einer Verteidigungsarmee, die das Staats- oder gegebenenfalls Bündnisgebiet im Falle eines bewaffneten Angriffs schützen soll.

[676] Art. 28 Abs. 3 EUV.

[677] Art. 28 Abs. 2 EUV.

nahme stellen die Verwaltungskosten der Organe dar, die nach wie vor vom Haushalt der Europäischen Gemeinschaften bestritten werden.

Da es im Bereich der kollektiven Selbstverteidigung keine konstruktive Enthaltung gibt, ist auch eine Nichtbeachtung eines Staates bei der Verteilung der finanziellen Lasten ausgeschlossen, so daß eine flexible Gestaltung des Schlüssels nicht notwendig ist[678].

D. Die völkerrechtliche Dimension

I. Klassifizierung der Union gemäß der Charta der Vereinten Nationen

1. Fragen der kollektiven Selbstverteidigung gemäß Art. 51 VN-Charta

Durch die Aufnahme der Verteidigungskomponente in die Union könnte die Europäische Union zu einem Bündnis kollektiver Selbstverteidigung im Sinne von Art. 51 der VN-Charta geworden sein.

Kollektive Selbstverteidigung im Sinne der VN-Charta beschränkt sich dabei nicht auf die gemeinsam koordinierte Ausübung des Selbstverteidigungsrechtes, wie es der Wortlaut nahelegt. Vielmehr spricht die Entstehungsgeschichte[679] dafür, daß auch Systeme kollektiver Selbstverteidigung erfaßt werden[680]. Nach dem zweiten Weltkrieg und im Zeichen des beginnenden Kalten Krieges kehrten die Staaten zu den traditionellen Verteidigungsbündnissen zurück, so daß auch eine diesbezügliche Staatenpraxis vorliegt[681].

a. Die Bestimmungen des Protokolls

Das Protokoll übernimmt die Beistandsgarantie des Art. V des modifizierten Brüsseler Vertrags. Diese definiert den Bündnisfall als bei einem bewaffneten Angriff auf einen der Bündnispartner in Europa gegeben und beachtet den Vorrang des Sicherheitsrates. Sie entspricht so in ihrem Wortlaut und der inhaltlichen Ausgestaltung dem Regelungsgehalt des in Art. 51 der Charta der

---

678 Zur Finanzierung von Maßnahmen im Rahmen der GASP siehe *Münch*, Die gemeinsame Aktion als Mittel der GASP, S. 161 ff und *Semrau*, Die GASP, S. 107 ff.

679 Der Aspekt der kollektiven Sicherheit in Art. 51 war erst sehr spät aufgrund des Bestrebens der lateinamerikanischen Staaten aufgenommen worden, welche die Vereinbarkeit des regionalen Systems kollektiver Sicherheit mit der Charta sicherstellen wollten, *Neuhold*, Internationale Konflikte, S. 135; 146-7

680 *Neuhold*, Internationale Konflikte, S. 146-7; *Randelzhofer* zu Art. 51 Rnr. 32, in *Simma* (Hrsg.), Die Charta der Vereinten Nationen. Kommentar.

681 Die wichtigsten Beispiele sind der Brüsseler Vertrag von 1948, der Nordatlantikpakt und der Warschauer Pakt von 1949, siehe dazu auch *Neuhold*, Internationale Konflikte, S. 147-8.

Vereinten Nationen verankerten Rechts zur kollektiven Selbstverteidigung[682]. Damit entspricht auch das Fakultativprotokoll in seinen Bestimmungen einem Bündnis kollektiver Sicherheit.

b. Die Reichweite der Bestimmungen

Problematisch ist jedoch die Frage der Mitgliederstruktur. Nicht alle Unionsmitglieder, wenn auch die Mehrheit von ihnen, werden zur Vertragspartei des Protokolls. Zu prüfen ist daher zum einen, inwieweit sich die Sicherheitsgarantie des Protokolls auch auf die derzeitigen Beobachter der WEU erstreckt, und zum anderen, ob die Union als ein Bündnis im Sinne des Art. 51 der VN-Charta gesehen werden kann, wenn nicht alle Unionsmitglieder auch zum Beistand verpflichtet sind.

Zunächst einmal ist festzustellen, daß sich die Sicherheitsgarantie des Protokolls nicht auf die Beobachter erstreckt. Dies ergibt sich zum einen aus dem Völkervertragsrecht, da ein Vertrag für einen Drittstaat ohne dessen Zustimmung weder Rechte noch Pflichten begründen kann[683]. Eine Zustimmung wird von den Beobachtern aber gerade verweigert, indem sie das Protokoll nicht unterzeichnen.

Möglicherweise greift im Fall eines bewaffneten Angriffs auf das Unionsgebiet neben der nur Teile der Union erfassenden vertraglichen Beistandspflicht im Einzelfall auch noch eine völkerrechtmäßige Nothilfe ein. Die kollektive Selbstverteidigung im Sinne des Art. 51 der VN-Charta beinhaltet nicht nur eine gemeinsam koordinierte Ausübung des individuellen Selbstverteidigungsrechtes, sondern enthält die Befugnis für einen nichtangegriffenen Staat, einem angegriffenen Staat zur Hilfe zu kommen. Diese Interpretation als Nothilferecht ist im Schrifttum allgemein anerkannt[684]. Voraussetzung ist allerdings, daß sich der angegriffene Staat als Opfer betrachtet[685] und sein Einverständnis zur Hilfeleistung gibt[686]. Die enge Verflechtung der Union in Verbindung mit den Beistandsgarantien, zu der sich die Mehrzahl ihrer Mitglieder im Rahmen der NATO (11 Unionsmitglieder) und in der WEU, nach Unterzeichnung des Protokolls in dessen Rahmen, (voraussichtlich 10 Mitglieder) verpflichtet haben, läßt eine Nothilfe bei einem bewaffneten Angriff auf einen neutralen Staat wahrscheinlich erscheinen, ebenso eine Hilfelei-

---

[682] *Fleuß*, Die operationelle Rolle der WEU, S. 92.

[683] Art. 34 des Wiener Übereinkommens über das Recht der Verträge.

[684] *Kimminich/Hobe*, Einführung in das Völkerrecht, S. 280 f, *Randelzhofer* zu Art. 51 Rnr. 51-2, in *Simma* (Hrsg.), Die Charta der Vereinten Nationen. Kommentar, *Seidl-Hohenveldern/Stein*, Völkerrecht, Rnr. 1783n.

[685] ICJ Reports 1986 (Anm. 15), 14 (103, 104) §§ 195-6.

[686] Das Ersuchen muß aber nicht die Form eines ausdrücklichen Hilfeersuchens (request) besitzen, *Randelzhofer* zu Art. 51 Rnr. 51, 53, in *Simma* (Hrsg.), Die Charta der Vereinten Nationen. Kommentar.

stung der neutralen Staaten im Falle des Angriffs auf einen Protokollstaat. Diese Hilfe kann, muß jedoch nicht zwingend militärischen Charakter besitzen.

Eine völkerrechtliche oder sonstige Garantie gibt es aber nicht. Die Hilfeleistung hängt zudem in hohem Maße von den geographischen und historischen sowie strategischen Faktoren im Einzelfall ab[687]. Die Sicherheitsgarantie innerhalb der Union erstreckt sich demnach nur auf die Unterzeichnerstaaten des Protokolls. Die nicht am Protokoll beteiligten Staaten stimmen zwar grundsätzlich der Einrichtung eines Forums innerhalb der Union zum Zwecke einer gemeinsamen Verteidigung zu, bringen aber durch ihre fehlende Beteiligung zum Ausdruck, daß sie die Union selbst nicht als Verteidigungsbündnis betrachten.

Korrekterweise muß es daher heißen, daß *die Union kein Verteidigungsbündnis im Sinne des Art. 51 der VN-Charta darstellt, sondern ein solches beinhaltet.*

2. Die Union als geeignete internationale Einrichtung, Art. 48 Abs. 2 VN-Charta

Wie oben bereits dargelegt, ist die Union in der Fassung des Vertrags von Amsterdam als geeignete internationale Einrichtung im Sinne des Art. 48 Abs. 2 VN-Charta zu werten[688]. Die Bestimmung schließt militärische wie nicht-militärische Maßnahmen mit ein, so daß es auf die militärische Ausrichtung einer internationalen Einrichtung nicht ankommt[689]. Fraglich ist, ob sich diesbezüglich Änderungen ergeben, wenn das fakultative Zusatzprotokoll zur gemeinsamen Verteidigung an den Unionsvertrag angefügt wird.

Im Bereich der nicht-militärischen Maßnahmen ergeben sich durch die Integration der Verteidigungskomponente der WEU mittels eines Fakultativprotokolls keine Veränderungen gegenüber dem Status von Amsterdam, da diese von den Bestimmungen zur gemeinsamen Verteidigung nicht tangiert werden.

Im militärischen Bereich könnte sich ein Unterschied ergeben, da die Union nunmehr militärische Maßnahmen zur Selbstverteidigung durchführen kann.

---

687 Mittelfristig ist ein bewaffneter Angriff auf Westeuropa derzeit kaum vorstellbar, wodurch eine Analyse der möglichen Einzelfallsituationen nicht durchführbar ist. Eine Beobachtung der Verhältnisse in der ehemaligen Sowjetunion, auf dem Balkan und im Nahen Osten erscheint geboten, ebenso wie eine frühzeitige Erkennung von Konflikten im Zusammenhang mit dem Nord-Süd-Gefälle, Trinkwasser, der Bevölkerungsexplosion etc.

688 Siehe dazu ausführlich S. 141.

689 *Fleuß*, Die operationelle Rolle der WEU, S. 229, *Bryde* zu Art. 48 Rnr. 2,4, in *Simma* (Hrsg.), Die Charta der Vereinten Nationen. Kommentar.

Zwischen internationalem Krisenmanagement und individueller oder kollektiver Selbstverteidigung ist jedoch zu differenzieren. Bündnisse kollektiver Selbstverteidigung werden durch Art. 51 der Charta abgedeckt, während internationales Krisenmanagement durch Staatengruppen im Rahmen des Art. 48 Abs. 2 stattfindet. Die Union kann auch nach der Integration der Beistandsklausel mittels eines Zusatzprotokolls zum Unionsvertrag keine militärischen Zwangsmaßnahmen durchführen, da friedenserzwingende Maßnahmen, humanitäre Interventionen und Rettungseinsätze gegen den Willen des betroffenen Staates nicht zu dem im insoweit einschlägigen Art. 17 Abs. 2 EUV festgelegten Aufgabenbereich gehören[690]. Die Aufnahme des Verteidigungsaspektes in den Vertrag ändert somit die Stellung der Union bezüglich des Art. 48 Abs. 2 der VN-Charta nicht, auch wenn die Union infolge der hier diskutierten Integration der WEU in die Union nicht eine zweite, autonome Organisation in Anspruch nimmt, um ihre Entscheidungen im Bereich des internationalen Krisenmanagements durchzuführen, sondern die Einsätze mit eigenen operativen Kapazitäten plant und durchführt.

Damit ist die Union eine geeignete internationale Einrichtung im Sinne des Art. 48 Abs. 2 der Charta der Vereinten Nationen. Ihre Kompetenz umfaßt nicht-militärische Maßnahmen und militärische Einsätze mit Zustimmung des betroffenen Staates. Verändert hat sich allerdings die Tiefe der Kompetenz. Wird im Rahmen des Vertrags von Amsterdam noch die WEU zur Planung und Durchführung einer Operation in Anspruch genommen, so liegt auch diese Aufgabe nach der Annahme des Fakultativprotokolls und der damit verbundenen Auflösung der WEU bei der Union selbst.

3. Die Union als Regionale Abmachung, Art. 52-53 VN-Charta

Eine regionale Abmachung im Sinne des Art. 52-53 der Charta der Vereinten Nationen verlangt eine Binnenausrichtung der entsprechenden internationalen Organisation. Wie oben gesehen, ist diese aufgrund der komplexen Verflechtung der Union, deren Anfänge in hohem Maße von internen Sicherheitsgedanken bestimmt waren und deren heutige Stabilität gerade auf die enge Verflechtung zurückzuführen ist, nach wie vor gegeben[691].

Durch die Aufnahme der Verteidigungskomponente hat sich an der Binnenausrichtung der Union nichts geändert[692]. Die kollektive Selbstverteidigung

---

[690] Siehe dazu S. 140.

[691] *Frowein*, Die Europäische Union mit WEU als Sicherheitssystem in *Due*, (Hrsg.), Festschrift für Ulrich Everling, S. 315 (320); *Ischinger*, Die GASP nach Amsterdam, ZEI Discussion Paper (1998) C14, S. 3-4, *Pagani*, A New Gear in the Machinery, EJIL 1997, S. 737 (748-9). Siehe dazu auch S. 142.

[692] Außen- und Binnenwirkung eines Bündnisses schließen sich nicht gegenseitig aus, *Fleuß*, Die operationelle Rolle der WEU, S. 123f, 209.

ist lediglich als selbständiger Aspekt neben den binnengerichteten Stabilisierungsmechanismus getreten. Auch die Vertiefung der GASP durch die Übernahme der Planung und Durchführung von Operationen durch die Union selbst hat keinen Einfluß auf die Wahrnehmung der Union als, unter anderem, binnengerichtete Organisation.

Die Union stellt demnach auch nach der Aufnahme der Beistandsverpflichtung in die Union im Wege eines Fakultativprotokolls eine regionale Einrichtung gemäß Art. 52-53 der VN-Charta dar.

II. Die Rolle der europäischen Staaten außerhalb der Union

Als direkte Folge wird im Rahmen der der vorliegend diskutierten Option die WEU aufgelöst[693]. Damit stellt sich die Frage nach dem Status der derzeitigen assoziierten Mitglieder und Partner der WEU[694].

Die betroffenen Staaten haben ihre Abkommen mit der WEU geschlossen. Ein automatischer Übergang der Vertragspflichten auf die Union wäre nur dann anzunehmen, wenn die Union durch die Integration der WEU im Wege des Zusatzprotokolls Rechtsnachfolger der WEU würde. Die Erklärungen und Abkommen der WEU wären dann weiterhin im Rahmen des Protokolls gültig. Dafür spricht, daß es sich um die gleichen Parteien handelt und das Protokoll die gleichen Inhalte hat wie zuvor die WEU. Jedoch unterscheiden sich WEU und Europäische Union in Struktur, Zielsetzung und Aufgaben zu sehr, um eine direkte Nachfolge anzunehmen. Darüber hinaus sind die Erklärungen teilweise nicht mehr sinnvoll, beispielsweise die Fragen nach dem Verhältnis der WEU zur Union. Andere Bereiche müssen im neuen Licht betrachtet und überdacht werden, so insbesondere der Status der assoziierten Mitglieder oder Partner. Ein automatischer Übergang der Erklärungen in den Rahmen des Protokolls ist daher nicht anzunehmen, so daß die assoziierten Mitglieder und Partner der WEU nicht automatisch zu assoziierten Mitgliedern und Partnern der Union werden. Das Verhältnis muß vielmehr neu ausgestaltet und festgelegt werden.

Den assoziierten Mitgliedern und Partnern sollten jedoch nicht ihre derzeitigen Rechte[695] im Verhältnis zur WEU entzogen werden[696]. Die WEU dient als

---

[693] Dies geschieht entweder durch Kündigung des modifizierten Brüsseler Vertrags, Art. 54 Buchst. a) WVRK oder aber konkludent durch Abschluß eines späteren Vertrags bei Unterzeichnung des Protokolls mit der Beistandsverpflichtung durch alle Vollmitglieder der WEU, Art. 59 WVRK.

[694] Assoziierte Mitglieder der WEU sind derzeit Island, Norwegen, Polen, Tschechien, die Türkei und Ungarn. Assoziierte Partner sind Bulgarien, Estland, Lettland und Litauen seit 1992, Rumänien und die Slowakei seit 1994 und Slowenien seit 1996.

[695] Siehe dazu ausführlicher S. 58 ff.

[696] *D'Oléon/Jopp*, The Way Ahead for a European Defence Cooperation, in *Martin/Roper*,

Integrationsforum der europäischen Staaten in sicherheitspolitischer Hinsicht, insbesondere im Hinblick auf die geplante Osterweiterung und deren Vorbereitung.

Durch geeignete Maßnahmen sollte daher die Zusammenarbeit im Rahmen des internationalen Krisenmanagements in der GASP mit den Staaten verstärkt werden, die derzeit als assoziierte Mitglieder der WEU angehören. Dies ist insbesondere im Hinblick auf die Abhängigkeit von den operativen Kapazitäten der NATO von Bedeutung. Die Kooperation der assoziierten Partner mit der WEU sollte ebenfalls im Rahmen der Union weitergeführt werden. Beides kann durch eine Übereinkunft gemäß Art. 24 EUV durch internationale Übereinkünfte mit Drittstaaten im Rahmen der Aufgabenerfüllung aus Titel V EUV geschehen.

Eine Zusammenarbeit im Rahmen des Protokolls erscheint auf den ersten Blick nicht notwendig, da dort nur Maßnahmen im Rahmen der Beistandsverpflichtung stattfinden, welche sich nicht auf andere als die Unterzeichnerstaaten innerhalb der Union erstreckt. Eine geeignete Kooperation und Konsultation ist jedoch im Bereich der außenpolitischen Sicherheit sinnvoll, so daß auch hier eine Zusammenarbeit stattfinden sollte.

III. Das Verhältnis der Union zur NATO

In der Erklärung der WEU zum Vertrag von Maastricht heißt es zum einen, daß die WEU zur Verteidigungskomponente der Union, zum anderen, daß sie Mittel zur Stärkung des europäischen Pfeilers der Atlantischen Allianz entwickelt werden soll[697]. Fragen der Sicherheit und Verteidigung im Hinblick auf die Union müssen daher immer unter Berücksichtigung dieses Sicherheitsdreiecks betrachtet werden[698].

Im Rahmen der vorliegend diskutierten Option wird die Beziehung von WEU und NATO durch eine direkte Verbindung der EU zur NATO ersetzt. Wie oben dargelegt, übernimmt das Protokoll sowohl die Beistandsverpflichtung aus Art. V des modifizierten Brüsseler Vertrages als auch die Erklärung aus Art. IV zur Zusammenarbeit mit der NATO[699]. Die Frage, wie sich das Verhältnis der Union zur NATO ausgestaltet, wenn die Union eine gemeinsame Verteidigungspolitik mittels eines Fakultativprotokolls integriert, führt folglich auf die Frage nach dem Verhältnis der WEU zur NATO zurück.

Towards a Common Defence Policy, S. 99 (107).

697 Erklärung zum Vertrag über die Europäische Union Nr.30 zur WEU, Abs. 3 und 4.

698 *Wessel*, The European Union's Foreign and Security Policy, S. 282, siehe dazu auch *Duke*, The Second Death (or Coming?) of the WEU, J.Com.M.St. 1996, 34 (2) S. 167 (173).

699 Siehe dazu oben S. 181 f.

Daher soll im folgenden zunächst die Stellung der Beistandsverpflichtung der Vollmitglieder der WEU im Hinblick auf deren Verpflichtungen aus dem Nordatlantikvertrag untersucht werden, um daraus auf das Verhältnis der Union zur NATO zu schließen.

1. Das Verhältnis der Beistandsverpflichtung zum Nordatlantikvertrag

a. Die Kollisionsklausel des Nordatlantikvertrags

Die WEU und die NATO begründen autonome Verteidigungsbündnisse, die sich jedoch im Bereich ihrer jeweiligen Vertragsparteien überschneiden[700]. In Art. 8 des Nordatlantikvertrags jedoch erklärt jede Vertragspartei, daß

> keine der internationalen Verpflichtungen, die gegenwärtig zwischen ihr und einer anderen Partei oder einem dritten Staat bestehen, den Bestimmungen dieses Vertrags widersprechen und verpflichtet sich, keine diesem Vertrag widersprechende internationale Verpflichtungen einzugehen.

Diese Bestimmung verkörpert eine klassische Kollisionsklausel[701]. Die Rechtsfolgen eines Verstoßes sind im Schrifttum umstritten, und ein Teil der Literatur nimmt die Nichtigkeit entgegenstehender Bestimmungen an. Die herrschende Meinung geht jedoch dahin, daß eine Kollisionsklausel lediglich einen Anwendungsvorrang begründet[702]. Zu prüfen ist demnach, ob Art. V des modifizierten Brüsseler Vertrag, und nach ihm die Beistandsverpflichtung aus dem Protokoll im Rahmen der Union, eine widersprechende internationale Verpflichtung im Sinne des Art. 8 des Nordatlantikvertrages darstellt.

Eine rechtliche Inkompatibilität liegt darin begründet, daß ein an mehrere Verträge gebundener Staat den sich daraus ergebenden divergierenden Pflichten nicht gleichzeitig nachkommen kann[703]. Eine Regelung des gleichen Gegenstands in mehreren Verträgen und/oder unter unterschiedlichen Aspekten, welche die Reichweite der Verpflichtung unterschiedlich ausgestalten und nicht in einem Exklusivitätsverhältnis zueinander stehen, stellt lediglich eine völkerrechtlich unerhebliche bloße Abweichung der Regelungen voneinander dar[704].

Eine widersprechende Verpflichtung könnte sich aus den unterschiedlich weiten Beistandsverpflichtungen ergeben. Die Beistandsverpflichtungen des

---

[700] Die zehn Vollmitglieder der WEU sind zugleich Vertragsparteien des Nordatlantikpaktes.

[701] *Fleuß*, Die operationelle Rolle der WEU, S. 95.

[702] *Bernhardt* zu Art. 103 Rnr. 17-8 mwN, in *Simma* (Hrsg.), Die Charta der Vereinten Nationen. Kommentar.

[703] *Fleuß*, Die operationelle Rolle der WEU, S. 95-6; *Jenks*, The Conflict of Law Making Treaties, BYIL 30 (1953) 401, 425-7.

[704] *Fleuß*, Die operationelle Rolle der WEU, S. 96.

modifizierten Brüsseler Vertrags und des Nordatlantikpaktes knüpfen beide an dem selben Ereignis an, nämlich einem bewaffneten Angriff auf einen der Vertragspartner. Dabei begründet ein Angriff auf ein Vollmitglied der WEU immer gleichzeitig einen Angriff auf NATO-Territorium, der Umkehrschluß ist aber wegen der größeren geographischen Reichweite des Nordatlantikpaktes nicht möglich. Erst in der Reichweite der Verpflichtungen zeigen sich die Unterschiede, da die Beistandsverpflichtung aus dem modifizierten Brüsseler Vertrag weiter gefaßt ist als diejenige aus dem Nordatlantikpakt. Die Pflichten, die sich aus dem Ereignis des bewaffneten Angriffs auf ein Vollmitglied WEU für die Bündnispartner in der WEU ergeben, sind demnach ein *plus* zu den Pflichten, die den Bündnispartnern in der NATO aus demselben Ereignis obliegen.

Der modifizierte Brüsseler Vertrag stellt somit keine widersprechende internationale Verpflichtung im Sinne des Art. 8 des Nordatlantikvertrages dar. Da das Protokoll die Beistandsverpflichtung aus Art. V modifizierter Brüsseler Vertrag in die Union übernimmt, besteht auch zwischen den Bestimmungen der Union und der NATO keine Kollisionslage im Sinne des Art. 8 des Nordatlantikvertrags.

b. Art. IV des modifizierten Brüsseler Vertrag

Art. IV des modifizierten Brüsseler Vertrag ordnet zum einen bei der Durchführung des Vertrages eine enge Zusammenarbeit der Vertragsparteien und der Organe der WEU mit der NATO an, zum anderen erklärt er den Aufbau einer Parallelorganisation zu den militärischen NATO-Stäben für unerwünscht. Daher sind der Rat und sein Amt in militärischen Angelegenheiten hinsichtlich Auskunftserteilung und Beratung auf die zuständigen militärischen NATO-Stellen angewiesen[705].

Diese Vorschrift könnte ein absolutes Konkurrenzverbot zur NATO begründen, demgemäß eine Anwendung des Art. V modifizierter Brüsseler Vertrag im Verhältnis zum Nordatlantikvertrag eine Handlung *ultra vires* darstellen würde und somit juristisch ausgeschlossen wäre[706]. Wenn eine entsprechende Bestimmung in das Protokoll zum Unionsvertrag aufgenommen wird, stellt sich in Bezug auf die Union dasselbe Problem.

Gegen diese Ansicht spricht jedoch, daß sich der Wortlaut der Vorschrift darauf beschränkt, eine Verdopplung der *militärischen Stäbe* für unerwünscht zu erklären[707], nicht aber der operativen Kapazitäten. Zwar wurde Art. IV in der Erwartung eingefügt, daß die kollektive Selbstverteidigung Westeuropas im

[705] Art. IV Unterabsatz 2, 2. Halbsatz des modifizierten Brüsseler Vertrag .

[706] *Fleuß*, Die operationelle Rolle der WEU, S. 96-7.

[707] *Undesirability of duplicating the Military Staffs of NATO = éviter toute double emploi avec les Etats-Majors de l'OTAN*, Art. 4 UA 2 des modifizierten Brüsseler Vertrags.

Rahmen der NATO geplant und stattfinden würde[708]. Dennoch kann daraus nicht geschlossen werden, daß die Vertragsparteien jegliche Verteidigungshandlung in den Rahmen der NATO zu stellen bereit waren. Der Rückgriff des Rates auf militärische NATO-Stellen ist ausdrücklich auf Auskunftserteilung und Beratung beschränkt und umfaßt nicht die operativen Aktivitäten[709]. Auch würde eine strikte Auslegung des Art. IV die zentrale Bestimmung des Vertrags, die Beistandsverpflichtung in Art. V, jeglicher Entfaltungsmöglichkeit berauben und übersieht die im Vergleich zu der Bestimmung aus dem Nordatlantikpakt weitergehende Verpflichtung der Vertragsparteien. Schließlich indizieren auch jüngere Erklärungen der WEU, insbesondere diejenigen von Maastricht und Petersberg, die Absicht der Mitgliedstaaten, die WEU zum europäischen Pfeiler der NATO und damit zur Herausbildung einer eigenen Europäischen Sicherheits- und Verteidigungsidentität zu nutzen[710].

Demnach kann ein Konkurrenzverbot durch die Vorschrift des Art. IV des modifizierten Brüsseler Vertrag im Verhältnis zur Beistandsklausel des Nordatlantikpaktes nicht angenommen werden. Dasselbe muß für eine entsprechende Bestimmung im Fakultativprotokoll zum Unionsvertrag bezüglich einer gemeinsamen Verteidigung gelten.

c. Subsidiarität oder Komplementarität

Wie oben gesehen, besteht kein Konkurrenzverbot gegenüber der NATO für eine europäische Beistandsverpflichtung. Fraglich ist jedoch noch, in welchem Verhältnis die Beistandsklausel des modifizierten Brüsseler Vertrag, und damit auch das Protokoll zum Unionsvertrag, zu den Bestimmungen des Nordatlantikpaktes stehen.

In der ‚Reservefunktion' der WEU könnte ein Indikator ihrer Subsidiarität zur NATO gesehen werden. Die Vermeidung der Verdopplung der integrierten militärischen Strukturen der NATO gemäß Art. IV modifizierter Brüsseler Vertrag sprechen ebenso für diese Ansicht wie die Auslegung des historischen Willens der Vertragsparteien bei der Modifikation des Brüsseler Vertrages durch die Pariser Protokolle 1954 und der Beschluß der Westunion vom 20. April 1950, die Ausübung der militärischen Funktionen zu suspendieren und die bestehenden Verteidigungsstrukturen auf die NATO zu übertragen[711]. Auch Art. 17 EUV erklärt, daß die Politik der Union nach diesem Artikel nicht

> den besonderen Charakter der Sicherheits- und Verteidigungspolitik bestimmter Mit-

---

[708] *Saalfeld*, Entwicklungen und Perspektiven der WEU, S. 49f.
[709] *Fleuß*, Die operationelle Rolle der WEU, S. 97.
[710] *Fleuß*, Die operationelle Rolle der WEU, S. 98.
[711] *Saalfeld*, Entwicklungen und Perspektiven der WEU, S. 48f, *Fleuß*, Die operationelle Rolle der WEU, S. 98-9.

gliedstaaten [berührt]; sie achtet die Verpflichtung einiger Mitgliedstaaten, die ihre gemeinsame Verteidigung in der Nordatlantikorganisation sehen, aus dem Nordatlantikvertrag und ist vereinbar mit der in jenem Rahmen festgelegten gemeinsamen Sicherheits- und Verteidigungspolitik[712].

Jedoch deuten auf der anderen Seite sowohl der Wortlaut des Art. IV des modifizierten Brüsseler Vertrags, der von einer engen *Zusammenarbeit* der WEU mit der NATO bei der Durchführung des Vertrags spricht, als auch eine teleologische Auslegung auf eine Komplementarität der WEU gegenüber der NATO hin[713]. Die Petersberg-Erklärung vom 19. Juni 1992[714] stellt die Beistandsklauseln formal auf eine Stufe[715], und die zahlreichen Konzepte des *double hatting*, der Mehrfacheinplanung von Truppenteilen, der Entwicklung *trennbarer, aber nicht getrennter Potentiale* und die Aufstellung von *Combined Joint Task Forces* indizieren die Vorstellung eines komplementären Zusammenwirkens[716]. In Bezug auf ihre Aufgaben im Bereich des internationalen Krisenmanagements schließlich standen WEU und NATO in ihren zunächst getrennt durchgeführten Operationen zur Embargo-Überwachung vor der Küste Jugoslawiens *Sharp Vigilence/Fence* (WEU) und *Maritime Monitor/Guard* dann in der gemeinsam weitergeführten Operation *Sharp Guard* gleichberechtigt nebeneinander[717].

Die NATO und WEU wirken somit, was ihre Beistandsverpflichtungen betrifft, zunächst einmal komplementär zusammen. Ist eine solche komplementäre Wahrnehmung der Pflichten nicht möglich, haben die Verpflichtungen aus dem NATO-Vertrag Priorität[718]. Zu beachten ist allerdings in diesem Zusammenhang auch die oben dargestellte weitergehende Verpflichtung der Vertragsparteien aus dem modifizierten Brüsseler Vertrag, die komplementär neben die insoweit weniger umfassende Beistandspflicht aus dem Nordatlantikpakt treten kann. Dasselbe gilt auch für die im Fakultativprotokoll zum Unionsvertrag festgelegte Beistandsverpflichtung.

In Bezug auf Aufgaben des Krisenmanagements läßt sich keinerlei Vorrang der NATO feststellen. Diese Aufgaben sind in keinem der beiden konstituierenden Verträge von WEU oder NATO festgelegt, sondern ergeben sich aus

---

712 Art. 17 Abs. 1 UA 3 EUV.

713 *Fleuß*, Die operationelle Rolle der WEU, S. 99.

714 Bulletin der Bundesregierung Nr. 68/1992 vom 23. Juni 1992, S. 649-53.

715 Petersberg-Erklärung vom 19.06.1992 Teil II §4: ‚Apart from contributing to the common defence in accordance with Art. 5 of the Washington Treaty and Art. V of the modified Brussels Treaty respectively(...)‘.

716 *Fleuß*, Die operationelle Rolle der WEU, S. 100.

717 *Fröhlich*, Der Ausbau der europäischen Verteidigungsidentität zwischen WEU und NATO, ZEI Discussion Paper (1998) C19, S.15; *Fleuß*, Die operationelle Rolle der WEU, S. 100-1.

718 *Fleuß*, Die operationelle Rolle der WEU, S. 101.

den entsprechenden Erklärungen[719]. Lediglich die Europäische Union hat die sogenannten Petersberg-Aufgaben in ihren Gründungsvertrag aufgenommen. Eine Unterordnung der Union unter die NATO im Bereich des internationalen Krisenmanagements ist nicht ersichtlich.

Bei völkerrechtlicher Betrachtung stehen NATO und WEU beziehungsweise Union gleichberechtigt nebeneinander. Der derzeitige Mangel an adäquaten militärischen Strukturen im Bereich Kommunikation, Infrastruktur und Aufklärung in den westeuropäischen Ländern führt allerdings noch zu einem politisch-tatsächlichen Vorrang der NATO in diesem Bereich.

Aufgrund der Mitgliederstruktur der Organisationen ist auch bei der Umsetzung der hier diskutierten Option davon auszugehen, daß eine kollektive Verteidigung primär im Rahmen der NATO stattfinden wird. Wie zuvor die WEU steht die Union diesbezüglich als subsidiäre Organisation, wenn auch mit komplementären Aufgabenbereichen, neben der NATO. Im Hinblick auf Aufgaben des internationalen Krisenmanagements dagegen sind WEU, und die Europäische Union, der NATO gegenüber gleichberechtigte Partner. In der Praxis allerdings ist die NATO nach wie vor durch ihre operativen Kapazitäten dominant.

2. NATO-Mitgliedschaft als ‚Konvergenzkriterium'

Aufgrund der unterschiedlichen Mitgliederstruktur der Verteidigungsbündnisse stellt sich die Frage, ob ein Unionsmitglied auch dann an dem Fakultativprotokoll zur gemeinsamen Verteidigung teilnehmen kann, wenn es nicht gleichzeitig Vertragspartei des Nordatlantikvertrags ist. Bei dem Protokoll handelt es sich um primäres Unionsrecht, das grundsätzlich jedem Mitgliedsstaat der Union offensteht.

Problematisch ist aber, daß in diesem Fall der betreffende Mitgliedsstaat indirekt den Schutz der NATO genießen würde, indem ein Angriff auf ihn die Beistandspflicht der übrigen Protokollstaaten, unter ihnen NATO-Partner, auslösen würde. Diese würden – im Wege der kollektiven Selbstverteidigung gemäß Art. 51 der Charta der Vereinten Nationen zulässig – dem angegriffenen Unionsmitglied militärisch zur Seite stehen, um ihrer Bündnispflicht nachzukommen. Damit kann sich der Angriff des Aggressors dann gegen einen oder mehrere NATO-Partner richten, was wiederum den Bündnisfall gemäß Art. 5 des Nordatlantikpakts auslöst, so daß die unionsexternen NATO-Partner ihren Bündnispartnern und dadurch dem zunächst angegriffenen Unionsmitglied zu Hilfe kommen. Dieses ist seinerseits zu einer Hilfeleistung im

[719] Für die WEU ist dies die Petersberg-Erklärung vom 19. Juni 1992, für die NATO das Strategische Konzept der Allianz Abs. 20, 32 (*The Alliance's Stategic Concept*, Agreed by the Heads of State in Rome, 7/8 November 1991).

Falle des Angriffs auf einen NATO-Partner außerhalb der Union nicht verpflichtet.

Man könnte daran denken, eine Klausel in das Protokoll mit aufzunehmen, in der die NATO-Partner innerhalb der Union in der eben beschriebenen Situation auf die Hilfeleistung aus dem Nordatlantikpakt verzichten. Dies ist aber schon insofern nicht sinnvoll, als ein Aggressor dann durch ein Vorgehen wie oben beschrieben eine Beteiligung insbesondere der USA an einem europäischen Konflikt verhindern könnte, obgleich das primäre Ziel der Aggression an sich ein oder mehrere europäische NATO-Partner sind.

Zudem stellt sich das Problem der operativen Kapazitäten. Solange die Europäische Union nicht über die Truppen und die militärische Infrastruktur verfügt, einen Einsatz selbständig durchzuführen, ist ein Rückgriff auf NATO-Strukturen unvermeidlich. Auch insofern würde also ein am Protokoll beteiligtes, nicht aber in der NATO befindliches Unionsmitglied im Falle eines gegen ihn gerichteten Angriffs indirekt den Schutz der NATO genießen.

Aus diesen Gründen erscheint es sinnvoll, für die Beteiligung am Fakultativprotokoll zur gemeinsamen Verteidigung die Mitgliedsschaft in der NATO als Voraussetzung zu verlangen. Dies entspricht der Praxis im Bereich der Wirtschafts- und Währungsunion, wo die Teilnahme an bestimmte Konvergenzkriterien geknüpft ist[720]. Bei Erfüllung dieser Vorraussetzung steht es jedem Mitgliedsstaat der Union frei, dem Protokoll beizutreten, und es ist keine Zustimmung der übrigen Vertragsparteien erforderlich. Folglich kann jeder, auch neu aufgenommene, Mitgliedsstaat der Union über seinen Beitritt zum Protokoll bei Erfüllung der objektiven Kriterien grundsätzlich frei entscheiden.

3. Beobachterstatus für nicht am Protokoll beteiligte Unionsmitglieder

Die nicht im Protokoll vertretenen Unionsmitglieder erhalten sinnvollerweise einen Beobachterstatus analog dem der derzeitigen WEU-Beobachter. Dies sind diejenigen Staaten, welche nicht Mitglied der NATO sind[721], und diejenigen, welche zwar der NATO angehören, nicht aber an einer europäischen Verteidigung teilnehmen wollen[722].

Die Beobachter der WEU sind aufgrund der Petersberg- und Kirchberg-Erklärungen[723] zur Teilnahme an den Sitzungen des WEU-Rates und der Ar-

---

[720] Siehe dazu das Protokoll Nr. 6 über die Konvergenzkriterien nach Artikel 109j EGV des Vertrags zur Gründung der Europäischen Gemeinschaft (1992).

[721] Nach der derzeitigen Situation sind dies Finnland, Irland, Österreich und Schweden.

[722] Im Moment ist dies Dänemark. Änderungen könnten sich mit der geplanten Osterweiterung der Union ergeben.

[723] Petersberg-Erklärung: Bulletin der Bundesregierung vom Nr. 68/1992 vom 23. Juni

beitsgruppen berechtigt, soweit eine Einladung erfolgte beziehungsweise die Teilnahme nicht auf Vollmitglieder beschränkt ist. Um die Kohärenz der Politik der Union zu gewährleisten und der Schaffung eines *Kerneuropas* vorzubeugen, wäre eine Beteiligung der nicht am Protokoll teilnehmenden Staaten sinnvoll. Sie könnten zwar Informationsrechte genießen und sich mit einem Beschluß assoziieren, wenn sie dies wünschen, besäßen aber ansonsten keine Gestaltungsrechte.

4. Übernahme der Scharnierfunktion durch die Protokoll-Staaten

Derzeit betrachtet sich die WEU als Scharnier zwischen der NATO und der Union, die sich in der Funktion der WEU als Verteidigungsbündnis einerseits und ihrer Mitgliederstruktur – Vollmitglieder plus Beobachter ergeben die Europäische Union, Vollmitglieder plus assoziierte Mitglieder stellen den europäischen Teil der NATO – begründet. Eine solche Vermittlungsorganisation benötigen Union und NATO nach Auflösung der WEU und Integration der Verteidigungskomponente in die Union nicht mehr, sondern treten in eine direkte Beziehung.

Allerdings könnte das Zusatzprotokoll eine Bindungs- oder Scharnierfunktion zwischen der NATO und den übrigen EU-Mitgliedstaaten entfalten, die das Protokoll nicht unterzeichnen, und damit die Stärkung der europäischen Identität in der NATO übernehmen.

E. Bewertung

Zu Beginn des Kapitels wurde die Frage gestellt, wie das Modell einer Integration der WEU in die Union mittels eines Fakultativprotokolls zur gemeinsamen Verteidigung als Anhang zum Unionsvertrag ausgestaltet werden könnte und wie es sich in die verschiedenen Aspekte der Union einfügt.

Festzuhalten bleibt, daß es sich bei diesem Modell um eine Kompromißlösung handelt, die den mangelnden Willen der Unionsmitglieder zur Festschreibung der gemeinsamen Verteidigung im Unionsvertrag widerspiegelt.

Ein Vorteil dieser Lösung ist sicherlich die dadurch gewonnene Flexibilität, die eine weitergehende Integration trotz Bedenken einiger Mitgliedstaaten ermöglicht. Die Flexibilität läßt den Mitgliedstaaten den Freiraum, im außen-sicherheitspolitischen Bereich den Grad ihrer Involvierung zu bestimmen – im Bereich der GASP über die konstruktive Enthaltung, im Bereich der gemeinsamen Verteidigung durch die Entscheidung für oder gegen eine Beteiligung an einem unionsinternen System kollektiver Sicherheit.

1992, S. 649-53, Kirchberg-Erklärung: Bulletin der Bundesregierung Nr. 46/1994 vom 20. Mai 1994, S. 405ff. Siehe dazu im Einzelnen S. 58f.

Das Modell leidet jedoch an der künstlichen Aufteilung in eine gemeinsame Verteidigungspolitik, insbesondere bezüglich des internationalen Krisenmanagements, und der gemeinsamen Verteidigung. Die konstitutionelle Einordnung ist dementsprechend schwierig und nicht vollständig widerspruchsfrei möglich. Zudem wird die intergouvernementale Komponente in diesem sehr sensiblen Bereich staatlicher Souveränität betont, was möglicherweise einen Rückschritt in Bezug auf die Integration bedeutet. Schließlich sind die derzeitigen Kapazitäten der Union noch nicht ausreichend ausgestaltet, um den Aufgaben des internationalen Krisenmanagements oder der Verteidigung gerecht zu werden, die nun in der Union verankert sind.

Insgesamt präsentiert sich diese Lösung als eine Momentaufnahme, die eine internationale Einrichtung auf dem Weg zeigt. Aufgaben und Mittel sind noch nicht aufeinander abgestimmt, und obwohl eine Weiterentwicklung im Sinne einer weiteren Integration avisiert wird, zeigt sich auf der anderen Seite eine große Skepsis der Mitgliedstaaten gegenüber einer Aufgabe von souveränen Rechten im Zusammenhang mit der Außen- und Sicherheitspolitik.

Die weitere Entwicklung ist derzeit nicht abzusehen, im wesentlichen ist aber eine Entwicklung in zwei Richtungen vorstellbar. Die Union könnte sich im Sinne einer fortschreitenden Integration entwickeln, indem die engere Zusammenarbeit einer (mehrheitlichen) Gruppe von Mitgliedstaaten eine Sogwirkung auf die übrigen Staaten ausübt. Am Ende dieser Entwicklung stünde die Supranationalisierung auch der politischen Bereiche der Union. Eine skeptische Betrachtung der derzeitigen Union dagegen sieht in der Fixierung der intergouvernementalen Bereiche die Gefahr eines Integrationsstillstandes. Das wäre dann der Fall, wenn diese Bereiche das intergouvernementale Prinzip zur Prämisse erheben und die Bestimmungen ausgehend von dieser Prämisse ausgestalten und fortentwickeln. Eine solche Entwicklung birgt auch die Gefahr einer Lähmung oder gar eines Rückschrittes in den supranationalen Bereichen der Union, insbesondere der Europäischen Gemeinschaft.

Das Modell des sicherheitspolitischen Dualismus ist daher als Kompromißlösung, bestenfalls als Übergangsmodell zu sehen.

Kapitel 4. Die Ausprägung der Europäische Sicherheits- und Verteidigungspolitik im Falle einer Integration des WEU-*acquis* in die GASP

A. Das Konzept einer erweiterten GASP

Im Folgenden soll das Konzept einer erweiterten GASP beleuchtet werden, welches ebenso wie das vorangegangene Konzept auf der Regelung des Unionsvertrags in der Fassung von Amsterdam[724] aufbaut.

Die Außensicherheitspolitik und die Verteidigungspolitik sind bereits im Unionsvertrag in der Fassung von Amsterdam enthalten. Die in diesem Kapitel gedanklich zu durchleuchtende *Erweiterung* der GASP liegt in der Vorstellung, eine Beistandsverpflichtung in die GASP zu integrieren, indem sie in Titel V des Vertrags normiert wird. Damit findet die zentrale Beistandsgarantie Eingang in den Unionsvertrag selbst und wird neben die dort bereits seit dem Amsterdamer Vertrag enthaltenen Petersberg-Aufgaben gestellt[725].

1. Die Krisenmanagementkompetenzen in der GASP

In Bezug auf die Aufgaben der Union im Bereich der Außensicherheitspolitik und des Krisenmanagements ändert sich gegenüber der derzeitigen Fassung des Unionsvertrags nichts. Folglich umfassen die Kompetenzen der Union neben nichtmilitärischen Maßnahmen der Außenpolitik auch solche mit verteidigungspolitischen Bezügen im Rahmen der in Art. 17 Abs. 2 EUV normierten Petersberg-Aufgaben.

Durch die Übernahme der operativen Durchführung der im Rahmen der GASP geplanten und politisch kontrollierten Aufgaben ändert sich aber die Tiefe der Aufgaben des Vertrags. Nach der derzeitigen Fassung obliegt der Union zwar die Entscheidung über und die politische Kontrolle während einer Maßnahme im Rahmen der Petersberg-Aufgaben, für die operative Durchführung nimmt sie jedoch gemäß Art. 17 Abs. 3 EUV die WEU in Anspruch. Mit der Übernahme der Aufgaben der WEU ist die Union dann nunmehr auch für die operative Durchführung einer Maßnahme zuständig. Daraus ergibt sich eine Vertiefung der Kompetenzen der Union[726].

---

[724] Ausgegangen wird von der Fassung des Unionsvertrags, wie sie in Amsterdam beschlossen wurde und am 1.5.1999 in Kraft trat, vgl. die Bekanntgabe vom 6.4.1999, BGBl 1999 II S. 296. Auf die in Nizza beschlossenen Änderungen wird hingewiesen.

[725] Auch dieses Kapitel ist aus praktischen Gründen im Indikativ verfaßt, obgleich die Erweiterung der GASP (noch) nicht stattgefunden hat.

[726] Der Vertrag von Nizza sieht genau dies schon vor. Siehe dazu S. 157.

2. Die Beistandsverpflichtung in der GASP

Das Konzept einer erweiterten GASP sieht die Integration einer Beistandsklausel im Sinne einer kollektiven Selbstverteidigung der Unionsmitglieder in den Titel V des Unionsvertrags vor.

Durch die Stellung im Vertrag innerhalb der GASP ist die gemeinsame Verteidigung grundsätzlich für alle Mitgliedstaaten verpflichtend. Jedoch steht es einzelnen Unionsmitgliedern theoretisch frei, im Wege eines *opting-out* die Beistandsklausel für sich als nicht anwendbar zu erklären. Ein solcher Staat darf allerdings nicht den Zielen des Vertrages entgegenarbeiten, also die Bemühungen der übrigen Staaten im Rahmen des Vertrages nicht stören oder hindern. Die Abstention müßte durch ein Protokoll zum Unionsvertrag vertraglich fixiert werden[727].

Die Einführung des Elements der Beistandsverpflichtung im Angriffsfall stellt innerhalb der GASP eine neue Aufgabe der Union neben die Außensicherheitspolitik und die Verteidigungspolitik. Dadurch findet eine *Erweiterung* der GASP gegenüber der derzeitigen Fassung statt.

3. Auflösung der WEU

In direkter Folge zur Übernahme des WEU-*acquis* in die Union steht die Auflösung der Westeuropäischen Union. Dies kann entweder explizit geschehen, indem alle Vollmitglieder der WEU den modifizierten Brüsseler Vertrag kündigen[728]. Andernfalls wird der Vertrag beendet, wenn alle Vollmitglieder einen späteren Vertrag zu dem gleichen Gegenstand schließen[729]. Dieser kann auch die Form eines Änderungsvertrags bezüglich eines bereits bestehenden Vertrags annehmen, der gemäß Art. 39 WVRK als Übereinkunft zwischen den Vertragsparteien nach den Bestimmungen des Titels II WVRK zu behandeln ist. Daß auch Unionsmitglieder an dem späteren Vertrag beteiligt sind, die derzeit nicht den Status eines WEU-Vollmitglieds innehaben, ist ohne Belang, sofern der spätere Vertrag alle Vertragsparteien des ursprünglichen Vertrags umfaßt.

---

727 Im Gegensatz zu der vorher diskutierten Alternative, bei welcher das Protokoll die Beistandsklausel enthalten soll, wird bei der vorliegend diskutierten Alternative in dem Protokoll das *opting-out* einzelner Staaten von der in der GASP normierten, grundsätzlich für alle Mitgliedstaaten verpflichtenden gemeinsamen Verteidigung normiert.

728 Art. 54 Buchstabe a) WVRK; die Konvention ist auf Gründungsverträge internationaler Organisationen gemäß Art. 5 WVRK anwendbar.

729 Art. 59 WVRK.

B. Einordnung einer erweiterten GASP in das Vertragssystem der Union

I. Die erweiterte GASP im System der Union

Im vorliegenden Kapitel wird das Konzept einer erweiterten GASP betrachtet, demgemäß Einigkeit über eine Integration der gemeinsamen Verteidigung in die GASP herrscht. Die GASP wird durch die Beistandsverpflichtung erweitert, welche nunmehr einen Teil des *acquis* der Union darstellt, so daß sowohl die Klausel als auch Maßnahmen im Rahmen der Klausel entsprechend dem auf Titel V anwendbaren Unionsrecht zu behandeln sind.

1. Die Anwendbarkeit der Rahmenbestimmungen des EUV auf die erweiterte GASP

Mit ihrer Integration in die GASP wird die Beistandsklausel zu einem Teil des Unionsrechts. Damit sind diejenigen Bestimmungen des Unionsvertrags, welche auf die GASP Anwendung finden, auch für Maßnahmen der gemeinsamen Verteidigung einschlägig. Dies sind zum einen die Titel I (Gemeinsame Bestimmungen) und VIII (Schlußbestimmungen), zum anderen Titel V (Bestimmungen über die Gemeinsame Außen- und Sicherheitspolitik[730]. Keine Anwendung findet Titel VII EUV, der dem Willen der Unionsmitglieder entsprechend nur für die Gemeinschaften und die PJZS gilt[731].

Im Bereich des Titels I EUV ist zunächst die Kohärenz der gemeinsamen Verteidigung zu den übrigen Vorschriften des Unionsvertrags, Art. 3 Abs. 2 EUV, zu nennen. Die GASP erstreckt sich auf *alle Bereiche der Außen- und Sicherheitspolitik der Union* (Art. 11 Abs. 1 EUV) und umfaßt *sämtliche Fragen, welche die Sicherheit der Union betreffen* (Art. 17 Abs. 1 EUV). Nachdem die gemeinsame Verteidigung bereits in den Vertrag von Amsterdam als Zielbestimmung Eingang gefunden hat und die Beistandsklausel den sonstigen Vertragszielen nicht entgegensteht, gibt es diesbezüglich keine Bedenken aus dem Kohärenzgebot. Die Beistandsklausel unterliegt, wie auch die übrigen Vorschriften der GASP, dem einheitlichen konstitutionellen Rahmen der Union aus Art. 3 Abs. 1 EUV. Dementsprechend können die in Art. 4 und 5 EUV genannten Organe der Union nach Maßgabe der Bestimmungen der GASP tätig werden. Art. 6 und 7 EUV verpflichten die Unions-

---

[730] Aufgrund der Doppelnatur des Unionsvertrags als Änderungsvertrag der Gemeinschaften und als Gründungsvertrag der Europäischen Union sind nicht alle Bestimmungen des Vertrags auf die GASP anwendbar, siehe dazu ausführlicher S. 72.

[731] *Ehlermann*, Engere Zusammenarbeit nach dem Vertrag von Amsterdam, S. 362 (387), *Thun-Hohenstein*, Möglichkeiten zu einer ‚verstärkten Zusammenarbeit', S. 125 (126). Der Vertrag von Nizza führt in seinen Art. 27a-e eine verstärkte Zusammenarbeit auch im Rahmen der GASP ein, beschränkt diese aber auf ein sehr geringes Anwendungsgebiet.

mitglieder zur Achtung der Grundrechte und Menschenrechte auch in Bezug auf Maßnahmen der gemeinsamen Verteidigung.

In Titel V EUV sind die Ziele, Aufgaben und Instrumente der GASP normiert, die nunmehr auch bei Maßnahmen im Rahmen einer gemeinsamen Verteidigung zu beachten sind.

Die Schlußbestimmungen schließlich regeln insbesondere die Zuständigkeiten des EuGH in Art. 46, das Verhältnis des Vertrags zur Gemeinschaft in Art. 47 und das Vertragsänderungsverfahren in Art. 48 EUV.

2. Die Rechtsnatur der erweiterten GASP

Die GASP ist im Unionsvertrags in der Fassung von Amsterdam intergouvernemental ausgestaltet. Die Mitgliedstaaten treffen die wichtigen Entscheidungen im Europäischen Rat oder im Rat der Union, wobei Beschlüsse grundsätzlich einstimmig gefaßt werden[732]. Nur bei nachrangigen Entscheidungen ist eine qualifizierte Mehrheitsentscheidung vorgesehen, die aber durch das Vetorecht jedes einzelnen Staatesin Art. 23 Abs. 2 EUV ihrer supranationalen Komponente beraubt wird. Auch die Möglichkeit zur konstruktiven Enthaltung von einstimmig zu fassenden Ratsentscheidungen[733] stellt keine Abweichung von der intergouvernementalen Struktur der GASP dar, nachdem ein Staat nicht gegen seinen Willen verpflichtet werden kann. Die Inanspruchnahme der konstruktiven Enthaltung bedeutet lediglich, daß der entsprechende Mitgliedstaat durch den Beschluß nicht verpflichtet wird. Mit einer negativen Stimmabgabe kann jeder Mitgliedstaat den Beschluß verhindern.

Die Aufnahme einer Beistandsklausel in die GASP ändert nichts an ihrer intergouvernementalen Ausrichtung. Gerade Fragen der nationalen Selbstverteidigung zählen zu den sensibelsten Bereichen staatlicher Souveränität. Eine Übertragung von diesbezüglichen Kompetenzen und souveränen Rechten an die Union liegt nicht vor und ist auch mittelfristig nicht vorstellbar. Die erweiterte GASP behält also nicht nur die intergouvernementale Ausrichtung der GASP des Amsterdamer Vertrags bei, sondern verstärkt sie eher noch.

Die intergouvernementale Ausrichtung der GASP entspricht auch dem völkerrechtlichen Charakter der gemeinsamen Verteidigung. Eine vermehrt supranationale Ausgestaltung oder sogar Zuordnung zur Gemeinschaft ist von den Vertragsparteien (noch) nicht gewollt.

---

[732] Art. 23 Abs. 1 UA 1 EUV.

[733] Art. 23 EUV; vergleiche dazu ausführlicher oben S. 113 ff.

II. Kompetenzen und Instrumente im Rahmen der erweiterten GASP

1. Die Kompetenzen der Union in den Bereichen außensicherheitspolitik und Krisenmanagement

Die Aufgaben der Union im Rahmen der GASP ergeben sich aus der Verfolgung und Erfüllung der in Art. 11 EUV vorgegebenen Ziele[734]. Seit dem Amsterdamer Vertrag sind weiterhin die Aufgaben des internationalen Krisenmanagements durch die Petersberg-Aufgaben in Art. 17 Abs. 2 des Unionsvertrags normiert. Damit erstreckt sich die Zuständigkeit der Union auf

> humanitäre Aufgaben und Rettungseinsätze, friedenserhaltende Aufgaben sowie Kampfeinsätze bei der Krisenbewältigung einschließlich friedensschaffende Maßnahmen[735].

Durch die Auflösung der WEU geht auch die operative Seite der Maßnahmen des internationalen Krisenmanagements auf die Union über, so daß insofern zwar keine Erweiterung der Kompetenzen in diesem Bereich stattfindet, wohl aber eine Vertiefung der gegebenen Aufgaben[736].

2. Die Beistandsverpflichtung als Erweiterung der GASP

Durch die Integration der Beistandsklausel in die GASP hat sich das Aufgabenfeld der Union im Rahmen der GASP um Maßnahmen der kollektiven Selbstverteidigung erweitert. Die Beistandsklausel verpflichtet die Mitgliedstaaten zur gegenseitigen Hilfeleistung. Sollte also ein Unionsmitglied

> das Ziel eines Angriffs in Europa werden, so werden ihm die anderen (...) [Mitgliedstaaten] im Einklang mit den Bestimmungen des Artikels 51 der Satzung der Vereinten Nationen alle in ihrer Macht stehende militärische und sonstige Hilfe und Unterstützung leisten[737].

Dadurch ergibt sich eine Umkehrung der Grundsatz-Ausnahme-Konstellation gegenüber der im vorangegangenen Kapitel diskutierten Möglichkeit der Integration der gemeinsamen Verteidigung. Dort gibt ein Fakultativprotokoll einigen Mitgliedstaaten die Möglichkeit zur Einrichtung eines Verteidigungsbündnisses innerhalb der Union, aber außerhalb des Vertrags selbst, quasi als Ausnahme zu der in der GASP festgelegten Sicherheitspolitik. Im Falle einer Erweiterung der GASP müssen die nichtteilnehmenden Staaten dagegen in einem Protokoll ihr *opting-out* erklären. Damit ist die gemeinsa-

---

[734] Siehe dazu oben S. 94.
[735] Art. 17 Abs. 2 EUV.
[736] Siehe dazu im einzelnen S. 157.
[737] Die Beistandsklausel des Art. V des modifizierten Brüsseler Vertrags, wie sie in die GASP übernommen werden soll.

me Verteidigung innerhalb der GASP zur Regel, die Nichtteilnahme zur Ausnahme geworden.

3. Instrumente der GASP

Die Instrumente der GASP bleiben unverändert in der Amsterdamer Fassung bestehen, gelten jetzt aber auch für Maßnahmen im Rahmen der Beistandsverpflichtung.

Damit entscheidet für Aufgaben des internationalen Krisenmanagements der Europäische Rat in Form einer allgemeinen Leitlinie oder einer gemeinsamen Strategie[738], der Rat daraufhin mittels einer gemeinsamen Aktion oder eines gemeinsamen Standpunkts[739]. Im Rahmen der Beistandsverpflichtung entscheidet der Europäische Rat einstimmig, ob ein Angriff vorliegt. In diesem Fall führt der Rat den Beschluß des Europäischen Rats wiederum mittels gemeinsamer Aktionen oder Standpunkte durch[740].

III. Das Verhältnis der erweiterten GASP zur Europäischen Gemeinschaft

1. Bedeutungssteigerung der erweiterten GASP

Mit der Aufnahme der gemeinsamen Verteidigung in die GASP umfaßt diese alle Fragen der Sicherheit mit Ausnahme von militärischen Zwangsmaßnahmen. Damit geht eine Stärkung der zweiten Säule einher, die ihrerseits wieder eine Stärkung der politischen Union bedeutet. Eine zivile Friedenssicherung befindet sich zwar erst im Aufbau, ist aber im Vertrag durch die Instrumente der gemeinsamen Aktion und des gemeinsamen Standpunktes ebenfalls schon angelegt.

Die Integration der gemeinsamen Verteidigung in die GASP bedeutet vor allem eine Zementierung der Säulenstruktur. Eine Vergemeinschaftung der GASP inklusive gemeinsamer Verteidigungspolitik und gemeinsamer Verteidigung ist vorerst nicht zu erwarten, da nicht alle Unionsmitglieder die Beistandsgarantie übernehmen wollen und zögern, nationale Souveränität in diesen Bereichen auf die Union zu übertragen[741]. Eine Intergouvernementalisierung der Gemeinschaft auf der anderen Seite ist schon vertraglich ausgeschlossen[742]. Durch die (Teil-)Übertragung einer Kompetenz an die Union,

---

[738] Art. 13 Abs. 1 und 2 EUV.

[739] Die Durchführung einer gemeinsamen Strategie richtet sich nach Art. 13 Abs. 3 UA 2 EUV und geschieht durch gemeinsame Aktionen (Art. 14 EUV) oder Standpunkte (Art. 15 EUV).

[740] Siehe dazu im einzelnen Kapitel 2 S. 97 ff.

[741] *Silvestri et al.*, Decision-making and institutions, in *Martin/Roper* (eds.), Towards a Common Defence Policy, S. 51 (62-3).

[742] Wahrung des gemeinschaftsrechtlichen Besitzstandes, Art. 2 Abs. 1, 5. Spiegelstrich,

die nach dem Verständnis vieler Mitgliedstaaten ein Herzstück der nationalen Souveränität darstellt und aus eben diesem Grund rein intergouvernemental ausgestaltet ist und auch in absehbarer Zukunft sein wird, vergrößert sich der institutionelle Unterschied zu den supranationalen Gemeinschaften und erschwert dadurch eine Annäherung an oder gar Integration der GASP in den *acquis* der Gemeinschaften über die derzeit schon vorhandenen Schwierigkeiten hinaus erheblich.

2. Konsequenzen für das Verhältnis der erweiterten GASP zur Europäischen Gemeinschaft

Mit der Erweiterung der GASP gewinnt diese an Kompetenzen und Gewicht. In Verbindung mit der Tendenz der Mitgliedstaaten, ihre Souveränität soweit wie möglich zu wahren, besteht die Gefahr, daß der Gemeinschaft schrittweise Kompetenzen (wieder) entzogen werden. Dies widerspricht jedoch der strikte Trennung zwischen der supranationalen Gemeinschaft und der intergouvernementalen zweiten Säule, die inhaltlich und bezüglich ihres Aufgabenbereiches streng getrennt sind, und der ausdrückliche Verpflichtung zur Wahrung des *acquis communautaire* in Art. 2 EUV.

a. Vertraglich geregelte Berührungspunkte

Im Bereich der Sanktionen gemäß Art. 301 EGV besteht, wie oben gesehen, ohnehin bereits eine *de facto*-Unterordnung der Gemeinschaft gegenüber der GASP[743]. Wenn in Zukunft wirtschaftliche und andere Sanktionen im Vorfeld eines bewaffneten Angriffs oder in Verbindung mit Maßnahmen der gemeinsamen Verteidigung verhängt werden, so verstärkt sich die politisch-tatsächliche Dominanz der intergouvernementalen Elemente gegenüber der Gemeinschaft. Ähnliches gilt in Bezug auf Art. 24 EUV. Wenn internationale Abkommen mit Drittstaaten in Verbindung mit Maßnahmen der gemeinsamen Verteidigung geschlossen werden, verstärkt sich ebenfalls die Dominanz der intergouvernementalen Elemente der Union.

Ein weiterer Berührungspunkt ist der indirekte Einfluß des Europäischen Parlaments auf die GASP durch seine Beteiligung am Haushaltsverfahren[744]. Militärische Maßnahmen sind gemäß Art. 28 Abs. 3 UA 1 EUV vom Haushalt der Europäischen Gemeinschaften ausgenommen. Fraglich ist jedoch, ob diese Bestimmung auch die operativen Ausgaben für diejenigen nichtmilitärischen Maßnahmen umfaßt, welche die Verteidigung flankieren. Unter die Bestimmung sind aber weder nach dem Wortlaut noch dem Sinn der Norm solche Maßnahmen zu fassen, welche die Verteidigung flankieren, da sie

---

siehe dazu *Schmalz*, Kohärenz der EU-Außenbeziehungen? S. 72.
743 Siehe dazu oben S. 84 ff.
744 Siehe dazu *Schmalz*, Kohärenz in den EU-Außenbeziehungen? S. 5 ff.

nach wie vor der Außensicherheitspolitik zuzuordnen sind. Damit wird dem Parlament ein indirekter Einfluß auch auf einen Teil derjenigen Maßnahmen eingeräumt, welche die gemeinsame Verteidigung betreffen. Jedoch darf nicht übersehen werden, daß dem Parlament kein aktives Gestaltungsrecht zukommt. Es kann lediglich durch Ablehnung des Haushalts indirekt Einfluß nehmen[745].

b. Globale Strategien gegenüber Drittstaaten

Globale Strategien gegenüber Drittstaaten bezeichnen Maßnahmen der Union, die im Hinblick auf dritte Staaten getroffen werden und wirtschaftliche Fragen ebenso beinhalten wie politische Fragen[746]. Durch die größere Bedeutung der GASP und die Zementierung der Intergouvernementalität besteht nun die Gefahr, daß die politische Dimension die wirtschaftliche, und damit die GASP die Gemeinschaft, dominiert. Insbesondere bei außenpolitischen Spannungen steht die GASP mit ihrer Organisationsform im Vordergrund, wenn eine Strategie gegenüber dem betreffenden Drittstaat zur Prävention oder Begegnung einer Krise beschlossen wird.

Die Frage der Ausgestaltung des Verhältnisses zwischen GASP und Europäischer Gemeinschaft ist oft eine Frage des politischen Willens, da sich die Unionsmitglieder in den intergouvernementalen Bereichen der Union nach wie vor noch große Freiheiten vorbehalten haben. Darin kann eine Gefahr für den Integrationsfortschritt, im äußersten Fall sogar einer Re-Intergouvernementalisierung gesehen werden.

C. Rechtliche Ausgestaltung einer erweiterten GASP

Der folgende Abschnitt befaßt sich mit der Frage, wie die um eine Beistandsverpflichtung erweiterte GASP rechtlich ausgestaltet werden kann. Dazu sollen sowohl ihre vertragliche Fixierung als auch ihre Entscheidungsstrukturen und das sich daraus ergebende Flexibilitätskonzept untersucht werden.

I. Die Vertragliche Fixierung

1. Formelle Änderung des Unionsvertrags

a. Vertragsänderung oder Sekundärmaßnahme?

Zunächst stellt sich die Frage, ob es sich bei der Integration der Beistandsverpflichtung um eine Vertragsänderung oder lediglich eine Sekundärmaßnahme handelt. Sekundäres Unionsrecht kann nur im Rahmen der primär-

---

745 *Münch*, Die gemeinsame Aktion als Mittel der GASP, S. 166, Siehe dazu oben S. 86 f.

746 Siehe dazu im einzelnen oben S. 89 ff, *Schmalz*, Kohärenz in den EU-Außenbeziehungen? S. 35 ff.

rechtlichen Verfahrensregeln der GASP oder der PJZS entstehen. Dies folgt aus dem Prinzip der begrenzten Einzelermächtigung des Art. 5 EUV, gemäß der in den intergouvernementalen Bereichen der Union keine Kompetenz zum Setzen von supranationalen Rechtsakten besteht[747].

Art. 17 des Unionsvertrages überträgt in Absatz 1 die Entscheidungsbefugnis über die Einführung einer gemeinsamen Verteidigung dem Europäischen Rat[748]. Diese Bestimmung könnte als Indiz für die Qualität der Integration der Beistandsklausel in den Titel V als Sekundärmaßnahme gesehen werden. Für diese Annahme spricht auch, daß im Vertrag ein Unionsorgan zu einer bestimmten Handlung ermächtigt wurde, in deren Rahmen es sich bei der Entscheidung auch bewegt. Ferner ist abweichend von Art. 48 EUV weder eine Anhörung des Europäischen Parlamentes und der Kommission noch eine Regierungskonferenz vorgesehen.

Gegen die Annahme einer Sekundärmaßnahme spricht jedoch vor allem das Erfordernis, die Entscheidung des Rates in den Mitgliedstaaten zu ratifizieren[749]. Ein weiteres Argument ist die abstrakte Natur der Angelegenheit. Der Beschluß, eine gemeinsame Verteidigung in die Union zu integrieren, kann nicht als Grundsatz oder allgemeine Leitlinie des Europäischen Rates[750] verstanden werden. Diese Beschlüsse des Europäischen Rates werden in Abgrenzung zu einer gemeinsamen Strategie dann verwendet, wenn keine *wichtigen Interessen* der Union und/oder ihrer Mitgliedstaaten betroffen sind. Wie die gemeinsame Strategie auch stellen sie Instrumente dar, mit deren Hilfe auf Fragen thematischer oder geographischer Art reagiert werden kann. Die Entscheidung, eine gemeinsame Verteidigung in die Union zu integrieren, hat keinen konkreten Sachverhalt zum Thema. Vielmehr handelt es sich bei der Beistandsverpflichtung um ein neues Element im Rahmen der GASP. Auch bezieht Art. 13 Abs. 1 EUV ausdrücklich Fragen mit verteidigungspolitischen Bezügen in den Regelungsbereich der allgemeinen Leitlinie ein, die gemeinsame Verteidigung ist dagegen nicht erwähnt. Zur Einführung einer Beistandsverpflichtung ist eine allgemeine Leitlinie folglich nicht geeignet. Das gleiche gilt für die gemeinsame Strategie des Europäischen Rates[751], die nur auf konkrete Situationen anzuwenden ist, in denen wichtige gemeinsame Interessen der Mitgliedstaaten bestehen.

---

747 *Koenig/Pechstein*, Die EU, Rnr. 207-8, *Thun-Hohenstein*, Europarecht, S. 50.

748 *Falls der Europäische Rat dies beschließt = should the European Council so decide = si le Conseil européen en décide ainsi*, Art. 17 Abs. 1 EUV.

749 Er *empfiehlt in diesem Fall den Mitgliedstaaten, einen solchen Beschluß (...) anzunehmen. = It shall in this case recommend to the Member States the adoption of such a decision (...) = Il recommande, dans ce cas, aux États membres d'adopter une décision (...)*, Art. 17 Abs. 1 EUV.

750 Art. 13 Abs. 1 EUV.

751 Art. 13 Abs. 2 EUV.

Damit handelt es sich bei dem Beschluß des Europäischen Rats nicht um eine Sekundärmaßnahme, sondern ist die Einführung einer gemeinsamen Verteidigung in die GASP als Änderung des Vertrages zu werten.

b. Grundlagen der Vertragsänderung

aa. Art. 48 EUV

Eine Vertragsänderung erfolgt grundsätzlich gemäß Art. 48 EUV, dementsprechend die Initiative bei den Mitgliedstaaten oder der Kommission liegt, die dem Rat einen Entwurf zur Vertragsänderung vorlegen können. Der Rat hört daraufhin das Europäische Parlament und gegebenenfalls die Kommission und bezieht Stellung für oder gegen eine Regierungskonferenz. Bei einer positiven Entscheidung beruft der Präsident des Rates eine Regierungskonferenz ein, welche die Entwürfe diskutiert. Etwaige Vertragsänderungen treten in Kraft, nachdem sie von den Mitgliedstaaten entsprechend ihrer verfassungsrechtlichen Vorschriften ratifiziert worden sind[752].

bb. (Halb)autonome Änderungsverfahren

Ausnahmen dazu sind die im Vertrag vorgesehenen autonomen/halbautonomen Änderungsverfahren. Sie bilden ein *lex specialis* zu dem in Art. 48 EUV normierten Vertragsänderungsverfahren.

Bei halbautonomen Änderungsverfahren handelt es sich um Sondervorschriften, welche die Vertragsanpassung erleichtern[753]. Das vereinfachte Verfahren sieht vor, daß der Rat einstimmig eine Änderung des Vertrags beschließt, die dann den Mitgliedstaaten zur Annahme gemäß ihrer verfassungsrechtlichen Vorschriften zu unterbreiten ist[754]. Autonome Änderungsverfahren schreiben einen einstimmigen Beschluß im Rat vor, ohne aber eine Ratifikation durch die Mitgliedstaaten zu verlangen. Der Ratsbeschluß stellt in diesem Fall einen Rechtsakt *sui generis* dar, der primäres Unionsrecht generiert[755].

Durch die Regelung des Art. 17 EUV im Vertrag von Amsterdam wurde ein halbautonomes Änderungsverfahren normiert, so daß Art. 17 Abs. 1 als *lex specialis* zu Art. 48 EUV zu interpretieren ist[756]. Zwar sind dadurch das Europäische Parlament und die Kommission nicht, wie in Art. 48 vorgesehen, an der Änderung beteiligt. Jedoch können beide Organe auch im Rahmen des Art. 48 lediglich zum Änderungsentwurf Stellung nehmen, der auf der ent-

---

[752] Siehe dazu *Cremer* in *Calliess/Ruffert*, Kommentar zu EUV und EGV, Art. 48 EUV, Rnr. 2, *Koenig/Pechstein*, Die EU, Rnr. 491, *Vedder/Folz* in *Grabitz/Hilf*, Das Recht der EU (Kommentar) Art. 48 Rnr. 24-31.

[753] Geiger, EUV/EGV, Art. 48 Rnr. 4.

[754] *Vedder/Folz* in *Grabitz/Hilf*, Das Recht der EU, Art. 48 Rnr. 22.

[755] *Vedder/Folz* in *Grabitz*/Hilf, Das Recht der EU, Kommentar, Art. 48 Rnr. 23.

[756] *Vedder/Folz* in *Grabitz/Hilf*, Das Recht der EU, Kommentar, Art. 48 Rnr. 22.

sprechenden Regierungskonferenz diskutiert und seinerseits wieder verändert wird. Die Stellungnahmen bezüglich des Ausbaus der europäischen Sicherheits- und Verteidigungspolitik erfolgten aber schon im Rahmen der Vertragsänderung des Art. 17 Abs. 1 EUV zur Regierungskonferenz von 1996. Dort wurde das Thema auf die Agenda gestellt, und eine konkrete Entscheidung aufgrund mangelnder Konsensfähigkeit dadurch vertagt, indem sie dem Europäischen Rat übertragen wurde.

cc. Die Zulässigkeit von Vertragsänderungen nach allgemeinem Völkerrecht

Die Europäische Union beruht auf von den Mitgliedstaaten auf völkerrechtlicher Basis abgeschlossenen Gründungsverträgen, von der sich die beteiligten Staaten bisher nicht gelöst haben[757]. Sie ist intergouvernemental ausgerichtet, wodurch die Bestimmungen keine unmittelbare Rechtswirkung auf die Unionsbürger haben[758]. Art. 48 EUV ist keine völkerrechtlich zwingende Norm des *ius cogens*. Die Mitgliedstaaten sind nicht gehindert, sich außerhalb des Verfahrens völkerrechtlich wirksam auf eine Änderung zu verständigen[759]. Insofern ist die für völkerrechtliche Verträge geltende Wiener Vertragrechtskonvention anwendbar[760] und ein Vertrag kann gemäß Art. 39 WVRK durch Übereinkunft zwischen den Vertragsparteien geändert werden.

Es handelt sich aber bei Art. 48 EUV um eine unions- und gemeinschaftsrechtlich zwingende Vorschrift, mit der Folge, daß Änderungen, die außerhalb des Verfahrens erfolgen, gemeinschaftsrechtlich unwirksam und unionsrechtlich rechtswidrig sind[761]. Eine solche Änderung wäre also zwar völkerrechtlich wirksam, unionsrechtlich aber rechtswidrig[762].

dd. Ergebnis

Die Änderung des Vertrages findet folglich im Wege eines halbautonomen Änderungsverfahrens gemäß Art. 17 Abs. 1 EUV statt, indem der Europäische Rat einstimmig einen entsprechenden Beschluß faßt, den die Mitgliedstaaten gemäß ihrer verfassungsrechtlichen Vorschriften annehmen. Die An-

---

757 *Cremer* in *Calliess/Ruffert*, Kommentar zu EUV und EGV, Art. 48 EUV, Rnr. 5, *Streinz*, Europarecht Rnr. 70, 112.

758 *Koenig/Pechstein*, Die EU Rnr. 8.

759 *Vedder/Folz* in *Grabitz/Hilf*, Das Recht der EU, Kommentar, Art. 48 Rnr. 48.

760 Die WVRK ist gemäß ihres Art. 5 auf Gründungsverträge internationaler Organisationen anwendbar.

761 *Vedder/Folz* in *Grabitz/Hilf*, Das Recht der EU, Kommentar, Art. 48 Rnr. 48, *Koenig/Haratsch*, Europarecht, Rnr. 858.

762 Anders verhält es sich bei Gemeinschaftsrecht. Hier ist eine Vertragsänderung außerhalb des in Art. 48 EUV vorgeschriebenen Verfahrens unwirksam, *Koenig/Pechstein*, Die EU Rnr. 481, a.A. wohl *Cremer* in *Calliess/Ruffert*, Kommentar zu EUV und EGV, Art. 48 EUV, Rnr. 5.

nahme wird den Mitgliedstaaten vom Europäischen Rat in Art. 17 EUV empfohlen[763].

Die Integration der Beistandsklausel in die GASP im Wege einer Vertragsänderung kann auch im Zusammenhang mit einer Regierungskonferenz erfolgen, in welchem Fall sich das Verfahren nach Art. 48 EUV richten würde. Zwar stellt Art. 17 Abs. 1 EUV ein *lex specialis* zu Art. 48 EUV dar, da es sich aber lediglich um eine Erleichterung gegenüber dem Änderungsverfahren in Art. 48 EUV, nicht um eine gesonderte Regelung mit abweichenden Inhalten handelt, können die Mitgliedstaaten sich *(a maiore ad minus)* auch auf einer Regierungskonferenz gemäß Art. 48 EUV verständigen. Eine Änderung außerhalb der Verfahren des Art. 17 oder Art. 48 EUV wäre dagegen unionsrechtlich rechtswidrig, wenn auch völkerrechtlich wirksam.

2. Inhaltliche Änderung des Unionsvertrags

a. Die Beistandsverpflichtung

Das zentrale Element der neu eingefügten Verteidigungskomponente ist die Beistandsverpflichtung. Damit wird ein neues Element in den Unionsvertrag aufgenommen, das im Vertrag von Amsterdam lediglich in Art. 17 Abs. 1 als Zielbestimmung Erwähnung findet. Die Union ist infolge dieser Änderung des Vertrages die einzige internationale Organisation, deren konstituierender Vertrag sowohl Aufgaben des internationalen Krisenmanagements als auch der gemeinsamen Verteidigung enthält.

Der Umfang der Beistandsverpflichtung orientiert sich sinnvollerweise wieder an Art. V des modifizierten Brüsseler Vertrages. Daraus ergibt sich eine gegenseitige Beistandspflicht im Falle des bewaffneten Angriffs auf einen der Vertragsstaaten, die militärische sowie sonstige Hilfe umfaßt und damit über die Verpflichtung aus dem NATO-Vertrag hinausgeht. Dies erscheint aufgrund der größeren Homogenität der Union gegenüber der NATO (mit ihrer Ausdehnung von Nordamerika bis hin zur Türkei) gerechtfertigt.

Dem Problem der türkisch-griechischen Animositäten, die im Falle einer Aggression der Türkei gegen Griechenland die Gefahr eines NATO-internen Konflikts birgt, könnte mittels eines Zusatzprotokolls oder zumindest einer Erklärung begegnet werden, in dem Streitigkeiten unter Bündnispartnern der EU und der NATO von der Verpflichtung zum Beistand ausgenommen werden[764].

---

[763] Art. 17 Abs. 1 UA 1 Satz 2 EUV.

[764] Vergleiche dazu die Petersberg-Erklärung, Bulletin der Bundesregierung Nr. 68/1992 vom 23. Juni 1992, S. 649-53, siehe dazu ausführlich oben S. 181.

Weiterhin sollte die Beistandsverpflichtung in den Dienst und das Konzept der Vereinten Nationen gestellt werden, wie dies in Art. VI des modifizierten Brüsseler Vertrages explizit festgelegt ist. Diese Feststellung hätte aber in erster Linie deklamatorischen Charakter, nachdem die Zielbestimmungen des Unionsvertrages im Rahmen der Gemeinsamen Außen- und Sicherheitspolitik bereits ausdrücklich die Vereinbarkeit des Vertrages und aller seiner Elemente mit der Charta der Vereinten normieren[765]. Dazu kommt die Kollisionsklausel in Art. 103 der Charta der Vereinten Nationen, die einen Anwendungsvorrang der Charta vor allen anderen Verträgen begründet.

b. Die Institutionelle Struktur

Nachdem die gemeinsame Verteidigung in den Rahmen der GASP gestellt wird, entfällt die Notwendigkeit der Schaffung eigener Organe und Instrumente. Vielmehr bedienen sich die beteiligten Staaten der in Art. 4 und 5 EUV genannten Unionsorgane, insbesondere des Europäischen Rates und des Rates, der Kommission und des Europäischen Parlaments, sowie der für die GASP geschaffenen Instrumente.

3. Anfügen eines Protokoll bezüglich der nicht beteiligten Nationen

Aufgrund des besonderen Charakters der Außen- und Sicherheitspolitik einiger Unionsmitglieder ist zu erwarten, daß sich nicht alle Unionsmitglieder an der gemeinsame Verteidigung beteiligen werden. Der Unionsvertrag trägt dieser Sonderposition bereits in der Fassung von Amsterdam Rechnung, indem er bestimmt, daß

> die Politik der Union nach diesem Artikel (...) nicht den besonderen Charakter der Sicherheits- und Verteidigungspolitik bestimmter Mitgliedstaaten [berührt][766].

Diese Staaten können ihre Nichtteilnahme an der gemeinsamen Verteidigung in einem Zusatzprotokoll festlegen, das an den Vertrag angefügt wird[767]. Im Gegensatz zum *opting in* des im vorhergehenden Kapitel vorgestellten Konzepts des sicherheitspolitischen Dualismus stellt diese Möglichkeit ein klassisches *opting out* einzelner Staaten aus einem im Unionsvertrag normierten Bereich dar.

Daraus ergibt sich eine *grundsätzliche Verpflichtung* aller Mitglieder zur Teilnahme an dem gemeinsamen Verteidigungssystem mit der *Möglichkeit*

---

[765] Art. 11 I normiert in Spstr.1 die ‚Wahrung der gemeinsamen Werte, der grundlegenden Interessen, der Unabhängigkeit und der Unversehrtheit der Union *im Einklang mit den Grundsätzen der Charta der Vereinten Nationen*' (Hervorhebung des Autors).

[766] Art. 17 Abs. 1 UA 3 EUV.

[767] *Fröhlich*, Der Ausbau der europäischen Verteidigungsidentität zwischen WEU und NATO, ZEI Discussion Paper (1998) C19, S. 13.

zum opting-out für Mitgliedstaaten mit einem besonderen Charakter der Sicherheits- und Verteidigungspolitik[768].

Im Unionsvertrag ist keine Möglichkeit zur ausnahmsweisen Nichtteilnahme an einem Gegenstand des Unions-*acquis* vorgesehen[769]. Völkerrechtlich gesehen stellt das Protokoll einen Vorbehalt im Sinne des Art. 19 WVRK[770] der entsprechenden Staaten zum Vertrag dar. Gemäß Art. 19 kann ein Staat grundsätzlich einen Vorbehalt anbringen. Der Vertrag ändert sich damit gemäß Art. 21 WVRK im Verhältnis des vorbehaltenden zu den übrigen Vertragsparteien in Bezug auf den Vorbehaltsgegenstand im vorgesehenen Ausmaß. Ein Vorbehalt stellt eine einseitige Erklärung der entsprechenden Vertragspartei dar. Eine Zustimmung der übrigen Vertragsparteien zu dem Vorbehalt ist daher nicht erforderlich[771].

Durch die Unterzeichnung des Protokolls sind die entsprechenden Mitgliedstaaten nicht verpflichtet, an der gemeinsamen Verteidigung teilzunehmen, sondern wahren den eigenen Charakter ihrer Verteidigung. Aus der Konstellation – die gemeinsame Verteidigung stellt die vertragliche Grundlage dar, das *opting-out* die Ausnahme – ergibt sich jedoch, daß die nicht teilnehmenden Nationen grundsätzlich jederzeit die Aufgabe ihres Sonderstatus erklären und die Beistandsverpflichtung anerkennen können. Dies bestätigt auch Art. 22 WVRK, der das Zurückziehen eines Vorbehaltes jederzeit und ohne Zustimmung der übrigen Parteien für zulässig erklärt, sofern der Vertrag nicht etwas anderes bestimmt. Letzteres ist nicht gegeben.

Durch die Verwendung der Instrumente der GASP erhalten die nicht teilnehmenden Nationen Einfluß auf den Entscheidungsprozeß. Das Protokoll sollte daher eine Verpflichtung enthalten, daß die nicht teilnehmenden Nationen einen Beschluß der teilnehmenden Nationen nicht verhindern werden, sondern sich gegebenenfalls konstruktiv enthalten[772].

---

768 Dies sind insbesondere Finnland (aufgrund seiner gemeinsamen Grenze mit Rußland), Österreich, Irland, Schweden (aufgrund ihrer Neutralität) und Dänemark.

769 Die Vorschriften über die verstärkte Zusammenarbeit regeln gerade den umgekehrten Fall, daß sich eine Mehrheit von Mitgliedstaaten zu einer verstärkten Zusammenarbeit zusammenschließt, nicht aber, daß sich eine Minderheit von Mitgliedstaaten zusammenschließt, die einen Integrationsfortschritt nicht mittragen will.

770 Die WVRK ist gemäß ihres Art. 5 auf Gründungsverträge internationaler Organisationen anwendbar.

771 *Doehring*, Völkerrecht, Rnr. 350; *Ipsen*, Völkerrecht, §14 Rnr. 10.

772 *Silvestri et al.*, Decision-making and institutions, in *Martin/Roper* (eds.), Towards a Common Defence Policy, S. 51 (65-6).

II. Entscheidungsstrukturen

1. Die Zuordnung einer Maßnahme

Bei einem Beschluß über eine Maßnahme im Rahmen der GASP muß zunächst die Zuordnung der Maßnahme zur Außensicherheitspolitik, zum internationalen Krisenmanagement oder der gemeinsamen Verteidigung erfolgen, da von der Art der Maßnahme die Entscheidungsmechanismen bestimmt werden.

Die Zuordnung geschieht bei der Beschlußfassung im Europäischen Rat und ist in der entsprechenden gemeinsamen Strategie anzugeben. Wird eine Maßnahme durch den Rat der Union beschlossen, so gibt dieser in seiner gemeinsamen Aktion oder Strategie die entsprechende Zuordnung an. Abgrenzendes Kriterium zwischen militärischen Maßnahmen gemeinsamer Verteidigung und solchen des internationalen Krisenmanagements ist die Qualität der Maßnahme als militärische Reaktion zur Abwehr eines bewaffneten Angriffs. Davon zu unterscheiden sind nichtmilitärische Maßnahmen gegenüber Drittstaaten.

2. Entscheidungen über Krisenmanagement-Einsätze

Wie oben gesehen, wird die Entscheidung über eine Maßnahme des internationalen Krisenmanagements durch eine gemeinsame Strategie des Europäischen Rats getroffen, die dann durch den Rat mittels einer gemeinsamen Aktion oder eines gemeinsamen Standpunkts durchgeführt wird[773]. Der Beschluß des Europäischen Rats geht dabei über eine politische Bindungswirkung nicht hinaus. Lediglich der Rat ist an die Durchführung des Beschlusses gebunden. Eine juristische Verpflichtung der Mitgliedstaaten selbst besteht nicht[774].

a. Maßnahmen nichtmilitärischer Art

Nichtmilitärische Maßnahmen werden beschlossen, indem zunächst der Europäische Rat die Grundlage in Form einer gemeinsamen Strategie gemäß Art. 13 Abs. 2 EUV oder Grundsätzen und allgemeinen Leitlinien gemäß Art. 13 Abs. 1 EUV legt. Der Rat beschließt daraufhin gemeinsame Aktionen oder Standpunkte zur Durchführung der gemeinsamen Strategie des Rates oder Umsetzung der Grundsätze und Leitlinien.

Die Wahl des Weges bestimmt auch die Entscheidungsstrukturen. So wird eine gemeinsame Strategie (einstimmig) im Europäischen Rat beschlossen. In

---

[773] Art. 13 Abs. 3 UA 2 EUV, Art. 14 (gemeinsamen Aktion) und 15 (gemeinsamer Standpunkt) EUV.

[774] Siehe dazu oben Kap.2.C.II.1.a.bb (S.26).

diesem Fall kann die Durchführung durch den Rat in Form von gemeinsamen Aktionen und Standpunkten[775] erfolgen, die ihrerseits dem qualifizierten Mehrheitsbeschluß unterliegen[776]. Nachdem jedoch eine gemeinsame Strategie mit Zielsetzung, Dauer und den bereitzustellenden Mitteln bereits die wesentlichen Faktoren der Maßnahme festlegt, werden im Rat keine Entscheidungen von grundlegender Bedeutung getroffen. Art. 23 Abs. 2 Satz 2 EUV enthält dazu noch ein Vetorecht, demgemäß jeder Staat eine Erklärung abgeben kann, daß er aus Gründen nationaler Politik (die er auch nennen muß) den mit qualifizierter Mehrheit zu fassenden Beschluß abzulehnen gedenkt. Dann erfolgt keine Abstimmung, sondern die Frage wird zur einstimmigen Beschlußfassung an den Europäischen Rat verwiesen. Diese Regelung gilt nicht für Maßnahmen mit militärischen oder verteidigungspolitischen Bezügen, Art. 23 Abs. 1 UA 3 EUV.

Bei grundlegenden Beschlüssen des Rates dagegen wird nicht mit qualifiziertem Mehrheitsentscheid, sondern einstimmig entschieden, insbesondere wenn der Rat nicht auf der Grundlage einer gemeinsamen Strategie des Europäischen Rates beschließt, sondern eine gemeinsame Aktion oder einen gemeinsamen Standpunkt auf der Basis einer allgemeinen Leitlinie oder eines Grundsatzes des Europäischen Rates annimmt. Hier entscheidet der Rat gemäß Art. 23 Abs. 1 EUV im einstimmigen Verfahren, das lediglich durch die Möglichkeit zur konstruktiven Enthaltung gelockert wird.

b. Maßnahmen mit militärischen oder verteidigungspolitischen Bezügen

Maßnahmen mit militärischen oder verteidigungspolitischen Bezügen werden aufgrund der wichtigen gemeinsamen Interessen, die bei der Durchführung einer solchen Maßnahmen grundsätzlich vorliegen, gemäß Art. 13 Abs. 2 EUV im Wege einer gemeinsamen Strategie des Europäischen Rates initiiert. Diese gemeinsame Strategie wird nach Art. 13 Abs. 3 UA 2 EUV vom Rat in gemeinsamen Aktionen und Standpunkten durchgeführt.

Nachdem gemäß Art. 23 Abs. 2 UA 3 EUV die qualifizierte Mehrheitsentscheidung nicht auf Beschlüsse mit militärischen oder verteidigungspolitischen Bezügen anwendbar ist, müssen die vom Rat zur Durchführung der gemeinsamen Strategie getroffenen Entscheidungen einstimmig fallen. Damit besitzt jeder Staat *quasi* ein Vetorecht, mit dem er grundlegenden Bedenken gegen eine Aktion der Union Ausdruck verleihen kann, so daß der Beschluß nicht zustande kommt. Bei lediglich ihn selbst betreffenden Bedenken besteht die Möglichkeit, sich gemäß Art. 23 Abs. 2 EUV konstruktiv zu enthalten.

---

775 Art. 13 Abs. 3 Satz 2 EUV.

776 Eine Ausnahme gilt nur für Maßnahmen mit militärischen oder verteidigungspolitischen Bezügen, Art. 23 Abs. 2 Satz 3 EUV, die der Rat in jedem Fall gemäß Art. 23 Abs. 1 EUV einstimmig bei eventuellen konstruktiven Enthaltungen beschließt.

Die Mitgliedstaaten haben sich somit nicht nur wirkungsvoll dagegen geschützt, in dem sensiblen Bereich der Außensicherheitspolitik gegen ihren Willen zur Durchführung einer Maßnahme verpflichtet zu werden, sondern auch ihren einzelstaatlichen Einfluß auf die Außensicherheitspolitik der Union gesichert.

3. Entscheidungen im Rahmen der Beistandsverpflichtung

Eine Entscheidung im Rahmen der Beistandsverpflichtung wird ebenfalls als gemeinsame Strategie des Europäischen Rates beschlossen. Wenn der Europäische Rat in seinem Beschluß zu der Ansicht kommt, daß ein bewaffneter Angriff auf Unionsgebiet vorliegt, so ist zum einen der Rat zur Durchführung des Beschlusses verpflichtet. Gleichzeitig sind in diesem Fall aber auch die Mitgliedstaaten durch die Beistandsklausel zu den in der Klausel normierten Hilfeleistungen verpflichtet. Darin liegt ein Unterschied zu den Maßnahmen des internationalen Krisenmanagements, bei welchen die Bindungswirkung des Beschlusses des Europäischen Rates nur in Bezug auf den Rat angenommen wird[777].

Der Bereich der neu in der GASP zu normierenden gemeinsamen Verteidigung betrifft ein Thema äußerst sensibler staatlicher Souveränität, weshalb die Ausgestaltung nicht anders als strikt intergouvernemental erfolgen kann. Dies schlägt sich zum einen in einem absoluten Konsenserfordernis bei Beschlüssen bezüglich der gemeinsamen Verteidigung nieder. Zum anderen werden auch hier die operativen Truppen ausschließlich aufgrund nationaler Entscheidungen eingesetzt. Eine Verfügung über die Truppen eines Staates gegen seinen erklärten Willen ist nicht möglich. Auch eine interne Flexibilitätsregelung analog einer konstruktiven Enthaltung macht aufgrund der Natur der Sache keinen Sinn, da ein primär auf Abschreckung gerichtetes Verteidigungsbündnis gerade darauf ausgerichtet ist, daß im Falle des Angriffs eines dritten Staates auf einen Bündnispartner diesem alle anderen Bündnispartner beistehen.

Diejenigen Unionsmitglieder, die durch die Unterzeichnung des Protokoll ihre Nichtteilnahme an der gemeinsame Verteidigung zum Ausdruck gebracht haben, sind durch den Beschluß des Europäischen Rates nicht gebunden. Sie sind zu einer Hilfeleistung auf völkerrechtlicher Basis berechtigt, nicht aber vertraglich verpflichtet. Gleichzeitig sind sie verpflichtet, die an der Verteidigung teilnehmenden Staaten nicht zu hindern. Richtet sich ein bewaffneter Angriff gegen ihr Territorium, so greift die Beistandsklausel der erweiterten GASP ebenfalls nicht ein. Eine Hilfeleistung der übrigen Uni-

---

[777] Siehe dazu ausführlicher oben S. 103 f.

onsmitglieder wäre dann als völkerrechtlich zulässige Nothilfe[778] zu betrachten.

III. Flexibilität der erweiterten GASP – ein Konzept konzentrischer Kreise

Der Kompromiß zwischen der Notwendigkeit einer kohärenten, dynamischen Politik auf der einen Seite und dem Wunsch der Mitgliedstaaten nach Beachtung ihrer staatlichen Souveränität auf der anderen Seite liegt in einer flexibleren Gestaltung der grundsätzlich rein intergouvernementalen Strukturen der GASP. Im Folgenden wird untersucht, wie diese flexible Form in einer erweiterten GASP aussehen werden. Dabei soll auf die Konzepte aller drei Elemente der GASP eingegangen werden, um die unterschiedlichen Ansätze und die gemeinsame Grundstruktur herauszuarbeiten.

1. Flexibilitätsvarianten innerhalb der GASP

a. Nichtmilitärische Maßnahmen der GASP

Die Erfahrungen des Jahrzehnts nach Ende des Kalten Krieges mit seinen vermehrt gewaltsam aufbrechenden innerstaatlichen Konflikten sowie die Schwierigkeiten einer adäquaten Reaktion auf und Befriedung einmal ausgebrochener Konflikte haben zu einer immer stärkeren Betonung der Konfliktprävention und zivilen Krisenreaktionskräften geführt[779]. Dazu gehören insbesondere Beobachtung von Wahlen[780] und Unterstützung eines demokratischen Übergangs[781] und Anstrengungen zur Rüstungskontrolle[782]. Im Rahmen der Bestimmungen des Amsterdamer Vertrages kann die Union konzertiert auf sich abzeichnende und auf bereits ausgebrochene Konflikte reagieren.

---

[778] Art. 51 der Charta der Vereinten Nationen umfaßt auch die kollektive Selbstverteidigung im Sinne einer völkerrechtlichen Nothilfe. Siehe dazu *Kimminich/Hobe*, Einführung in das Völkerrecht, S. 280 f, *Randelzhofer* zu Art. 51 Rnr. 51-2, in *Simma* (Hrsg.), Die Charta der Vereinten Nationen. Kommentar, *Seidl-Hohenveldern/Stein*, Völkerrecht, Rnr. 1783n.

[779] *Solana*, Die ESVI – das Integrationsprojekt der nächsten Dekade, Integration 23 (2000) S. 1 (2, 5-6); *Schmidt*, Zum Verhältnis von GASP, NATO und WEU, ÖZP, 25 (1996) S. 403; *Patten*, Die Zukunft der ESVP und die Rolle der Kommission, Integration 23 (2000) S. 7 (13-5).

[780] Beispielsweise Rußland 09.11.1993 L286/3 (20.11.1993) 93/604/GASP; Naher Osten 01.06.1995 L130/1 (14.06.1995) 95/205/GASP u.a.

[781] Beispielsweise Südafrika 06.12.1993 L316/45 (17.12.1993) 93/728/GASP.

[782] Beispielsweise die Nichtverbreitung von Kernwaffen 25.07.1994 L205/1 (08.08.1994) 94/509/GASP, die Kontrolle der Ausfuhr von Gütern mit doppeltem Verwendungszweck 19.12.1994 L367/8 (31.12.1994) 94/942/GASP und folgende Beschlüsse, oder das Verbot von Antipersonenminen12.05.1995 L115/1 (22.05.1995) 95/170/GASP und folgende Beschlüsse, siehe im einzelnen *Münch*, Die gemeinsame Aktion als Mittel der GASP, Anhang I, S. 215ff.

Instrumente sind dabei die vom Rat zu beschließenden gemeinsamen Standpunkte und Aktionen, die ihrerseits auf einer allgemeinen Leitlinie oder gemeinsamen Strategie des Europäischen Rates beruhen.

Trotz der Möglichkeit zur konstruktiven Enthaltung in Art. 23 Abs. 2 EUV und obwohl Art. 23 Abs. 2 EUV unter bestimmten Umständen einen qualifizierten Mehrheitsbeschluß vorsieht, ist die Ausrichtung dieser Instrumente nach wie vor intergouvernemental. Ist ein Mitgliedsstaat gegen eine bestimmte Aktion eingestellt, kann er bei beiden Varianten eine Entscheidung verhindern, indem er bei einem einstimmigen Beschluß gegen die Maßnahme stimmt oder bei einer qualifizierten Mehrheitsentscheidung von seinem Vetorecht Gebrauch macht. Die Union ist dann handlungsunfähig, wodurch denjenigen Staaten, welche die Aktion durchführen wollen, nur noch die Möglichkeit bleibt, als *coalition of the willing* außerhalb der Union aufzutreten.

Für den Fall, daß sich ein Mitgliedsstaat aus historischen oder politischen Gründen bei einer konkreten Aktion nicht beteiligen will, wird er einer gemeinsamen Strategie im Europäischen Rat nicht zustimmen, da er sonst im anschließenden Ratsbeschluß durch den qualifizierten Mehrheitsbeschluß gegen seinen Willen verpflichtet werden kann. Statt dessen wird er auf eine Entscheidung im Rat auf der Grundlage einer allgemeinen Leitlinie des Europäischen Rates dringen, die ihm erlaubt, sich unter Angabe seiner Gründe konstruktiv zu enthalten.

Der Vertrag von Nizza sieht, abweichend von der Amsterdamer Fassung, eine verstärkte Zusammenarbeit im Bereich der GASP vor, sofern nicht Fragen mit militärischen oder verteidigungspolitischen Bezügen betroffen sind, Art. 27b EUV-Nizza. Im Rahmen nichtmilitärischer Maßnahmen des internationalen Krisenmanagements kann also zur Durchführung einer gemeinsamen Aktion oder der Umsetzung eines gemeinsamen Standpunktes im Wege einer verstärkten Zusammenarbeit nach Art. 43ff vorgegangen werden, Art. 27b EUV-Nizza. Da jedoch die Annahme der zugrundeliegenden Aktionen und Standpunkte nicht erfaßt sind, ist der Anwendungsbereich marginal und kann daher vernachlässigt werden.

Teilnehmer an Aktionen des nichtmilitärischen internationalen Krisenmanagements sind potentiell alle Mitgliedstaaten der Union. Eine vertragsdefinierte Flexibilität[783] in Form eines *opting-out* ist theoretisch denkbar, wurde bisher aber von keinem Staat in Anspruch genommen. Sie würde einer expliziten Weigerung gleichkommen, die außenpolitische Dimension der Union mitzutragen.

---

[783] *Pre-defined flexibility*, *Missiroli*, CFSP, Defence and Flexibility, Chaillot Paper 38, S. 5 von 26.

b. Militärische Maßnahmen des internationalen Krisenmanagements

Maßnahmen im militärische Bereich des internationalen Krisenmanagements, im wesentlichen ausgedrückt durch die Petersberg-Aufgaben, werden aufgrund der sensiblen Natur militärischer Einsätze in der Regel wichtige gemeinsame Interessen der Mitgliedstaaten betreffen. Gemäß Art. 13 Abs. 2 EUV beschließt der Europäischen Rat in diesem Fall eine gemeinsame Strategie, die dann durch eine gemeinsame Aktion oder einen gemeinsamen Standpunkt des Rates durchgeführt wird.

Um eine Handlungsunfähigkeit der Union in Bezug auf Einsätze aus dem Bereich der Petersberg-Aufgaben durch das Konsenserfordernis zu verhindern, wurde das Konzept der konstruktiven Enthaltung konzipiert. Es führt, wie oben gesehen[784], zu einem System der *ad-hocery*, welches von Fall zu Fall wechselnden Koalitionen innerhalb der Union erlaubt, unter europäischer Flagge einen bestimmten Einsatz durchzuführen. Damit stellt die Einführung einer konstruktive Enthaltung ein konstitutionalisiertes Konzept des *opting-out* dar. Das Konsenserfordernis bleibt bestehen, gleichzeitig resultieren aber Bedenken einzelner Staaten gegen eine Aktion nicht automatisch in einer Blockade der Union[785].

Die einzige *vertragsdefinierte Flexibilität* in diesem Bereich der Außensicherheitspolitik ist die Sonderposition Dänemarks[786] aus dem Edinburgher Gipfel vom 12. Dezember 1992, die im Protokoll Nr. 5 zum Vertrag von Amsterdam ihren Niederschlag fand[787]. Dänemark ist danach grundsätzlich nicht zur Beteiligung an Aufgaben des internationalen Krisenmanagements verpflichtet. Diese Art von *opting-out* ist also möglich, wenn sie auch ausdrücklich als Ausnahme bezeichnet wurde und eine Ausweitung dieser Sonderposition auf andere Staaten, insbesondere im Hinblick auf die Erweiterung der Union, nicht angestrebt wird[788].

Im Bereich des militärischen internationalen Krisenmanagements gibt es also keine Supranationalität, sondern eine rein intergouvernementale Struktur. Durch das Flexibilitätselement der konstruktiven Enthaltung ist diese lediglich aufgelockert, um eine totale Blockierung der Union bei historisch oder politisch motivierten Bedenken einzelner Mitgliedstaaten zu verhindern. Die qualifizierte Mehrheitsentscheidung kommt aufgrund der militärischen Implikationen nicht zur Anwendung. Das Konsenserfordernis ist somit nicht

---

[784] Siehe dazu oben S. 114.

[785] *Van Ham*, The EU and the WEU, in *Edwards/Pijpers* (eds.), The Politics of European Treaty Reform S. 306 (320).

[786] Amtsblatt der EG, Nr. C 348/1 S. 2.

[787] BGBl. 1998 II S. 387 (432 f).

[788] Siehe dazu auch S. 117 f.

aufgehoben, sondern es wird lediglich eine Enthaltung unter bestimmten Umständen ermöglicht. Folglich stellt die sogenannte *ad-hocery* das bestimmende Konzept für Maßnahmen des militärischen internationalen Krisenmanagements dar. Eine vertragsdefinierte Flexibilität gilt nur ausnahmsweise für Dänemark.

c. Gemeinsame Verteidigung

Die begrenzte Teilnehmerzahl an der gemeinsamen Verteidigung innerhalb der Union könnte zu der Annahme verleiten, es handle sich um eine verstärkte Zusammenarbeit im Sinne des Titel VII des Unionsvertrages. Jedoch hieße dies zu übersehen, daß eine solche im Bereich der GASP nicht vorgesehen ist, sondern dort lediglich das Konzept der konstruktiven Enthaltung eingeführt wurde[789]. Auch nach dem Vertrag von Nizza kann eine verstärkte Zusammenarbeit bei Fragen mit militärischen Bezügen nicht stattfinden. Insbesondere spricht jedoch das oben dargelegte Regel-Ausnahme-Verhältnis gegen eine solche Annahme. Während das Konzept der konstruktiven Enthaltung zu *ad-hoc*-Koalitionen führt, wird hier ein *opting-out* von einer grundsätzlich für alle verpflichtenden Bestimmung gestattet. Es handelt es sich also um eine vertragsdefinierte Flexibilität, die eine Beteiligung an allen potentiellen Operationen in einem bestimmten Bereich, hier der kollektiven Selbstverteidigung, grundsätzlich ausschließt.

Die Entscheidungsstruktur im Bereich der gemeinsamen Verteidigung ist ausnahmslos intergouvernemental. Eine mit derjenigen im Bereich des internationalen Krisenmanagements vergleichbare Flexibilitätsregelung, die *ad-hoc*-Entscheidungen der einzelnen Staaten erlaubt und dadurch die Bildung von coalitions of the willing zum Ziel hat oder zumindest gestattet, ist aufgrund des Sinn und Zwecks einer Beistandsklausel, die in ihrer abschreckenden Wirkung durch größere Effektivität gegenüber einem potentiellen Aggressor liegt, nicht möglich[790].

Da aber aufgrund des neutralen Charakters der Sicherheitspolitik einiger Unionsmitglieder sowie der NATO-Ausrichtung Dänemarks nicht davon auszugehen ist, daß sich alle Unionsmitglieder an der gemeinsamen Verteidigung beteiligen und Art. 17 Abs. 1 UA 3 EUV ausdrücklich eine besondere Ausrichtung der Sicherheits- und Verteidigungspolitik bestimmter Mitgliedstaaten respektiert[791], wird diesen Staaten die Möglichkeit gegeben, in einem

---

[789] *Ehlermann*, Engere Zusammenarbeit nach dem Vertrag von Amsterdam, EuR 1997, S. 362 (387); *Thun-Hohenstein*, Möglichkeiten einer ‚verstärkten Zusammenarbeit', *Hummer*, Die Europäische Union nach dem Vertrag von Amsterdam, S. 125 (126).

[790] Siehe dazu auch S. 190 f.

[791] *Die Politik der Union (...) berührt nicht den besonderen Charakter der Sicherheits- und Verteidigungspolitik bestimmter Mitgliedstaaten = The policy of the Union (...) shall not prejudice the specific character of the security and defence policy of certain Member Sta-*

Protokoll ihre Nichtteilnahme zu erklären. Dieses *opting-out* stellt einen Fall der vertragsdefinierten Flexibilität dar. Den nicht teilnehmenden Staaten steht jedoch die Erklärung ihrer Teilnahme grundsätzlich jederzeit offen. Die Zustimmung der anderen Mitgliedsstaaten ist dazu nicht erforderlich, die Erfüllung objektiver Konvergenzkriterien kann jedoch zur Bedingung gemacht werden[792].

Die nicht teilnehmende Staaten können *ad hoc* ihre Teilnahme an einer konkreten Verteidigungsmaßnahme erklären, da das Protokoll lediglich ihre Verpflichtung, nicht aber ihr Recht zur Teilnahme ausschließt. Darin könnte eine Flexibilitätsregelung im Sinne einer *ad-hocery* gesehen werden. Jedoch handelt es sich dabei nicht um eine interne Flexibilitätsregelung unter den Teilnehmern des Verteidigungssystems, sondern erlaubt lediglich den nichtbeteiligten Staaten, sich im Wege einer völkerrechtlichen Nothilfe den Verteidigungsbemühungen anzuschließen. Im Falle auf eine *opting-out*-Nation greift die Bündnisverpflichtung der GASP jedoch nicht ein.

Der Bereich der gemeinsamen Verteidigung ist folglich strikt intergouvernmental organisiert. Jedoch können einzelne Staaten ihre Nichtteilnahme an der Verteidigung im Voraus im Wege einer vertragsdefinierten Flexibilität erklären.

2. Konsequenzen und Bewertung

a. Ein Konzept konzentrischer Kreise

Aus den oben aufgezeigten unterschiedlichen Flexibilitätskonzepten ergibt sich innerhalb der GASP ein System, welches am besten mit der Idee eines *Konzepts der konzentrischen Kreise* beschrieben werden kann[793].

Den *innersten Kreis* bildet das in die GASP integrierte Verteidigungsbündnis. Mitgliedstaaten sind die zehn derzeitigen WEU-Mitglieder Belgien, Frankreich, Deutschland, Griechenland, Großbritannien, Italien, Luxemburg, Niederlande, Portugal und Spanien[794]. Die rechtliche Ausgestaltung ist streng

---

tes = La politique de l'Union (...) n'affecte pas le caractère spécifique de la politique de sécurité et de défense de certains États membres, Art. 17 Abs. 1 UA 3 1. Halbsatz EUV.

792 Siehe dazu auch S. 208 f.

793 Zu den verschiedenen Flexibilitätskonzepten siehe oben S. 111 ff, siehe dazu *Usher*, EU: Variable Geometry of Concentric Circles, ICLQ (1997) S. 243 ff, *Walker*, Sovereignty and Differential Integration in the EU, ELJ (1998) S. 355 ff.

794 Vorliegend wird davon ausgegangen, daß sich die derzeitigen Vollmitglieder der WEU an der gemeinsamen Verteidigung beteiligen, während die fünf derzeitigen WEU-Beobachter ein *opting-out* in Anspruch nehmen.

intergouvernemental. Zwar können die nichtteilnehmenden Staaten *ad hoc* ihre Teilnahme an einer konkreten Aktion erklären, dies stellt aber keine vom Vertrag vorgesehene Flexibilitätsmaßnahme dar, sondern ist als völkerrechtliche Nothilfe zu interpretieren.

Um diesen inneren Kreis der Verteidigung schließt sich der *mittlere Kreis* des militärischen internationalen Krisenmanagements. Zu den zehn oben genannten Mitgliedstaaten addieren sich hier noch Finnland, Irland, Österreich und Schweden. Zwar ist die rechtliche Ausrichtung noch immer intergouvernemental, jedoch besteht die Möglichkeit zur konstruktiven Enthaltung, was ein Mindestmaß an Flexibilität ohne Aufgabe des Konsenserfordernisses bietet.

Den *äußeren Kreis* schließlich bilden die nichtmilitärischen Maßnahmen der GASP. Mit Dänemark nehmen an dieser Stufe der GASP alle fünfzehn Mitgliedstaaten der Union teil. Zwar ist die Struktur nach wie vor intergouvernemental, jedoch wird das Konsenserfordernis auch hier durch die Möglichkeit zur konstruktiven Enthaltung aufgelockert. Bei sekundären Entscheidungen, das heißt bezüglich der Durchführung einer einstimmig beschlossenen Maßnahme, kommt die qualifizierte Mehrheitsentscheidung zur Anwendung, die allerdings durch das Vetorecht jedes einzelnen Mitgliedsstaates intergouvernemental abgesichert ist. Ab Inkrafttreten des Vertrags von Nizza ist in sehr begrenztem Umfang auch eine verstärkte Zusammenarbeit möglich.

Das System ist folglich zweifach abgestuft. Je weiter man zum Kern des Kreises vordringt, desto geringer werden die flexiblen Elemente. Es gilt aber auch, je weiter in das Kreisinnere, desto weniger Mitglieder sind verpflichtet. Zwischen den Mitgliedern der verschiedenen Kreise und der Flexibilität ist jedoch keine Abhängigkeit festzustellen, das heißt, es läßt sich nicht von der Mitgliedschaft in den verschiedenen Stufen der GASP auf die Bereitschaft oder Ablehnung von Flexibilität oder Supranationalität schließen. Vielmehr handelt es sich um eine politisch motivierte Entscheidung, welche die Bereitschaft des jeweiligen Mitgliedsstaates zum Aufbau einer europäischen Verteidigungspolitik und weitergehend, Verteidigung zeigt. Eine Aufgabe von staatlicher Souveränität in Bereichen der GASP, insbesondere im Falle militärischer Maßnahmen, wird jedenfalls von den Unionsmitgliedern strikt abgelehnt.

Da es sich bei der Beistandsverpflichtung um einen Bestandteil des Unionsvertrages handelt, der lediglich dem *opting-out* einiger Mitgliedstaaten unterworfen ist, muß an die Beitrittskandidaten zur Union grundsätzlich die Bedingung der Teilnahme an diesem System kollektiver Selbstverteidigung gestellt werden.

b. Handlungsfähigkeit der Union

Die Flexibilitätsinstrumente vergrößern die Handlungsfähigkeit der Union, da nicht jede Ablehnung durch einen einzelnen Staat zur Blockade führen muß. Bei unterschiedlichen Interessenlagen ist die Handlungsfähigkeit jedoch aufgrund des *de facto* beziehungsweise *de iure* Vetorechts jedes einzelnen Staates nach wie vor begrenzt und eine Blockade in der EU-Außenpolitik nicht ausgeschlossen.

Grundsätzlich läßt sich sagen, daß je einfacher, risikoärmer und geringer im Profil (*low profile*) eine Aktion ist, desto flexiblere Strukturen sind vorhanden, und umgekehrt. Dies ändert aber nichts an der intergouvernementalen Ausrichtung der GASP auch in den niedrigsten Stufen ihres Aufgabenbereiches, also im zivilen Krisenmanagements.

Im Zuge einer Erweiterung der Union vergrößert sich das Problem der Handlungsfähigkeit noch, da die Diversität der Interessen in einer Union der 20 oder 25 beträchtlich erhöht wird. Der Entscheidungsprozeß wird, aufgrund der Mitgliederstruktur und der avisierten Erweiterung, komplizierter, sogar unmöglich, wenn nicht signifikante Reformen stattfinden[795], weshalb die Reform der GASP von Amsterdam auch nach Nizza als eine Grundvoraussetzung für die Erweiterung der Union angesehen wird[796].

c. Komplexität / Transparenz

Eine weitere Frage betrifft die Komplexität der Regelung. Durch die Einführung flexibler Instrumente wurde zwar die Handlungsfähigkeit vergrößert, gleichzeitig das System aber auch verkompliziert. Insbesondere die Kohärenz und Berechenbarkeit der Unionsaußenpolitik gegenüber dem Ausland könnte dadurch abnehmen, ebenso die Akzeptanz der Unionsbürger. Im Extremfall ergibt sich das Problem unklarer Kompetenzen.

Bei genauerer Betrachtung stellt das Konzept einer erweiterten GASP jedoch mit den drei Vertiefungsstufen, in denen jeweils die Mitgliederzahl und die Flexibilität abnimmt, ein noch relativ übersichtliches System dar. Sowohl dem Bürger als auch dem Ausland ist verständlich, daß die Bereitschaft zur Beteiligung mit zunehmender Tiefe (ziviles Krisenmanagement, militärisches Krisenmanagement, gemeinsame Verteidigung) abnimmt, so daß sich mit jeder Stufe weniger Mitgliedstaaten beteiligen, während gleichzeitig die intergouvernementale Ausrichtung noch verstärkt wird.

---

[795] *Silvestri et al.*, Decision-making and institutions, in *Martin/Roper* (eds.), Towards a Common Defence Policy, S. 51 (51).

[796] *Grunert*, The European Union's CFSP and Enlargement, in *Cafruny/Peters*, The Union and the World, S. 95 (96).

Zudem ist die Union der 15, auch im Hinblick auf die historisch und politisch bedingten individuellen Charaktere der jeweiligen nationalen Verteidigungspolitik, noch relativ leicht zu überblicken. Somit ist das Flexibilitätssystem der erweiterten GASP in Bezug auf seine Transparenz sicher nicht optimal, jedoch auch nicht problematisch.

d. Integration und politische Union

Eine flexible Regelung innerhalb der Union muß immer die fortschreitende Integration zum Ziel haben. Das heißt, durch die Zusammenarbeit nur eines Teils der Mitgliedstaaten darf es nicht zu einer Zersplitterung innerhalb der Union kommen, sondern sie soll eine Übergangsphase zur Teilnahme aller Mitgliedstaaten an der konkreten Zusammenarbeit darstellen[797]. Diese Überlegung liegt auch den – hier nicht anwendbaren[798] – Art. 43ff EUV zugrunde, die durch das ultima-ratio-Prinzip, das Prinzip der Offenheit und der Solidarität ihren Sinn als integrationsfördernde Einrichtung beweisen und damit die Flexibilitätskonzepte in den Dienst der voranschreitenden Integration stellen.

Im Rahmen der erweiterten GASP sind für eine weitergehende Integration zwei Hürden zu überspringen, nämlich die graduelle Flexibilisierung der Strukturen in allen drei Kreisen, aber auch die Integration aller Mitgliedstaaten in die inneren Bereiche. Darin könnte man eine Gefahr für die Union sehen, indem sich durch Abschottung von innen (durch die teilnehmenden Staaten) und/oder von außen (aufgrund eines mangelnden politischen Beitrittswillen der übrigen Unionsmitglieder) ein Kerneuropa als geschlossene Gesellschaft entwickelt. Zudem begünstigen die flexiblen Strukturen das Abwälzen der schwierigen Aufgaben (insbesondere Truppeneinsätze im internationalen Krisenmanagement) auf einige wenige Mitgliedstaaten[799].

Aufgrund der sensiblen Natur der Sache ist eine Integration nur schrittweise denkbar, sowohl in Bezug auf die Entscheidungsstrukturen (wobei wachsende Integration eine Abgabe von souveränen Rechten an die Union bedeutet) als auch in Bezug auf die Anzahl der teilnehmenden Staaten. Die erweiterte GASP stellt damit einen Schritt in Richtung einer politischen Union dar, indem einige Mitgliedstaaten einen Kernbereich ihrer nationalen Souveränität in das System der Union stellen.

---

[797] *Silvestri et al.*, Decision-making and institutions, in *Martin/Roper* (eds.), Towards a Common Defence Policy, S. 51 (63).

[798] Die Art. 43ff EUV bieten die Möglichkeit zur verstärkten Zusammenarbeit, hier aber ist die Beistandsverpflichtung ein Teil des Vertrags. Der Zusammenschluß der nichtteilnehmenden Unionsmitglieder ist daher eben kein Bemühung um verstärkte Integration.

[799] *Those who seem to be willing most of the time*, *van Ham*, The EU and the WEU, in *Edwards/Pijpers* (eds.), The Politics of European Treaty Reform S. 306 S. 321.

3. Ergebnis

Die erweiterte GASP besitzt für die unterschiedlichen Abstufungen etwaiger Einsätze verschiedene Flexibilitätsmechanismen, die den einzelnen Staaten sowohl die Möglichkeit geben, ihre eigene Politik und sicherheitspolitischen Traditionen fortzusetzen, als auch ihre jeweiligen Interessen zu wahren.

Der Vorteil liegt vor allem in einer größeren Handlungsfähigkeit der Union, zumal im Hinblick auf eine anstehende Erweiterung der Union eine noch größere Diversität der Interessen zu erwarten ist. Weiterhin sind die Flexibilitätsmechanismen als integrative Komponente konzipiert, die den Integrationsprozeß der Union trotz des Zögerns einiger Mitgliedstaaten in bestimmten Bereichen vorantreiben soll. Die Gefahr besteht entsprechend in der wachsenden Komplexität der Union, die derzeit allerdings noch relativ gering ist, und einer Zersplitterung der Union bei divergierenden Vorstellungen über die Integrationstiefe in der GASP.

IV. Politische und demokratische Kontrolle

1. Beteiligung der Kommission

Durch den Sitz und die Stimme des Kommissionspräsidenten im Europäischen Rat hat die Kommission immer da einen Einfluß auf Maßnahmen im Rahmen der GASP, wo einstimmige Beschlüsse im Europäischen Rat der konkreten Maßnahme zugrunde liegen. Dies ist insbesondere der Fall, wenn der Europäische Rat in einer gemeinsamen Strategie nach Art. 13 Abs. 2 EUV Zielsetzung, Dauer und die Mittel bestimmt.

Darüber hinaus besitzt die Kommission jedoch keine aktiven oder passiven Rechte in Bezug auf die GASP. Vielmehr wird sie gemäß Art. 27 EUV lediglich *in vollem Umfang beteiligt*, kann also keinerlei konkrete Mitwirkungs- oder Informationsrechte geltend machen. Dies ergibt sich aus der intergouvernementalen Ausrichtung der GASP. Mit der Übernahme der Beistandsverpflichtung in die GASP gelten die oben genannten Rechte der Kommission nunmehr auch für Maßnahmen der gemeinsamen Verteidigung[800].

2. Beteiligung des europäischen Parlaments

Gemäß Art. 21 EUV besitzt das Europäische Parlament in Bezug auf Maßnahmen im Rahmen der GASP Informationsrechte in Form von Anfragen, Unterrichtung und Aussprachen sowie sehr geringe Gestaltungsrechte, indem es *gehört* und seine Auffassung *berücksichtigt* wird. Auch dies begründet sich aus der intergouvernementalen Natur der GASP. Eine Ausnahme bildet

---

[800] Siehe dazu *Koenig/Pechstein*, Die EU, Rnr. 294, *Semrau*, Die GASP, S. 134 ff.

die indirekte Einflußnahme im Wege der Beteiligung des Parlaments am Haushaltsverfahren, die aber nur für nichtmilitärische Maßnahmen besteht[801]. Damit hat das Parlament auf die erweiterte GASP mit der in ihr enthaltenen Beistandsverpflichtung nur wenig Einfluß.

3. Zuständigkeit des Europäischen Gerichtshofs

Der Europäische Gerichtshof hat gemäß Art. 46 EUV des Unionsvertrages keine Kompetenz zur Überprüfung von Akten, die unter den Vorschriften der GASP oder der PJZS zustande gekommen sind. Art. 46 lit e) EUV schließt lediglich die Art. 46-53 EUV in die Jurisdiktion des EuGH mit ein, also auch Art. 47 EUV. Damit kann der EuGH die Abgrenzung zwischen Gemeinschaftsrecht und Maßnahmen der GASP vornehmen[802]. Diese Kompetenz ergibt sich allerdings schon aus den Art. 220, 230 und 234 EGV, so daß Art. 46 EUV keine konstitutive Bedeutung zukommt; auch vor dem EUV konnte eine *Flucht ins Völkerrecht* durch Mitgliedstaaten vom EuGH als Verstoß gegen Gemeinschaftsrecht geahndet werden, sofern es sich um einen Bereich ausschließlicher Gemeinschaftskompetenz handelte[803].

Zur Überprüfung oder Kontrolle einer reinen GASP-Maßnahme durch den EuGH besteht jedoch keine Möglichkeit. Das schließt auch Maßnahmen im Rahmen der Beistandsverpflichtung mit ein[804].

V. Finanzierung der Maßnahmen

Die Finanzierung der erweiterten GASP bestimmt sich ebenfalls nach den Bestimmungen des Unionsvertrags. In der Fassung von Amsterdam gehen dementsprechend die Verwaltungsausgaben der Organe sowie die operativen Ausgaben der GASP gemäß Art. 28 EUV zu Lasten des Haushalts der Europäischen Gemeinschaften. Dies gilt nicht für operative Ausgaben für Maßnahmen mit militärischen oder verteidigungspolitischen Bezügen, also auch nicht für reine Verteidigungsmaßnahmen. Diese werden von den beteiligten Nationen nach dem Bruttosozialprodukt-Schlüssel (Abs. 3 UA 2) finanziert. Flankierende, nichtmilitärische Maßnahmen im Zusammenhang mit der Beistandsklausel, wie etwa die Verhängung von Sanktionen oder eine (nichtmilitärische) gemeinsame Aktion bezüglich des Aggressors gehen zu Lasten des

---

801 Dazu ausführlicher S. 86 f, siehe insbesondere *Schmalz*, Kohärenz in den EU-Außenbeziehungen? S. 5 ff.

802 *Pechstein*, Die Justitiabilität des Unionsrechts, EuR 1999, S. 1 (13).

803 Siehe dazu *Koenig/Pechstein*, Die EU, Rnr. 509; *Müller-Graff*, The legal basis of the Third Pillar, CMLRev 1994, S. 493 (505), *Pechstein*, Die Justitiabilität des Unionsrechts, EuR 1999, S. 1 (7-8).

804 Siehe dazu *Semrau*, Die GASP, S. 141 ff.

Haushalts, wenn nicht der Rat (einstimmig) etwas anderes beschließt (Abs. 3 UA 1 EUV)[805].

D. Völkerrechtliche Aspekte

Schließlich soll noch untersucht werden, welche Auswirkungen eine Erweiterung der GASP in völkerrechtlicher Hinsicht auf die Union hat. Dazu wird im Folgenden zum einen beleuchtet werden, inwieweit die Union als System kollektiver Sicherheit, als regionale Abmachung und/oder als geeignete internationale Einrichtung im Sinne der Charta der Vereinten Nationen einzuordnen ist. Zum anderen ist das Verhältnis der Union zur NATO insbesondere unter Berücksichtigung der differenzierten Mitgliederstrukturen zu klären.

I. Aufgaben der Union im Rahmen der Charta der Vereinten Nationen

1. Fragen kollektiver Selbstverteidigung, Art. 51 VN-Charta

Fraglich ist im Hinblick auf eine Erweiterung der GASP zunächst, ob die Union bei einer Integration der Beistandsverpflichtung in den Unionsvertrag nunmehr ein Bündnis kollektiver Sicherheit im Sinne des Art. 51 der Charta der Vereinten Nationen darstellt.

Art. 51 der Charta der Vereinten Nationen gewährt im Falle eines bewaffneten Angriffs das naturgegebene Recht zur individuellen oder kollektiven Selbstverteidigung, bis der Sicherheitsrat die erforderlichen Maßnahmen zur Wahrung des Weltfriedens und der internationalen Sicherheit getroffen hat. Zur kollektiven Selbstverteidigung gehören nach herrschender Meinung nicht nur die Koordination der Verteidigungsbemühungen angegriffener Staaten, sondern auch ein staatliches Nothilferecht[806], bei dem zwischen *ad hoc*-Koalitionen und regionalen Verteidigungsbündnissen zu differenzieren ist[807]. Inwieweit die Union mit der erweiterten GASP einem solchen Verteidigungsbündnis nach Art. 51 der Charta entspricht, soll im Folgenden untersucht werden.

---

[805] *Münch*, Die gemeinsame Aktion als Mittel der GASP, S. 161ff, *Semrau*, Die GASP, S. 107 ff.

[806] *Kimminich/Hobe*, Einführung in das Völkerrecht, S. 280 f, *Randelzhofer* zu Art. 51 Rnr. 51-2, in *Simma* (Hrsg.), Die Charta der Vereinten Nationen. Kommentar, *Seidl-Hohenveldern/Stein*, Völkerrecht, Rnr. 1783n.

[807] Vergleiche dazu *Fleuß*, Die operationelle Rolle der WEU, S. 82-86.

a. Der bewaffnete Angriff im Sinne des Art. 51 VN-Charta

aa. Der Angriff als Voraussetzung für eine Selbstverteidigung

Eine Selbstverteidigung im Sinne des Art. 51 der Charta ist nur zulässig als die Reaktion auf einen bewaffneten Angriff durch einen dritten Staat[808]. Die Ausgestaltung des Bündnisses bleibt den Vertragsparteien selbst überlassen, soweit sie sich in dem engen Rahmen bewegen, den die VN-Charta durch die Gewährung des Selbstverteidigungsrechts als Ausnahme zum absoluten Gewaltverbot des Art. 2 Ziff. 4 bestimmt.

Die Beistandsklausel des modifizierten Brüsseler Vertrags, welche in die erweiterte GASP übernommen wird, setzt einen bewaffneten Angriff auf einen der Bündnispartner in Europa voraus[809]. Eine Definition wird nicht gegeben, so daß auf die Auslegung des Art. 51 der Charta der Vereinten Nationen zurückgegriffen werden muß. Die Aggression muß demnach bereits erfolgt sein und eine gewisse Schwelle überschritten haben[810].

Mit dem Wegfall des Ost-West-Konfliktes und der daraus resultierenden Bedrohung einer erneuten globalen Auseinandersetzung hat sich das Bedrohungspotential signifikant verändert, wodurch insbesondere die Frage der kollektiven Selbstverteidigung neue Inhalte und Bedeutung erhalten hat[811]. Die im Kalten Krieg vorherrschende Bedrohung eines großangelegten Angriff ohne Vorwarnzeit wurde durch kleinere, jedoch komplexere und diffusere Konflikte ersetzt. Deshalb ist ein Angriff nicht mehr so leicht zu identifizieren wie noch zur Zeit des Kalten Krieges, als ein Angriff eine *quasi-automatische Reaktion* ausgelöst hätte. Dadurch entsteht das Problem der Entscheidungsfindung innerhalb der Staatengruppe, die sich zur gemeinsamen Verteidigung zusammenschließt[812].

bb. Die Identifikation eines bewaffneten Angriffs auf die EU

Die Entscheidung, ob ein Angriff im Sinne der Beistandsklausel vorliegt, wird einstimmig im Europäischen Rat getroffen. Aufgrund der diffusen und

---

[808] *Randelzhofer* zu Art. 51 Rnr. 15, in *Simma* (Hrsg.), Die Charta der Vereinten Nationen. Kommentar; Fleuß, Die operationelle Rolle der WEU, S. 72.

[809] Art. 5 des modifizierten Brüsseler Vertrags.

[810] Eine Präventivverteidigung ist nach ganz herrschender Meinung nicht zulässig, da Art. 51 als Ausnahme zum absoluten Gewaltverbot des Art. 2 Ziff. 4 eng auszulegen ist, *Fleuß*, Die operationelle Rolle der WEU, S. 74; *Randelzhofer* zu Art. 51 Rnr. 34, in *Simma* (Hrsg.), Die Charta der Vereinten Nationen. Kommentar.

[811] Siehe dazu *Kerschenbaumer*, Europa 2000 – neue Risiken, Unsicherheiten und Bedrohungsbilder, in *Hochleitner* (Hrsg.), Das europäische Sicherheitssystem zu Beginn des 21. Jahrhunderts, S. 21 ff.

[812] Dazu ausführlich *Nerlich*, The relationship between a European common defence and NATO, the OSCE and the UN, in *Martin/Roper* (eds.), Towards a Common Defence Policy, S. 69 (85ff).

komplexen Situation, in die ein Angriff eingebettet sein kann, sind Probleme in der praktischen Umsetzung nicht auszuschließen. Die zentrale Aufgabe einer zukünftigen Sicherheits- und Verteidigungspolitik Europas im Sinne einer kollektiven Verteidigung muß es daher nunmehr sein, die Schwelle für eine gemeinsame Verteidigung zu definieren.

Als Maßstab können die existentiellen Sicherheitsinteressen der europäischen Nationen in der EU dienen[813]. Zwar ist die Union kein allzu homogener politischer und wirtschaftlicher Raum mit einer weitgehenden Interessenskonvergenz. Eine Diversifikation fand schon durch die *südliche Erweiterung* in den 1980er Jahren (Griechenland, Spanien, Portugal) und die *EFTA-Erweiterung* 1995 (Österreich, Finnland, Schweden) statt[814]. Wenn sich die Union jedoch einigt und eine gemeinsame Verteidigung auf der Basis ihrer gemeinsamen Interessen einführt, dann wird sie aufgrund der nach wie vor größeren Homogenität der Mitgliedstaaten zu einem stärkeren Verbund, als es die NATO derzeit ist[815]. Die gemeinsamen Interessen der Union können sich dabei neben kulturellen Aspekten vor allem aus der geographischen Geschlossenheit ergeben. Dabei spielen beispielsweise der Eskalationsgedanke im internationalen Krisenmanagement in Nachbarregionen, wirtschaftliche Erwägungen, humanitäre Aspekte und indirekte Faktoren wie zum Beispiel Flüchtlingsströme neben der Verteidigung gegen einen Angriff von außen eine Rolle[816].

Im Unterschied zu den Zeiten des Kalten Krieges erfordert die Reaktion auf eine Aggression also eine aktive Entscheidung, welche eine Beurteilung verschiedener Parameter voraussetzt. Handelt es sich tatsächlich um eine Aggression, der begegnet werden muß, zu welchem – frühestmöglichen, spätestnötigen – Zeitpunkt soll eine Reaktion erfolgen, wie soll diese Reaktion geartet sein? Diese Entscheidung setzt wiederum Interessengleichheit und Einigkeit der Bündnispartner sowie eine ähnliche Einschätzung der Situation voraus. Das Zusammenspiel von Aktion und Reaktion hat folglich mit Ende des Kalten Krieges an Komplexität und Diversität zugenommen und erfordert neue Beurteilungs- und Entscheidungsmodalitäten sowie neue, der Situation angepaßte operative Kapazitäten.

---

[813] Dazu *Nerlich*, The relationship between a European common defence and NATO, the OSCE and the United Nations, in *Martin/Roper* (eds.), Towards a Common Defence Policy, S. 69 (86).

[814] *Schmidt*, Zum Verhältnis von GASP, NATO und WEU, ÖZP, 25 (1996) S. 403 (407).

[815] *Nerlich*, The relationship between a European common defence and NATO, the OSCE and the United Nations, in *Martin/Roper* (eds.), Towards a Common Defence Policy, S. 69 (86).

[816] Siehe dazu *Schmalz*, National vs EU-Policy Interests, CFSP-Forum (4)1998, S. 5-7, insbes. 5.

b. Die Beistandsverpflichtung der GASP

Die Beistandsklausel verpflichtet die Mitgliedstaaten zur Unterstützung durch alle in ihrer Macht stehende militärische und sonstige Hilfe. Dabei bezieht sich die Klausel ausdrücklich auf die Regelung des Art. 51 der Charta der Vereinten Nationen, in deren Dienst sie sich stellt. Damit wird der Vorrang des Sicherheitsrats noch einmal explizit anerkannt.

Problematisch könnte jedoch die Tatsache sein, daß die Frage der kollektiven Selbstverteidigung nicht der einzige oder auch nur der Hauptaspekt der Union ist. Vielmehr liegt der Schwerpunkt der Union mit den Europäischen Gemeinschaften auf wirtschaftlichen Fragen, während die politischen Bereiche, und mit ihnen die erweiterte GASP, in Bedeutung und Tiefe dahinter zurückstehen.

In der Charta der Vereinten Nationen findet sich dazu kein Hinweis. Aus dem Sinn und Zweck von kollektiven Sicherheitsbündnissen – der präventive Zusammenschluß mehrerer Staaten gegen einen potentiellen Aggressor, der durch die Abschreckungswirkung für Sicherheit und Stabilität der Region garantieren soll, sowie eine effektive Begegnung eines dennoch erfolgten Angriffs – läßt sich jedoch nicht schließen, daß ein Bündnis ausschließlich auf Verteidigung gerichtet sein muß. Vielmehr kann jedes Bündnis als solches im Sinne des Art. 51 der Charta gelten, welches eine Beistandsverpflichtung im Falle eines bewaffneten Angriffs zu seinen Bestimmungen zählt.

c. Die Reichweite der Beistandsverpflichtung

Zielt ein Angriff auf das Territorium eines an der gemeinsamen Verteidigung teilnehmendes Unionsmitglieds, so greift die Beistandsklausel der erweiterten GASP ein. Damit sind alle Unionsmitglieder, mit Ausnahme derjenigen Nationen, die mittels eines Protokolls ihre Nichtteilnahme an der gemeinsamen Verteidigung erklärt haben, zur Hilfeleistung im genannten Umfang verpflichtet. Die nicht beteiligten Staaten sind nicht verpflichtet, wohl aber berechtigt, aufgrund einer *ad-hoc*-Entscheidung an der gemeinsamen Verteidigung teilzunehmen.

Trifft der Angriff dagegen das Territorium einer *opting-out*-Nation der Union, so greift die Beistandsverpflichtung der erweiterten GASP nicht ein. Der angegriffene Staat kann keinen Anspruch auf eine kollektive Verteidigungsbemühung geltend machen. Ein Hilfeleistung aufgrund des völkerrechtlich zulässigen Nothilferechts ist jedoch möglich, aufgrund der engen Verflechtung der Union sogar wahrscheinlich[817]. Art und Umfang der Hilfe bestimmen

---

[817] *Van Ham*, The EU and the WEU, in *Edwards/Pijpers* (eds.), The Politics of European Treaty Reform, S. 306 (319).

sich jedoch nach dem Willen und den Möglichkeiten der helfenden Staaten, nicht einer vertraglichen Verpflichtung.

Damit könnte die Erklärung einiger Mitgliedstaaten, an der gemeinsamen Verteidigung nicht teilzunehmen, gegen die Klassifizierung der Union als Bündnis kollektiver Selbstverteidigung sprechen, da die Erweiterung der GASP um die Beistandsverpflichtung nur von einem Teil der Unionsmitglieder getragen wird. Durch die Integration der Beistandsklausel in die GASP, der alle Unionsmitglieder grundsätzlich zustimmen müssen, wird jedoch die gemeinsame Verteidigung explizit in die Union integriert, so daß sie nunmehr zum *acquis* der Union gehört. Daran ändert auch die *opting-out*-Vereinbarung eines Teils der Unionsmitglieder nichts. Der Sinn und Zweck der Beistandsklausel als Abschreckungsbündnis gegen einen potentiellen Angreifer wird auch dann erfüllt, wenn sich nur ein Teil der Mitgliedstaaten einer Organisation daran beteiligen[818]. Damit steht auch die Erklärung der Nichtteilnahme durch einen Teil der Unionsmitglieder einer Klassifizierung der Union als Verteidigungsbündnis im Sinne des Art. 51 VN-Charta nicht entgegen.

d. Ergebnis

Die Union läßt sich also als System kollektiver Selbstverteidigung im Sinne des Art. 51 der Charta der Vereinten Nationen klassifizieren, wenn die Beistandsverpflichtung im Wege einer Erweiterung der GASP in den Titel V des Unionsvertrags integriert wird.

2. Die Union als geeignete internationale Einrichtung, Art. 48 Abs. 2 VN-Charta

Die Kompetenzen der Union in Bezug auf Aufgaben des internationalen Krisenmanagements bestimmen sich aus dem Unionsvertrag in der Fassung von Amsterdam. Folglich ergeben sich diesbezüglich durch die Erweiterung der GASP keine wesentlichen Änderungen. Damit kann die Union nichtmilitärische Zwangsmaßnahmen und Maßnahmen mit Zustimmung des betroffenen Staates vornehmen. Militärische Zwangsmaßnahmen, insbesondere friedenserzwingende Maßnahmen und humanitäre Interventionen, gehören nicht zum Aufgabenbereich der Union, wie er im Unionsvertrag normiert ist. Die Union stellt also, wie oben gesehen, eine geeignete internationale Einrichtung im Sinne des Art. 48 Abs. 2 der Charta der Vereinten Nationen dar, ohne aber

---

[818] Anders wäre es nur, wenn eine *ad-hoc*-Flexibilität innerhalb der Verteidigungsgemeinschaft zulässig wäre. In diesem Fall könnten der angegriffene Staat, wie auch der Aggressor, auf eine Hilfeleistung durch die übrigen Bündnispartner nicht zählen.

vom Sicherheitsrat für militärische Zwangsmaßnahmen in Anspruch genommen werden zu können[819].

3. Interne Bindungs- und Schlichtungswirkung, Art. 53 VN-Charta

Eine regionale Abmachung entfaltet, wie oben gesehen, in erster Linie Binnenwirkung und stärkt die Sicherheit und Stabilität einer Region durch interne friedliche Streitbeilegung[820]. Fraglich ist, ob die Union mit einer erweiterten GASP eine solche regionale Abmachung darstellt. Zwar enthält der Unionsvertrag im Gegensatz zum Vertrag über die Europäische Gemeinschaft keinen expliziten Streitbeilegungsmechanismus. Die Integrationswirkung für die Unionsmitglieder entspricht aber der ursprünglichen Zielsetzung bei Abschluß der Römischen Verträge, durch eine enge Verflechtung der ehemaligen Kriegsgegner die Stabilität des Kontinents zu garantieren[821].

Durch eine Einbindung der europäischen Staaten außerhalb der Union in die Aufgaben des internationalen Krisenmanagements und der gemeinsamen Verteidigung, wie sie derzeit im Rahmen der WEU praktiziert wird, ergibt sich ein weiterer Integrationsfaktor zur Stabilisierung Europas, so daß die Union zu einem die Region stabilisierendes System über die territorialen Grenzen der Mitgliedstaaten hinaus wird. Insbesondere im Zusammenhang mit der geplanten Osterweiterung gewinnt die Union als eine die Stabilität der Region sichernde regionale Abmachung erneute Bedeutung.

Die Union stellt zwar durch die Erweiterung der GASP gleichzeitig auch ein Defensivbündnis dar. Dies schließt jedoch die Anwendung der Art. 52-53 nicht aus, da nach dem Sinn und Zweck der Bestimmung die Union ihre Funktion der internen Stabilisierung auch, oder sogar noch verstärkt, neben dem Zusammenschluß gegen potentielle Aggressionen erfüllen kann[822].

4. Ergebnis

Die Integration einer Beistandsverpflichtung in die GASP ändert nichts am Status der Union als geeignete internationale Einrichtung gemäß Art. 48 der VN-Charta. Maßnahmen mit Zustimmung des betroffenen Staates können demzufolge von der Union durchgeführt werden, ebenso nichtmilitärische

---

[819] Siehe dazu ausführlicher oben S. 132 ff.

[820] Art. 52-3 der Charta der Vereinten Nationen .

[821] Siehe oben S. 142 ff.

[822] Siehe dazu *Fleuß*, Die operationelle Rolle der WEU, S. 142, *Akehurst*, Enforcement Action by Regional Agencies, BYIL 42(1967), 175 (180); so auch BverfGE 90, 286 (349) im Zusammenhang mit den AWACS-Flügen, *Randelzhofer* zu Art. 24 Abs. 2 in *Maunz/Dürig*, Grundgesetz, Rnr. 16.

Zwangsmaßnahmen. Die Union kann aber keine militärischen Zwangsmaßnahmen gegen den Willen eines betroffenen Staates durchführen. Die Aufgaben der Union umfassen auch also bei diesem Konzept keine *harten* Krisenmanagementaufgaben, sondern bestehen auf der einen Seite im Schutz der Unionsbürger vor Angriffen von außen sowie durch Rettungseinsätze, auf der anderen Seite in der Durchführung von traditionellen Friedensmissionen mit geringem Risiko[823].

Auch die Einordnung der Union als regionale Abmachung gemäß Art. 53 der Charta der Vereinten Nationen ändert sich durch die Integration der Beistandsklausel nicht. Nach wie vor entfaltet die Union eine interne Bindungswirkung, welche die Stabilität Europas garantieren soll. Die Zusammenarbeit mit europäischen Staaten außerhalb der EU im Bereich der Außen- und Sicherheitspolitik verstärkt, ebenso wie die angestrebte Osterweiterung der Union, diese Wirkung noch.

Lediglich die Einordnung der Union als System kollektiver Selbstverteidigung gemäß Art. 51 VN-Charta ändert sich durch die Integration der Beistandsverpflichtung in die GASP. Durch diese Erweiterung der GASP stellt die Union nunmehr auch ein Verteidigungsbündnis im Sinne des Art. 51 dar, selbst wenn einige ihrer Mitgliedstaaten ihre Nichtteilnahme an der gemeinsamen Verteidigung erklären und die Beistandsverpflichtung im Rahmen der Union lediglich eine untergeordnete Rolle spielt.

II. Die Rolle der europäischen Staaten außerhalb der EU

Im Rahmen der WEU nehmen derzeit diejenigen europäischen NATO-Partner, die nicht der Union angehören, als assoziierte Mitglieder an Aufgaben des internationalen Krisenmanagements teil. Mittel- und osteuropäischen Staaten genießen einen Status als assoziierte Partner. Diese Zusammenarbeit sollte auch im Zusammenhang mit der erweiterten GASP weitergeführt werden. Eine Zusammenarbeit mit den NATO-Partnern ist schon aufgrund des notwendigen Rückgriffs auf Strukturen der NATO notwendig. Aber auch die Anbindung der mittel- und osteuropäischen Staaten an die Krisenmanagementaufgaben und Hilfeleistungen im Angriffsfall sind im Hinblick auf die Stabilität Europas von Bedeutung.

Die Beistandsverpflichtung erstreckt sich ausschließlich auf Mitglieder der Europäischen Union. Eine Einbindung von Staaten außerhalb der Union ist aufgrund der Zugehörigkeit der Klausel zum *acquis* der Union nicht mög-

---

[823] Die zweite Aufgabe läßt sich damit begründen, daß die Übernahme von Aufgaben mit geringem Risiko für den durchführenden Staat/die durchführende Staatengruppe leichter einen Konsens unter den Mitgliedsstaaten der Union fand, als dies bei *härteren*, friedenserzwingenden Maßnahmen der Fall gewesen wäre.

lich[824]. Im Bereich des Krisenmanagements könnte den genannten Staaten jedoch die Möglichkeit gegeben werden, sich aufgrund einer *ad hoc*-Entscheidung an Maßnahmen im Rahmen der GASP beteiligen, sofern kein Unionsmitglied Widerspruch dagegen einlegt. Dies entspräche den Rechten der derzeitigen Beobachter, assoziierten Mitglieder und Partner zur WEU gegenüber den Vollmitgliedern, wie er sich aus den Erklärungen von Petersberg und Kirchberg ergibt[825]. Da ein Übergang der Abkommen der genannten Staaten mit der WEU nicht automatisch stattfindet[826], müßte eine solche Vereinbarung durch ein neues Abkommen der Union mit diesen Staaten niedergelegt werden[827]. Dies könnte durch eine Übereinkunft nach Art. 24 EUV geschehen. Vertragsparteien wären in diesem Fall die Mitgliedstaaten der Union und die entsprechenden Drittstaaten.

III. Das Verhältnis zur NATO

1. Das Verhältnis der Beistandsverpflichtung der Union zu Art. 5 NATO-Vertrag

Wie oben gesehen, widerspricht die europäische Beistandsklausel nicht ihren Verpflichtungen gegenüber der NATO. Auch ein Verstoß gegen die Kollisionsklausel in Art. 8 des Nordatlantikvertrags liegt nicht vor[828]. Fraglich ist aber, in welchem Verhältnis die erweiterte GASP zur NATO steht.

Durch die Übernahme der Beistandsverpflichtung in die GASP wandelt das Verhältnis der WEU zur NATO in ein direktes Verhältnis der Union zur NATO. Hier muß das gleiche gelten wie für die WEU. Somit stehen die Verpflichtungen aus der Beistandsklausel im Rahmen der GASP neben den Verpflichtungen, die aus demselben Anlaß aus Art. 5 des Nordatlantikpakts entstehen. Bei einer Unvereinbarkeit der Verpflichtungen haben diejenigen aus dem Nordatlantikpakt Vorrang. Dies ergibt sich aus politischen Erwägungen, die zum einen in Art. 17 EUV Niederschlag gefunden haben, dementsprechend die Politik der Union die Verpflichtungen einiger Mitgliedstaaten aus dem Nordatlantikvertrag achtet[829]. Zum anderen impliziert Art. IV des modifizierten Brüsseler Vertrags durch seine Formulierung, daß der Aufbau einer

---

[824] Auch im Rahmen der WEU erstreckt sich die Beistandsverpflichtung nur auf die Vollmitglieder, nicht aber auf Beobachter, assoziierte Mitglieder oder Partner.

[825] Petersberg-Erklärung, Bulletin der Bundesregierung vom Nr. 68/1992 vom 23. Juni 1992, S. 649-53; Kirchberg-Erklärung, Bulletin der Bundesregierung Nr. 46/1994 vom 20. Mai 1994, S. 405ff, Siehe dazu im einzelnen S. 58.

[826] Siehe oben S. 202.

[827] Siehe dazu auch *d'Oléon/Jopp*, The way ahead for European defence cooperation, in *Martin/Roper*, Towards a Common Defence Policy, S. 99 (107).

[828] Siehe dazu oben S. 204 ff.

[829] Art. 17 Abs. 1 UA3 EUV.

Parallelorganisation zu den NATO-Stäben unerwünscht sei, daß die Vollmitglieder der Union, mithin die Träger der Beistandsverpflichtung innerhalb der GASP, zwar auf eine europäische Verteidigung nicht verzichten, der NATO aber Vorrang geben.

Im Bereich des internationalen Krisenmanagements stehen Union und NATO theoretisch gleichberechtigt nebeneinander. Die fehlenden operativen Kapazitäten der Union jedoch bedingen einen tatsächlichen Vorrang der NATO[830].

2. Die Rolle der Unionsmitglieder außerhalb der NATO

Fraglich ist schließlich noch, ob diejenigen Unionsmitglieder, die nicht der NATO angehören[831], an der gemeinsamen Verteidigung teilnehmen können, ohne daß ein Konflikt mit der NATO-Garantie entsteht[832].

Problematisch ist die Konstellation insofern, als für die Unionsmitglieder bei einem Angriff auf ein an der gemeinsamen Verteidigung im Rahmen der GASP teilnehmendes Mitglied eine Verpflichtung zur Hilfeleistung besteht. Da der Union jedoch die operativen Kapazitäten fehlen und sie daher auf NATO-Strukturen zurückgreifen muß, käme ein solches Mitglied in den Genuß des Schutzes durch die NATO, ohne jedoch seinerseits bei einem Angriff auf einen NATO-Partner außerhalb der Union zur Hilfe verpflichtet zu sein. Zudem könnte sich die Situation ergeben, daß ein NATO-Partner außerhalb der Union bei einem Angriff auf einen Unionsstaat außerhalb der NATO zur Hilfeleistung verpflichtet wäre, wenn der Aggressor einen oder mehrere der innerhalb der unionsinternen Bündnisverpflichtung Hilfe leistenden NATO-Partner ebenfalls attackierte[833]. Schließlich würde die Union die Funktion als Europäischer Pfeiler der NATO übernehmen[834]. Ein solcher Staat erhielte damit indirekt Einfluß auf die NATO, indem er die Entscheidungen der Unionsmitglieder, die zugleich NATO-Partner sind, beeinflussen könnte.

Daher stellt sich die Frage, ob für die Teilnahme an der gemeinsamen Verteidigung, *quasi* als *Konvergenzkriterium*, eine Mitgliedschaft in der NATO[835] vorauszusetzen ist. Dagegen spricht in erster Linie die Tatsache, daß die Beistandsverpflichtung in den *acquis* der Union integriert wurde und somit eine grundsätzlich für alle geltenden Verpflichtung darstellt, von der ein Mitglied-

---

[830] Siehe oben S. 206 ff.

[831] Dies sind Finnland, Irland, Österreich und Schweden.

[832] *Van Ham*, The EU and the WEU, in *Edwards/Pijpers* (eds.), The Politics of European Treaty Reform, S. 306 (319).

[833] Siehe dazu ausführlicher oben S. 208.

[834] Dazu *D'Oléon/Jopp*, The way ahead for European defence cooperation, in *Martin/Roper*, Towards a Common Defence Policy, S. (99) 107.

[835] *D'Oléon/Jopp*, The way ahead for European defence cooperation, in *Martin/Roper*, Towards a Common Defence Policy, S. (99) 106.

staat nur im Wege eines *opting-out* zurücktreten kann. Man könnte daher davon ausgehen, daß die Beistandsverpflichtung jedem Unionsmitglied offenstehen muß, welches bereit ist, eine solche Verpflichtung einzugehen. Dies würde auch dem Gedanken einer europäischen Verteidigung eher entsprechen, als wenn diese nur unter dem indirekten Schutz der NATO entstehen würde.

Allerdings beachtet diese Sichtweise nicht, daß auch diejenigen Mitgliedstaaten, welche durch ein Protokoll ihre Nichtteilnahme an der Beistandsklausel erklären, der grundsätzlichen Aufnahme der Klausel in die GASP zustimmen müssen. Eine Verletzung ihrer Interessen kann daher nicht gesehen werden. Zudem wird eine solche Konstruktion bereits im Zusammenhang mit der Wirtschafts- und Währungsunion praktiziert, bei der in Art. 121 EGV die Kriterien genannt sind, welche über die Teilnahme des einzelnen Mitgliedstaats an der gemeinsamen Währung entscheiden[836]. Insbesondere ist bei Erfüllung der objektiven Konvergenzkriterien zur Teilnahme an der entsprechenden Bestimmung nicht die Zustimmung der übrigen Mitgliedstaaten erforderlich. Ein Unionsmitglied, das gleichzeitig auch NATO-Partner ist, kann also jederzeit seine Teilnahme an der Beistandsverpflichtung innerhalb der GASP erklären. Die Voraussetzung einer NATO-Mitgliedschaft widerspricht also nicht dem Integrationsgedanken und erscheint im Hinblick auf die völkerrechtliche Verpflichtung der Mitgliedstaaten gegenüber den NATO-Partnern im Rahmen des Nordatlantikpakts geboten.

E. Bewertung des Konzepts der erweiterten GASP

Die Kernpunkte der europäischen Sicherheits- und Verteidigungspolitik, wie sie sich in dem Konzept der erweiterten GASP darstellt, sind auf der einen Seite der Schutz der Unionsbürger, auf der anderen Seite die Durchführunge von traditionellen Friedensmissionen mit geringem Risiko. Der Schutz der Unionsbürger liegt in dem System der gemeinsamen Verteidigung gegen Aggressionen von außen sowie in der Möglichkeit zur Durchführung von Rettungseinsätzen in Drittstaaten. Sämtliche Aufgaben der Union in diesen Bereichen sind in Titel V des Unionsvertrags normiert.

Im Hinblick auf die Europäische Union stellt die erweiterte GASP ein in sich stimmiges Konzept dar, indem die Vorschriften zur kollektiven Selbstverteidigung in die bereits bestehenden Strukturen integriert werden. Die Möglichkeit für einzelne Staaten, im Wege eines *opting-out* ihre Nichtteilnahme an der gemeinsamen Verteidigung zu erklären, ändert nichts an der grundsätzlichen Einordnung der Regelung in das System der Union. Damit gelten Ziele, Rahmenbestimmungen und Instrumente gleichermaßen für Maßnahmen der

---

[836] Siehe dazu ausführlicher *Streinz*, Europarecht, Rnr. 882f.

Außensicherheits- und der Verteidigungspolitik sowie für solche der gemeinsamen Verteidigung.

Das Konzept kann grundsätzlich als integrationsfördernd bezeichnet werden, indem ein wichtiger Aspekt staatlicher Souveränität in den Rahmen der Union gestellt wird, obgleich die Unionsmitglieder auf ihre souveränen Rechte durch die intergouvernementale Struktur der GASP nicht verzichtet haben. Ein Übergang von Souveränitätsrechten an die Union ist nicht feststellbar. Darin liegt möglicherweise auch eine Gefahr für den Fortschritt der Integration, da mit der gemeinsamen Verteidigung ein Kernstück staatlicher Souveränität Eingang in den Vertrag gefunden hat, was zu einer Verfestigung der Intergouvernementalität der politischen Bereiche der Union und in bestimmten Situationen möglicherweise zu einer Dominanz der Gemeinschaften durch die GASP führen kann.

Auf internationaler Ebene ergeben sich durch das Konzept der erweiterten GASP wesentliche Änderungen, da nunmehr mit der Union eine weitere ausführende Organisation[837] im Bereich der internationalen Sicherheit neben die NATO tritt[838]. Während zu Zeiten des Kalten Krieges auf westlicher Seite für außenpolitische Sicherheit zunächst ausschließlich die NATO zuständig war, daneben noch die als Teilmenge der NATO zu verstehende WEU, sind mit dem Engagement der Union neue Spieler auf den Plan getreten, die nicht der NATO angehören[839]. Dies erfordert zum einen eine Kompetenzabgrenzung der beiden Organisationen, zum anderen eine Neudefinition des Verhältnisses. Die Frage eines Staats nach einer Teilnahme an dem Verteidigungssystem nur der NATO, der NATO und der Europäischen Union oder nur der Union beantwortet sich aus der politischen Entscheidung, ob die Union ihre kollektive Selbstverteidigung unabhängig, abhängig oder partnerschaftlich zu derjenigen der NATO organisiert.

---

[837] Hinsichtlich der internationalen Organisationen muß zwischen mandatierenden und mandatierten (ausführenden) Organisationen unterschieden werden. Ersteres bezeichnet die Organisationen, welche das Mandat für eine Operation erteilen, zweiteres diejenigen Organisationen, welche aufgrund eines solchen Mandates eine Operation durchführen.

[838] Siehe dazu auch *Nerlich*, The relationship between a European common defence and NATO, the OSCE and the United Nations, in *Martin /Roper* (eds.), Towards a Common Defence Policy, S. 69 (86).

[839] Dies sind Finnland, Irland, Österreich und Schweden.

Insgesamt läßt sich feststellen, daß das Konzept der erweiterten GASP endgültig die beiden Stränge wieder zusammenführt, die sich seit 1952 in den Römischen Verträgen auf der einen und der WEU auf der anderen Seite getrennt entwickelt haben. Erstmals seit der 1954 gescheiterten Europäischen Verteidigungsgemeinschaft vereint damit eine europäische Organisation die wirtschaftliche Integration mit wichtigen Bereichen der Außen- und Sicherheitspolitik.

KAPITEL 5. BEWERTUNG DER ERGEBNISSE UND AUSBLICK

A. Zusammenfassung der Ergebnisse

Die Entwicklung einer Europäischen Sicherheits- und Verteidigungspolitik

1. Im Zuge der europäischen Einigungsbemühungen nach dem zweiten Weltkrieg war der *Pleven-Plan* das erste umfassende Konzept einer politischen Union Europas. Er wurde zu dem Konzept einer Europäischen Verteidigungsgemeinschaft (EVG) weiterentwickelt, welche sowohl wirtschaftliche als auch politische Aspekte umfassen sollte. 1954 scheiterte das Projekt, was zu einer zweigleisigen Verfolgung einer Europäischen Einigung führte: bereits 1954 wurde der Brüsseler Vertrag von 1948 zu einem europäischen Verteidigungsbündnis erweitert, während 1957 mit den Römischen Verträgen die wirtschaftliche Integration Europas begann.

2. Zu Beginn der 1970er Jahre nahm die Bedeutung der WEU als selbständige internationale Einrichtung ab, während sich im Rahmen der Europäischen Wirtschaftsgemeinschaft (EWG) eine Europäische Politische Zusammenarbeit (EPZ) entwickelte, welche jedoch lediglich ein gegenseitiges Informations- und Konsultationsforum darstellte.

3. Nach Ende des Kalten Krieges erforderte die veränderte globale Sicherheitssituation eine Anpassung in beiden Organisationen. Mit dem Vertrag von Maastricht wurde 1993 die Europäische Union geschaffen, deren Titel V eine *Gemeinsame Außen- und Sicherheitspolitik* normiert. Die WEU ergänzte ihre Beistandsverpflichtung durch die Petersberg-Erklärung von 1992 um eine Kompetenz zum internationalen Krisenmanagement im Rahmen der aufgezählten Aufgaben, die jedoch bisher keinen Eingang in den modifizierten Brüsseler Vertrag gefunden hat. Beginnend mit der Petersberg-Erklärung hat sich auch die Mitgliederstruktur der WEU verändert. Neben den zehn Vollmitgliedern stehen nunmehr als Beobachter die übrigen fünf Unionsmitglieder, als assoziierte Mitglieder die sechs europäischen NATO-Partner außerhalb der Union und als assoziierte Partner eine Reihe von mittel- und osteuropäischer Staaten.

4. Eine erneute Annäherung der beiden internationalen Einrichtungen erfolgt durch die Nutzung der WEU als operativen Arm der Europäischen Union. Im Vertrag von Amsterdam von 1999 wurde die Verbindung gestärkt, indem die Petersberg-Aufgaben Eingang in die Union gefunden haben, zu deren Durchführung die Union mangels eigener operativer Kapazitäten auf die WEU angewiesen ist.

Die Europäische Sicherheits- und Verteidigungspolitik in der Fassung des Vertrags von Amsterdam

5. Die Europäische Sicherheits- und Verteidigungspolitik, wie sie sich im Vertrag von Amsterdam darstellt, verteilt die Kompetenzen für militärische Operationen auf zwei verschiedene Organisationen. Aufgaben des internationalen Krisenmanagements können im Umfang der Petersberg-Aufgaben von der Union wahrgenommen werden. Fragen der kollektiven Selbstverteidigung dagegen wurden nicht in den Vertrag aufgenommen. Damit bleibt die Selbstverteidigung Sache der Mitgliedstaaten entsprechend ihres jeweiligen Charakters. Für die vier nicht paktgebundenen Staaten Finnland, Irland, Österreich und Schweden bedeutet dies eine Beibehaltung ihrer Neutralitätspolitik, für die übrigen Unionsmitglieder ist die kollektive Selbstverteidigung nach wie vor in der NATO verwirklicht.

6. Die Aufgaben des internationalen Krisenmanagements sind in der GASP normiert, also einem der intergouvernemental organisierten Bereiche der Union. Die GASP erfährt durch die Integration der Petersberg-Aufgaben eine thematische und geographische Erweiterung und wird in ihrer intergouvernementalen Ausrichtung verstärkt. Die Maßnahmen im Rahmen der GASP müssen kohärent zu denen der Europäischen Gemeinschaft sein, dürfen diese aber nicht dominieren. Aufgrund der Intergouvernementalität der GASP ist die Gefahr einer Dominanz der GASP jedoch im Bereich von Sanktionen (Art. 301 EGV), Abkommen mit Drittstaaten (Art. 24 EUV, Art. 300 EGV) und globalen Strategien gegenüber Drittstaaten gegeben.

7. Die Handlungsfähigkeit der Union wurde durch das Konzept der *konstruktiven Enthaltung* in Art. 23 Abs. 1 EUV vergrößert. Dadurch ergibt sich bei Aufgaben des internationalen Krisenmanagements ein System von Fall zu Fall wechselnder Koalitionen, der sogenannten *ad-hoc*-ery.

8. Das Erfordernis eines doppelten Entscheidungswegs, innerhalb der Union und der WEU, durch die nach wie vor gegebene Autonomie der WEU jedoch birgt die Gefahr von langsamen und schwerfälligen Entscheidungen[840]. Die parlamentarischen Elemente, die Kommission und der EuGH haben nur geringen oder gar keinen Einfluß auf die Entscheidungen, was die intergouvernementale Ausrichtung der GASP betont. Die Finanzierung militärischer Maßnahmen erfolgt dementsprechend im Rahmen der Union durch die Mitgliedstaaten.

[840] Durch den Rückzug der WEU aus dem internationalen Krisenmanagement und die Übertragung der Aufgaben auf die Union besteht dieses Problem nach Inkrafttreten des Vertrags von Nizza nicht mehr.

9. Die Frage der Einordnung der Union in völkerrechtlicher Hinsicht ergibt sich durch ihre Kompetenzen aus den Petersberg-Aufgaben und die veränderte globale Situation. Seit Ende des Kalten Krieges sind traditionelle Friedensmissionen nach wie vor von Bedeutung. Friedenserzwingende Maßnahmen gemäß Art. 39, 42 der Charta der Vereinten Nationen dagegen werden vermehrt von humanitären Interventionen abgelöst. Diese werden vom Sicherheitsrat durch das Bestehen einer Gefahr für Frieden und Sicherheit der Region begründet. Im Entstehen begriffen ist ein Völkergewohnheitsrecht, zur Abwendung einer humanitären Katastrophe auch ohne Mandat des Sicherheitsrat zu handeln, sofern dieser blockiert ist. Rettungseinsätze gegen den Willen den betroffenen Staates sind völkerrechtlich nicht zulässig. Die Union ist nach Art. 17 Abs. 2 EUV zur Durchführung von friedensschaffenden und –erhaltenden Maßnahmen sowie humanitären Aufgaben und Rettungseinsätze ausschließlich mit Zustimmung des betroffenen Staates in der Lage. Militärische Zwangsmaßnahmen, insbesondere friedenserzwingende Maßnahmen und humanitäre Interventionen, kann sie nicht durchführen, wohl aber nichtmilitärische Zwangsmaßnahmen etwa in Form von Sanktionen. Damit stellt die Union eine geeignete internationale Einrichtung im Sinne des Art. 48 Abs. 2 der Charta der Vereinten Nationen dar. Die Union dient auch als regionale Abmachung im Sinne der Art. 52-3 der Charta der Vereinten Nationen. Zwar besitzt sie keinen direkten internen Streitbeilegungsmechanismus. Die Gründung der Europäischen Gemeinschaften bezweckte aber in einem hohen Maße die Re-Integration der verfeindeten Kriegsgegner. Die heutige EU ist nicht zuletzt Garant für Frieden und Stabilität innerhalb Europas, eine Aufgabe, die mit der anstehenden Osterweiterung eine neue Dimension erhält.

10. Die Möglichkeit der Inanspruchnahme der WEU durch die Union geht mit einem Kompetenzverlust der WEU einher, da die politische Kontrolle im Gegensatz zu einer rein WEU-geführten Operation bei der Union liegt. Dieser Kompetenzverlust betrifft insbesondere die assoziierten Mitglieder und Partner der WEU. Die Beobachter dagegen erfahren eine Aufwertung, da sie bei einer EU-geführten Operation im Gegensatz zu einer Operation unter der Ägide der WEU aufgrund der Nutzung der Unionsorgane selbst dann Einfluß auf die politischen Entscheidungen und Kontrolle erhalten, wenn sie sich konstruktiv enthalten. Ihr fällt auch, durch die fehlende Verteidigungszuständigkeit der Union, die Aufgabe der europäischen Interessenvertretung innerhalb der NATO zu.

Das Konzept der Integration der Beistandsklausel mittels eines Fakultativprotokolls zum Unionsvertrag

11. Im Rahmen der ersten der beiden hier diskutierten Optionen zur Integrati-

on des gesamten *acquis* der WEU in die Union wird die Beistandsverpflichtung aus dem modifizierten Brüsseler Vertrag mittels eines Fakultativprotokolls an den Unionsvertrag angefügt. Das Protokoll besteht entsprechend aus zwei Elementen: zum einen die Vereinbarung aller Unionsmitglieder, eine gemeinsame Verteidigung auf diesem Wege in die Union zu integrieren, zum anderen die Beistandsverpflichtung selbst mit ihren flankierenden Bestimmungen, die nur von denjenigen Mitgliedstaaten ausgehandelt und unterzeichnet wird, die an der gemeinsamen Verteidigung teilnehmen wollen. Aufgaben des internationalen Krisenmanagements sind damit nach wie vor innerhalb der GASP des Unionsvertrags normiert und folglich grundsätzlich für alle Unionsmitglieder verbindlich. Maßnahmen der gemeinsamen Verteidigung dagegen sind in dem Fakultativprotokoll zum Unionsvertrag geregelt, dem die Unionsmitglieder im Wege eines *opting-in* beitreten können. Die WEU wird aufgelöst.

12. Bei der Einordnung der Aufgaben des internationalen Krisenmanagements in die Union ergeben sich keine wesentlichen Änderungen. Maßgeblich sind die im Vertrag von Amsterdam normierten Petersberg-Aufgaben innerhalb der GASP. Lediglich die Aufgabentiefe der GASP verändert sich. Bereits mit den Beschlüssen von der WEU von Marseille und der EU von Nizza liegt die operative Durchführung einer Mission ebenfalls bei der EU.

13. Die Verpflichtungen aus der Beistandsklausel ergeben sich dagegen aus dem Fakultativprotokoll zum Unionsvertrag. Bei diesem handelt es sich nicht um einen Teil der GASP oder aber einen Annex außerhalb des Unionsvertrags, sondern um primäres Unionsrecht, das aber nicht im Unionsvertrag selbst normiert und daher nur für die Unterzeichnerstaaten bindend ist. Dementsprechend stehen die Verpflichtungen aus dem Protokoll und aus der GASP grundsätzlich komplementär nebeneinander. Das auf das Protokoll anwendbare Kohärenzgebot aus Art. 3 Abs. 2 EUV schreibt dem Protokoll als indirekte Voraussetzungen eine Zielkohärenz mit dem Unionsvertrag und den Gründungsverträgen der Europäischen Gemeinschaften und die Beachtung des Integrationsgedankens vor. Das Protokoll muß also den zunächst nicht beteiligten Unionsmitgliedern grundsätzlich offenstehen.

14. Die Ausgestaltung beider Bereiche ist rein intergouvernemental. In der GASP herrscht entsprechend den Bestimmungen zum Verfahren der Beschlußfassung das Prinzip der konstruktiven Enthaltung vor, das zu einem System von Fall zu Fall wechselnder Koalitionen bei Maßnahmen des internationalen Krisenmanagements führt. Im Protokoll dagegen wird durch die fakultative Teilnahme am Protokoll eine vertragsdefinierte Flexibilität geschaffen, bei der sich die Unionsmitglieder für oder gegen die grundsätzliche Teilnahme an Maßnahmen der gemeinsamen Verteidigung

entscheiden können. Zudem sind die nicht teilnehmenden Staaten zwar zu einer Beistandsleistung nicht verpflichtet, wohl aber berechtigt, so daß im Falle eines Angriffs auf einen Unterzeichnerstaat dem Aggressor eine Koalition aus den Unterzeichnerstaaten *plus x* gegenüberstünde. Sollte der Angriff gegen ein nicht am Protokoll teilnehmendes Unionsmitglied gerichtet sein, so erfolgt eine Hilfeleistung durch die übrigen Unionsmitglieder im Rahmen des völkerrechtlichen Nothilferechts. Wenn Einigkeit besteht, daß ein bewaffneter Angriff auf einen Unterzeichnerstaat vorliegt, löst dies den Bündnisfall aus mit der Folge, daß eine automatische Beistandsverpflichtung eingreift, durch die aber nur die Unterzeichnerstaaten gebunden sind. Die Finanzierung von Maßnahmen im Rahmen der GASP erfolgt nach Art. 28 EUV, im Rahmen des Protokolls durch die Unterzeichnerstaaten.

15. Eine völkerrechtliche Betrachtung ergibt, daß die Europäische Union kein Verteidigungsbündnis im Sinne des Art. 51 der VN-Charta darstellt, sondern ein solches beinhaltet, da nur eine begrenzte Anzahl der Unionsmitglieder auch Unterzeichnerstaaten des Protokolls sind. Eine Hilfeleistung bei einem Angriff auf einen der Nichtunterzeichnerstaaten kann nur im Rahmen der völkerrechtlich zulässigen Nothilfe, nicht aber aus der Beistandsverpflichtung heraus erfolgen und ist daher nicht garantiert. An der Einschätzung der Union als geeignete internationale Einrichtung (Art. 48 Abs. 2 VN-Charta) und als regionale Abmachung (Art. 52-3 VN-Charta) ändert sich auch nach Einführung des Protokolls zur gemeinsamen Verteidigung nichts. Die Union besitzt nach wie vor keine Kompetenzen zur Durchführung von militärischen Zwangsmaßnahmen.

16. Das derzeit von der WEU gebildete europäische Forum der Sicherheitspolitik sollte im Rahmen der Union fortgeführt werden. Im Verhältnis der Union zur NATO geschieht die Aufnahme einer Beistandsklausel weder *ultra vires*, noch ist sie mit dem NATO-Vertrag unvereinbar. In Fragen der kollektiven Sicherheit stellt die Union nach der Integration der Beistandsverpflichtung durch das Fakultativprotokoll eine Komplementärorganisation zur NATO dar, wobei die Verpflichtungen aus dem NATO-Vertrag im Kollisionsfall Priorität genießen. In Bezug auf Maßnahmen des internationalen Krisenmanagements stehen beide Organisationen *de iure* gleichberechtigt nebeneinander, wobei allerdings die NATO durch ihre operativen Kapazitäten *de facto* dominant ist. Die Protokoll-Staaten übernehmen die Scharnierfunktion zwischen der Union und der NATO, die derzeit von der WEU wahrgenommen wird.

Das Konzept der erweiterten GASP

17. Die zweite hier diskutierte Option der Integration des gesamten *acquis* der WEU in die Union ist die einer Integration der Beistandsklausel in die

GASP. Die so erweiterte GASP umfaßt dann auch eine gegenseitige Beistandsverpflichtung der Unionsmitglieder, die dadurch Eingang in den Vertrag selbst findet und neben die Petersberg-Aufgaben gestellt wird. Die WEU wird infolgedessen aufgelöst. Die Änderung des Vertrags findet gemäß dem in Art. 17 Abs. 1 EUV normierten halbautonomen Änderungsverfahren durch Beschluß des Europäischen Rates und Ratifikation in den Mitgliedstaaten statt. Diejenigen Unionsmitglieder, welche an der gemeinsamen Verteidigung nicht teilnehmen wollen, können dies im Wege eines Vorbehalts gemäß Art. 19 WVRK in einem Protokoll zum Unionsvertrag erklären. Sie sind dann an die entsprechenden Bestimmungen und Beschlüsse nicht gebunden.

18. Durch die Integration der Beistandsklausel in die GASP finden die im Unionsvertrag bereits normierten Instrumente der GASP auch auf Maßnahmen im Rahmen der Beistandsklausel Anwendung. Dies sind insbesondere die gemeinsame Strategie des Europäischen Rates und die gemeinsamen Aktionen und Standpunkte des Rates. Auch unterliegen die Klausel sowie Maßnahmen im Rahmen der Klausel dem Kohärenzgebot des Art. 3 Abs. 2 EUV. Die rein intergouvernementale Ausrichtung der GASP wird jedoch durch die Integration eines hochsensiblen Bereichs staatlicher Souveränität tendenziell noch verstärkt, so daß die GASP im Verhältnis zu den Europäischen Gemeinschaften weiter an Gewicht beginnt, was eine Dominanz der GASP über die Gemeinschaften in den Überschneidungsbereichen befürchten läßt.

19. Bei der Entscheidung über Verteidigungsfragen enthält das Beschlußverfahren keine konstruktive Enthaltung, da dies dem Sinn und Zweck eines Verteidigungsbündnisses zuwiderlaufen würde. Aus denselben Gründen sind, im Gegensatz zu den übrigen Maßnahmen im Rahmen der GASP, sowohl der Rat als auch die Mitgliedstaaten an eine gemeinsame Strategie des Europäischen Rats gebunden, sofern diese einen bewaffneten Angriff auf Unionsgebiet feststellt. Trifft der Angriff einen der *opting-out*-Staaten, so greift die Beistandsverpflichtung des Protokolls nicht ein, eine Hilfeleistung kann nur im Rahmen der völkerrechtlichen Nothilfe erfolgen. Maßnahmen des militärischen internationalen Krisenmanagements dagegen werden im Rat einstimmig bei eventuellen konstruktiven Enthaltungen gefaßt[841], während bei nichtmilitärischen Maßnahmen der GASP in bestimmten Fällen eine qualifizierte Mehrheitsentscheidung möglich ist. Diese beziehen sich aber lediglich auf untergeordnete Entscheidungen und unterliegen zudem einem Vetorecht jedes einzelnen Mitgliedsstaates.

[841] Gemäß Art. 23 Abs. 1 EUV führt eine konstruktive Stimmenthaltung von einem Ratsbeschluß nicht zur Ablehnung des Beschlusses.

20. Das der GASP nunmehr zugrundeliegende Flexibilitätskonzept läßt sich am besten mit einem System konzentrischer Kreise beschreiben. Ein *innerer Kreis* der GASP enthält die Beistandsklausel. An ihr nehmen nicht alle, sondern nur eine Mehrzahl der Unionsmitglieder[842] teil, während die übrigen Mitgliedstaaten durch einen Vorbehalt diesbezüglich ein *opting-out* erklären. Die Organisationsform ist rein intergouvernemental. Der *mittlere Kreis* umfaßt das militärische internationale Krisenmanagement. Zu den oben genannten Unionsmitgliedern addieren sich diejenigen, die zu einer Petersberg-Operation bereit sind[843]. Die Ausrichtung ist nach wie vor intergouvernemental, jedoch ist von den einstimmig zu fassenden Beschlüssen im Rat eine konstruktive Enthaltung möglich. Der *äußere Kreis* schließlich beinhaltet die nichtmilitärischen Maßnahmen im Rahmen der GASP und wird von allen Unionsstaaten gebildet. Auch hier ist die Ausrichtung intergouvernemental, jedoch sind neben einstimmigen Beschlüssen unter möglicher konstruktiver Enthaltung in bestimmten Fällen auch qualifizierte Mehrheitsbeschlüsse vorgesehen. In begrenztem Umfang ist im Vertrag von Nizza auch eine verstärkte Zusammenarbeit möglich. Das Flexibilitätskonzept der erweiterten GASP ist folglich zweifach abgestuft, nämlich in Bezug auf die Mitgliederzahl und die Flexibilisierung des Entscheidungsverfahrens. Dies ermöglicht eine größere Handlungsfähigkeit der Union. Auch stellt sich das System noch relativ übersichtlich dar, so daß eine Intransparenz insoweit nicht zu befürchten ist. Wesentlich für die weitere Entwicklung der Union ist vor allem die Nutzung der flexiblen Strukturen für den Integrationsfortschritt.

21. Die Union läßt sich in völkerrechtlicher Hinsicht nunmehr als ein System kollektiver Selbstverteidigung im Sinne des Art. 51 der Charta der Vereinten Nationen einordnen. Obwohl nicht alle Unionsmitglieder an der gemeinsamen Verteidigung teilnehmen[844], gehört die Beistandsklausel durch ihre Integration in die GASP dem *acquis* der Union an. An der Einordnung der Union als geeignete internationale Einrichtung gemäß Art. 48 Abs. 2 der Charta der Vereinten Nationen und als regionale Abmachung im Sinne des Art. 53 der Charta ändert sich auch nach der Erweiterung der GASP durch die Integration der Beistandsverpflichtung nichts. Die Union ist nach wie vor nicht befugt, militärische Zwangsmaßnahmen durchzuführen. Damit zeichnet sich eine Konzentration auf einen verstärkten Schutz der Union und ihrer Bürger durch eine gemeinsame Verteidigung

---

[842] Vorliegend wird davon ausgegangen, daß zumindest die Vollmitglieder der Union die Beistandsklausel in der GASP mittragen werden.

[843] Dies könnten die neutralen Staaten Finnland, Irland, Österreich und Schweden sein.

[844] Eine Hilfeleistung ihnen gegenüber begründet sich demnach mit völkerrechtlicher Nothilfe, eine Garantie besteht nicht. Die Staaten sind ihrerseits zur Hilfeleistung im Falle des Angriffs auf einen teilnehmenden Staat nicht verpflichtet, wohl aber berechtigt.

und die Möglichkeit zur Durchführung von Rettungseinsätzen[845] auf der einen Seite und traditionelle Friedensmissionen in Form von friedensschaffenden und –erhaltenden Maßnahmen und humanitären auf der anderen Seite ab.

22. Die Rolle der europäischen Staaten, die nicht Mitglied der Union sind, bedarf einer neuen Definition, da die Verträge der Drittstaaten mit der WEU nicht automatisch auf die Union übergehen. Aufgrund der möglichen Inanspruchnahme von operativen Kapazitäten der NATO und der Stärkung ihres europäischen Pfeilers ist insbesondere eine Zusammenarbeit mit den europäischen NATO-Partnern außerhalb der Union[846] erforderlich. Für die Stabilität Europas ist auch eine Einbindung der mittel- und osteuropäischen Staaten von Bedeutung. Dies könnte im Rahmen einer Übereinkunft gemäß Art. 24 EUV geschehen. An Maßnahmen im Bereich des internationalen Krisenmanagements können die oben genannten Staaten dann grundsätzlich teilnehmen. Die Beistandsverpflichtung erstreckt sich nicht auf diese Staaten, eine Hilfeleistung wäre aber im Wege der völkerrechtlichen Nothilfe möglich.

23. Gleichermaßen wandelt sich das Verhältnis der WEU zur NATO in ein direktes Verhältnis der Union zur NATO. In Verteidigungsangelegenheiten haben die Verpflichtungen aus dem NATO-Vertrag im Kollisionsfall Vorrang vor denen aus der Beistandsklausel der GASP, im Bereich des internationalen Krisenmanagements steht die Union im Rahmen ihrer Kompetenzen gleichberechtigt neben der NATO. Zu prüfen ist allerdings, ob eine Mitgliedschaft in der NATO für die Teilnahme an der Beistandsklausel innerhalb der Union zur Voraussetzung erklärt werden sollte, da sonst das betreffende Unionsmitglied außerhalb der NATO aufgrund der verschiedenen Bündnisverpflichtungen sowie der fehlenden operativen Kapazitäten der Union den Schutz der NATO genießen würde, ohne selbst Verpflichtungen zur Hilfeleistung gegenüber den NATO-Partnern außerhalb der Union zu unterliegen.

B. Bewertung und Ausblick

Ziel der Arbeit war eine Untersuchung der Europäischen Sicherheits- und Verteidigungspolitik und ihrer Auswirkungen auf die Union, wie sie sich seit dem Inkrafttreten des Vertrags von Amsterdam darstellt, sowie die rechtliche Untersuchung von zwei Optionen zur Integration des gesamten *acquis* der WEU in die Union. Abschließend läßt sich feststellen, daß die Wahl der wei-

---

[845] Völkerrechtlich zulässig sind nur solche Rettungseinsätze, die mit Zustimmung des betroffenen Staates durchgeführt werden.

[846] Dies sind Island, Norwegen, Polen, die Tschechische Republik, die Türkei und Ungarn.

teren Ausgestaltung der GASP mitbestimmend für den gesamten Integrationsstand der Union ist.

Bei dem im *Vertrag von Amsterdam* gewählten Ansatz steht im Zentrum der Union eine wirtschaftlich orientierte, supranationale Gemeinschaft europäischer Staaten, welche von politischen, intergouvernemental ausgestalteten Elementen flankiert wird. Die staatliche Souveränität bleibt in den politischen Bereichen weitgehend gewahrt, insbesondere verbleibt die Entscheidung über den Anschluß an ein Verteidigungsbündnis bei jedem einzelnen Mitgliedsstaat. Durch die Petersberg-Aufgaben ist die Union in der Lage, dritten Staaten auf deren Aufforderung oder mit deren Zustimmung in Notsituationen zu Hilfe zu kommen. Dies bedeutet aber derzeit aufgrund der intergouvernementalen Ausrichtung der GASP, dem Rückgriff auf nationale Truppenkontingente und des Flexibilitätskonzepts der *ad-hocery* eher ein Koordinationsforum handlungsbereiter Mitgliedstaaten als eine Handlungsmöglichkeit der Union.

In der gedanklichen Fortentwicklung dieses Konzepts liegt der Schwerpunkt der Union weiterhin auf wirtschaftlichem Gebiet, während eine Weiterentwicklung der politischen Bereiche nur insoweit verfolgt wird, als sie dem Schutz der Union und der internen Geschlossenheit dient, sowie als die wirtschaftliche Komponente flankierende Maßnahmen[847]. Alle darüber hinausgehenden politischen Kompetenzen verbleiben bei den Mitgliedstaaten. Dieser minimalistische Ansatz, der in der in Art. 5 Abs. 2 EGV normierten Subsidiarität das wichtigste Prinzip der Allokation von Kompetenzen zwischen Union, Gemeinschaft und Mitgliedstaaten sieht, zielt auf ein System ab, in welchem die wirtschaftlichen Kompetenzen bei der Europäischen Gemeinschaft/Union liegen, die politischen Kompetenzen jedoch im wesentlichen bei den Mitgliedstaaten. Dieser Konzeption liegt der Gedanke eines *Staatenbunds* zugrunde.

Auf der anderen Seite steht das *Konzept einer erweiterten GASP*. Hierbei wird die Beistandsverpflichtung in den Vertrag selbst integriert und stellt einen Teil des Besitzstands der Union dar. Möglich ist dies derzeit nur bei einer entsprechend flexiblen Gestaltung der Teilnahme an den militärischen Maßnahmen der Union, sowohl im Rahmen der Petersberg-Aufgaben als auch im Rahmen der Beistandsklausel[848]. Im Gegensatz zu dem Amsterdamer Modell

---

[847] Durch die Bestimmungen des Amsterdamer Vertrags sehen manche Autoren in absehbarer Zukunft keine autonome europäische Kapazität zur Verteidigung, da die wichtigen Entscheidungen nach wie vor in der NATO getroffen werden, siehe dazu *Nuttal*, The CFSP provisions of the Amsterdam Treaty, CFSP-Forum 3(1997) S. 1 (2).

[848] Grund hierfür ist der besondere Charakter der Sicherheits- und Verteidigungspolitik bestimmter Mitgliedstaaten, zu deren Beachtung sich alle Mitgliedstaaten in Art. 17 Abs. 1 UA 3 EUV verpflichtet haben. Konkret bedeutet dies die Akzeptanz des Status der vier

wird dabei eine Aufgabe in den Vertrag integriert, die zum Kernbereich staatlicher Souveränität gehört und als flankierende Maßnahme zur wirtschaftlichen Integration nicht zu erklären ist. Vielmehr handelt es sich um einen Schritt in Richtung einer föderativen Struktur einer Europäischen Union[849], die in den Grundzügen dem *Pleven-Plan* und der daraus entwickelten, 1954 gescheiterten Europäischen Verteidigungsgemeinschaft entspricht. Am Ende dieser Entwicklung könnte bei konsequenter Fortführung des Gedankens ein *Bundesstaat Europa* stehen, der aus einem europäischen Staatsvolk in Form der Unionsbürger, dem europäischen Staatsgebiet als das Territorium aller Mitgliedstaaten und einer europäischen Staatsgewalt bestünde. Letztere umfaßte dann auch alle innen- und außenpolitischen Kompetenzen eines Staates im völkerrechtlichen Sinne.

Die größten Schwierigkeiten, die es auf dem Weg zu einer Integration der Beistandsklausel zu überwinden gilt, ergeben sich aus dem besonderen Charakter der Verteidigungspolitik einiger Mitgliedstaaten, insbesondere der neutralen Unionsmitglieder. Zum einen ist eine zuverlässige Prognose, ob diese ihre Neutralität aufgeben und sich einer gemeinsamen Verteidigung im Rahmen der Union anschließen werden, derzeit nicht möglich, so daß eine ausreichend flexible Gestaltung der Beistandsklausel notwendig ist, um diese überhaupt integrieren zu können. Zum anderen stellt sich die Frage, ob ein Unionsmitglied sich an der unionsinternen Beistandsverpflichtung beteiligen kann, ohne gleichzeitig NATO-Partner zu sein. In jedem Fall bedingt eine sicherheits- und verteidigungspolitische Weiterentwicklung der Union, und damit Europas, eine wesentliche Neugestaltung des Sicherheitsgefüges innerhalb der transatlantischen Allianz. Mit größeren Kompetenzen und Kapazitäten der Europäer gehen zum einen mehr Rechte und Pflichten innerhalb der NATO einher, zum anderen ändert sich das Verhältnis der Union zu den bisher aufgrund ihrer alleinigen Kapazitäten übermächtigen USA.

Die Integration der Beistandsklausel in die Union mittels eines Fakultativprotokolls zum Unionsvertrag ist dementsprechend als Kompromiß- oder bestenfalls als Übergangslösung zwischen den beiden oben genannten grundsätzlichen Ideen zu sehen. Ihr Vorteil liegt in der flexiblen Struktur, die eine Integration erst ermöglicht, und den durch die Auflösung der WEU vereinfachten Entscheidungs- und Durchführungsstrukturen. Nachteilig erscheinen jedoch die organisatorische Trennung von Krisenmanagement- und Verteidigungspotentialen, obgleich beide zum primären Unionsrecht zählen, sowie die zum Teil schwierige Einordnung ihrer Kompetenzen, Instrumente und Maßnahmen durch ihren in Details unklaren Status als Annex zum Unionsvertrag.

---

neutralen Staaten Finnland, Irland, Österreich und Schweden.

849 So auch wohl *Teunissen*, Defence Dimension of the EU, Eur.For.Aff.Rev. 1999, S. 327 (352).

Es ist noch zu früh, um zu erkennen, in welche Richtung die Europäische Sicherheits- und Verteidigungsidentität, und mit ihr die politische Integration, sich weiterentwickeln wird. (Neo-)Realisten können mit Blick auf den geringen Fortschritt im Vertrag von Amsterdam und dem sich in dieser Vertragsfassung abzeichnenden Konzept der getrennten Zuständigkeiten argumentieren, daß die europäische Integration ihre Grenzen erreicht hat. In diesem Lichte erscheint die Integration der Petersberg-Aufgaben lediglich als die Schaffung eines Koordinationsforums der Mitgliedstaaten für diejenigen Einsätze, die aufgrund ihrer niedrigen Kategorie im Krisenmanagement einen Konsens erreichten. Neofunktionalisten weisen demgegenüber darauf hin, daß Europa, wie Rom, nicht an einem Tag zu erbauen ist, und rechnen mit einem *spill-over* der bestehenden Integration in neue Bereiche[850], wie sie bereits in der Vergangenheit zu beobachten waren.

Der derzeitige Stand der Entwicklung im Bereich einer Europäischen Sicherheits- und Verteidigungspolitik ist von intergouvernementalen Vorbehalten geprägt und geht über Konsultation und Kooperation im internationalen Krisenmanagement nicht hinaus, während eine gemeinsame Interessenvertretung der Union in Bezug auf die kollektive Sicherheit *de facto* kaum existent erscheint. Bei der Weiterentwicklung einer Sicherheits- und Verteidigungspolitik im Rahmen der Europäischen Union sollte jedoch nicht übersehen werden, daß diese gleich zweifach von Bedeutung ist: zum einen als Garant für Frieden, Sicherheit und Stabilität auf dem europäischen Kontinent, zum anderen als Angelpunkt und vor allem als Gradmesser der europäischen Integration.

---

850 *Neuhold*, The Provisions of the Amsterdam Treaty, in *Hafner*, Liber amicorum Prof. Seidl-Hohenveldern, S. 495 (507-8).

Literaturverzeichnis

Auswärtiges Amt (Hrsg.)	Europa, Dokumente zur Frage der Europäischen Einigung, Bonn 1953
Akehurst, Michael	Enforcement Action by Regional Agencies, with Special Reference to the Organisation of American States, BYIL 42(1967) S. 175
Bartl, Jürgen	Die humanitäre Intervention durch den Sicherheitsrat der Vereinten Nationen im „Failed State" - Das Beispiel Somalia, Schriften zum Staats- und Völkerrecht (Herausgegeben von Prof. Dr. Dieter Blumenwitz) Band 82, Frankfurt aM 1999
Bernhardt, Rudolf	Europäisches Gemeinschaftsrecht und das Recht der Internationalen Organisationen, in Hafner, Liber amicorum, The Hague 1998, S. 25-35
Beyerlin, Ulrich	Die israelische Befreiungsaktion von Entebbe in völkerrechtlicher Sicht, ZaöRV (1977) S. 213
Beyerlin, Ulrich	Die humanitäre Aktion zur Gewährleistung des Mindeststandards in nicht-internationalen Konflikten, Berlin 1975
Beyerlin, Ulrich	Humanitarian Intervention, in Bernhardt (ed.), EPIL, Volume II (1995), S. 926
Bleckmann, Albert	Der Vertrag über die EU, DVBl. 1992, S. 335
Blumenwitz, Dieter	Souveränität – Gewaltverbot – Menschenrechte – Eine völkerrechtliche Bestandaufnahme nach Abschluß des nicht mandatierten NATO-Einsatzesin Ex-Jugoslawien, Politische Studien der Hanns-Seidel-Stiftung eV, Sonderheft 4/1999, S. 19-40
von Bogdandy, Armin	The legal case for Unity: The European Union as a single organization with a single legal system, CMLRev 1999, S. 887
von Bogdandy, Armin/Nettesheim, Martin	Die Europäische Union: Ein einheitlicher Verband mit eigener Rechtsordnung, EuR 1996, S. 3-26

Bonvicini/ Cremasco/ Rummel/Schmidt (Eds.) — A Renewed Partnership for Europe, Nomos Verlagsgesellschaft Baden-Baden 1996

Bothe, Michael — Kosovo – Anlässe zum völkerrechtlichen Nachdenken, in Ipsen/Raap/Stein/Steinkamm, Festschrift für Klaus Dau, S. 13-29

Bühl, Hartmut — Der Weg zum Eurokorps, Europäische Sicherheit 42 (1993), 472-76

de Burca, Grainne — The institutional development of the EU: a constitutional analysis, in Craig and de Burca, The Evolution of EU Law, Oxford University Press 1999, S. 55

Burghardt, Günther/Trebbe, Gerd — Die Gemeinsame Außen- und Sicherheitspolitik der Europäischen Union – Rechtliche Struktur und politischer Prozeß, EuR 1995 S. 1-20

Calliess, Christian/Ruffert, Matthias (Hrsg.) — Kommentar zu EU-Vertrag und EG-Vertrag, Neuwied, 1999

Canor, Iris — Can two walk together, except they be agreed? The Relationship between international law and European law: the incorporation of United Nations sanctions against Yugoslavia into European Community law through the perspective of the European Court of Justice, (1998) CMLR 35(1) 137

Cafruny, Alan & Peters, Patrick (eds.) — The Union and the World, The Political Economy of a Common European Foreign Policy, Kluwer Law International, The Hague 1998

Carr, Fergus/Ifantis, Kostas — NATO in the new European Order, Mcmillan Press Ltd, London/St.Martin's Press inc, New York, 1996

Craig, Paul and de Burca, Grainne (eds) — The Evolution of EU Law, Oxford University Press 1999

Cremona, Marise — External Competence, in Craig and de Burca, The Evolution of EU Law, Oxford University Press 1999, S. 137

Cremona, Marise	The Common Foreign and Security policy of the European Union and the External Relation Powers of the European Community, in O'Keeffe, David and Twomey, Patrick M., Legal Issues of the Maastricht Treaty, 1994, S. 247
Curtin, Deidre	The Constitutional Structure of the Union: A Europe of Bits and Pieces, CMLR 30(1993), S. 17-69
Curtin, Deidre and Dekker, Ige	The EU as a ‚Layered' International Organisation: Institutional Unity in Disguise, in Craig and de Burca (eds.), The Evolution of EU Law, 1999, S. 83
Dehousse, Renaud (ed.)	Europe after Maastricht – An Ever Closer Union?, Law Books in Europe, München 1994
Deighton and Remacle	The Western European Union: 1948-1998, from the Brussels Treaty to the Treaty of Amsterdam, Studia Diplomatica – 51 (1998)
Delbrück, Jost	Effektivität des UN-Gewaltverbots – Bedarf es einer Modifikation der Reichweite des Art. 2 (4) UN-Charta?, in: Die Friedenswarte 1999, S. 139
Doehring, Karl	Völkerrecht – Ein Lehrbuch, Heidelberg 1999
Due, Ole (Hrsg.)	Festschrift für Ulrich Everling, Baden-Baden 1995
Duff, Andrew (Hrsg.)	Foreign Policy – or trompe l'oeil? in ders. (Hrsg.), The Treaty of Amsterdam, Text and Commentary, London 1997, S. 124
Duke, Simon	The Second Death (or Second Coming?) of the WEU, J.Com.M.St. 1996, 34 (2) p. 167
Edwards, Geoffrey and Pijpers, Alfred	The Politics of European Treaty Reform – The 1996 Intergovernmental Conference and Beyond, London and Washington 1997
Eekelen, Wim van	Perspektiven der Gemeinsamen Außen- und Sicherheitspolitik der EU, ZEI Discussion Paper C21 / 1998
Eekelen, Wim van	WEU and the Gulf Crisis, Survival 32(1990), 519-32

Ehlermann, Claus-Dieter	Engere Zusammenarbeit nach dem Amsterdamer Vertrag: Ein neues Verfassungsprinzip? EuR 1997, 362ff
Ehmke, Horst (et al.)	Festschrift für Ulrich Scheuner, Berlin 1973
Engelhardt, Manfred	Europäische Union und NATO im Wandel – Bedarf an Synchronisation, in Regelsberger (Hrsg.), Die gemeinsame Außen- und Sicherheitspolitik der Europäischen Union - Profilsuche mit Hindernissen, Bonn 1993, S. 135
Epping, Volker	Nachbetrachtung: Der Kosovo-(Kampf-) Einsatz der Bundeswehr, in Epping/Fischer/Heintschel v. Heinegg, Festschrift für Knut Ipsen, S. 615
Epping, Volker/Fischer, Horst/Heintschel v. Heinegg, Wolff	Festschrift für Knut Ipsen, München 2000
Everling, Ulrich	Möglichkeiten und Grenzen der Europapolitik, in ders., Das europäische Gemeinschaftsrecht im Spannungsfeld von Politik und Wirtschaft, Baden-Baden 1985
Everling, Ulrich	Reflections on the Structure of the European Union, CMLR 29(1992) S. 1053-77
Fleck, Dieter (Hrsg)	Handbuch des humanitären Völkerrechts in bewaffneten Konflikten, München 1994
Fleuß, Martin	Die operationelle Rolle der Westeuropäischen Union in den neunziger Jahren, Europäische Hochschulschriften, Reihe II Rechtswissenschaft, Bd. 1867, Peter Lang Verlag Frankfurt aM, 1996
Franzke, Hans-Georg	Die militärische Abwehr von Angriffen auf Staatsangehörige im Ausland – insbesondere die Zulässigkeit nach der Satzung der Vereinten Nationen, ÖZöR 16(1966) S. 128
Fröhlich, Stefan	Der Ausbau der europäischen Verteidigungsidentität zwischen WEU und NATO, ZEI Discussion Paper (1998) C19

Frowein, Jochen Abr.	Auf dem Weg zu einer gemeinsamen Sicherheits- und Verteidigungspolitik, in C. Tomuschat, Rechtsprobleme einer europäischen Sicherheits- und Verteidigungspolitik, 1996 S. 11
Frowein, Jochen Abr./Ibsen, Knut	Antragserwiderungsschrift vom 14.01.1993 in dem Organstreitverfahren der Fraktion der SPD im Deutschen Bundestag gegen die Bundesregierung der Bundesrepublik Deutschland und dem Bundesminister der Verteidigung vor dem Bundesverfassungsgericht, 2 BvE 3/92
Frowein, Jochen Abr.	Die Europäische Union mit WEU als Sicherheitssystem in Due, Ole (Hrsg.), Festschrift für Ulrich Everling, Baden-Baden 1995, S. 315
Frowein, Jochen Abr.	Jus Cogens, in Bernhardt (ed.), EPIL 7 (1981), S. 327
Gaja, Giorgio	How Flexible is Flexibility in the Amsterdam Treaty? CMLRev (1998) S. 855
Geiger, Rudolf	EUV/EGV, Kommentar, München 3.Auflage 2000
Gilsdorf, Peter	Institutionelle und materielle Reformen im Bereich der Gemeinsamen Außen- und Sicherheitspolitik, in Hummer, Waldemar (Hrsg.), Die Europäische Union nach dem Vertrag von Amsterdam, Wien 1998, S. 239
Glöckler-Fuchs, Juliana	Institutionalisierung der europäischen Außenpolitik, Lehr- und Handbücher der Politikwissenschaft, München 1997
Gnesotto, Nicole / Roper, John (eds.)	Western Europe and the Gulf: A study of West European reactions to the Gulf war carried out under the auspices of the Institute for Security Studies of Western European Union, Paris 1992
Goodrich/Hambro/ Simons	Charter of the United Nations, New York, London, 3. Auflage 1969
Grabitz, Eberhard/Hilf, Meinhard	Das Recht der Europäischen Union (Kommentar), Stand: 14. Ergänzungslieferung Oktober 1999

Grant, Charles — Can Britain Lead in Europe? Centre for European Reform (CER), London 1998

Greenwood, Christopher — Geschichtliche Entwicklung und Rechtsgrundlage, in Fleck (Hrsg), Handbuch des humanitären Völkerrechts in bewaffneten Konflikten, München 1994, S. 1

Griller, Stefan — Verbliebener Reformbedarf nach Amsterdam, in Hummer, Waldemar (Hrsg.), Die Europäische Union nach dem Vertrag von Amsterdam, Manzsche Verlags- und Universitätsbuchhandlung Wien 1998, S. 324

Grunert, Thomas — The European Union's Common Foreign and Security Policy and Enlargement: Consequences for the East and the Atlantic Alliance, in Cafruny, Alan & Peters, Patrick (eds.), The Union and the World, The Political Economy of a Common European Foreign Policy, Kluwer Law International, The Hague 1998, S. 95

Gustenau, Gustav — Towards a Common European Policy on Security and Defence: an Austrian view of Challenges for the „Post-Neutrals„, WEU Institute for Security Studies, Occasional Paper 9, Paris, October 1999

Hafner, Gerhard — Liber amicorum, Festschrift für Prof. Seidl-Hohenveldern, The Hague 1998

Ham, Peter van — The EU and WEU: From Cooperation to Common Defence? in Edwards, Geoffrey and Pijpers, Alfred, The Politics of European Treaty Reform – The 1996 Intergovernmental Conference and Beyond, London and Washington 1997 pp. 306-25

Haseloff, Wolfgang — Die Einigung Europas, Frankfurt aM/Berlin/München 1971

Hattenhauer, Hans — Europäische Rechtsgeschichte, Heidelberg, 3. Aufl. 1999

Hilf, Meinhard/Schorkopf, Frank	Das Europäische Parlament in den EU-Außenbeziehungen, EuR 1999, S. 185-202
Hochleitner, Erich P. (Hrsg.)	Das europäische Sicherheitssystem zu Beginn des 21. Jahrhunderts, Wien 2000
Hofmann, Rainer	Wieviel Flexibilität für welches Europa? EuR 1999, S. 713-35
Hummer, Waldemar (Hrsg.)	Die Europäische Union nach dem Vertrag von Amsterdam, Manzsche Verlags- und Universitätsbuchhandlung Wien 1998
Ipsen, Knut	Der Kosovo-Konflikt – Illegal? Gerechtfertigt? Entschuldbar?, Die Friedenswarte 74 (1999), S. 19
Ipsen, Knut/ Raap, Christian/ Stein, Torsten/ Steinkamm, Armin	Festschrift für Klaus Dau, Neuwied 1999
Ipsen, Knut	Relativierung des absoluten Gewaltverbots, in Ipsen/Raap/Stein/Steinkamm, Festschrift für Klaus Dau, S. 103
Ipsen, Knut	Über Supranationalität, in Ehmke et al., Festschrift für Ulrich Scheuner, Berlin 1973, S. 211
Ipsen, Knut	Völkerrecht - Ein Studienbuch, München, 4. Auflage 1999
Ischinger, Wolfgang	Die Gemeinsame Außen- und Sicherheitspolitik nach Amsterdam - Praxis und Perspektiven, ZEI Discussion Paper (1998) C14
Jacomet, Arnaud	The Role of WEU in the Gulf Crisis, in Gnesotto/Roper (eds.), Western Europe and the Gulf: A study of West European reactions to the Gulf war carried out under the auspices of the Institute for Security Studies of Western European Union, Paris 1992, S. 159-69
Jenks, Wilfrieds	The Conflict of Law Making Treaties, BYIL 30 (1953) 401, 425-7

Jopp, Mathias	Europäische Union, WEU und NATO – Komplementarität und Konkurrenz, in Regelsberger (Hrsg.), Die gemeinsame Außen- und Sicherheitspolitik der Europäischen Union - Profilsuche mit Hindernissen, Bonn 1993, S. 127
Jürgens, Thomas	Die gemeinsame Außen- und Sicherheitspolitik, Studien zum internationalen Wirtschaftsrecht und Atomrecht, Bd.90, Göttingen 1994
Kampmeyer, Eva	Protokoll und Abkommen über die Sozialpolitik der Europäischen Union, Carl Heymanns Verlag KG, Köln, Berlin, Bonn, München 1998
Karl, Wolfram	European Free Trade Association, in Bernhardt (ed.), Encyclopedia of Public International Law, Volume I (1995), S. 237
Kerschenbaumer, Johannes	Europa 2000 – neue Risiken, Unsicherheiten und Bedrohungsbilder, in Hochleitner (Hrsg.), Das europäische Sicherheitssystem zu Beginn des 21. Jahrhunderts, S. 21
Kimminich, Otto/Hobe, Stephan	Einführung in das Völkerrecht, Tübingen, 7. Auflage 2000
Koenig, Christian/ Haratsch, Andreas	Europarecht, Tübingen 2000
Koenig, Christian/Pechstein, Matthias	Die Europäische Union - Der Vertrag von Maastricht, Tübingen 3. Aufl. 2000
Koutrakos, Panos	Export of Dual Use Goods Under the Law of the EU, ELRev 1998, S. 235 ff
Kritsiotis, Dino	The Legal Travails of Kind-Hearted Gunmen, M.L.R. 1999, 62(6), S. 937-56
Kühne W., Lenzi G.& Vasconcelos A.	WEU's Role in Crisis Management and Conflict Resolution in Sub-Saharan Africa, WEU Institute for Security Studies Challiot Paper 22, Paris, December 1995

Kuschnik, Michael	Integration in Staatenverbindungen, de Gruyter-Verlag Berlin, New York 1999
Langrish, Sally	The Treaty of Amsterdam: Selected Highlights, (1998)23 ELRev p.3
Lenzi, Guido	European Security Order after Amsterdam, CFSP-Forum 3(1997) S. 6
Lenzi, Guido	The WEU between NATO and EU, ZEI Discussion Paper C 4 / 1998
Lenzi, Guido (ed)	WEU at 50, WEU Institute for Security Studies, Paris 1998
MacLeod, I., Hendry, I.D. and Hynett, Stephen	The External Relations of the European Communities – A Manual for Law and Practice, Clarendon Press, Oxford 1996
Martin, Lawrence/Roper, John (eds.)	Towards a Common Defence Policy, A Study by the European Strategy Group and the Institute for Security Studies of WEU, Paris 1995
Maunz, Theodor/Dürig, Günter	Grundgesetz. Kommentar, München, Oktober 1999
Medvedev, Sergei	The WEU after Maastricht: Trends and Perspectives, in Bonvicini/Cremasco/Rummel/Schmidt (Eds.), A Renewed Partnership for Europe, Nomos Verlagsgesellschaft Baden-Baden 1996, S. 171-196
Missiroli, Antonio	Enhanced Cooperation and flexibility in the second pillar: an obstructed path? in Guido Lenzi (ed), WEU at 50, WEU Institute for Security Studies, Paris 1998
Missiroli, Antonio	CFSP, Defence and Flexibility, Chaillot Paper No. 38, WEU Institute for Security Studies, Paris February 2000
Missiroli, Antonio (Hrsg)	Flexibility and Enhanced Cooperation in European security matters: Assets or liabilities?, WEU Institute for Security Studies, Occasional Paper 6, Paris, September 1998

Morgan, Roger	How Common will Foreign and Security Policy be? in Dehousse, Renaud (ed.), Europe after Maastricht – An Ever Closer Union?, Law Books in Europe, München 1994, S. 189
Monar, Jörg	The European Union's Foreign Affairs System after the Treaty of Amsterdam: A ‚Strengthened Capacity for External Action?', Europan Foreign Affairs Review (1997), S.413-36
Müller-Graff, Peter-Christian	The legal basis of the Third Pillar and its Position in the Framework of the Union Treaty, CMLRev 1994, S. 493
Müller-Graff, Peter-Christian	EPZ/GASP im System der Europäischen Union - Kohärenzgebot aus rechtlicher Sicht, in E. Regelsberger, Die gemeinsame Außen- und Sicherheitspolitik der Europäischen Union - Profilsuche mit Hindernissen, Bonn 1993, S. 53
Münch, Lars	Die gemeinsame Aktion als Mittel der gemeinsame Außen- und Sicherheitspolitik, Berlin 1997
Münch, Lars	Die GASP: ein Schaf im Wolfspelz? ZöR 53(1997), S. 389-417
Nerlich, Uwe	The relationship between a European common defence and NATO, the OSCE and the United Nations, in Martin, Lawrence/Roper, John (eds.), Towards a Common Defence Policy, A Study by the European Strategy Group and the Institute for Security Studies of WEU, Paris 1995, S. 69-97
Neuhold, Hanspeter	Internationale Konflikte, Wien, New York 1977
Neuhold, Hanspeter	The provisions of the Amsterdam Treaty: cosmetic operation or genuine progress?, in Hafner, Gerhard, Liber amicorum, The Hague 1998, S. 495
Nuttal, Simon	European Political Co-Operation, Oxford 1992
Nuttal, Simon	The CFSP provisions of the Amsterdam Treaty, CFSP-Forum 3(1997) S. 1

O'Keeffe, David/Twomey, Patrick M.	Legal Issues of the Maastricht Treaty, London 1994
O'Keeffe, David	Recasting the Third Pillar, CMLR 1995 S. 893
d'Oléon, Michel in cooperation with Jopp, Mathias	The way ahead for European defence cooperation, in Martin/Roper, Towards a Common Defence Policy, A Study by the European Strategy Group and the Institute for Security Studies of WEU, Paris 1995, S. 99-113
Pagani, Fabrizio	A New Gear in the CFSP Machinery: Integration of the Petersberg Tasks in the Treaty on European Union, EJIL 1998, 737-749
Patten, Chris	Die Zukunft der Europäischen Sicherheits- und Verteidigungspolitik (ESVP) und die Rolle der Europäischen Kommission, Conference on the Development of a Common European Security and Defence Policy, The Integration of the New Decad, Berlin, 16 December 1999, Integration 23(2000) S. 7-17
Pechstein, Matthias	Die Justitiabilität des Unionsrechts, EuR 1999, S. 1-26
Peters, Susanne	GASP und WEU - Wegbereiter einer Supermacht Europa? in Regelsberger, Elfriede, Die gemeinsame Außen- und Sicherheitspolitik der Europäischen Union - Profilsuche mit Hindernissen, Bonn 1993, S. 139
Presse- und Informationsamt der Bundesregierung	Die Westeuropäische Union (WEU) – Entstehung, Entwicklung, Perspektiven, Referat Außen-, Sicherheits- und Europapolitik, Januar 1997
Regelsberger, Elfriede	Die gemeinsame Außen- und Sicherheitspolitik der Europäischen Union - Profilsuche mit Hindernissen, Bonn 1993

Regelsberger, Elfriede — EPZ und GASP – attraktiver Verbund mit Schlupflöchern, in dieselbe (Hrsg.), Die gemeinsame Außen- und Sicherheitspolitik der Europäischen Union – Profilsuche mit Hindernissen, Bonn 1993, S. 179

Regelsberger, Elfriede/Jopp, Mathias — Und sie bewegt sich doch! Die Gemeinsame Außen- und Sicherheitspolitik nach den Bestimmungen des Amsterdamer Vertrages, Integration 20(1997) S. 255-63

Ress, Georg — Die Europäische Union und die neue juristische Qualität der Beziehung zu den Europäischen Gemeinschaften, JuS 1992, S. 985-91

Ringler, Jochen C.K. — Die Europäische Sozialunion, Berlin 1997

Roper, John — Defining a Common Defence Policy and Common Defence, in Martin, Lawrence/Roper, John (eds.), Towards a Common Defence Policy, A Study by the European Strategy Group and the Institute for Security Studies of WEU, Paris 1995, S. 7-12

Saalfeld, Michael — Entwicklung und Perspektiven der Westeuropäischen Union - Völkerrechtliche und sicherheitspolitische Überlegungen zu einer künftigen Revision des WEU-Vertrages, 1992

Schell, Peter — Bündnis im Schatten - Die Westeuropäische Union in den 80er Jahren, Bouvier Verlag Bonn, Berlin 1991

Schmalz, Uwe — Aufbruch zu neuer Handlungsfähigkeit: Die Gemeinsame Außen-, Sicherheits- und Verteidigungspolitik unter deutscher Ratspräsidentschaft, Integration 22(1999) S. 191-204

Schmalz, Uwe — Kohärenz der EU-Außenbeziehungen? Der Dualismus von Gemeinschaft und Gemeinsamer Außen- und Sicherheitspolitik in der Praxis, Arbeitspapier der Konrad-Adenauer-Stiftung, Bereich Forschung und Beratung – Internationale Politik, St. Augustin, März 1997

Schmalz, Uwe	National vs. EU-Foreign Policy Interests, CFSP-Forum 4(1998) S. 5
Schmidt, Peter	Zum Verhältnis von GASP, NATO und WEU – Perspektiven der weiteren Entwicklung, Österreichische Zeitschrift für Politikwissenschaft 25 (1996) 4, S. 403-12
Schneider, Hans-Peter/ Zeh, Wolfgang	Parlamentsrecht und Parlamentspraxis in der Bundesrepublik Deutschland, Berlin, New York 1989
Schweisfurth, Theodor	Operations to Rescue Nationals in Third States Involving the Use of Force in Relation to the Protection of Human Rights, GYIL 23(1980) S. 159
Schweitzer, Michael	Europarat, WEU, NATO, Europäisches Parlament, in Schneider, Hans-Peter/Zeh, Wolfgang (Hrsg), Parlamentsrecht und Parlamentspraxis in der Bundesrepublik Deutschland, Berlin, New York 1989 §61, 1657-93
Schweitzer, Michael	Staatsrecht III – Staatsrecht, Völkerrecht, Europarecht, Heidelberg, 7. Auflage 2000
Seidel, Martin	Zur Verfassung der Europäischen Gemeinschaften nach Maastricht, EuR 1992, S. 125ff.
Seidl-Hohenveldern, Ignaz	Völkerrecht, 7. Auflage 1992
Seidl-Hohenveldern, Ignaz/ Loibl, Gerhard	Das Recht der Internationalen Organisationen einschließlich der Supranationalen Gemeinschaften, Köln, Berlin, Bonn, München, 6. Auflage 1996
Seidl-Hohenveldern, Ignaz/ Stein, Thorsten	Völkerrecht, Köln/Berlin/Bonn/München, 10. Auflage 2000
Semrau, Stephan	Die Gemeinsame Außen- und Sicherheitspolitik der Europäischen Union, Schriften zum Staats- und Völkerrecht (Herausgegeben von Prof. Dr. Dieter Blumenwitz) Band 76, Frankfurt aM 1998
Siems, Kirsten	Das Kohärenzgebot in der Europäischen Union und seine Jusititiabilität, 1999

Silvestri, Stefano/Gnesotto, Nicole/Vasconcelos, Alvaro	Decision-making and institutions, in Martin, Lawrence/Roper, John (eds.), Towards a Common Defence Policy, A Study by the European Strategy Group and the Institute for Security Studies of WEU, Paris 1995, S. 51-68
Simma, Bruno (Hrsg)	Charta der Vereinten Nationen - Kommentar, München 1991
Solana, Javier	Die Gemeinsame Europäische Sicherheits- und Verteidigungspolitik – Das Integrationsprojekt der nächsten Dekade, Integration 23(2000) S. 1-6
De Spiegeleire, Stephan	From mutually assured debilitation to flexible response: a new menu of options for European crisis management, in Lenzi, Guido (ed.), WEU at 50, WEU Institute for Security Studies, Paris 1998
Stein, Torsten	Rechtsfragen des Eurokorps und der deutsch-französischen Brigade, in Tomuschat (Hrsg.), Rechtsprobleme einer europäischen Sicherheits- und Verteidigungspolitik, Heidelberg 1996, S. 53 ff
Steinkamm, Armin	Zur humanitären Intervention – Völker- und wehrrechtliche Aspekte des Kosovo-Konflikts, in Ipsen/Raap/Stein/Steinkamm, Festschrift für Klaus Dau, S. 261
Streinz, Rudolf	Der Vertrag von Amsterdam – Einführung in die Reform des Unionsvertrages von Maastricht und erste Bewertung der Ergebnisse, EuZW 1998, S. 137-47
Streinz, Rudolf	Europarecht, 4. Auflage 1999, Heidelberg
Teunissen, Paul J.	Strengthening the Defence Dimension of the EU, European Foreign Affairs Review, 4(1999) S. 327
Thränert, Oliver	Aspekte deutscher Sicherheitspolitik in den neunziger Jahren, Studie Nr. 55 der Abteilung Außenpolitikforschung im Forschungsinstitut der Friedrich-Ebert-Stiftung, Bonn 1993
Thun-Hohenstein, Christoph	Der Vertrag von Amsterdam, Wien/München 1997

Thun-Hohenstein, Christoph	Europarecht. Das Recht der Europäischen Union unter besonderer Berücksichtigung der EU-Mitgliedschaft Österreichs, Wien, 3. Auflage 1999
Thun-Hohenstein, Christoph	Möglichkeiten einer ‚verstärkten Zusammenarbeit' zwischen EU-Mitgliedsstaaten – Chancen und Gefahren der „Flexibilität„ in Hummer, Waldemar, Die Europäische Union nach dem Vertrag von Amsterdam, Wien 1998, S. 125-39
Timmermans, C.W.A.	The Uneasy Relationship between the Communities and the second Union Pillar: Back to the ‚Plan Fouchet'?, L.I.E.I. 1996,1, 61
Tomuschat, Christian (Hrsg.)	Rechtsprobleme einer europäischen Sicherheits- und Verteidigungspolitik, Heidelberg 1996
Usher, John	Variable geometry of concentric circles? Patterns for the European Union, ICLQ (1997), S. 243
Verdross, Alfred/Simma, Bruno	Universelles Völkerrecht, Theorie und Praxis, Berlin, 3. Auflage 1984
Vetschera, Heinz	Grenzen und Möglichkeiten kooperativer Sicherheitspolitik in Europa, in Hochleitner (Hrsg.), Das Europäische Sicherheitssystem zu Beginn des 21. Jahrhunderts, S.93
Vogel-Polsky, Eliane	Studie zur Beurteilung des sozialen Teils des Vertrags über die Europäische Union, dessen Inhalt auf dem Europäischen Rat von Maastricht am 9. und 10. Dezember 1991 beschlossen wurde, in: Europäisches Parlament, Ausschuß für soziale Angelegenheiten, Beschäftigung und Arbeitsumwelt, Mitteilung an die Mitglieder Nr. 3/92, DOC-DE/CM/202155, S.1-16
Walker, Neil	Sovereignty and Differential Integration in the European Union, ELJ (1998) S. 355
Wessel, Ramses A.	The European Union's Foreign and Security Policy – A Legal Institutional Perspective, Kluwer Verlag 1999

Wessel, Ramses A.	The Legality of the new Functions of the Western European Union - The Attribution of Powers Reconsidered on the Occasion of the 50th Anniversary of the Brussels Treaty, in Deighton&Remacle, The Western European Union: 1948-1998, from the Brussels Treaty to the Treaty of Amsterdam, Studia Diplomatica – 51 (1998) 1,2 S.15
WEU Secretariat General, Information Section	Western European Union - History, Structures, Prospects, June 1996
Wheatley, Steven	Chechnya and humanitarian intervention, N.L.J. 2000, 150 (6018)
Whitman, Richard G.	Amsterdam's Unfinished Business? The Blair Government's initiative and the future of the Western European Union, WEU Institute for Security Studies, Occasional Paper 7, Paris, September 1998
de Witte, Bruno	Direct Effect, Supremacy and the Nature of the Legal Order, in Craig and de Burca, The Evolution of EU Law, Oxford University Press 1999 S. 208
Zaldivar, Carlos/ Ortega, Andrés	The Gulf Crisis and European Cooperation on Security Issues: Spanish Reaction and the European Framework, in Gnesotto/Roper (ed.), Western Europe and the Gulf, S. 127
Zierer, Benno	The European Corps, Report submitted on behalf of the Defence Committee of the Assembly of WEU, Doc. 1400 vom 23.11.1991

FSC
www.fsc.org
MIX
Papier | Fördert gute Waldnutzung
FSC® C083411

Kolibri 360 GmbH
Ferdinand-Jühlke-Straße 7
99095 Erfurt, Deutschland
produktsicherheit@kolibri360.de

Druck:
CPI Druckdienstleistungen GmbH
im Auftrag der
Kolibri 360 GmbH
Ferdinand-Jühlke-Str. 7
99095 Erfurt